Friedrich Ahlfeld

Die Missbildungen des Menschen

eine systematische Darstellung der beim Menschen Angeboren vorkommenden

Missbildungen und Erklärung ihrer Entstehungsweise

Friedrich Ahlfeld

Die Missbildungen des Menschen
eine systematische Darstellung der beim Menschen Angeboren vorkommenden Missbildungen und Erklärung ihrer Entstehungsweise

ISBN/EAN: 9783743336940

Hergestellt in Europa, USA, Kanada, Australien, Japan

Cover: Foto ©ninafisch / pixelio.de

Manufactured and distributed by brebook publishing software
(www.brebook.com)

Friedrich Ahlfeld

Die Missbildungen des Menschen

DIE

MISSBILDUNGEN DES MENSCHEN

EINE SYSTEMATISCHE DARSTELLUNG DER BEIM MENSCHEN ANGEBOREN VORKOMMENDEN MISSBILDUNGEN UND ERKLÄRUNG IHRER ENTSTEHUNGSWEISE

VON

FRIEDRICH AHLFELD

I. ABSCHNITT:

SPALTUNG, DOPPELBILDUNG UND VERDOPPELUNG

ANHANG: RIESENBILDUNG UND RIESENWUCHS

MIT ATLAS

LEIPZIG
VERLAG VON FR. WILH. GRUNOW
1880

Vorwort zum ersten Abschnitte.

Wenn ich diesen ersten Abschnitt der Missbildungen dem sachverständigen Leserkreise übergebe, so thue ich dies nicht ohne ein gewisses Zagen. Ich bin mir zu sehr der Unvollkommenheit bewusst, die der Arbeit anhängt, und muss die Leser freundlichst bitten, nicht zu hart über die einzelnen Mängel zu urtheilen. Wie in allen derartigen grösseren Sammelwerken sind einzelne Kapitel vom Autor mit grösserer Liebe, andere stiefmütterlich behandelt. Letzteres wird in der Regel der Fall sein, wenn erschöpfende Arbeiten bereits vorhanden sind und es sich daher um ein einfaches Referat handelt, oder wenn der Autor selbst nicht Gelegenheit hatte, durch Specialuntersuchungen sich eingehender mit einer Frage zu beschäftigen. Es wird dem Leser nicht schwer fallen, an gegebener Stelle diese Ursachen zu erkennen.

Die Grenze, welche einem solchen Sammelwerke zu stecken, ist sehr dehnbar. Wie Förster, so habe auch ich in der Hauptsache nur diejenigen angeborenen Verbildungen behandelt, welche eine sichtbare Beeinträchtigung der Form zur Folge haben.

Die Schwierigkeiten, das überreiche Material nur annähernd sorgfältig zu sammeln und kritisch zu ordnen, sind in der That grösser, als der Einzelne sich vorstellt. Die Literatur ist im höchsten Maasse zerstreut. Mit Absicht habe ich die beiden Werke, an die ich mich hätte anlehnen können, die Histoire des Anomalies von Isidore Geoffroy St. Hilaire und das Förster'sche Lehrbuch der Missbildungen des Menschen, so wenig wie möglich benutzt, um in Anschauung und Kritik mich vollständig frei zu halten. Für die Literatur der letzten Jahrzehnte würden diese Hilfsquellen schon so wie so wegfallen, da das erstere Werk 1832, das letztere 1865 erschienen ist. Indem mir daran lag, die Referate möglichst genau zu bringen, war die Einsicht in die Originale, wenn irgend möglich, nöthig. Die Hauptzeit, welche ich der Arbeit widmen konnte, brauchte ich zur Durchsicht der Specialarbeiten, Dissertationen etc. Doch bin ich überzeugt, diese Mühe ist nicht verloren. Ich habe während der Arbeit ungezählte Mal die übeln Folgen falscher oberflächlicher Angaben kennen gelernt, und nahm mir vor, die Citate ausführlich zu geben, wenn auch Wiederholungen dabei häufig vorkommen würden. Nichts ist für das Studium unangenehmer, als das kurze l. c. Ich habe es deshalb nur dann angewendet, wenn das Citat dicht über dem der Wiederholung zu finden ist. Diejenigen Quellen, aus denen ich in der Hauptsache geschöpft habe, sind mit einem * bezeichnet. Habe ich das Original nicht in Händen gehabt, so wurde beides, das Original und meine Quelle, nebeneinander genannt.

Ich habe Vielen zu danken, die mich bei Abfassung des Werkes unterstützt haben. Von allen Seiten sind mir Berichte und Abbildungen zugegangen und doch noch lange lange nicht genug, um ein vollständiges Bild des vorhandenen Materials liefern zu können. An diesen Dank knüpfe ich daher gleich die erneute Bitte, mir bei Ausführung der nächsten Abschnitte, besonders bei der zunächst bevorstehenden Bearbeitung der Spaltbildungen (Anhang: Hydrocephalie, Mikrocephalie, Cyklopie) durch Zusendungen von Separatabdrücken, Abbildungen etc. behilflich zu sein. Besonders dankbar würde ich sein, wenn freundliche Leser mich auf Unrichtigkeiten in Citaten, auf falsche Auffassungen, Irrthümer aufmerksam machen wollten: denn nur dann kann das Werk als Unterlage für weitere Arbeiten sichere Garantien bieten.

In hervorragender Weise bin ich von Seiten der Vorstände der Sammlungen des pathologisch-anatomischen Instituts und der Entbindungsschule in Leipzig durch die Erlaubniss, die vorhandenen

Missbildungen beliebig benutzen zu können, unterstützt worden. Ich spreche den beiden Herren, Herrn Geh. Medicinalrath Professor Dr. Wagner und Herrn Geh. Medicinalrath Professor Dr. Credé meinen ergebensten Dank hierdurch aus. Herr Geheimrath Credé hat mir ausserdem noch seine reiche Sammlung von Handzeichnungen in liebenswürdigster Weise zu Gebote gestellt.

Durch die Verwendung des Herrn Geh. Medicinalrath Professor Dr. Thiersch wurde mir eine pecuniäre Unterstützung von 900 Mark aus den Fonds der Albrechtstiftung zu Theil, die zur Herstellung der Zeichnungen Verwendung fand. Auch hierfür sage ich dem Curatorium der genannten Stiftung meinen herzlichsten Dank.

An der Ausführung selbst gebührt dem Lithographen Herrn Noack in Leipzig ein besonderer Antheil. Derselbe hat nicht nur seit einer Reihe von Jahren die Mehrzahl der Zeichnungen nach Originalen oder Abbildungen ausgeführt, sondern auch die Zeichnungen selbst mit wenigen Ausnahmen auf Stein übertragen. Kleine Mängel, die besonders in den ersten Tafeln wegen Ungeübtheit im Buchstabenschreiben zu häufigen Correcturen Veranlassung gaben, fielen nach Zuhilfenahme eines geübten Schriftlithographen weg.

Auf praktische Einrichtung habe ich ein besonderes Augenmerk gerichtet. Die Tafeln sind mit Absicht lose in eine Mappe gelegt worden, sowohl um das Studium durch Nebeneinanderlegen von Text und Abbildungen zu erleichtern, dann aber auch um das Einfügen von Supplementtafeln zu ermöglichen. Die Erklärung der Tafeln habe ich in den Text hineingefügt und durch marginale Bemerkung der Tafel und Figur das Aufsuchen erleichtert. Da aber in einigen Ausnahmen die Reihenfolge der Figuren nicht der Folge des Textes entspricht, so habe ich ein kurzes Figurenregister beigefügt, welches die Seitenzahl angiebt, auf der sich die Erklärung vorfindet.

Für die Anfügung der ferneren Lieferung bemerke ich, dass Lieferung II in der Seitenzahl sich an diese erste Lieferung anschliessen wird und dass das Register daher nur als interimistisches aufzufassen ist.

Die allgemeineren Fragen über die Bedeutung der Missbildungen, über Erblichkeit, über Descendenztheorie u. s. w. werde ich nach Durcharbeitung des ganzen Materials, also mit der letzten Lieferung veröffentlichen und ich habe vor, diesen Abschnitt als Einleitung den speciellen Theilen des ganzen Werkes vorangehen zu lassen.

Der freundliche Leser wird mich in der Bearbeitung der weiteren Abschnitte am meisten unterstützen, wenn er diesen Abschnitt einer wohlwollenden Kritik unterzieht und bedenkt, dass ich nur wenige freie Stunden neben einer anstrengenden Thätigkeit dieser Arbeit habe widmen können.

Leipzig, den 14. Juni 1880.

F. Ahlfeld.

Inhaltsverzeichniss zum ersten Abschnitte.

Seite

Figurenregister zum ersten Abschnitte.

Tafel I bis XXIII.

ERSTER ABSCHNITT.

SPALTUNG, DOPPELBILDUNG

UND

VERDOPPELUNG.

ANHANG.

RIESENBILDUNG UND RIESENWUCHS.

Bis auf die Zeit Winslow's und Haller's war man allgemein der Ansicht, dass Doppelmissgeburten entstünden, indem zwei im Uterus befindliche Früchte sich näherten, sich berührten und endlich mit einander verwüchsen. Diese Ansicht hat sich, trotzdem J. Fr. Meckel sie auf das schärfste bekämpfte, doch bei einzelnen Forschern erhalten. In den Arbeiten von Gurlt, Breschet, Barkow, H. Meckel, der Geoffroy St. Hilaire etc. finden sich Anklänge an diese Theorie. Aeltere Verwachsungstheorie.

Es gehören nur wenige Worte dazu, um sie zu widerlegen: Sollen zwei im Uterus befindliche Früchte sich berühren, so müssen erst die zwischen ihnen liegenden Eihäute verschwinden. Lagen die Früchte in getrennten Eiern, so müssen zwei Chorien und zwei Amnien durchtrennt werden. Es existirt nun beim Menschen keine sichere Beobachtung, der zu Folge zwei Eihöhlen sich vereinigt hätten. Als Controle hierfür benutzen wir die Zwillingsschwangerschaften im gemeinsamen Eie. In allen Eiern, die nur ein Chorion haben, liegen gleichgeschlechtliche Früchte. Würde die Möglichkeit der Verschmelzung zweier getrennter Eier existiren, so müsste man ohne Zweifel ab und zu einen Knaben und ein Mädchen in der nun gemeinsamen Eihöhle finden. Da dies, ausgenommen einige Fälle, in denen augenscheinlich Untersuchungsfehler vorliegen, bisher nie beobachtet wurde, so findet auch nie eine Vereinigung getrennter Eier statt.

Anders, wenn die beiden Früchte von Anfang an in einem Chorion lagen und nur durch eine doppelte Amnionwand getrennt waren. Wir wissen, dass diese Zwischenwand verschwinden kann. Somit liegt hier die Möglichkeit vor, dass die Früchte in eine Höhle gelangen können. Aber zu einer Doppelmissbildung werden sie sich nie vereinigen. Erstens sind sie, im Fruchtwasser schwimmend, nicht an einander fixirt. Bei der geringsten Bewegung des Uterus werden sie eine verschiedene Lage zu einander einnehmen. Zweitens wird die

Verwachsung durch die vollständige Oberhautdecke verhindert werden, und drittens spricht eine Thatsache entschieden gegen diese Art der Verwachsung: die Thatsache, dass Doppelmissbildungen stets an identischen Theilen verbunden vorkommen. Würden getrennt in einer Eihöhle liegende Früchte sich vereinigen können, so müsste man erwarten, dass bald einmal der Kopf mit dem Rücken der anderen Frucht, bald mit dem Bauche derselben verwachsen sei. Derartige Verwachsungen sind noch nie beobachtet. — Einige französische Autoren, wie Geoffroy St. Hilaire, Vater und Sohn, Serres etc. halfen sich mit einer merkwürdigen Hypothese: sie nahmen ein „loi d'affinité de soi pour soi" an, ein Gesetz, für das sie absolut keine Beweisgründe aufbringen konnten. Diese Anziehungskraft gleicher Organe existirt nicht.

Entwickelung in einem Eie.

Alle Doppelbildungen stammen aus einem Eie. Die monovistische Anschauung ist die jetzt allgemein herrschende. Die Frage hingegen, wie die Eier beschaffen waren, aus denen nach der Befruchtung Doppelbildungen hervorgingen, ist noch nicht endgiltig entschieden.

Wenn sich in einem Eie zwei Keime vorfinden, was beim Menschen noch nicht erwiesen, jedoch nicht unwahrscheinlich ist, so bleibt es noch zweifelhaft, ob auf jeder der beiden Dotterblasen ein Embryo sich entwickeln könne und ob diese sich vereinigen können. Panum fand ziemlich häufig zwei Dotter in einem Hühnereie, liess diese bebrüten; nie aber fand er eine Doppelmissbildung, sondern auf jedem Dotter entwickelte sich gesondert eine Frucht, oder, was ebenso häufig vorkam, nur eine Frucht entwickelte sich, während die des anderen Dotters zu Grunde ging. Schlüsse aus diesen Erfahrungen auf das Säugethierei zu machen, ist unstatthaft, da dem Säugethiereie nur der Keimfleck des Vogeleies entspricht.

Ebenso wenig dürfen wir die Lehre vom ovum in ovo auf das Säugethierei übertragen. Das ovum in ovo beim Huhne erklärt sich dadurch, dass das Ei, welches bereits Eiweisshülle und auch Schalenhaut und Kalkschale besass, durch rückläufige Bewegung aus dem Uterus wieder in den Eileiter gerieth und dort von neuem Eiweiss und Schale acquirirte (Hoffmann, *Correspondenz-Blatt für schweizer Aerzte, 1877, No. 14, S. 436). Das ovum in ovo der Säugethiere müsste sich bereits bei der Abschnürung der Schläuche in der embryonalen Periode des mütterlichen Individuum bilden. Wir haben absolut keinen Grund, ein Vorkommen des ovum in ovo beim Säugethiere anzunehmen.

Entwickelung auf einem Dotter.

Somit bleibt es das Wahrscheinlichste, dass alle Doppelmissbildungen sich auf einem Dotter bilden.

Beim Frosch- und Fischeie ist bereits thatsächlich die Entstehung der Doppelbildungen aus einem Eie, also auf einem Dotter von den verschiedensten Beobachtern mit aller Bestimmtheit constatirt worden. Wir werden nicht fehlgehen, wenn wir annehmen, dass auch beim Säugethiereie, speciell beim menschlichen Eie unter gleichen Verhältnissen Doppelbildungen sich entwickeln.

In welcher Weise aber nun auf einem Dotter die Entwickelung vor sich geht, ist eine Frage, welche die Forscher in zwei grosse Lager theilt. Die einen nehmen an, dass Anfangs eine gemeinsame Embryoanlage vorhanden war, die sich im Verlaufe der Entwickelung spaltete, die anderen, dass gleich von anfang an zwei getrennte Anlagen auf der Keimblase beobachtet werden, die im Laufe der Entwickelung sich vereinigen. In diesem Sinne sprechen wir weiterhin von Spaltungstheorie und Verwachsungstheorie.

Zu den Anhängern der ersten gehören Reichert, Leuckart, Förster, Bruch, Virchow, Dönitz, Dittmar, Oellacher etc. Für die Theorie der gesonderten Anlage (Verwachsungstheorie) treten ein Claudius, Panum, B. S. Schultze, Rauber etc.

Perls (*Lehrbuch der allgemeinen Aetiologie und der Missbildungen, Stuttgart 1879, S. 346), nimmt eine vermittelnde Stelle ein; doch räumt er dadurch die principiellen Differenzen nicht weg.

Hauptsächlich sind es Schlüsse, Combinationen, die die Autoren der einen oder der anderen Ansicht zuführen, im geringsten Maasse ist die Ansicht durch thatsächliche Beobachtungen frühester Formen oder gar durch Experimente gewonnen worden.

Theorie der gesonderten Anlage.

Unter der Reihe der Autoren, die für die Doppelmissbildungen eine gesonderte Anlage annehmen, sind es Schultze, Panum und Rauber, deren Ansichten einer Besprechung unterzogen zu werden verdienen.

Schultze.

Schultze stellt sich vor, dass in Eiern, in denen zwei Keimbläschen vorhanden sind, auch nach der Furchung zwei Embryonalanlagen sich vorfinden. Je nachdem die Keimbläschen dicht bei einander, oder weit entfernt lagen, würden auch die beiden Embryonalanlagen sich berühren oder isolirt sich entwickeln.

Diese Hypothese beruht auf der Annahme, dass die Keimbläschen in Hinsicht auf Zahl und Lage zu einander von Einfluss auf die Bildung der Embryonalanlagen sind, die erst nach dem Furchungsprocesse sich bilden. Die Entwickelungsgeschichte klärt uns über diese Verhältnisse noch nicht genügend auf. Wir wissen noch nicht, welche Bedeutung das Keimbläschen hat, ob es persistirt; noch viel weniger aber, ob ihm ein Einfluss auf Zahl und Lagerung der Embryonalanlagen zuzuschreiben sei.

Panum. Panum (*Virchow's Archiv, Bd. 72, S. 180) verweist auf eine genau von ihm beschriebene Missbildung eines Kalbes, die er sich durch Kreuzung der primitiven Anlagen entstanden denkt. Wäre die Entstehung durch Kreuzung nachzuweisen, so könnte diese Missbildung nicht durch eine Spaltung entstanden sein, sondern aus gesonderten sich kreuzenden Primitivstreifen. Ohne Zwang lässt sich aber die Missbildung als aus doppelter Spaltung, vom Kopfende und Schwanzende beginnend, vorstellen, wie ein Exemplar vom Menschen auch bereits bekannt geworden ist.

Rauber's Radiationstheorie. Rauber (*Virchow's Archiv, Bd. 73, S. 551) erklärt den Vorgang der Bildung der Doppelmonstra in Kürze so: Wie normal die vordere Embryonalanlage der Wirbelthiere als ein Vorstoss, eine Ausstrahlung des Randwulstes erscheint, so erscheinen die Mehrfachbildungen als mehrfache solche Vorstösse oder Ausstrahlungen des Randwulstes. Ein Exemplar von Gastrodidymus des Salmo salar aus sehr früher Zeit soll das erste Stadium dieses Vorstosses darstellen (*Virchow's Archiv, Bd. 75, S. 553).

Durch diese Radiationstheorie wäre wohl eine Erklärung der Bedeutung der Theilungen des vorderen Fruchtendes versucht, hingegen die Doppelbildungen am Schwanzende und des Mittelkörpers (Mesodidymi) bleiben unerklärt. Ebenso würden die Doppelbildungen einzelner Embryonaltheile einer anderen Erklärungsweise bedürfen. — Die Theorie deutet nicht an, aus welchem Grunde ein doppelter Vorstoss des Randwulstes erfolgt. — Gegen die Theorie spricht auch, dass bei Dreifachbildungen stets eine Spaltung eines der beiden bereits gespaltenen Theile vor sich geht, nie aber eine dreifache gleichmässige Entwickelung der Dreifachbildung, die doch zu erwarten wäre, wenn ein dreifacher Vorstoss des Randwulstes erfolgte.

Spaltungstheorie. Wenn wir nun die Gründe, welche für die Spaltungstheorie sprechen, anführen, so finden wir darunter noch mehrere, die direct gegen die Verwachsungstheorie sprechen:

1. Auf Hühnereiern, an denen sich dies leicht constatiren lässt, hat man bisher noch nie mit Bestimmtheit das Vorhandensein zweier Keimflecke nachgewiesen.

2. Alle Hühner-Zwillinge, -Drillinge, -Doppelmissbildungen wurden stets in einer Area pellucida liegend gefunden. — Würde Schultze's Hypothese ihre Richtigkeit haben, so müssten doch Fälle vorkommen, wo ganz getrennt von einander auf einem Dotter sich Embryonen entwickelten.

3. Die Früchte, welche auf einem Keime sich entwickelten, seien es homologe Zwillinge, seien es Doppelmissbildungen, zeigen in der Regel eine so auffallende Aehnlichkeit, sie zeigen an entsprechenden

Theilen Verbildungen so auffallender Art, dass man gezwungen ist anzunehmen, ihr Anlagematerial sei ein und dasselbe.

4. Auf dem Wege der Spaltung lassen sich alle Doppelbildungen, auch die geringfügigsten, wie z. B. die Verdoppelung eines Fingers, erklären, während die Anhänger der Theorie von der gesonderten Anlage für diese Theorie einen zweiten Entstehungsmodus, den der Spaltung annehmen müssen und zum Theil auch in ihren Schriften für diese Fälle anerkennen.

5. Ich habe Fälle von Verdoppelung des Daumens beobachtet, in denen die Wahrscheinlichkeit, dass die Daumenanlage durch amniotischen Faden gespalten worden, nicht von der Hand zu weisen war.

6. Stets sind bei Doppelbildungen genau dieselben Theile der Wirbelanlage mit einander verbunden. Würden die primitiven Anlagen anfangs getrennt sein, näherten sich dann aber, so müsste das Wachsthum beider Früchte immer ganz genau das gleiche sein, wenn stets identische Theile mit einander sich vereinigen sollten. Und doch finden wir selbst bei den ausgesprochensten parasitären Bildungen, dass Autosit und Parasit an identischen Punkten mit einander verbunden sind.

7. Würden anfangs getrennte Anlagen sich vereinigen, so wäre zu erwarten, dass die umfangreichsten Partien der primären Anlage, das Zellenmaterial für Kopf und Thorax, sich am häufigsten vereinigen würden. Statt dessen sind diese Theile bei weitem häufiger getrennt als die untere Körperhälfte.

8. Bei mehrfachen Spaltungen (C. Bruch, über Dreifachbildungen, *Jena'sche Zeitschrift für Medicin und Naturwissenschaften, Bd. 7, S. 142) erfolgen die Spaltungen nicht zu gleicher Zeit (symmetrische Formen gebend), sondern nach einander (unsymmetrische Formen liefernd). Die Tiefe der Spaltung entspricht der Zeit, bis zu welcher die Keimanlage noch undifferenzirt erscheint. So lässt sich eine chronologische Stufenreihe bilden, in der um so tiefer und allgemeiner die Verdoppelungen stattfinden, je zeitiger die undifferenzirte Anlage gespalten wird. Diese Thatsache lässt sich auf dem Wege der Theorie der gesonderten Anlage absolut nicht erklären.

9. Entwickeln sich Fruchttheile, besonders Extremitäten, in einem engen, geschlossenen Raume (Inclusionen), so spalten sich die Finger- und Zehenanlagen in ganz excessiver Weise.

Aus diesen Gründen sehe ich, so lange nicht bessere Gegenbeweise kommen, die Spaltungstheorie für die einfachere, natürlichere an. Sollten im weiteren Ausdrücke wie Verwachsung, Vereinigung u. s. w. vorkommen, so möge man dieselben nicht missverstehen.

Frühzeitige Beobachtungen.

Es ist das Bestreben der Forscher gewesen, dieser Frage an Thiereiern soweit wie möglich dem ersten Anfange der Doppelbildungen zu, entgegenzugehen. Am menschlichen Eie werden aus naheliegenden Gründen Untersuchungen nicht zu machen sein. Wir haben, wie bekannt, nur ganz vereinzelte Beobachtungen von menschlichen Eiern aus der ersten Periode, kaum eine einzige aus der Periode, wo die Embryonalanlage noch undifferenzirt ist; um wieviel weniger werden wir eine Doppelbildung am menschlichen Eie in ihrer Entstehung verfolgen können. Die früheste menschliche Doppelmissbildung, welche beschrieben worden ist, war schon 4 Wochen alt. Es ist selbstverständlich, dass man an derartigen Präparaten nicht die Entstehung der Doppelmissbildungen studiren kann.

Sehr frühzeitige Doppelmissbildungen wurden besonders am Hühnerei und an Fischeiern beobachtet und untersucht. Die Zahl der an Hühnereiern gefundenen Doppelbildungen ist noch eine sehr kleine. Auch die Zeit der Beobachtung geht noch nicht unter 24 Stunden, von der Bebrütung an gerechnet, hinunter. So war man daher noch nicht im Stande, die ersten Anfänge der Missbildung an ihnen zu beobachten.

Günstiger sind die Verhältnisse bei Fischeiern. Lereboullet ist es geglückt, drei sehr frühzeitige Fisch-Doppelembryonen aufzufinden. Aber auch diese waren bereits über das Stadium hinaus, in dem die Frage, ob gesonderte Anlage oder Spaltung, entschieden werden konnte.

An Säugethiereiern stehen uns noch gar keine Beobachtungen zu Gebote, die man, der Zeit nach, mit den obengenannten vergleichen könnte.

Um das Wachsthum von Doppelmissbildungen zu beobachten, sind Fischeier sehr geeignete Objecte. Die Umhüllungshaut ist bei vielen Arten derselben so dünn, dass man die Keime gut beobachten und von Tage zu Tage in ihrem Wachsthum verfolgen kann.

Vorbedingungen zur Spaltung.

Welches sind die Verhältnisse, die eine Spaltung des Keimes begünstigen?

Es scheint, als ob sehr häufig als Bedingung für dieses Ereigniss eine übergrosse Ansammlung von Bildungsmaterial für die Embryonalanlage vorhanden sein müsse. Man kann dies schliessen aus der Thatsache, dass Zwillinge aus einem Eie und Doppelmissbildungen in jeder Zeit der Entwickelung ein grösseres Volumen haben, als eine einfache Frucht in der entsprechenden Periode. Doch wird nicht leicht zu entscheiden sein, ob diese Volumensvergrösserung Folge einer vermehrten Nahrungsaufnahme oder Folge einer primären grösseren Anlage sei. — Versuche an Fischeiern könnten diese Frage zur Entscheidung bringen.

Absolut nöthig ist für das Zustandekommen der Spaltung die Vergrösserung der Fruchtanlage nicht.

Nach einigen Mittheilungen sollen bestimmte Frauen zur Erzeugung von Doppelmissbildungen geeignet sein und zwar die Frauen, welche sich durch häufige Geburten von Zwillingen und Drillingen auszeichneten. Nun unterliegt es keinem Zweifel, dass nicht nur einzelne Frauen, sondern bisweilen sogar die weiblichen Glieder einer Familie durch mehrere Generationen hindurch übermässig viele Mehrfachgeburten aufzuweisen haben. Wir wissen aber aus den Berichten viel zu wenig, ob es sich dabei um die Befruchtung mehrerer Eier oder um die Spaltung einzelner gehandelt hat, ob die Zwillinge vorzugsweise zweieiige oder eineiige gewesen sind. Nur, wenn letzteres der Fall gewesen wäre, würde man auf eine Prädisposition zur Spaltung des Keims, also eventuell auch zur Doppelbildung schliessen können. Soviel mir bekannt, existirt kein Beispiel, dass eine Frau zweimal Doppelmonstra geboren habe.

Nach den Kräften, welche den Keim spalten, hat man schon auf experimentellem Wege geforscht. Valentin fand unter Fischeiern, die mehrere Meilen in einem Kübel getragen worden waren, sehr viele Doppelmissbildungen. Auch Knoch machte Untersuchungen, die darauf schliessen lassen, dass stärkere Bewegung der frisch befruchteten Eier Spaltung des Keims hervorzubringen im Stande sei. Er liess befruchtete Fischeier in ruhigem und in fliessendem Wasser sich entwickeln. Im letzteren Bassin konnte er zahlreichere Doppelbildungen nachweisen, als im ersteren. Leuckart und Schroh spalteten künstlich das Körperende eines Hühnerembryo, schlossen die Oeffnung in der Schale wieder und liessen das Ei weiter bebrüten. Sie erlangten ein negatives Resultat, in dem wohl die beiden getrennten Theile getrennt blieben, aber nicht nach Art einer Doppelbildung des Schwanzendes sich weiter entwickelten, sondern rudimentär blieben. Dareste glaubt nach seinen Versuchen nicht, dass es möglich sei, am Hühnereie künstlich Doppelmissbildungen zu erzeugen.

Versuche Eier künstlich zu spalten.

Ich habe die Ursache der Spaltung der Fruchtanlage in einem Missverhältnisse zwischen Zona pellucida und Keim vermuthet. Im normalen Zustande liegt die Zona pellucida dem Fruchthofe, der über die Eiperipherie hervorragt, dicht an. Ist die Hervorragung des Fruchthofes eine stärkere, die Umhüllungsmembran zeigt sich aber straff gespannt, so durchtrennt sie die Zellenmasse der Fruchtanlage.

Die spaltenden Kräfte.

Selbstverständlich wird bei der Spaltung der Extremitäten-, Finger- und Zehenanlagen etc. nicht die Zona pellucida verantwortlich gemacht werden dürfen. In einigen Formen dieser Doppelbildungen scheint das Amnion die Trennung zu übernehmen, welches in Form von Fäden die Anlageknospen für die Finger sehr wohl theilen kann, wie ich ein solches Vorkommniss in meinen Beobachtungen registrirt habe. Sonst kann auch der Darm eine gemeinsame Anlage spalten, wie wir dies bei der doppelten Blase beobachten können; u. s. w.

Den Vorgang der Entstehung der Doppelmissbildungen haben wir uns also ungefähr folgendermaassen vorzustellen:

Theorie der Entwickelung.

Das Ei, in welchem die Doppelbildung entsteht, unterscheidet sich im Eierstocke in keiner Weise von einem normalen Eie. Es wird befruchtet und macht den Furchungsprocess wie ein einfaches Ei durch. Das Bildungsmaterial für den Embryo, welches sich an einer Stelle sammelt, hat die normale Ausdehnung, oder es ist in übermässig reichlicher Menge vorhanden. Wenn nun von Seiten der Umhüllungshaut, Zona pellucida, eine allzustarke Spannung auf die Dotteroberfläche ausgeübt wird, so wird die Fruchtanlage gespalten. Es muss diese Spaltung vor der Differenzirung des Zellmaterials, also vor Bildung des Primitivstreifens beginnen, da an den getrennten Hälften zwei Centralanlagen zu sehen sind. Wenn die Zona pellucida mit ihrer Fläche auf die Oberfläche der Embryonalanlage drückt, so müssen die Zellen der letzteren, dem Drucke ausweichend, auf dem sphärisch gestalteten Dottersegmente nach beiden Seiten ausweichen.

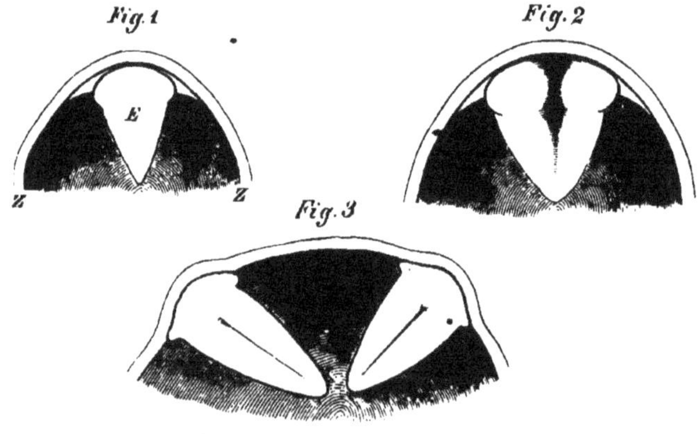

O, Keimblase; *E*, Embryonalanlage; *Z*, Zona pellucida.

Bei vollständiger, gleichmässig erfolgter Trennung liegen die beiden Hälften parallel neben einander und gleiten auf der Keimblase abwärts, entfernen sich also allseitig von einander. War die Trennung nur eine partielle, so gleiten nur die gespaltenen Theile auf der

Keimblase abwärts. Blieben die Kopfanlagen zusammenhängend, so divergiren die Schwanzenden; blieb das untere Körperende zusammenhängend, so entfernen sich die Zellenmassen, aus denen der Kopf entstehen soll. Auf diese Weise kann eine so bedeutende Stellungsveränderung der beiden Hälften zu einander entstehen, dass die beiden anfangs nahezu parallel liegenden Fruchtanlagen einen gestreckten Winkel mit einander bilden, wo dann Kopf an Kopf oder Schwanzspitze an Schwanzspitze zu liegen kommen würden.

Querspaltung des Keims.

Diese letzteren Formen haben einige Autoren, besonders Reichert und Dönitz, veranlasst, eine Querspaltung des Keims anzunehmen. Nach dem soeben Erörterten bedürfen wir nach meiner Theorie der Querspaltung nicht. Förster, Scheuthauer und Dittmer haben sich ebenfalls gegen die Querspaltung erklärt. Ich habe den von diesen Autoren angegebenen Beweisgründen noch einige hinzugefügt. Der wichtigste Gegengrund scheint mir der zu sein, dass, wenn eine Querspaltung in dem Ovoid der Fruchtanlage stattfinde, der Fötus so gespalten werde, dass auf der einen Seite das Kopfende, auf der anderen das Schwanzende zu liegen käme, nicht aber an der getrennten Stelle sich zwei Köpfe und an den Endpunkten des Ovoids zwei Schwänze bilden könnten. Genaueres über diese Frage habe ich im Archiv für Gynäkologie Band 9 Seite 217 gegeben.

Oellacher konnte an Querschnitten von frühzeitig beobachteten Fischeiern nachweisen, dass, wenn einmal eine Trennung des Keimes stattgefunden, der Dotter sich zwischen die beiden Hälften eindrängt und so nicht nur ihre Annäherung verhindert, sondern die Hälften im Gegentheil weiter auseinander treibt.

Häufigkeit der vorderen, hinteren und totalen Spaltung.

Da die Kopfanlage ein umfangreicheres Zellenmaterial aufzuweisen hat, so pflegt hier die Spaltung häufiger vorzukommen und tiefer zu gehen, als am weniger voluminösen Schwanzende. Nur in 86 Fällen fand Förster das Schwanzende gespalten, das Kopfende gemeinsam; dagegen in 201 Fällen das Kopfende gespalten, das Schwanzende zusammenhängend; in 135 Fällen die primäre Anlage vollständig gespalten, hingegen die Früchte mit den Seitenplatten in Verbindung geblieben. Wie oft endlich überhaupt die ganze Fruchtanlage gespalten wird, ohne dass die beiden Früchte noch in Verbindung bleiben, lässt sich nicht bestimmen, da hierher wahrscheinlich alle eineiigen Zwillinge, symmetrische wie unsymmetrische Formen zu zählen sind.

Geschlecht der Doppelbildungen.

Schon Haller machte die Beobachtung, dass das weibliche Geschlecht unter den Doppelmissbildungen auffallend prävalire. Er fand (Opuscula anatomica, Göttingen 1751, Seite 176) unter 42 Doppelmissbildungen 30 weibliche, 9 männliche; Meckel (*De monstris duplic., Seite 14) unter 80 Fällen 60 weibliche, 20 männliche; Otto (*Monstrorum sexcentorum descriptio, Seite 16) unter 142 Missbildungen per excessum 88 weibliche und 54 männliche; Förster (*Die Missbildungen des Menschen, Seite 19) 232 weibliche, 123 männliche; Puech (Lancereaux, *Traité d'anatomie patholog. Seite 63) 203 weibliche, 92 männliche.

Es scheint somit, dass weibliche Doppelmissbildungen fast noch einmal so häufig vorzukommen pflegen, als männliche.

Das Geschlecht der Doppelmissbildungen ist, wie bei den eineiigen Zwillingen, stets das gleiche. Einige ältere Autoren haben wohl Ausnahmen von dieser Regel angegeben. Es sind dies mangelhafte Beobachtungen bei Verbildung der äusseren Geschlechtstheile. Ein Fall hingegen aus neuester Zeit, von Hausmann untersucht und von Schraven (*Ueber Sternopagen, Inaug. diss. Berlin 1869) beschrieben, soll Hoden und Ovarien enthalten haben. Es wäre eine nochmalige Untersuchung dieses Präparates sehr nothwendig.

Eintheilung. Bei der Eintheilung der Doppelmissbildungen habe ich mich an die Aetiologie gehalten und nicht, wie die meisten Autoren, die monstra per excessum seu monstra abundantia den monstris per defectum gegenübergestellt, sondern in diesem ersten Abschnitte habe ich alle Missbildungen zusammengestellt, die durch Spaltung der ganzen Fruchtanlage oder durch Spaltung einzelner Organanlagen entstehen. Als Anhang habe ich die Missbildungen hinzugefügt, für deren Entstehung eine übergrosse Menge Bildungsmaterial angenommen wird.

Da ich das Endresultat der totalen Keimspaltung, die Bildung vollständig getrennter eineiiger Zwillinge, nach der Theorie der Spaltbildung auch als eine Anomalie auffassen muss, so habe ich die gleichmässigen Formen der totalen Spaltung (homologe Zwillinge) und die ungleichmässigen Formen (Foetus papyraceus ex uno ovo, Acardiacus etc.) ebenfalls in diese Abtheilung mit aufgenommen. In den einzelnen Unterabtheilungen bin ich Förster gefolgt, habe auch die Nomenclatur kaum vermehrt, vielmehr soviel wie möglich zu vereinfachen gesucht.

Spaltung, Doppelbildung und Verdoppelung.

A. Spaltung des noch nicht differenzirten Keims (Doppelbildungen).

I. Totale Spaltung.

a) Gleichmässig entwickelte Formen:

1. Homologe Zwillinge.
2. Thoracopagus.
3. Kraniopagus.

b) Ungleichmässig entwickelte Formen:

1. Foetus papyraceus.
2. Acardiacus
3. Epignathus.
4. Sacralteratome.
5. Inclusio foetalis.
6. Transplantatio foetalis.

II. Partielle Spaltung.

a) Spaltung am Kopfende beginnend (Duplicitas anterior):

1. Diprosopus.
2. Dicephalus.
3. Ischiopagus.
4. Pygopagus.

b) Spaltung am Beckenende beginnend (Duplicitas posterior):

1. Dipygus.
2. Janiceps.

III. Mehrfache Spaltung.

Anhang: Uebergrosse Bildung des ganzen Körpers (Riesenbildung).

B. Spaltung noch nicht differenzirter Anlagen einzelner Organe (Verdoppelungen).

1. Verdoppelungen an den Extremitäten.
2. Polymastie.
3. Verdoppelung einzelner Organe.
4. Implantatio foetalis.

Anhang: Uebergrosse Bildung einzelner Theile der Fruchtanlage (Riesenwuchs).

A. Spaltung des noch nicht differenzirten Keims (Doppelbildungen).

I. Totale Spaltung.

a) Gleichmässig entwickelte Formen.

Ist die Spaltung durch die ganze Anlage hindurch erfolgt, so liegen die beiden Hälften parallel nebeneinander, wenn die Spaltung sich spät, also kurz vor Bildung der Primitivrinne, vollzog. War die Spaltung zeitig beendet, so können Lageveränderungen der Anlagen zu einander stattfinden.

Die Anlagen können sich soweit von einander entfernen, dass die Faltenbildung, welche die Bildung der peripheren Organe einleitet, ungehindert stattfinden kann. Es entwickeln sich dann auf der Keimblase vollständig gesonderte Embryonen, homologe Zwillinge, Paarlinge (Dönitz).

Homologe Zwillinge.

Homologe Zwillinge zeichnen sich vor anderen Zwillingen durch ihre auffallende Aehnlichkeit aus. Bei genauerer Beobachtung ähnlicher, sich weiter entwickelnder Früchte macht man die Wahrnehmung, dass auch die geistigen Fähigkeiten nicht selten gleich oder nahezu gleich vorhanden sind. In utero, wo die Ernährungsverhältnisse und sonstige Lebensbedingungen für beide Theile gleiche sind, ist die Entwickelung in der Regel eine vollständig identische. Im extrauterinen Leben, wo die Einflüsse der Aussenwelt nie vollständig gleiche sind, wird sich mit den zunehmenden Jahren eine grössere Verschiedenheit bemerkbar machen.

Homologe Zwillinge werden nicht selten geboren. Unter 506 Zwillingsgeburten, die auf die Eihautverhältnisse genau untersucht wurden, fanden sich 444 Zwillinge aus zwei Eiern und 62 Zwillinge aus einem Eie. Letztere werden mit grosser Wahrscheinlichkeit sämmtlich als homologe anzusehen sein.

Beispiele homologer Zwillinge trifft man im Leben öfter an. In Lustspielen, Erzählungen u. s. w. müssen sie den Stoff hergeben zu spasshaften Verwickelungen, indem die überaus grosse Aehnlichkeit zu allerhand Verwechselungen Anlass giebt.

Ich selbst habe mehrere Paarlinge zu beobachten Gelegenheit gehabt. Ein sehr merkwürdiges Beispiel habe ich im Archiv für Gynäkologie, Band 9, Seite 224 berichtet:

Am 8. Juli 1875 wurde ich zu den Kindern des Malers Sch. in Leipzig gerufen, da beide mit einer merkwürdigen Geschwulst auf die Welt gekommen wären. Ich fand normal entwickelte Zwillinge, die eine auffallend gleiche Entwickelung und Aehnlichkeit zeigten. Beide hatten eine grosse rechtsseitige Hydrocele, und es gewährte in der That einen auffallenden Anblick, die beiden Knaben ausgekleidet neben einander liegen zu sehen.

Beide Knaben gediehen an der Mutterbrust prächtig. Die Hydrocelen wurden kleiner und kleiner und verschwanden endlich gänzlich.

In den letzten Tagen des Juli liess die Milch bei der Mutter plötzlich nach. Die Mutter nahm ihre Zuflucht zu Ersatzmitteln. In auffallend schneller Weise verfielen die Knaben, bekamen beide Brechen und Diarrhöe und starben an einem Tage, am 7. August.

Die gleichmässigen Erscheinungen, welche beide Knaben nach dem Absetzen von der Mutterbrust boten, waren ganz auffallend. Beide fingen im Verlaufe von einer Viertelstunde an zu brechen, bekamen dünne Stühle und verfielen in rapidem Maasse, wie ich es bei Kindern von so guter Constitution nach dem Entwöhnen noch nie gesehen habe.

Herr Prof. Thierfelder fand bei der Section eine wunderbare Gleichheit der inneren Organe. Ausser einem Darmkatarrh fiel bei beiden die starke Anämie auf. Von der Hydrocele war bei beiden nichts mehr zu sehen.

An derselben Stelle, Seite 222, habe ich eine Anzahl Beispiele aus älterer und neuerer Zeit gesammelt, sowie meine eigenen Beobachtungen hinzugefügt. Ausserdem lese man noch:

Rey Maximien, Sur la pathogénie de quelques affections de l'axe cérébrospinal, Paris 1834. — *Schmidt's Jahrb. Bd. 8, S. 254.

Siebenhaar, *Schmidt's Jahrb. Bd. 8, S. 254.

Galton, *Journal of the Anthropological Institute of Great Britain and Ireland, 1876, Vol. V, S. 324 und 391.

Nicht selten findet man bei homologen Zwillingen gleiche Verbildungen, so dass hierdurch ihre Abstammung von einem gemeinsamen Keime noch in höherem Grade wahrscheinlich wird. So fand

Naegele, *Meckel's deutsches Archiv, Bd. 5, S. 136,
Zwillinge mit zurückgebliebenen männlichen Genitalien, so dass beide bis zum 17. Jahre als Mädchen aufgezogen wurden;
Schmidtmüller, *Lucina, Bd. 4, S. 252,
Zwillinge, die vollständig in einen häutigen Ueberzug eingehüllt waren;
d'Outrepont, *Gemeinsame deutsche Zeitschr. f. Geb. Bd. 4, S. 560,

Zwillinge, die an gleichen Wirbeln Spina bifida zeigten;

Katzky, *Elben, De acephalis sive monstris corde carentibus, Berlin 1821, S. 8,

Zwillinge mit ähnlicher Verbildung der äusseren Geschlechtstheile, wie in der Beobachtung von Naegele;

Siebold, *Neue Zeitschrift für Geburtskunde, Bd. 13, S. 243,

Paarlinge mit 6 Fingern und 6 Zehen an jeder Hand und an jedem Fusse. Die Zwillinge lagen in einem Amnion;

Velpeau, *Embryologie ou Ovologie humaine, Bruxelles 1834, S. 65 und Taf. XIII.

Verbildungen wie in Schmidtmüller's Fall;

Delbaere, Specimen de polydactylio congenito in gemellis, Lugd. Bat. 1847,

Zwillinge, die am rechten Daumen je einen überzähligen Daumen hatten;

Curling, Med. Times 1852, Januar, S. 84. — *Canstatt's Jahresb. 1852, III, S. 35,

Gleiche Verbildung der äusseren Genitalien bei Mädchen, die in Folge dessen fälschlicher Weise als Knaben getauft wurden;

Nesensohn, *Eine Beobachtung von Verknöcherung der grossen Fontanelle bei Zwillingen, Inaug. dissert. Tübingen 1857,

Zwillinge mit einer merkwürdigen Verbildung des linken Scheitelbeins;

Lehmann, Nederl. Tijdschr. v. Geneeskunde, 1857, I, S. 97. — *Schmidt's Jahrb. Bd. 96, S. 161,

Ausgetragene Zwillinge mit sehr beträchtlicher Encephalocele occipitalis. Beide waren ausserdem Hypospadiaei,

Ellis, *Transactions of the Obstetrical Society of London, Bd. 7, S. 160,

Zwillinge mit einer Rüsselnase, wie beim Cyclops,

van Mons, Journal de Bruxelles, 1868, Bd. 47, S. 467. — *Schmidt's Jahrb. Bd. 141, S. 358,

Zwillinge mit Hermaphroditismus masculinus;

Corey, Med. and Surg. Report. 1868, No. 15. — *Virchow-Hirsch Jahresb. 1868, I, S. 176;

Ahlfeld, *Archiv für Gynäkologie, Bd. 9, S. 224,

Zwei auffallend ähnliche Knaben mit je einer rechtsseitigen Hydrocele.

Entwickeln sich homologe Zwillinge sehr weit von einander auf der Keimblase, so bildet jeder sein eigenes Amnion; liegen sie dicht neben einander, so wird auch jedes Amnion sich einzeln bilden, doch ist die Möglichkeit vorhanden, dass die beiden sich berührenden Flächen während der Bildung sich vereinigen und auf diese Weise eine gemeinsame Amnionhöhle zu Stande kommt.

Die Entstehung des gemeinsamen Amnion kann aber auch ausgehen von der Verschmelzung der beiden Höhlen an der Placentarinnenfläche. Wenn nämlich die Nabelschnuren der beiden Embryonen unter einem sehr spitzen Winkel nahe bei einander auf der Placenta inseriren, so werden die beiden in diesen Winkel hineintretenden Amnionfalten einem starken Druck ausgesetzt und schwinden die sich berührenden Innenflächen.

Ahlfeld, *Archiv für Gynäkologie, Bd. 7, S. 282.

Homologe Zwillinge haben fast ausnahmslos eine gemeinsame Placenta. Die Nabelschnuren sind entweder gänzlich getrennt, sie inseriren sehr nahe bei einander, oder sie haben auf kürzere oder längere Strecke eine gemeinsame Amnionscheide, so dass man nur eine, nach den Früchten hin gabelförmig sich theilende Nabelschnur findet.

Die Gefässe der Allantois gehen grössere oder kleinere Anastomosen ein, die bald oberflächlich auf dem Fruchtkuchen wahrnehmbar, bald nur durch Injectionen als capilläre Anastomosen nachweisbar sind. Ausnahmen von dieser Regel sind sehr selten; z. B. beschreibt Hyrtl (*Die Blutgefässe der menschlichen Nachgeburt, Wien 1870, Seite 141, No. 3) ein Drillingsplacenta mit einfachem Chorion, wo ein Nabelstrang und seine Gefässe ohne jeglichen Zusammenhang mit den anderen gefunden wurde.

Obgleich sich homologe Zwillinge auf einem Dotter entwickeln, so wird doch auch dieser im weiteren Verlaufe vollständig gespalten. Man findet in den Eihäuten zwei Dotterbläschen und zwei Dotterstränge. In einem Falle von homologen Zwillingen in einem gemeinsamen Amnion, den ich frisch genau untersuchen konnte, fand ich kein Dotterbläschen. Die Möglichkeit, dass die Dotterblase bei den Zwillingen gemeinschaftlich zwischen den beiden Nabelschnurinsertionen oder in einer der Nabelschnuren liegt, ist nicht wegzuleugnen.

Ahlfeld, *Archiv für Gynäkologie, Bd. 7, S. 271 und Bd. 11, S. 160.

Omphalopagus.

Bei Vögeln, deren Dotter normaler Weise in die Bauchhöhle zurückweicht, müssen homologe Zwillinge einen gemeinsamen Dotter haben, der entweder beide Vögel am unteren Leibesende verbindet (Omphalopage, Js. G. St. Hilaire), oder der eine Fötus geht zu Grunde und wird sammt dem Dotter in die Bauchhöhle des normalen aufgenommen (parasitäre Form des Omphalopagus).

Js. Geoffroy Saint-Hilaire, Traité de tératologie, Bd. 3, S. 107.

Dareste, *Recherches sur la production artificielle des Monstruosités, S. 289, Taf. XVI, Fig. 10.

Wolff, *Novi commentarii Acad. imp. Petropolitani, Tom. XIV, S. 259, Taf. XI, 1769.

Thoracopagus.

Liegen die beiden getrennten Fruchtanlagen parallel nahe bei einander, mangelt für die von den Achsen eingeschlossenen Partien Raum und Material sich auszubilden, so enstehen Doppelfrüchte, die, an den sich berührenden Seitenplatten vereinigt, später, nach Verschluss der Brust-Bauchspalte, mit Brust und Bauch zusammenhängen.

Als Uebergang von den homologen Zwillingen zum Thoracopagus sind die Zwillinge anzusehen, die eine gemeinsame, gabelförmig sich theilende Nabelschnur besitzen. In der Sammlung des Herrn Geh. Sanitätsrath Dr. Löscher in Lübben befindet sich ein sehr seltenes Präparat, ein Xiphopagus, mit zwei später sich vereinigenden Nabelschnuren. Ich gebe die Copie einer Photographie, die ich der Güte des Herrn Dr. Löscher verdanke, auf Tafel I.

Taf. I, Fig. 1. Abbildung: Atlas, Tafel I, Figur 1.

Xiphopagus. War die Trennung der Fruchtanlagen eine noch geringere, so hängen die Früchte mit dem Processus xiphoideus und dem Nabel zusammen und bilden den Thoracopagus mit doppelter Brusthöhle, Xiphopagus.

In der grösseren Mehrzahl der Fälle erscheinen die beiden Individuen vollständig ausgebildet, haben je zwei obere und zwei untere Extremitäten. Die Vereinigung findet durch eine knorpelige Brücke zwischen den beiden processus ensiformes und durch einen gemeinsamen Nabel statt, an dem die gemeinsame Nabelschnur inserirt. Der Nabel ist, da die untere Partie des Thorax beiden Früchten gemeinsam einen Verschluss der Brustspalte sowie des oberhalb der Nabelinsertion gelegenen Theiles der Bauchspalte erst kurz vor vollständiger Ausbildung der Fötusformen zuliess, nach oben verschoben und bildet mit der Brücke zwischen den Schwertfortsätzen einen gemeinsamen Strang.

Dieser Verbindungsstrang enthält ausser der genannten knorpeligen Brücke zwei Einstülpungen der Bauchhöhlen, bald ohne, bald mit Lebersubstanz, und die beiderseitigen Bestandtheile der Nabelschnur, deren Gefässe an der Insertionsstelle sich trennend zu jeder einzelnen Frucht hinziehen.

Die Nabelschnur enthält nur in seltenen Fällen 4 Arterien und 2 Venen. In der Regel vereinigen sich mehrere Arterien zu einer und wir sehen daher auf Nabelschnurdurchschnitten bald 3 bald 2 Arterien mit 2 Venen. Auf feinen Querschnitten kann man zwei Allantoispunkte, die Ueberreste der epithelialen Allantoisblase nachweisen.

Die auf solche Weise verbundenen Früchte gehen gewöhnlich bei der Geburt durch die Schwierigkeiten, welche der Entwickelung der beiden Körper sich darbieten, zu Grunde. Werden sie lebend geboren, so können sie sehr wohl weiter leben und alt werden. Das bekannteste Beispiel ist das der siamesischen Zwillinge.

Siamesische Zwillinge. Chang und Eng Bunker wurden 1811 in der Nähe von Bangkok, Siam, geboren. Ihr Vater war Chinese, ihre Mutter eine geborene Siamesin, von einem chinesischen Vater. Sie heiratheten beide im April 1843 Schwestern. Chang wurde Vater von 10 (3 Knaben und 7 Mädchen), Eng von 12 (7 Knaben und 5 Mädchen) Kindern. Alle Kinder waren wohlgestaltet; nur ein Sohn und eine Tochter Chang's waren taubstumm. Die Zwillinge besassen jeder ein Landgut in Nordcarolina, $1^1/_2$ englische Meilen von einander entfernt. Sie bewohnten abwechselnd drei Tage dieses, drei Tage jenes Landhaus. Sie waren sehr geschickt in dem Gebrauche von Handwerkszeugen, im Ackern und Schiessen, lebten sehr viel in der freien Luft und fuhren oft in ihrem Wagen nach dem benachbarten Dorfe. — Im Kriege der Süd- und Nordstaaten verloren sie ihr Vermögen. Durch verschiedene Reisen, so auch in Europa, auf denen sie sich Autoritäten und dem grösseren Publikum zeigten, erwarben sie wiederum hinreichend, um ohne Sorgen leben zu können.

Ungefähr im Jahre 1869 gewöhnte sich der als Sanguiniker bekannte Chang an den unmässigen Genuss von Spirituosen. 1872, während einer Seereise von Liverpool nach New-York, bekam er eine Hemiplegie der rechten Seite. Er erholte sich von diesem Anfalle, konnte jedoch seit dieser Zeit nicht mehr ohne Beschwerden die Treppen steigen. Aus diesem Grunde bewohnten die Zwillinge die zu ebener Erde gelegenen Wohnräume ihrer Häuser.

Am Abend des 12. Januar 1874 bekam Chang einen Anfall von Bronchopneumonie. Er hatte Husten, spärliche schaumige Sputa, aber keine Schmerzen. Am dritten Tage waren die Symptome etwas gemässigt; Schweiss sehr reichlich. Lautes Bronchialathmen konnte auf dem ganzen linken Lungenflügel wahrgenommen werden. Am Tage darauf bestanden die Zwillinge auf dem gewohnten Wohnungswechsel. Das Wetter war sehr kalt; die Fahrt wurde im offenen Wagen gemacht. Am Freitage, dem nächsten Tage, Abends klagte Chang über ein bedrückendes Gefühl in der Brust und über die Unmöglichkeit sich niederzulegen. Nachdem die Zwillinge zur Ruhe gegangen, hörte man sie wiederum aufstehen und auf die Veranda gehen, wo sie Wasser tranken und dann wieder in ihr Zimmer sich begaben. Sie machten ein Holzfeuer und setzten sich. Eng beschwerte sich bald über Müdigkeit, während Chang erklärte, es sei ihm nicht möglich, im Liegen zu athmen. Schliesslich legten sie sich doch nieder; beide schliefen. Bei Tagesanbruch rief Eng einen seiner Söhne, welcher im oberen Zimmer schlief, herab, und bat ihn, er solle Chang wecken. Der Knabe versuchte dies, rief aber sogleich: „Onkel Chang ist todt.“ Eng seufzte: „Dann sterbe ich auch.“ Eng bat, man möge den Körper seines Bruders näher an ihn heranrücken. Dann verlangte er, dass man ihm seine Extremitäten bewege. Eine halbe Stunde wurde diesem Wunsche nachgekommen. Hierauf versuchte Eng Harn zu lassen; es kamen aber nur einige Tropfen. Wiederholt machte er den gleichen Versuch, doch immer ohne Erfolg. Dann beschwerte er sich über ein Erstickungsgefühl und verlangte im Bette zu sitzen. Sein Sensorium blieb frei. Nach und nach wurde er schwächer, er verfiel und starb ruhig etwas über zwei Stunden, nachdem er von seines Bruders Tode erfahren.

Die Section wurde im Hause und später genauer im Museum des College of Physicians in Philadelphia ausgeführt: Im Verbindungstrange befanden sich die Processus ensiformes, deren Enden durch eine Art Symphyse mit einander verbunden waren, zwei Ausstülpungen der Peritonnalsäcke, die aber nicht in einander übergingen, ein Blutgefäss, welches die beiden Lebern mit einander verband, zwei Arterien, die von der Hypogastrica abgingen, und die Reste des Harnstrangs.

Das Band der Siamesen hat sich im Laufe der Jahre wesentlich verlängert. 1829, 18 Jahr alt, fand Bolton den Strang am oberen Rande $1^3/_4''$, am unteren $3''$. 1869 geben Simpson und Beigel seine Länge auf $4^3/_4''$ an.

Die Literatur über die Siamesen ist so ausgedehnt, dass die einzelnen Publikationen nicht verzeichnet werden können. Im Leben untersuchte sie unter anderen Virchow und gab ein Resumé seiner Befunde in der *Berliner Klin. Wochenschrift 1870, No. 13. Eine gute Zusammenstellung der wichtigsten Punkte aus dem physiologischen Leben dieser merkwürdigen Zwillinge hat Kormann gegeben. *Schmidt's Jahrb. Bd. 143. S. 281. Auch die Frage, ob die Trennung bei Lebzeiten möglich gewesen, ist, von verschiedenen Autoren beantwortet, in dieser Zusammenstellung berücksichtigt worden.

Genaue Angaben über ihr Leben, Tod und über den Sectionsbefund giebt

Pencoast, *Transactions of the College of Physicians of Philadelphia, 1875.

Taf. I, Fig. 2 u. 3. Abbildungen: Atlas, Tafel I, Fig. 2 und 3.
*Transactions of the College of Physicians of Philadelphia, 1875, S. 2 und S. 8.

Ausser den Siamesen verdienen noch folgende Beobachtungen genauer berücksichtigt zu werden:

König, *Miscellanea curiosa sive Ephemeridum Dec. II Annus VIII. 1689. Obs. 145, S. 305. — *Schmidt's Jahrb. Bd. 143, S. 282,

Zwei Mädchen, Elisabeth und Catharina Meyer, waren ähnlich den siamesischen Zwillingen durch ein breites, vom Processus ensiformis ausgehendes Band verbunden. Dasselbe wurde durch ein Ligatur, die täglich fester angezogen wurde, unterbunden, der Strang sodann durch das Messer getrennt. Beide Mädchen sollen weitergelebt haben;

Berry, Edinb. Med.-Chir. Transactions, Vol. II. — *Schmidt's Jahrb. Bd. 143, S. 282

beschreibt einen Fall von Zwillingsmädchen aus Ostindien, die 7 Jahre alt wurden und an der vorderen Seite vom Sternum bis zum Nabel verwachsen waren. Da Medicamente, der einen einverleibt, auf beide Wirkung hatten, so scheint ein innigerer Zusammenhang als bei den Siamesen stattgefunden zu haben;

Hasbach, *Hufeland's Journal, Bd. 79. Novemb. S. 113,

Mädchen, in Fusslage allein geboren, lebten kurze Zeit. Beiderseits Hernia funiculi umbilicalis;

Schönfeld, *Monatsschrift für Geburtskunde, Bd. 14, S. 378,

Schönfeld entdeckte vor der Geburt die bandartige Verwachsung, vom Processus ensiformis ausgehend und durchtrennte dieselbe mittels eines Bistouri. Danach nahm er die Extraction der Früchte einzeln vor. Jede Frucht war auch innerlich wohlgestaltet. Zusammen wogen sie $17^1/_2$ Pfd.;

Böhm, *Virchow's Archiv, Bd. 36, S. 152,

Dr. Böhm in Gunzenhausen nahm bei seinen eigenen Kindern die Trennung auf blutigem Wege vor. Ein Kind starb am 4. Tage, das andere blieb am Leben und war zur Zeit der Veröffentlichung bereits 5 Jahre alt. — In dem gemeinsamen Bande waren Knorpelmassen, welche die Processus ensiformes verbanden, und die Blutgefässe der sich theilenden Nabelschnur;

Böttcher, Dorpater med. Zeitschrift 1871, S. 105. — *Virchow-Hirsch, Jahresb. 1871, I. S. 167,

Zwei Knaben, 46,4 und 44,5 Ctm. lang, sind durch eine 5,5 Ctm. hohe Brücke mit einander verbunden, in der die Processus ensiformes durch eine Knorpellage in einander übergehen. Die Peritonealsäcke sind getrennt. Kein situs transversus.

Taf. I, Fig. 4 u. 5. Ausserdem die Abbildungen: Atlas, Tafel I, Fig. 4 u. 5.
Sandifort, *Museum anatomicum Academiae Lugduno-Batavae, Bd. 2, Tafel CXVIII und CXIX.

Sind die Früchte breiter mit einander verbunden, so pflegen sie, wenn sie lebend geboren wurden, kaum länger als einige Stunden, höchstens Tage zu leben. Einen Ausnahmefall berichtet

Fanzago, *Storia del mostro di due corpi, Padova 1803:

Die Mädchen, getauft auf den Namen die „Engelchen", lebten vom 2. November 1802 bis 31. Mai 1803. Die Bauchhöhlen gingen in einander über, so dass die untere Grenze der Vereinigung an der normalen Stelle des Nabels lag, während die obere von den Proc. xiphoid. gebildet wurde. Sie starben, nachdem Krämpfe eingetreten, fast in einem Momente. Die Beschreibung enthält genaue Angaben über die körperlichen Functionen, die fast durchweg getrennte waren.

Abbildung: Atlas, Tafel I, Fig. 6. Taf. I, Fig. 6.

Ist der eine der beiden Zwillinge nur mangelhaft entwickelt, hängt er gar dem anderen nur als Appendix an und wird als Acardiacus durch die Blutgefässe des grossen Zwillings mit ernährt, so entsteht der Thoracopagus parasiticus. Diese Form charakterisirt sich dadurch, dass der in der Entwickelung zurückgebliebene Fötus mit seinem Processus ensiformis und dem darunter liegenden Theile des Bauches, bis zum Nabel reichend, dem Autositen anhängt, während Kopf und Becken vollständig getrennt von der Hauptfrucht gefunden werden. Es ist nicht richtig, wenn Förster (Missbildungen, Seite 36) eine Reihe von parasitären Formen als Thoracopagi bezeichnet, die in die Classe der Dipygi parasitici und der Dicephali parasitici, Epignathi u. s. w. gehören. Thoracopagus parasiticus.

Der Thoracopagus parasiticus ist sehr selten beobachtet worden. Das bekannteste Beispiel beschreibt

Bartholinus, *Historiarum anatomicarum variorum Cent. I et II, Hafniae 1654. Cent. I. Hist. 66, S. 116:

Lazarus-Johannes Baptista Colloredo, geboren 1617 in Genua, liess sich viele Jahre hindurch in Europa sehen. An der Brust, und zwar am Processus ensiformis hing ein ziemlich ausgebildeter Bruder. Letzterer hatte nur eine Extremität und an jeder Klumphand drei Finger. Er zeigte Spuren selbstständigen Lebens. Ob ein Herz vorhanden war, ist nicht bekannt. Bartholinus spricht von einem Pulsus in thorace. Athembewegungen deutlich. Augen geschlossen. Mund immer offen, lässt stets Speichel abfliessen. Sonst finden keine Excretionen statt. Der Parasit nahm keine Nahrung.

Abbildung: Atlas, Tafel I, Fig. 7. Taf. I, Fig. 7.

Eine Abbildung aus der Kinderzeit findet sich in F. Licetus, *De monstris, Amstelodami editio novissima, 1665, S. 117.

Hier ist auch, auf Seite 114, ein Brief wiedergegeben, in dem der Medicus Genuensis Augustinus Pincetus dem Fortunius Licetus am 19. März 1617 die Geburt des Monstrum (12. März 1617) anzeigt.

Abbildung: Atlas, Tafel I, Fig. 8. Taf. I, Fig. 8.

Ausser dieser Beobachtung ist noch ein Fall zu erwähnen, beschrieben von

Löscher, *Medicinische Zeitung, herausgegeben von dem Vereine für Heilkunde in Preussen 1854, No. 47, S. 229. — *Schmidt's Jahrb. Bd. 90, S. 14:

Mit einem wohlgebildeten Kinde zusammen wurde ein weiblicher Thoracopagus parasiticus geboren, dessen Autosit $14^{1}/_{2}$" vom Scheitel bis zur Sohle, dessen Parasit $6^{1}/_{2}$" rhein. vom Scheitel bis zum Rumpfende lang war. Die beiden Individuen hingen mit dem Processus ensiformis zusammen; auch ein Theil der Bauchhöhle, in dem die beiden Lebern mit einander communicirten, verband beide Früchte. An Stelle der gemeinsamen Nabelschnurinsertion befand sich eine kleine Hernia funiculi umbilicalis. Der Parasit besass einen gut ausgebildeten Kopf, ein Stück Wirbelsäule mit je 5 Rippen, rudimentäre obere Extremitäten, hingegen kein Becken und nur fleischige Stummel an Stelle der unteren Extremitäten. In der Bauchhöhle lagen nur Därme, die Leber und zwei Körper, die Löscher für Nieren erklärt; in der Brusthöhle fehlten die Lungen, während ein sehr grosses Herz sich vorfand. Dasselbe bestand aus einem sehr muskulösen rechten und einem dünnwandigeren linken Ventrikel, die durch eine weite Oeffnung mit einander in Verbindung waren. Die Art. pulmonalis fehlte. Das Blut muss aus dem rechten Ventrikel in den linken und von hier in die Aorta gegangen sein, die sich gleich in ihrem Anfangstheile in eine ascendens und eine descendens theilte. Letztere gab zwei Umbilicalarterien ab, die sich in eine vereinigten, so dass im Nabelstrange nur zwei Arterien und eine Vene zu finden waren.

Das Kind that einige Athemzüge und starb.

Taf. I, Fig. 9. Abbildung: Atlas, Tafel I, Fig. 9.

Nach einer *Photographie.

Im Juni 1879 wurde mir von Herrn Dr. Jahn in Meerane i/S. eine Missbildung dieser seltensten Form zugeschickt:

Ein ausgetragenes Kind männlichen Geschlechts trug an der vorderen Wand des Thorax einen Parasiten von c. $^1/_3$ Grösse des Autositen. Nur der Kopf war durch Wasser zu einem grösseren Volumen ausgedehnt, als der des Autositen. Augen fehlten. Mund- und Nasenbildung auf der Stufe der 2. Embryonalwoche. Rechter Oberarm nur ein Stummel, linker grösser aber verkümmert. Ebenso die linke untere Extremität, während die rechte normal ist. Aeussere Geschlechtstheile normal. Penis durchbohrt. Gemeinsame Nabelschnurhernie. Nabelschnur 3 Gefässe. Placenta verhältnissmässig klein. Dotterbläschen einfach mit Andeutung von Bisquitform.

Zwei Thoraxhöhlen, mit je ein Paar Lungen. Nur der Autosit hat ein Herz, dessen linke Hälfte normal ist. In den rechten Vorhof mündet ein venöses Gefäss, welches von den Lungen des Parasiten kommt. Die Arteria coeliaca ist so weit wie die Aorta und führt in grossem Bogen, den beiden Magen und Duodenum sich anpassend, zur Aorta des Parasiten, die sich nach oben in eine Carotis etc., nach unten in zwei Iliacae fortsetzt. Die Nabelvene führt in grossem Bogen durch beide Bauchhöhlen durch und geht den mittleren der drei Leberlappen passirend in die Vena cava ascendens. Zwei Speiseröhren, ein kleiner und ein grosser Magen, zwei Duodenum. Die letzteren vereinigen sich zu einem gemeinsamen Dünndarm, der erst in seinem unteren Drittel sich wieder trennt. An der Trennungsstelle eine grosse sackartige Erweiterung mit Adhäsion an die Innenwand des Nabelschnurbruches. Zwei Processus vermiformes, zwei Dickdärme, wovon der des Parasiten in die hintere Blasenwand mündet (Atresia ani vesicalis). Im Autositen normal. Vier Nieren; die linke des Parasiten hydropisch. Vier Hoden. Die Milz des Parasiten vielfach gespalten.

Taf. I, Fig. 10. Abbildung: Atlas, Tafel I, Fig. 10.

Nach dem Präparat.

Sternopagus. Thoracopagus mit gemeinsamer Brusthöhle. Sternopagus. — Lagen die Embryonalanlagen nach der Trennung parallel ziemlich nahe bei einander, so bilden sich wohl die äusseren

Seiten, also eine linke und eine rechte vollkommen normal aus, die inneren hingegen, die einander berühren, hindern sich in ihrer gegenseitigen Entwickelung. Es werden nur die Partien annähernd normal gebildet, welche der Wirbelsäule anliegen. Schlagen sich die äusseren Seitenplatten nach der Bauchhöhle zu um, so bildet sich hier ein normal gestaltetes Sternum. An den innen gelegenen Seitenplatten hingegen verbinden sich bald die wahren Rippen, bald kommt es auch zur Entwickelung eines zweiten Sternum, wenn die Entwickelung auf dem Keime weiter von einander entfernt stattfand.

In letzterem Falle hängen die Zwillinge Brust an Brust und Bauch an Bauch zusammen. Beide Höhlen communiciren mit einander. Die Herzen sind getrennt, doch findet man sie häufiger in einem Pericardium. Der Darm ist theilweise beiden Früchten gemeinsam und zwar ist es die Partie, die normaler Weise dem Nabel zu gelegen ist, die unteren Theile des Dünndarm, die Anfangstheile des Dickdarm. Die Leber ist doppelt vorhanden, steht aber durch zungenartige Fortsätze, die dem Nabel zu gewuchert sind, mit einander in Verbindung.

Bei dieser Form des Thoracopagus zeigen sich sämmtliche Extremitäten gut entwickelt. Die Becken sind vollständig getrennt; äussere und innere Geschlechtstheile beiderseitig vorhanden.

Da zwei Herzen und vier Lungen vorhanden sind, so kann dieser Thoracopagus, wenn er die Geburt glücklich überstanden hat, was sehr selten ist, wohl einige Zeit weiterleben. Ein längeres Leben ist bisher noch nicht beobachtet worden. Ein Präparat aus sehr früher Zeit beschreibt

Schmidt, *Isis, 1825, Sept. S. 1037. — Abbildung copirt im *Archiv für Gynäkologie Bd. 9, S. 248.

Von Brust bis Becken vereinigte Thoracopagi aus der 4.—5. Woche.

Ausserdem die Abbildungen: Atlas, Tafel II, Fig. 1. Taf. II, Fig. 1.

Joseph Griffiths Swayne, *Transactions of the Obstetrical Society of London, Vol. II, 1861. S. 323.

Erklärung der Buchstaben: cl.s und cl.d, Clavicula sinistra und dextra; v.i.s und v.i.d, Vena innominata sinistra und dextra; c, cor; p, pulmo; jc, jecur commune; r.r, renes; v.u., vena umbilicalis.

Atlas, Tafel II, Fig. 2. Taf. II. Fig. 2.

Förster, *Die Missbildungen des Menschen, Taf. VI, Fig. 11.

Atlas, Tafel II, Fig. 3. Taf. II. Fig. 3.

Zimmer, Physiologische Untersuchungen über Missgeburten, Rudolstadt 1866, Tafel I, Fig. 1.

Sind die Brust- und Bauchhöhlen noch inniger mit einander verbunden, so findet man ein gemeinsames Herz, welches die Zeichen des Doppeltseins bietet.

Rintel, *Verhandlungen der Gesellschaft f. Geburtshilfe in Berlin, Bd. I, S. 140, fand in einem sonst gut entwickelten Thoracopagus mit einem gemeinsamen Herzen nur eine Herzkammer.

Darm und Leber ist in weiter Ausdehnung gemeinsam.

Die hierher gehörigen Doppelmissbildungen sind nicht fähig weiter zu leben. Meist ist es das missbildete Herz, welches eine längere Lebensdauer unmöglich macht.

Thoracopagus tribrachius.

Nicht immer findet man den Thoracopagus Gesicht gegen Gesicht verbunden. Der Zusammenhang der beiden Früchte kann auch durch die seitlichen Partien des Thorax und des Bauches stattfinden. Dann kann es zu keiner genügenden Ausbildung der zwischen den beiden Embryonalaxen gelegenen Partien kommen. Es ist daher ein Sternum gut entwickelt, während das andere rudimentär blieb oder gar nicht gebildet wurde, in welchem Falle dann der Thorax durch directe Vereinigung der Rippen geschlossen wurde. Auch die zwischen den beiden Embryonalaxen gelegenen oberen Extremitäten kommen nicht zur vollständigen Entwickelung. Sie verschmelzen zu einer gemeinsamen hinteren oberen Extremität, die meist zwei Hände oder eine Doppelhand aufzuweisen hat. Thoracopagus tribrachius. Das Herz kann doppelt sein, aber auch einfach. Die Früchte leben nicht weiter.

Diese Form ist selten.

von Siebold, Sammlung von Handzeichnungen. — *Förster, die Missbildungen des Menschen, Tafel IV, Fig. 3.

Taf. II, Fig. 4. Abbildung: Atlas, Tafel II, Fig. 4.

T. Griffiths Swayne, *Transactions of the Obstetrical Society of London, Vol. II, 1861, S. 320.

Regnault, Ecarts de la nature, Pl. 14. — *Förster, die Missbildungen des Menschen, Tafel IV, Fig. 4.

Taf. II, Fig. 6. Abbildung: Atlas, Tafel II, Fig. 6.

Prosopo-Thoracopagus.

Prosopo-Thoracopagus. Endlich können die beiden Früchte ausser an Bauch und Thorax noch am Kopfe mit einander verbunden sein, ohne dass die Wirbelsäule an irgend einer Stelle gemeinschaftlich ist.

Die beiden sich berührenden Gesichtshälften sind nur dürftig entwickelt. Die inneren Ohren findet man hinter dem Doppelkopfe. Die Kiefer sind mit einander gegenseitig verwachsen. Der Hals ist einfach, aber breiter als normal. Oesophagus, Magen und Duodenum sind einfach. Weiter nach unten verdoppelt sich der Darm und bleibt doppelt bis zu den beiden Aftern. — Luftröhre und Lungen sind doppelt angelegt. Das Herz zeigt Spuren des Doppeltseins.

Diese Missbildung ist nicht fähig extrauterin zu leben. Sie ist nur in wenigen Exemplaren beobachtet worden.

Barkow, *Monstra animalium duplicia, Tom. I, Leipzig 1828. S. 8. Tafel II, Fig. 1.

Abbildung: Atlas, Tafel II, Fig. 5. Taf. II, Fig. 5.

Hartung, *Acta natur. cur. 1737, Tom. IV, Obs. 76, S. 297.

Arnold, *Nova acta natur. cur. VI. Appendix, S. 160.

Abort aus dem 3. Monate. Zwei Mädchen 1734 in Unter-Aurach bei Bamberg geboren. Ein Kind wird als Knabe bezeichnet, beim anderen sollen die äusseren Theile das Geschlecht unbestimmt gelassen haben, während die Section einen Uterus nachwies (?). Ausserdem soll ein doppelter Nabel vorhanden gewesen sein.

Thoracopagus tripus. Ebenso, wie eine Annäherung der Wirbelsäulen nach dem Kopfende zu stattfinden kann und eine mangelhafte Ausbildung der beiden Schultern zur Folge hat, so nähern sich in einzelnen Fällen auch die unteren Partien der Wirbelsäulen. Es kommt zur Bildung eines vereinigten Beckens und zur Bildung einer gemeinsamen hinteren unteren Extremität, die immer die Zeichen der Verdoppelung an sich trägt. Thoracopagus tripus.

Nothwendiger Weise sind dann die im Becken liegenden Organe innig verschmolzen. Auch die äusseren Genitalien können vollständig einfach erscheinen.

Fortunius Licetus, *De monstris, editio novissima. Amsterdam 1665, Appendix, S. 337. (In dem mir zu Gebote stehenden Exemplare sind die Seitenzahlen des Appendix mehrfach verdruckt.)

Sandifort, *Museum Anatomicum Academiae Lugduno-Batavae, Bd. II, Tafel CXVI und CXVII.

Abbildungen: Atlas, Tafel II, Fig. 7 und 8. Taf. II, Fig. 7. u. 8.

Verhältnissmässig häufig erweitert sich die Nabelschnurinsertion beim Thoracopagus zu einer Nabelschnurhernie (Hernia funiculi umbilicalis), in der dann die Intestina beider Bauchhöhlen zum Theil gelagert sind. Es scheinen zu dieser Complication besonders diejenigen Fälle zu disponiren, wo die Wirbelsäulen stark nach unten divergiren.

Abbildungen: Atlas, Tafel II, Fig. 9. Taf. II, Fig. 9.

F. Jay, *Transactions of the Obstetrical Society of London, Vol. VI, 1865, S. 223.

Atlas, Tafel II, Fig. 10. Taf. II, Fig. 10.

Nach dem Präparat. Sammlung des pathologisch-anatomischen Instituts zu Leipzig, Missbildungen, No. 23.

Der Thoracopagus ist die häufigste Form der gleichmässig entwickelten Doppelmissbildungen, und von den einzelnen Formen des Thoracopagus speciell der Sternopagus.

Jede irgendwie reichere Sammlung enthält eine Anzahl dieser Doppelmissbildungen. Unter ihnen wiegt das weibliche Geschlecht ungefähr in dem Verhältniss wie 4 : 1 vor.

Situs transversus beim Thoracopagus. Gemäss der Entstehung des Thoracopagus hat man geglaubt, annehmen zu Situs transversus.

müssen, der eine der Zwillinge müsse unter allen Umständen Umlagerung der Eingeweide zeigen, so dass die Theile der linken Seite der Bauchhöhle wie auch der Brusthöhle in der rechten Seite sich entwickelt hätten. Speciell die Leber vermuthete man in der linken Seite. Im Bezug auf die Transposition der Leber müsste es dann immer der rechte Zwilling sein, bei dem die Leber in der linken Seite zu finden sein würde. Eichwald jun. (Petersburger medic. Zeitschrift 1870 Nr. 2. — * Virchow-Hirsch Jahresbericht, 1871, I. S. 167) hat im Anschluss an eine Untersuchung der siamesischen Zwillinge eine ausführliche literarische Zusammenstellung über die Transpositio viscerum gemacht. Er fand für die Leber wenigstens eine constante Umlagerung, für Darm, Milz und endlich Brustorgane, der Reihenfolge entsprechend seltener. Wenn Situs transversus bei Zwillingen beobachtet wurde, so fand er sich stets beim rechten Zwilling.

Theoretisch können wir vermuthen: Sind die beiden Zwillinge so weit von einander gerückt (homologe Zwillinge), dass sie beide auf der Keimblase unbehindert die linke Seitenlage einnehmen können, so werden sich ihre Eingeweide in normaler Weise lagern. Dasselbe ist zu vermuthen, wenn sie wegen seitlicher Verbindungen überhaupt keine Seitenlage einnehmen können; dann würde eine Veränderung der Lage der Intestina nur durch die gegenseitige Communication in der Bauchspalte etc. bewirkt werden. Wenn hingegen der rechte der beiden Zwillinge die rechte Seitenlage einnehmen muss, so ist es wahrscheinlich, dass sich bei ihm Situs transversus ausbildet.

Da aber die Annahme, dass der Situs transversus Folge der Rechtslagerung auf der Keimblase sei, bisher nur Hypothese ist, so müssen wir auch die für Zwillinge gezogenen Schlüsse erst recht als solche ansehen.

Kraniopagus.

Wenn die beiden vollständig getrennten Fruchtanlagen nicht parallel neben einander sich entwickeln, wie beim Thoracopagus, sondern wenn die Schwanzenden sich entfernen, während die Kopfenden in Berührung bleiben, so entsteht der

Kraniopagus. Die Vereinigung findet nur in den seltensten Fällen durch die Hirnsubstanz selbst statt; in der Regel ist die Hirnmasse getrennt, während die Verbindung secundär durch die Kopfknochen und die Kopfschwarte sich ausbildete. Je weiter die Schwanzenden auseinander lagen, desto näher dem Hinterhaupte fand die Verschmelzung der Köpfe statt. Wir unterscheiden daher Stirn-, Scheitel- und Hinterhaupt-Zwillinge.

Kraniopagus frontalis.

Stirn-Zwilling. Kraniopagus frontalis. Eine sehr seltene Form. Es existiren vom Menschen nur zwei Beispiele.

Sebastian Münster, Cosmographia universalis, Fol. 1552, Lib. III, pag. 625. und deutsche Ausgabe, 1628, S. 1059. — von Baer, *Mémorires de l'Académie impériale des Sciences de St. Pétersbourg. Sciences naturelles, Tom. IV. 1845. Zoologie et Physiologie, pag. 127.

„Am 10. Sept. 1495 wurden in dem Dorfe Bierstadt bei Worms zwei Mädchen geboren, die übrigens wohlgebildet, aber vom Scheitel bis zur Stirn untrennbar verwachsen waren und sich gegenseitig ansahen. Ich, Münster, habe sie im Jahre 1501 in Mainz gesehen, als sie 6 Jahr alt waren. Sie mussten zu gleicher Zeit gehen, schlafen und aufstehen; wenn die eine vorwärts ging, bewegte die andere sich rückwärts. Beide Nasen berührten sich fast. Die Augen konnten aber nicht gerade aus, sondern nur zur Seite gerichtet werden, weil etwas über den Augen die Stirnen zusammenhingen. Ihr Leben verlängerte sich bis zum 10. Jahre. Als um diese Zeit die eine Schwester starb, und von der lebenden durch einen Schnitt getrennt wurde, starb auch die andere bald, entweder von der Verwundung, oder den Folgen derselben."

Interessant ist die Entstehungsursache in der deutschen Ausgabe beschrieben: „Diss wunderbarlich Gewächs hat sich also erhebt: Alss die Mutter diser zweyer Kindern auff eine zeit mit einer Frawen redt, kam einer ungewarneter Sachen darzu, und stiess den zweyen Weibern die Köpff (als man sagt) zusammen: darvon erschrack die schwangere fraw also übel, dass es die Frucht im Leib musst entgelten."

Abbildung: Atlas, Tafel III, Fig. 1. Taf. III, Fig. 1.
von Baer, *Mémoires etc. Tafel VI, Fig. 2.

von Baer, *Bulletin de la Classe physico-mathématique de l'académie de St. Pétersbourg, 1844, Tom. III, No. 8, pag. 113 und Mémoires de l'académie impériale des Sciences de St. Pétersbourg, Sciences naturelles, Tom. IV. 1845. Zoologie et Physiologie, pag. 113.

Im anatomischen Museum zu Petersburg befinden sich Zwillinge weiblichen Geschlechts, etwa dem 8. Monate der Schwangerschaft entstammend, die folgender Maassen vereinigt sind: Die rechten Stirnhöhlen beider Individuen vom oberen Rande bis fast an die Nasenwurzel sind eng verbunden; die linken Hälften der Stirnen und Gesichter vollständig wohlgebildet. Die Annäherung ist so bedeutend, dass die beiden rechten Augen kaum 3 bis 4 Linien von einander entfernt sich gegenüberstehen. Mit den linken Augen hätten die Früchte daher frei ihre Umgebung sehen können, mit dem rechten Auge nur das gegenüberstehende Auge der Zwillingsschwester.

Die rechten Hälften des Stirnbeins sind verkümmert und zeigen ein Loch, durch welches die beiden Schädelhöhlen mit einander communiciren. Durch dieses Loch verbinden sich auch die rechten Hemisphären des Grosshirns zu einer Masse mit einander.

Abbildung: Atlas, Tafel III, Fig. 2, 3 und 4. Taf. III, Fig. 2, 3. u. 4.
von Baer, *Bulletin etc. S. 124, Fig. 4 und 4a.

Erklärung: Fig. 4. Pr.f, Pr.f, Processus falciformes; p, p, p', p', os parietale; o, o' (auf der Abbildung fälschlicher Weise a'), os occipitale; f, f, f', f', os frontale.

Kraniopagus parietalis. Der Zusammenhang zweier Früchte an den Scheiteln ist etwas häufiger, immerhin aber noch sehr selten beobachtet worden, so dass ich es für gut halte, die einzelnen Mittheilungen zu referiren. Kraniopagus parietalis.

Blainville, Aus dem Catalog des Hunter'schen Museum im College of surgeons. — von Baer, *Bulletin de l'Académie de St. Pétersbourg. Tom. III, S. 118.

Es findet sich in dieser Sammlung ein Kupferstich, der ein bei Brügge am 6. Mai 1682 geborenes Doppelkind, das zur Zeit der Beobachtung noch lebte, darstellt. Die beiden Mädchen sind mit den Scheiteln so verbunden, dass wenn man sich das eine aufrecht stehend denkt, das andere genau in der senkrechten Linie auf dem Kopfe des ersten stehen würde. Die Köpfe sind so gedreht, dass die beiden Gesichter nach einer Seite schauen.

Es wird bemerkt, dass das eine Kind schlief, während das andere weinte oder schrie.

Taf. III, Fig. 5. Abbildung: Atlas, Tafel III, Fig. 5.
von Baer, *Mémoires etc. Tafel VII, Fig. 3.

Albrecht, Commerc. litterar. ad rei med. et scient. natur. incrementum, Nürnberg 1736, sem. III. S. 22. Tafel IX, Fig. 10. — von Baer, *Bulletin de l'Académie de St. Pétersbourg, Tom. III, S. 125.

Die Zwillinge sind am 29. Dec. 1733 geboren und lebten am 5. März des folgenden Jahres noch. Sie waren der Art am Kopfe verwachsen, dass wenn man das eine Kind auf den Rücken legte, das andere auf dem Gesichte lag. Die Abbildung zeigt die Zwillinge in einem winkelförmigen Bette, von dem jeder Schenkel einem Kinde zur Ruhestätte diente und mit dem anderen einen rechten Winkel bildete. Man darf daher wohl glauben, dass die Art, wie beide Kinder verwachsen waren, zu dieser Form des Bettes nöthigte. Albrecht zeichnet die Kinder in sofern fehlerhaft, als der Scheitel des einen Kindes an die rechte Seitenwand des Schädels vom anderen angefügt ist. Da immer nur gleichnamige Theile mit einander in Verbindung bleiben, so muss auch der Scheitel des einen dem Scheitel des anderen angelegen haben. von Baer hat die Zeichnung deshalb etwas verändert.

Taf. III, Fig. 6. Abbildung: Atlas, Tafel III, Fig. 6.
von Baer, *Bulletin etc., S. 124, Fig. 9 (nicht Fig. 10, wie im Text S. 126 steht).

Sannie, Verhandelingen van het Maatschap te Haarlem, IV, 376. — Abhandlungen zur Naturgeschichte u. s. w. aus den Schriften der Haarlemer und anderer holländischer Gesellschaften, Bd. 1, S. 282. — von Baer, *Bulletin de l'Académie de St. Pétersbourg, Tom. III, S. 122.

Die Kinder wurden 1752 in den Niederlanden vollständig ausgetragen, aber todt geboren. Die Nase des einen Mädchens stand über dem rechten Ohre des anderen. Die Section wurde vom Vater nicht gestattet.

Taf. III, Fig. 7. Abbildung: Atlas, Tafel III, Fig. 7.
von Baer, *Bulletin, S. 124, Fig. 5.
In der Beschreibung werden die Zwillinge als Mädchen bezeichnet, in der Abbildung sehen wir männliche Geschlechtstheile.

Klein und Harless, *Jahrb. der deutschen Medicin u. Chirurgie, Bd. III, S. 17.

Im Jahre 1799 kamen in Boll im Württembergischen zwei Knaben unreif, doch lebend zur Welt. Dieselben sahen sich sehr ähnlich. Sie waren so am Scheitel mit einander verwachsen, dass der eine die Beine nach oben, der andere sie nach unten streckte. Beide lebten 64 Stunden; der Erstgeborene eine halbe Stunde länger. Sie schluckten, bewegten sich. Während der eine schrie, war der andere zumeist ruhig. Die Nasen standen über dem linken Ohr.

Die Gehirne waren durch die Hirnhäute vollständig getrennt, aber stark verschoben. Sie lagen vorherrschend in der linken Seite ihres Kopfes und waren mit dem vorderen Theile in die rechte Seite gedrängt.

Abbildung: Atlas, Tafel III, Fig. 9. Taf. III, Fig. 9.
von Baer, *Bulletin etc., S. 124, Fig. 6 (nicht Fig. 7, wie im Text S. 123 steht).

Uccelli, Anno di clinica esterna dell' imperiale e reale arcispedale di S. Maria nuova. Vol. II. Firenze 1823, pag. 227. — d'Alton, *De monstris, quibus extremitates superfluae suspensae sunt, Commentatio. Halle 1853, S. 45.

Die beiden Mädchen wurden im 8. Monate todt geboren. Alle Theile, mit Ausnahme der vereinigten Köpfe, waren wohl gebildet. Die Körperachsen standen in einem Winkel von ungefähr 45° zu einander. Die Schädelhöhle des einen ging in die des anderen über, indem die betreffenden Knochen sich in die entsprechenden des anderen Kopfes fortsetzten. Das Gehirn war so in Fäulniss übergegangen, dass eine genaue Untersuchung nicht möglich war. Das Eine soll aber constatirt sein, dass zwischen beiden Hirnen ein Diaphragma, durch Hirnhäute gebildet, bestanden habe, in dessen Mitte sich eine Oeffnung befunden, durch die eine Verbindung der Hirne möglich.

Villeneuve, Description d'une monstruosité consistant en deux foetus humains accolés en sens inverse par le sommet de la tête, Paris 1831. — *Isidor Geoffroy St. Hilaire, Histoire des Anomalies etc. Tom. III, S. 61. — von Baer, *Bulletin de l'Académie de St. Pétersbourg. Tom. III, S. 123.

Zwei an den Scheiteln verbundene Knaben wurden 1829 in Paris geboren. Ungefähr 7 Monate alt, zeigten sie nur wenige Lebensspuren. Sie waren so stark gegeneinander gedreht, dass das Gesicht des einen über dem Hinterhaupte des anderen stand. In der gemeinsamen Schädelhöhle fanden sich zwei durch Dura mater vollständig getrennte Gehirne. Die beiden getrennten Nabelschnuren inserirten in einer Placenta.

Abbildung: Atlas, Tafel III, Fig. 8. Taf. III, Fig. 8.
von Baer, *Bulletin etc., S. 124, Fig. 7 (nicht Fig. 8, wie im Text S. 123 steht).

Isidor Geoffroy St. Hilaire, *Histoire des Anomalies etc. Paris 1836, Tom. III, S. 58,

beschreibt den Schädel einer derartigen Missbildung, von dem er eine gute Abbildung vor sich hat. Die Vereinigung findet statt an den Stirn-, Scheitel- und Hinterhauptsbeinen. Es ist eine gemeinsame sehr grosse Schädelhöhle vorhanden, in der zwei getrennte Gehirne sich befinden. Die trennende Hülle besteht aus den vereinigten Hirnhäuten.

Otto, *Monstrorum sexcentorum descriptio anatomica, Breslau 1841, No. 297.

Zwei fünfmonatliche weibliche Fötus hängen mit den Scheiteln so zusammen, wie wenn ein Seiltänzer auf dem Kopfe des anderen steht. Die Gesichter sehen fast genau nach derselben Seite. Blutgefässe gehen von einem Kopfe zum anderen, hingegen keine Nerven. Die Schädelhöhle des einen öffnet sich in die des anderen; die Gehirne sind aber durch die Pia mater und die Arachnoidea vollständig getrennt.

Die übrigen Organe sind vollständig normal. Zwei Nabelschnüre mit je zwei Gefässen, einer Arterie und einer Vene. In einem Fötus fehlt die rechte, im anderen die linke Arterie.

von Baer, *Bulletin de l'Académie de St. Pétersbourg, Tom. III, S. 123.

Die ehemals in Wilna (Museum anatomicum Vilnense No. 273), 1845 in Kiew aufbewahrten Zwillinge lebten ein und zwei Tage. Sie sind wahrscheinlich wenig gegen einander gedreht, denn im Verzeichniss steht: Facies idem latus obtinent, pariterque occipita.

Medicinische Zeitung Russlands 1855, No. 17 und 1856 No. 33. — *Schmidt's Jahrbücher, Bd. 96, S. 296. — *Canstatt's Jahresbericht 1855, IV, S. 9. — *Monatsschrift für Geburtskunde Bd. 6, S. 66 und Bd. 8, S. 146.

Im Petersburger Findelhause wurden zwei Mädchen geboren, die so an den Scheiteln vereinigt waren, dass die Gesichtsmittellinie des einen das Ohr des anderen trifft. Die beiden Leibesachsen bildeten einen stumpfen Winkel, doch konnte man die Kinder in eine gerade Linie legen. Das Gesicht des einen Kindes ist symmetrisch, beim anderen ist die rechte Hälfte stark verkürzt. Im Bezug auf Schlaf, Nahrungsbedürfniss etc. sind die Kinder ganz unabhängig. Einmal schrie das eine und sein Gesicht röthete sich, während das andere schlief; dann fing auch das Gesicht des letzteren an sich zu röthen und zu verziehen, und später erst öffnete es die Augen. — Im Alter von 6 Wochen trat der Tod ein.

Section: Die Schädelhöhle zeigte in den Scheitel- und Hinterhauptsbeinen eine Communication. Die Dura mater waren gemeinsam, die Hemisphären verschmolzen.

Badger, New York med. Record, 1. Juni 1869. — *Virchow-Hirsch, Jahresbericht 1869, I. S. 164.

Geburt des ersten in Fusslage, des zweiten in Schädellage. Die beiden Köpfe sind in der Mitte des Scheitels vereinigt. An der Vereinigungsstelle fehlt die knöcherne Schädeldecke. Die Gesichter sehen fast nach derselben Seite. — Eine gemeinschaftliche Placenta.

Bérigny, Le Duc und Dause, Moniteur des sciences méd. 1861. 2. Mai. — *Canstatt's Jahresbericht 1861, IV. 3.

Mädchen. Der Schädel bildet einen unregelmässigen Cylinder mit einer Einschnürung in der Mitte. Das Stirnbein des einen Kindes stösst an das linke Scheitelbein des anderen. Die Gehirne waren getrennt. Die beiden Körper bildeten eine Linie. — Lag das eine Kind auf dem Rücken, so musste das andere auf der Seite liegen.

Der Tod trat 8 Tage nach der Geburt ein, und zwar starb ein Kind 24 Stunden später als das andere (?), so dass bei dem einen schon Fäulnisserscheinungen waren, während das andere noch lebte (?).

Kraniopagus parasiticus. An diese 12 Beobachtungen symmetrischer Kraniopagi parietales reihen sich die sehr seltenen parasitischen Formen an, also Beobachtungen, wo auf dem Scheitel einer gut gebildeten Frucht die mangelhaft entwickelten Theile einer zweiten Frucht sich befanden. Der Kopf dieses Parasiten ist verhältnissmässig noch gut ausgebildet, während der Rumpf und die Extremitäten nur angedeutet sind, oder rudimentär sich entwickelten. Da der Parasit ein Herz nicht aufzuweisen hat, so muss die Ernährung desselben durch die Gefässe des Schädels oder des Gehirns der gesunden Frucht erfolgen.

Als Uebergang vom symmetrischen zum parasitischen Kraniopagus stelle ich die Beobachtung von Dönitz voran.

Dönitz, *Reichert's Archiv 1866, S. 534.

Missbildung des Berliner anatomischen Museum (No. 21562). Mit dem Scheitel eines sonst wohlgebildeten 8monatlichen Fötus ist der Scheitel einer Frucht verbunden, die einen Kopf, Thorax und eine rechte wohlgeformte obere Extremität zeigt. Bauch, linke obere Extremität und die unteren Extremitäten fehlen gänzlich. Die Thoraxhöhle bietet genau die Erscheinungen, wie beim Acardiacus acephalus, d. h. die Lungen fehlen, das Herz bildet einen einfachen Schlauch, indem sich hier einzelne Trabeculae carneae nachweisen lassen. — Ueber das Verhältniss der beiden Schädel konnte nichts Bestimmtes ermittelt werden. Theilweise war eine Trennung beider Gehirne durch Dura mater vorhanden. Auch über die Ernährung des Parasiten, die ja nothwendiger Weise durch den Kopf des Autositen stattfinden musste, liess sich nichts Bestimmtes mehr nachweisen. Der Parasit trug freilich einen Nabelstrang, der aber blind endete und keine Gefässe enthielt. Die Allantois kann also nur kurze Zeit mit der Chorioninnenfläche in Contact gewesen sein.

Abbildung: Atlas, Tafel III, Fig. 10. Taf. III, Fig. 10.
Dönitz, *Reichert's Archiv 1866, Tafel XIV, Fig. B.

Auch die nun folgende Beobachtung von Vollem lässt gerade im Bezug auf die Ernährung des Parasiten viele Fragen offen.

Vollem, Description des deux foetus réunies, 1828. — H. Meckel, *Müller's Archiv 1850, S. 259.

1825 gebar Frau Hobrant einen normalen Fötus, auf dessen Scheitel, schief aufsitzend, ein unvollkommener Fötus sich befindet. Derselbe besteht aus einem Kopfe mit halbzerstörtem Gehirne, dessen Schädelhöhle mit der des Trägers communicirt, einer rudimentären Wirbelsäule, ohne Rückenmark, zwei unvollkommenen Armen, einem Sirenenbecken und -bein, verschiedenen Eingeweiden und einem deutlich erkennbaren, aber völlig obliterirten Herzen. Der Kreislauf, durch Injection ermittelt, geschah in der Art, dass das Blut aus der rechten Jugularvene des Trägers vermittels der Schädelvenen in die Venen der linken Seite des Parasiten, von da durch dessen Kapillaren in die Venen der rechten Seite, endlich zurück in die Venen des Trägers ging; ein arterieller Kreislauf bestand gar nicht (?).

Das bekannteste Beispiel des Kraniopagus parasiticus ist beschrieben von

Home, Lectures on comp. anatomy, Vol. III, S. 334. — *Philosophical Transactions 1790, S. 296.

Das betreffende Kind wurde 1783 zu Mandolgent in Bengalen geboren. Die Hebamme erschrak über die Missgeburt so sehr, dass sie dieselbe ins Feuer warf, wo ein Auge und ein Ohr beträchtlichen Schaden litten. — Auf dem Kopfe sass ein zweiter, gleich grosser Kopf verkehrt auf, an dem noch eine Verlängerung, wie ein Hals gestaltet, zu sehen war, an dem wieder eine Geschwulst von der Grösse einer Pfirsiche den Abschluss bildete. Das Gesicht des parasitären Kopfes stand über dem rechten Ohre des Autositen. Im Anfange des 4. Jahres starb das Kind in Folge des Bisses einer giftigen Schlange. Bei der Section zeigten sich die beiden Gehirne nicht vereinigt, sie waren durch die harte Hirnhaut von einander getrennt. — Der skelettirte Doppelschädel befindet sich in London.

Ueber die Lebensverhältnisse dieses merkwürdigen Kindes möge noch folgendes angeführt werden.

Der parasitische Kopf hatte seine Kiefern, Augen, Ohren, seine Nase und Zunge. Zwischen dem Kopfe und dem Kinde scheint ein sympathischer Zusammenhang vorhanden gewesen zu sein. Wenn das Kind an der Mutterbrust sog, so glaubte man auch den Ausdruck des Behagens am Kopfe zu bemerken. Wenn das Kind lächelte, bemerkte man nicht den entsprechenden Ausdruck in dem anderen Kopfe, und wenn es weinte, wenigstens nicht immer. Wenn das Kind schlief, schienen die Augen des anderen Kopfes, die übrigens nie ganz geschlossen waren, daran keinen Theil zu nehmen. Wenn aber das Kind plötzlich aus dem Schlafe aufweckte, so bewegten sich die Augen beider Köpfe. Während aber die Augen des Kindes bald einen Gegenstand fixirten, rollten die des parasitischen zwecklos umher. Ueberhaupt konnte man nicht bemerken, dass diese Augen jemals einen Gegenstand fixirten. Die Augen des Parasiten wurden nicht geschlossen, wenn man einen Gegenstand rasch auf sie zu bewegte, doch scheinen die Augenlider beweglich gewesen zu sein, wie auch der Unterkiefer. Plötzlich einfallendes Licht brachte eine Verengerung der Pupille hervor. Die Augen des Parasiten ergossen immer Thränen, die des anderen nur, wenn das Kind weinte. Reizung der Haut des parasitischen Kopfes brachte einen Ausdruck des Schmerzes im Gesichte hervor.

Aus allen Beobachtungen des Kindes liess sich entnehmen, dass der parasitäre Kopf ein eigenes Selbstbewusstsein nicht besass.

Taf. III, Fig. 11 u. 12. Abbildung: Atlas, Tafel III, Fig. 11 und 12.
von Baer, *Bulletin de l'Académie de St. Pétersbourg, Tom. III, 1844, S. 124, Fig. 8 und 8a.

Kraniopagus occipitalis. **Kraniopagus occipitalis.** Die Vereinigung zweier Früchte mit dem Hinterhaupte entsteht entweder dadurch, dass die getrennten Anlagen sich auf der Keimscheibe so zu einander legen, dass ihre Rücken einander zugewendet sind, sich also die Hinterhäupter berühren, oder sie entsteht dadurch, dass zwei mit der Bauchfläche dem Dotter aufsitzende Früchte sich so aus der Keimblase herausheben, dass bei zunehmender Kopfkrümmung die beiden Hinterhäupter sich berühren und durch Knochen und Haut dann mit einander verbunden werden.

Die beiden Individuen sind in seltenen Fällen genau mit den Rücken einander zugekehrt, sondern häufiger mehr oder weniger seitlich mit einander verbunden.

Reneaume, *Histoire de l'Académie de Paris 1703, S. 39.

Die Geburt dieser beiden am Hinterhaupte verwachsenen Früchte war sehr schwer. Die Füsse des einen gingen voran. — Die Gesichter schauten nach entgegengesetzten Seiten. — Die Bewegungen der Kinder waren unabhängig von einander, daher auch anzunehmen, dass die Gehirne getrennt waren.

Anel, Mémoires pour l'histoire des sciences et des beaux arts, de l'imprimerie à Trévoux, 1716 Januar, S. 168. — von Baer, *Bulletin de l'Académie de St. Pétersbourg, 1844, Tom. III, S. 126.

Um das Jahr 1710 wurden in Deutschland zwei Knaben gezeigt, die, ungefähr 10 Jahr alt, sich gut entwickelt hatten. Sie befanden sich vollkommen wohl und waren nie krank gewesen. Ihre Gesichter waren nicht ähnlich, und noch verschiedener waren ihre Charaktere. Der eine war ernst und sprach wenig, der andere war heiter; dabei, wie es scheint, übermüthig und neckend. Da es dem anderen nicht an Verstand, sondern nur an Neigung den Streit zu erregen fehlte, so scheint er durch die Neckereien des Bruders sehr erbittert worden zu sein. Es wird nämlich erzählt, dass, obgleich der eine ursprünglich ein artiger und sittsamer Knabe gewesen zu sein schien, sie doch so erbittert gegen einander geworden seien, dass man sie stets unter Aufsicht halten musste, weil man fürchtete, dass sie einander tödten könnten. Auch unter Aufsicht gaben sie sich gegenseitig heftige Schläge und man hatte viele Mühe sie zu besänftigen.

Wie alt diese Knaben geworden und wo sie gestorben, ist nicht bekannt.

Daubenton, *Buffon et Daubenton, Histoire naturelle générale et part. Tom. III, S. 65, Paris 1749. — Deutsche Uebersetzung Bd. 2, Th. 1, S. 44. — von Baer, *Bulletin de l'Académie de St. Pétersbourg 1844, Tom. III, S. 126.

Beschreibung der Skelette zweier am Kopfe zusammenhängenden Früchte, von denen die grössere 13", die kleinere 12" lang war: Die Vereinigung hatte am Hinterhaupte stattgefunden. Das Hinterhaupt des kleinen Skelettes ist nach hinten übergebogen und vereinigt sich mit dem rechten Scheitel- und Schläfebein des grossen Skelettes. Dessen Hinterhaupt ist verbunden mit dem rechten Scheitelbein und mit einer Partie des linken Scheitelbeines des Schädels des kleinen Skelettes.

Barkow, *Dissertatio de monstris duplicibus, verticibus inter se junctis, Berolini 1821.

In einem Dorfe bei Münster wurden am 8. Mai 1820 zwei Mädchen geboren, die mit dem Hinterhaupte verbunden waren. Die Geburt erfolgte verhältnissmässig leicht, nur im Beisein der Hebamme. Am 9. Mai sah Dr. Greif die Kinder. Sie tranken gut; so oft sie aber Flüssigkeiten nahmen, floss aus der linken Orbita des kleinen Kopfes stets eine Kleinigkeit ab. Das grössere Kind hatte bei der Geburt durch Druck auf den Kopf etwas gelitten. Es starb zuerst, am 10. Mai früh 6 Uhr; das kleinere Kind desselben Tages gegen Abend.

Die Verbindung fand statt in der Gegend der kleinen Fontanelle. Hinterhauptsbeine nur rudimentär vorhanden. Es war nur eine Schädelhöhle vorhanden. Die Hirne waren durch die pia und dura mater vollständig getrennt.

Abbildung: Atlas, Tafel III, Fig. 13, 14 und 15. Taf. III, Fig. 13, 14 und 15.

Barkow, *Dissertatio etc., Tafel I, II und III.

Erklärung: Fig. 14. p, p, p', p', os parietale; f, f, f', f', os frontale.

Fig. 15. la, la, la', la', Raum für die vorderen Lappen des Grosshirns; lp, lp, lp', Raum für die hinteren Partien des Grosshirns; tc, tc', tentorium cerebelli; fm, fm', foramen magnum; c, c', Raum für das Kleinhirn.

Detharding, *Nova acta Academ. N. Cur. X, S. 695.

Eine 42jährige Erstgebärende hatte bis Ende der Schwangerschaft getragen, die Kindesbewegungen waren gering gewesen. Beim Wasserabfluss fiel die Nabelschnur mit herab. Der Arzt fand eine Schädellage. Die Zange glitt ab. Perforation. Haken zwischen beide Hälse angesetzt. Vergebens. Nach Herabholen des Fusses gelingt die Wendung. — Placenten zusammenhängend. Section nicht gestattet.

Zwei Mädchen, an den Hinterhäuptern verwachsen, die selbst fehlen. Die Gesichter, gut ausgebildet, sind nach entgegengesetzten Seiten gewendet. Gehirn hydropisch, beiden Kindern gemeinsam. Vier Ohren, an richtiger Stelle. Zwei Hälse, die ungefähr einen Zoll von einander abstehen.

Regnault, Écarts de la nature, Pl. 40. — *Js. Geoffroy St. Hilaire, Histoire des anomalies, Bd. III, S. 65.

J. G. St. Hilaire zweifelt die Richtigkeit dieser Beobachtung an.

Vielleicht gehört hierher auch ein Fall, der sich in der Gazette de France vom 28. Juni 1836 oder 1837 befindet (*Froriep, Neue Notizen, Bd. 3, S. 42). Er ist aus einem schwedischen Journale, Morgenstierna, entnommen und lautet so humoristisch und unglaublich, dass ich ihn nur deshalb hier anführe, weil man glauben muss, eine wirklich beobachtete Missbildung habe die Anregung zu dem folgenden Elaborate gegeben:

In einem ärmlichen Finnländischen Dorfe, Namens Bieladin, wurden vor 12 Jahren zwei Zwillingsbrüder geboren, welche Kopf über, Kopf unter mit dem Rücken so verwachsen sind, dass wenn der eine aufrecht steht, er gezwungen ist, seinen Bruder zu tragen, welcher dann die Füsse nach oben und den Kopf nach unten hat; beide sind vollkommen gut ausgebildet und haben gleiches Wachsthum, und die Verbindung der Brüder ist so, dass die Aerzte eine Trennung durch eine Operation für möglich hielten. Sonderbar ist, dass sie mit einer unvergleichlichen Regularität abwechseln. Wenn der eine ermüdet ist, so giebt er einen leichten Schrei von sich und augenblicklich findet die Umkehrung statt; dies erfolgt alle Viertelstunden, so dass die Zahl ihrer Umdrehungen den Eltern als eine Uhr dient. — Erst seit einem Jahre sind sie im Spiele darauf gekommen, eine Reihe von Purzelbäumen zu machen, wodurch sie einen grossen Raum in kurzer Zeit zurücklegten; seit dieser Entdeckung thun sie Botendienste und überbringen Aufträge mit einer Geschwindigkeit, der kein Pferd gleich kommen soll. Jeder ihrer Schritte oder Sprünge beträgt mehr als 3,50 Meter. Man kann ihre Gangart dann nicht besser vergleichen, als mit der von zwei Mitgliedern einer Springertruppe, welche oft, sich in entgegengesetzter Richtung einander anfassend, zusammen Purzelbäume schlagen. Im Lande nennt man sie Furstiva, welches Vierzig-Meilenstiefeln besagen soll.

---

b) Ungleichmässig entwickelte Formen.

Während ich die parasitären Formen der Thoracopagi und Kraniopagi, weil ihrer eine nur kleine Zahl, gleich im Anschluss an die symmetrischen Formen anführen konnte, haben wir der parasitären Formen bei vollständig getrennten Fruchtanlagen eine so grosse Reihe, die wiederum die verschiedensten Unterarten bieten, dass wir ihnen ein besonderes Kapitel widmen müssen.

Im allgemeinen zerfallen diese parasitären Formen in zwei Gruppen. Die eine charakterisirt sich dadurch, dass dem einen der Zwillinge die Nahrungszufuhr abgeschnitten wird, ohne dass seine Form beeinträchtigt wird. Er geht zu Grunde. Bei der anderen Gruppe wird die Ernährung des einen Zwilling vom Zwillingsbruder übernommen, wobei die Form mehr oder weniger beeinträchtigt wird. Der Parasit lebt aber intrauterin weiter. Die rudimentären Zwillinge der zweiten Gruppe können dem Autositen mehr oder weniger innig einverleibt werden, so dass eine Trennung nach der Geburt auch eine Gefahr für den wohlgebildeten Fötus involvirt, oder der Parasit hängt nur mit der Placenta des Autositen zusammen; dann bringt die Trennung selbstverständlich dem letzteren keinen Nachtheil.

Foetus papyraceus.

F o e t u s p a p y r a c e u s. Dieselben Bedenken, die ich aussprach, als ich die homologen Zwillinge als erste Gruppe der Doppelmissbildungen anführte, kommen auch hier zur Geltung. Doch sind wir, da die Veränderungen eineiige Zwillinge betreffen, die durch Spaltung einer gemeinsamen Anlage entstanden sind, berechtigt, wie die homologen Zwillinge auch die Abarten der Paarlinge hier zu besprechen.

Bis zu der Zeit, in welcher die Allantois aus dem Enddarme hervorsprosst, also circa bis zum 12. Tage, geschieht die Entwickelung vollständig normal. Auch nach dieser Zeit besteht vorerst die einzige Anomalie, die aber schwerere Ernährungsstörungen zur Folge hat, darin, dass die Allantoisgefässe, die späteren Nabelschnurgefässe, auf der gemeinsamen Placenta in allzugrosse Abhängigkeit von einander kommen. Wenn die Communication nur in Capillaranastomosen besteht, so pflegt ein schädlicher Einfluss auf einen der Zwillinge nicht zu entstehen, wie wir an der grossen Zahl von Beobachtungen bei homologen Zwillingen sehen können, bei denen stets ein mehr oder weniger ausgebreitetes gemeinsames Haargefässnetz vorhanden ist.

Handelt es sich aber im weiteren Verlaufe der Entwickelung um Communication grösserer arterieller Gefässe, so kann bei geeigneten Verhältnissen eine Stauung in dem einen arteriellen Systeme eintreten, der der schwächere Zwilling zum Opfer fällt. Nehmen wir an, dass die beiden Gefässe unter einem ziemlich spitzen Winkel mit einander in Verbindung treten, so würde, wenn die Herzkräfte beider Früchte einander gleich wären, keine andere Folge zu beobachten sein, als dass die Geschwindigkeit der Blutströme gleichmässig sich um etwas verminderte. Da man aber fast nie die hierzu nöthige vollständig gleiche Druckkraft der Herzen vorfinden wird, so muss der eine Blutstrom überwiegen, der andere hingegen stauen. Dieses Missverhältniss wird von Minute zu Minute gravirender, bis endlich gar kein Blut mehr aus dem Blutgefässe des kleineren Fötus in das des grösseren übertritt und dadurch der Tod des ersteren unausbleiblich ist. Während schon vorher sich ein Unterschied in der Fruchtwassermenge zeigte, so hört mit dem Tode der Frucht die fernere Abscheidung von Fruchtwasser auf. Die immer mehr sich ausbreitende grössere Frucht und ihr wasserreicher Fruchtsack drücken die kleinere abgestorbene immer mehr zusammen; das Fruchtwasser der letzteren verschwindet, sie selbst wird gegen die Uteruswand gepresst und breit gedrückt, so dass sie in exquisiten Fällen in der That nur die Dicke eines starken Pergamentes hat (Fötus papyraceus).

Diese Art der Entstehung ist nicht die einzig vorkommende, vielleicht nicht einmal die am häufigsten zu beobachtende. Der eine Fötus kann auch zu Grunde gehen, indem Blutungen zwischen die Chorionzotten hinein gerade die Stelle der Placenta betroffen haben, in der seine Gefässe sich verbreitet hatten, während der Gefässbezirk des anderen Fötus keine derartige Compression zu erleiden hatte.

Ferner können auch Anomalien der Nabelschnur (Torsion, Compression, Umschlingung) den Tod des einen Fötus herbeiführen, während der andere gesund bleibt.

Das Endresultat ist dasselbe, mag auf diese oder jene Weise der Tod der Frucht erfolgt sein.

Die Fötus papyracei sind nach der Geburt leicht zu übersehen, wenn die Eihäute nicht genau untersucht werden. Sie erreichen selten eine grössere Länge, als die einer Frucht aus dem 4. oder 5. Monate entsprechend. Ihr Gewebe ist mumificirt. Aeusserlich sind sie meist mit einer Lage Hautschmiere (Fett) bedeckt.

Acardiacus. Acardiacus. Obwohl dieser Name für die gleich zu beschreibende Classe von Missbildungen, nach zweierlei Richtung hin, nicht zutreffend ist, so habe ich ihn doch, da man gewohnt ist, eine typisch getrennte Classe damit zu bezeichnen, beibehalten. Einmal ist der Name zu weitgehend, denn er umfasst alle Parasiten, da diese alle herzlos zu sein pflegen; dann ist er aber auch wieder zu eng gegriffen, da unter der Reihe der typisch als Acardiaci bezeichneten Früchte sich bereits eine ganze Reihe von Missbildungen finden, die ein Herz, wenn auch nur ein rudimentäres, besitzen.

Die Haupteigenthümlichkeit des Acardiacus ist, dass er mit seiner Nabelschnur oder seinen Nabelschnurgefässen in Verbindung tritt mit den Nabelschnurgefässen einer kräftigen, meist wohlgebildeten Frucht, durch deren Herz denn auch der Blutstrom im Acardiacus bewegt wird. Wir könnten ihn daher richtiger als Allantois- oder Placentaparasiten bezeichnen.

Die Entstehungsweise können wir uns folgender Maassen vorstellen: Zwei gesunde Embryonen entwickeln sich auf einem Dotter. Die Allantois des einen bildet sich nur einige Stunden eher, als die des anderen. Sie hat bereits die Innenfläche des primären Chorions erreicht, und dasselbe ganz oder zum Theil umwachsen, wenn die Allantois des zweiten diesem selben Ziele zustrebt. Wenn eine vollständige periphere Ausbreitung der ersten Allantois vorhanden, so kann unmöglich die zweite Allantois das Chorion erreichen, sie muss sich in die erste Allantois inseriren. Blieb hingegen noch ein Theil des Chorion als Ansatzstelle für die zweite Allantois frei, so kam es darauf an, ob diese Stelle in der Gebärmutter der Decidua vera oder der Decidua reflexa entsprach. Im letzteren Falle gelangt die zweite Frucht auch nicht in Besitz einer eigenen Placenta, sondern muss ebenfalls die benachbarte Allantois zur Insertion ihrer Gefässe benutzen. Im ersteren Falle acquirirt die zweite Frucht einen kleinen Theil der Placenta.

Verfolgen wir zuerst den Vorgang weiter, wenn die zweite Frucht vollständig von der Allantois der ersten umwachsen wurde. Man vergleiche die schematischen Abbildungen, Figg. 4, 5 und 6. Die

Fig. 4.

Fig. 5.

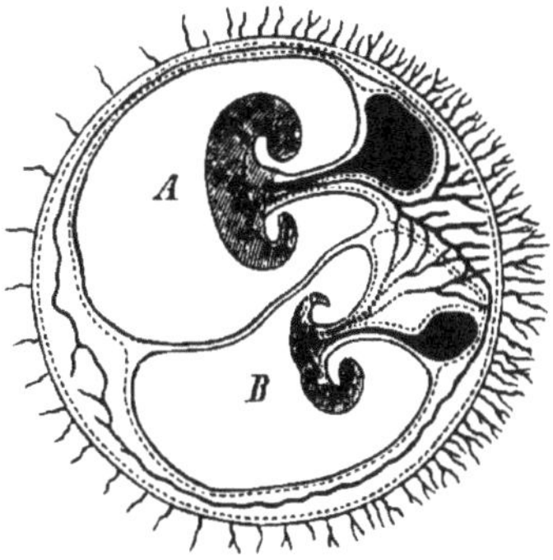

Fig. 6.

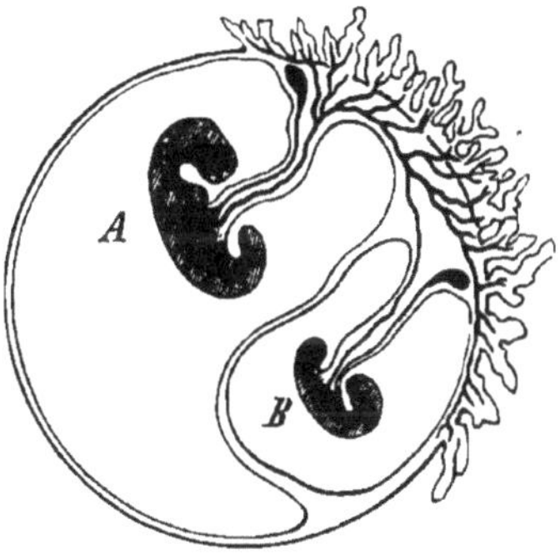

Figur 4 bis 6.
Schematische Darstellung der Entwickelung des reinen Allantoisparasiten.

In allen drei Figuren bedeutet
die äussere Hülle mit den Zotten das Chorion;
die zarten punktirten Linien die beiden Allantoisblasen;
die einfachen Linien die beiden Amnien;
die geschlängelten Linien die Allantoisgefässe, die in Fig. 5, wo die Umkehrung der Blutströme geschildert ist, beim Parasiten *B* punktirt gezeichnet worden sind.

Allantoisgefässe von *B* (der zweiten Frucht) treten in grosser Zahl in Berührung mit denen von *A*. In dieser Zeit, wo von einer Gefässwand noch nicht die Rede ist, wird eine Vereinigung der einzelnen

Gefässe sehr leicht stattfinden können. Mit zunehmendem Wachsthum der beiden Amnien fliessen die Allantoisgefässe in immer grössere Stämme zusammen, die Nabelstränge bilden sich aus, bis endlich *A* eine gut ausgebildete Placenta besitzt, während *B* einer Placenta vollständig entbehrt und mit seinem Nabelstrange an der Insertion des ersteren Nabelstranges inserirt. Es hängt von der Ausbreitung des Amnion von *B* ab, wie viel von der Innenfläche der Placenta dem Amnion von *A* abgerungen wird. Bleibt das Amnion von *B* sehr klein, so breitet sich das Amnion *A* auf der Placenta vollständig aus, die Gefässe müssen dann durch Insertio velamentosa zum Nabelstrange *A* gelangen. Hat hingegen Amnion *B* einen Theil der Placenta für sich acquirirt, so inserirt Nabelstrang *B* scheinbar auf der Placenta.

Arterien und Venen der Frucht *B* werden sich in solchen Fällen verschieden verhalten. Bei der Stärke des Blutdruckes in den sich vereinigenden Arterien wird nach und nach die zu *B* führende Verbindungsarterie den kürzesten Weg zwischen den beiden Nabelschnurinsertionen einnehmen, während in dem trägeren venösen Blutlaufe diese Tendenz nicht zu bemerken ist.

Diese exquisite Form des Acardiacus wäre daher als reiner Allantoisparasit aufzufassen.

Hat sich bei der Entwickelung der Allantois *B* ein Theil derselben mit der Allantois *A* verbunden, während ein anderer das Chorion erreichte und mit der Decidua vera an der Bildung der Placenta Theil nahm, so könnte die eine primitive Aorta von *B* eine Anastomose mit der Allantois *A* eingehen, während die Verzweigung der anderen in den ihnen zufallenden Theilen der Chorionzotten stattfindet. Es würde in solchen Fällen darauf ankommen, ob die Allantoisplacenta oder die Chorionplacenta von grösserer Bedeutung für die Ernährung des Fötus *B* wurde. Wenn auch anfangs vielleicht beide Kreisläufe neben einander bestehen könnten, so würde doch später eine Placenta gegen die andere zurücktreten müssen. Entweder der Fötus *B* ernährt sich durch seine Chorionplacenta, dann wird die Allantoisplacenta zu einer bedeutungslosen Anastomose; oder er ernährt sich durch die Allantois von *A*, dann wird er ein Allantoisparasit und die Chorionplacenta atrophirt und verfettet. — Diese letzte Form könnte man als secundären Allantoisparasiten bezeichnen.

Wenn endlich die Allantois *B* einen genügenden Theil der Placenta für sich erlangen kann, so entsteht die gewöhnliche Form der gemeinschaftlichen Placenta eineiiger Zwillinge. In der Regel sind die Anastomosen nur capillärer Natur. Sollten auch grössere Anastomosen sich bilden, so hat dies auf die Ernährung des Fötus keinen wesentlichen Einfluss mehr. *B* wird nicht zum Acardiacus.

Durch die Umkehrung des Blutkreislaufes in der Nabelschnur und im Körper eines der Zwillinge (*B*) werden die dem Acardiacus eigenthümlichen Formveränderungen wie auch die Anomalien innerer Organe bedingt. In der Regel geht der Blutstrom durch die primitiven Aorten rückwärts zum Herzen, und dieses, welches erst eine einfache Schlinge bildet, wird mit in den Blutkreislauf eingeschaltet, kann auch wohl in einzelnen Fällen veröden. Der Mangel des Herzens war die Haupteigenthümlichkeit dieser Classe der Missbildungen und hat ihr auch den Namen gegeben. Doch nicht ganz mit Recht. Ich habe nachgewiesen (*Archiv für Gynäkologie, Bd. 14, S. 321), dass in der Literatur sich 14 Fälle von Acardiacis mit Herzen verzeichnet finden. Diese Herzen sind dann immer mehr oder weniger rudimentär ausgebildet. Es unterliegt aber keinem Zweifel, dass einige dieser Herzen eine Zeit lang in Thätigkeit gewesen sind, einzelne vielleicht bis zuletzt ihren Antheil an der Circulation gehabt haben, so dass in diesen Früchten wenigstens einige Zeit hindurch ein doppelter Kreislauf bestanden haben mag, deren treibende Centren das normale Herz des Fötus *A* und das rudimentäre Herz des Fötus *B* gewesen sein mag.

Der Mangel oder die rudimentäre Bildung des Herzens haben zur Folge, dass die dem Herzen zunächst sich entwickelnden Organe nicht oder nur rudimentär zur Entwickelung kommen. Es fehlen daher die Lungen, der Herzbeutel, die Trachea, das Zwerchfell, das Sternum, Theile der Rippen, Wirbelkörper etc. Gleicher Weise entwickeln sich auch die Extremitäten nur mangelhaft. Auch die Leber fehlt in der Mehrzahl der Fälle. Die Ursache ihres Mangels ist noch nicht entgiltig festgestellt. Relativ am weitesten pflegen die Organe der Bauchhöhle, des Beckens und die unteren Extremitäten entwickelt zu sein; wohl aus dem Grunde, weil in der Regel nach Umkehrung des Blutkreislaufes das frische Blut durch die beiden Allantoisarterien dem Becken zuströmt und den diesem zunächst liegenden Organen am ehesten zu Gute kommt.

Endlich wird die Form des Acardiacus noch verkümmert durch Stauungserscheinungen im Venensysteme, die dadurch entstehen, dass dem Abfluss des Blutes grössere Hindernisse im Wege stehen, indem die Venen theils sehr eng zu sein pflegen und indem sie einen weiteren Weg zurückzulegen haben. Ueberhaupt ist die Strecke, welche das Blut durch das gesunde Herz *A* getrieben werden muss, eine so ausgedehnte, dass in den letzten Partien dieses Kreislaufes der Druck nur noch ein sehr geringer sein kann. Durch diese

Stauung sehen wir vor allem eine starke Entwickelung des bindegewebigen Theiles des Unterhautzellgewebes entstehen. An diese Hypertrophie des Bindegewebes schliesst sich in der Regel die Bildung von Hohlräumen an, aus denen dann die Lacunen und Cysten des Unterhautzellgewebes sich bilden. Durch diese Anomalien wird häufig der Acardiacus zu einer unförmigen Masse umgewandelt.

Auf Tafel IV des Atlas habe ich zwei Präparate abbilden lassen, die den Zusammenhang des Acardiacus mit seinem Zwillingsbruder und mit der Placenta trefflich illustriren.

Taf. IV, Fig. 1. Abbildungen: Atlas, Tafel IV, Fig. 1.

Sippel, *Ein menschlicher Acardiacus, In. Diss. Marburg 1875.

Taf. IV. Fig. 2. Atlas, Tafel IV, Fig. 2.

Meckel, *Müller's Archiv 1850, Taf. VII. Fig. 12.

Erklärung: Die Placenta (Pl.) wird durch zwei Amnien (Am.) in zwei ungleiche Hälften getheilt. Vom Nabelstrange der ausgebildeten Frucht führt eine Arterie (a) und eine Vene (v) zum missbildeten Acardiacus. oc. Auge; os. Mund; der Acardiacus ist ein Cyklops.

Die einzelnen Formen des Acardiacus. Nach dem Grade ihrer Entwickelung nennen wir die einzelnen Formen Acardiacus amorphus, Acardiacus acormus, Acardiacus acephalus und Acardiacus anceps.

Acardiacus amorphus. Dem Acardiacus amorphus geht die menschliche Form gänzlich ab. Es fehlen ihm auch in der Regel Spuren der Extremitäten, so dass die ganze Masse einem unförmigen, mit menschlicher Haut überzogenen Klumpen gleicht. Eine kleine Hervorragung, meist mit einem Büschelchen Haare besetzt, deutet die Stelle an, an der sich Kopfrudimente finden, oder wo solche während der Entwickelung einstmals vorhanden waren.

Im Inneren sieht man einzelne Knochen mehr oder weniger gut entwickelt, entweder vereinzelt oder im Zusammenhange mit anderen. Besonders häufig werden Rudimente des Beckens mit anhängenden Theilen der Wirbelsäule gefunden. Vom Darm finden sich grössere oder kleinere Partien, die oben und unten blind enden.

Die äussere Bedeckung besteht aus normaler Haut; das Unterhautzellgewebe pflegt stark hypertrophirt zu sein, zeigt Oedeme und cystenartige Erweiterungen.

Bei den Amorphis findet sich nie ein Herz. Im Nabelstrange liegen durchweg nur zwei Gefässe, eine Vene und eine Arterie, die durch die Kleinheit der Lumina bemerkenswerth sind. Der Nabelstrang ist stets auffallend kurz. Oefter findet sich gar kein Strang, sondern die Gefässe verlaufen in den Eihäuten zum Acardiacus.

Clarke, *Philos. Transact. 1793, Vol. 83, S. 154.

Klein, Spec. inaug. sist. monstr. quor. descriptio 1793, p. 25.

G. Vrolik, Mémoire sur un foetus monstrueux etc., in Mémoires sur quelques sujets intéressants d'anatomie et de physiologie. Amsterdam 1822. — Vrolik, *Tabulae ad illustrandam embryogenesin. Amsterdam 1849. Tab. 46.

Glaser, *Ein Amorphus globosus. Inaug. Diss. Giessen 1852.

Barkow, *Beiträge zur pathologischen Entwickelungsgeschichte. Breslau 1854.

Spliedt, *Monstri Acardiaci descriptio. Inaug. Diss. Kiel 1859.

Comil et Causit, Un cas de monstre Anidien chez l'homme. Gazette méd. de Paris, 1866, No. 23. — *Virchow-Hirsch Jahresbericht 1866. I, S. 158.

Calori, *Di un anideo umano trilobato. Bologna 1858.

Elb, *Ueber einen Fall von herzloser Missgeburt. Inaug. Diss. Leipzig 1869. Siehe auch Credé, *Monatsschrift für Geburtskunde, Bd. 33, S. 296.

Abbildung: Atlas, Tafel IV, Fig. 4. Taf. IV, Fig. 4.

Pathologisch-Anatomisches Institut in Leipzig No. 26a der Sammlung.

Acardiacus acormus. Die Uebergänge vom amorphus zum acormus sind in mehreren Beispielen vertreten. Ich rechne dahin diejenigen Fälle, in denen an einer formlosen Masse sich mehr oder weniger deutliche Spuren eines Kopfes finden, der aber in seiner Form von der normalen Kopfform wesentlich abweicht. Es gehören hierher die Beobachtungen von Acardiacus acormus.

Delamarre, nach Meckel Lamare, Journal de méd., chir. pharm. 1770, Tom. 33, S. 174. — *Förster, die Missbildungen des Menschen, S. 61.

Bland, *Philos. Transact., Vol. 71 für 1781, Part. II, S. 363, Fig. S. 370.

Lieber, *Monstri molae specimen prae se ferentis descriptio anatomica. Inaug. Diss. Berlin 1821.

Nicholson, *De monstro humano sine trunco nato. Inaug. Diss., Berlin 1837. — *Müller's Archiv 1837, S. 328.

Rumpholz, *De monstro trunco carente. Inaug. Diss. Halle 1848.

Abbildung: Atlas, Tafel IV, Fig. 5. Taf. IV, Fig. 5.

Hempel, *De monstris acephalis. Dissertatio., Hafniae 1850.

Abbildungen: Atlas, Tafel IV, Fig. 6 und 7. Taf. IV, Fig. 6 u. 7.

Erklärung: Fig. 7. rud. os. c, Rudimente der Kopfknochen; cart. br, knorpelige Rudimente der Armknochen; tr, Trachea; tr. int, Darmpartie; tr. art, truncus arteriosus; ur.d un.d urs, rechter und linker Ureter; tr. ven, truncus venosus; cart. pelv und pelv, Rudimente der Beckenknochen.

Depaul, *Lanceraux, Traité d'Anatomie pathologique, Paris 1875, S. 60.

Reine Formen des Acormus, und zu diesen rechne ich diejenigen Fälle, in denen vor allem der Kopf gut ausgebildet ist und die anhängenden Theile der Brust- und Bauchhöhle entweder ganz fehlen oder im höchsten Grade mangelhaft entwickelt sind, gehören zu den grössten Seltenheiten. Der Kopf war in keinem Falle vollständig normal gebildet, sondern war in zwei Fällen als Hemicephalus anzusehen, während in zwei anderen Beobachtungen geringere Anomalien der Schädelbildung zu beobachten waren.

Unterhalb des Kopfes hängt ein Beutel, in den sich bald die

Reste eines Herzens, bald die im höchsten Grade rudimentär entwickelten Unterleibsorgane (Theile des Darms) auffinden liessen.

In keinem Falle war ein Nabelstrang vorhanden. Der Kopf hing nach unten zu mit den Eihäuten direct zusammen. Die Blutgefässe lagen daher in den Eihäuten.

In zwei von den beschriebenen Fällen fand die Ernährung durch eine Arterie und durch die Vena omphalo-mesaraica statt. Ob auch die Formenentwickelung des Acormus in Zusammenhang gebracht werden muss mit der Persistenz des Dotterkreislaufes, ist bei der Mangelhaftigkeit der Untersuchungen noch nicht festzustellen. Die Einmündung der Dottergefässe unterhalb des embryonalen Herzens könnte ganz wohl die weite Entwickelung des Kopfes mit sich bringen, während die bei den anderen Formen gut ernährten Beckenorgane ganz unentwickelt blieben.

Lycosthenes, *Chronicon prodigiorum ac ostentorum. Basiliae 1557, S. 542.

Taf. IV, Fig. 8. Abbildung: Atlas, Tafel IV, Fig. 8.

Rudolphi, *Abhandlungen der Berliner Akademie 1816, S. 99. — Die Geburtsgeschichte dieses Falles befindet sich in *Hufeland's Journal, Bd. 42, April 1856, S. 121.

Taf. IV, Fig. 9. Abbildung: Atlas, Tafel IV, Fig. 9.

Joh. Müller, *Berliner med. Zeitung 1833, No. 48. — Derselbe Fall scheint auch der von

Paulitzki, *Berliner med. Zeitung 1834, No. 12 beschriebene zu sein.

Barkow, *Ueber Pseudacormus, Breslau 1854.

Taf. IV, Fig. 10 u. 11. Abbildungen: Atlas, Tafel IV, Fig. 10 und 11.

Erklärung: Fig. 10. Der Acormus mit Placenta und dem Nabelstrange der gesunden Frucht. bs, Rudiment der linken oberen Extremität; tr, Darmrudiment; aaa, Arterien; v, Vene; vu, vena umbilicalis; v.o.m. vena omphalo-mesaraica; ur, urachus.

Fig. 11. Bauchhöhle des gesunden Fötus. vu, vena umbilicalis; ap, Verbindung der Pfort-Ader mit der Nabelvene; vom, vena omphalo-mesaraica; v, Blase; aa, Arteriae umbilicales; ur, Urachus.

Acardiacus acephalus. Acardiacus acephalus ist die bei weitem am häufigsten vorkommende Form des Acardiacus. Die Form charakterisirt sich dadurch, dass vor allem das Becken und die nach unten und oben sich anschliessenden Partien gut ausgebildet zu sein pflegen. Man findet daher oberhalb des Beckens eine Anzahl Wirbel und den Thorax; vom Kopfe hingegen nur Rudimente; unterhalb des Beckens in der Mehrzahl der Fälle verhältnissmässig gut entwickelte untere Extremitäten. Der Thorax zeigt regelmässig eine vordere mediane Spalte. Die oberen Extremitäten sind stets im höheren Grade vernachlässigt, als die unteren.

Eine Anzahl der Acephali besitzt ein rudimentäres Herz, meistens aus zwei Hohlräumen bestehend. Die Organe der Brusthöhle fehlen meist gänzlich oder sind wenigstens nur rudimentär entwickelt. Das Zwerchfell ist stets defect. Verhältnissmässig gut pflegen die Interna der Bauchhöhle entwickelt zu sein, besonders das Uro-Genitalsystem. Auch die äusseren Geschlechtstheile sind dem entsprechend ausgebildet.

Die Nabelschnur inserirt in der Mitte des sehr verkürzten Bauches und hat in vielen Fällen eine Erweiterung am fötalen Ende (Hernia funiculi umbilicalis), die sich nach oben bis in die Sternalspalte erstrecken kann. In anderen Fällen sieht man die Insertion gut gebildet; aber oberhalb derselben eine sackartige Erweiterung, die häufiger als Rest einer Nabelschnurhernie, seltener als Rest eines ektopirten Herzens aufzufassen sein mag.

Aus der Nabelschnur lassen sich meist zwei Arteriae umbilicales zum Becken gehend verfolgen, wenn auch im Nabelstrange nur eine Arterie zu finden war. Eine dieser Arterien versorgt die unteren Extremitäten, die andere geht, wenigstens der Hauptsache nach, zum Stamme in die Höhe, durch das rudimentäre Herz hindurch, oder, wenn solches nicht vorhanden, zum Truncus Aortae, von wo aus die grösseren Zweige zu den oberen Extremitäten sich trennen.

Die Literatur über diese Form ist sehr zahlreich. Als erläuternde Fälle finden sich im Atlas folgende

Abbildungen: Atlas, Tafel V, Fig. 1 und 2. Taf. V, Fig. 1 u. 2.
Ehrmann, *Description de deux foetus monstres. Strassburg 1852.

Tafel V, Fig. 3 und 4. Taf. V, Fig. 3 u. 4.
Hempel, *De monstris acephalis, Hafniae 1850, Tafel II und III.

Erklärung: Fig. 3. h.umb, Hernia umbilicalis.
Fig. 4. m.st.cl.m, musculus sternocleidomastoideus; tr, trachea; Am, Amnion; tr.int, Darmpartien; td, ts, rechter und linker Hode; v Blase; a.umb, arteria umbilicalis.

Tafel V, Fig. 5 und 6. Taf. V, Fig. 5 u. 6.
Gergens, *Anatomische Beschreibung eines merkwürdigen Acephalus. Probeschrift. Giessen 1830.

Erklärung: Fig. 6. h.h, Oberarmknochen; acr, acromion; d, Körper des Brustbeins; x, processus xiphoideus; t.t, Hode; e.e, Nebenhode; umb, Nabelschnur; art.umb, zwei Nabelschlagadern; v, Blase mit Urachus; sc, scrotum; pv, processus vermiformis.

Tafel V, Fig. 7. Taf. V, Fig 7.
Otto, *Monstrorum sexcentorum descriptio, Taf. IX, Fig. 1.

Acardiacus anceps. Es ist die am weitesten zur normalen Entwickelung gelangte Form, besteht stets aus einem gut entwickelten Rumpfe, vier Extremitäten, die aber nie ihre vollständige Ausbildung Acardiacus anceps.

erlangten, einem mit Schädelknochen wohl versehenen Kopfe, dessen Gesicht mehr oder weniger mangelhaft entwickelt ist. Der Anceps hat stets ein Herz, wenn es auch nur rudimentär entwickelt ist.

Entsprechend der Ausbildung des Herzens sind auch die Organe der Brusthöhle wie der Thorax selbst und das Zwerchfell weiter wie gewöhnlich entwickelt. Sogar die Leber soll in einzelnen Fällen ziemlich weit entwickelt gewesen sein.

Für den Anceps steht es fest, es sprechen dafür die Trabeculae carneae, die in einzelnen Herzen gefunden wurden, dass das Herz längere Zeit, vielleicht sogar bis zur Geburt in Thätigkeit gewesen sein muss. Dann würde der Acardiacus zeitweise durch zwei Herzen, sein eigenes und durch das seines Zwillingsbruders, ernährt worden sein. Ueber die Art dieses Kreislaufes bestehen bisher nur Vermuthungen.

Roederer, *Fetus parasitici descriptio. Commentarii Societatis regiae Scientiarum Gottingensis 1754, Tom. IV, S. 123.

Taf. V, Fig. 8. Abbildung: Atlas, Tafel V, Fig. 8.

H. Meckel, *Illustrirte medicinische Zeitschrift 1852, Bd. 1, S. 100. — Metzner, De casu singulari partus trigemini. Inaug. Diss. Halle 1851.

Tamm, *De hydrope foetus anasarca, Inaug. Diss. Breslau 1857, S. 13. — Betschler, *Klinische Beiträge zur Gynäkologie, Breslau 1862, Heft 1, S. 268.

Brandau, *Ueber eine menschliche Missgeburt mit zwei abnormen Nabelvenen. Inaug. Diss. Marburg 1862.

Taf. V. Fig. 9, 10 und 11. Abbildung: Atlas, Tafel V, Fig. 9, 10 und 11.

Erklärung: Fig. 9: tra, truncus arteriosus; c, Herz; St.St, Sternum; td, ts, rechter und linker Hoden; rs, linke Niere.

Fig. 10: Jd, Js, Jugularis dextra und sinistra, letztere scheinbar Fortsetzung von v.umb.sub., vena umbilicalis subcutanea; an, Anastomose; tr.a, truncus arteriosus; c, Herz; clav, clavicula; a.umb., v.umb., arteria und vena umbilicalis; a, arteria umbilicalis dextra; v, Blase; ur, Urachus.

Fig. 11: Das durch einen Medianschnitt geöffnete Herz; v.d, vd, vs, v.s, ventriculus dexter und sinister.

Hörder, *Archiv für Gynäkologie, 11. Bd. S. 586.

Vielleicht gehören auch noch hierher

Kähler, *Stark's Archiv 1789, 2. Bd. S. 58.

Wernher, *Die angeborenen Cystenhygrome, Giessen 1843, S. 38. Abbildung: Tafel III und IV.

Brodie, *Philos. Transact. für 1809, S. 161.

Poppel, *Monatsschrift für Geburtskunde, Bd. 32, S. 138.

Placenta der Acardiaci. Die Placenta- und Eihautverhältnisse der Acardiaci sind leider noch nicht in genügender Weise untersucht worden. Besonders empfindlich ist der Mangel der Untersuchung der Circulationsverhältnisse des gesunden Fötus im Zusammenhange mit dem Gefässsysteme des Acardiacus.

Alle Acardiaci haben mit ihrem Zwillinge eine gemeinschaftliche Placenta, ein Chorion, meistens zwei Amnien, selten ein gemeinsames Amnion. Die Fruchtwassersäcke sind stets verschieden gross, und zwar hat der Acardiacus immer die geringere Menge Fruchtwasser. Die Fruchtwasserblase des Acardiacus bedeckt meist nur ein sehr kleines Stück der Placentainnenfläche, der Haupttheil wird von dem Amnion des Hauptzwillings eingenommen. Die Nabelschnur des Acardiacus inserirt in der Regel velamentös; je weiter aber das Herz des Acardiacus ausgebildet ist, um so eher inserirt sein Nabelstrang neben dem der gesunden Frucht im Centrum der Placenta.

Eine der Arterien des Hauptnabelstranges geht entweder direct oder in einem ihrer Hauptäste meist auf dem kürzesten Wege zur Insertion des Acardiacus-Nabelstranges. Ebenso vereinigt sich die Vene dieses Nabelstranges mit einem Hauptvenenstamme des grösseren Nabelstranges; doch sucht die Vene nicht gerade den kürzesten Weg aus, sondern beschreibt mehr oder minder weite Excursionen. Die Vene kann auch in der Placenta sich verzweigen und in zahlreichen kleinen Aesten in die Venenverzweigungen des anderen Nabelstranges übergehen, während die Arterie ihren Weg direct, ohne Abgabe irgend eines Astes, nimmt.

Der Blutkreislauf der reinen Acardiaci gestaltet sich daher so: Vom Herzen *A* aus geht das Blut in die beiden Arteriae umbilicales, deren eine direct oder ein Hauptstamm derselben in den Nabelstrang *B* eintritt. Durch den Nabel geht das Blut durch die beiden Arteriae umbilicales des Acardiacus zum Becken, die Aorta in die Höhe, verbreitet sich nach allen Richtungen hin. Das gebrauchte Blut tritt durch den Nabelstrang zur Placenta, verbindet sich dort mit den Placentarvenen von *A* und geht durch den Nabelstrang von *A* zum Herzen von *A* zurück.

Das Herz *A* hat daher viel mehr zu leisten, als wenn es seinen Körper *A* allein zu ernähren hätte. In Folge dessen hypertrophirt es, wie man an genauen Messungen, die H. Meckel in einem Falle von Drillingen anstellte, sehen kann.

H. Meckel, *Illustrirte Medicinische Zeitung. Bd. 1. S. 100.
Fötus *A* entwickelte sich in gesondertem Eie. Fötus *B* ernährte in gemeinschaftlichem Eie zugleich den Fötus acardiacus *C.*

	Totallänge vom Scheitel bis zur Ferse	Länge vom Scheitel bis After	Länge des Nabelstranges
Fötus *A.*	10⁵/₈″	7¹/₈″	21″
„ *B.*	9⁵/₈″	6⁷/₈″	18¹/₈″
„ *C.*	7²/₈″	5″	4¹/₈″

	Länge	Breite	Länge	Breite
	des Herzens		der Leber	
Fötus *A.*	10‴	8½‴	15‴	20‴
„ *B.*	16‴	12‴	18‴	25‴
„ *C.*	8‴	7‴	fehlt	fehlt.

Beschreibungen von Acardiacusplacenten existiren nur wenige. Einzelne sind sorgfältig durch Injection von Farbstoffen untersucht worden. Ich gebe, da für weitere Untersuchungen der Circulationsverhältnisse der Acardiaci diese Beschreibungen sehr wichtig sind, hier die Citate:

Rudolphi, *Abhandlungen der Berliner Akademie 1816, S. 101 mit Abbildung. Injectionspräparat.

Astley Cooper und Hodgkin, *Guy's Hospital Reports 1836, S. 228 mit Abbildung. Injectionspräparat.

C. Mayer, *Verhandlungen der Gesellschaft für Geburtshilfe zu Berlin. Erster Jahrgang 1846, S. 132.

Meckel, *Müller's Archiv 1850, S. 234 mit Abbildung Tafel VII, Fig. 12. Erklärung S. 270.

Taf. IV, Fig. 2. Abbildung: Atlas, Tafel IV, Fig. 2.

Erklärung: Am, Amnion; Pl, Placenta; a, Arterie; v, Vene des Acardiacus; oc, os, Anlage des Auges und Mundes.

Hempel, *De monstris acephalis, Hafniae 1850. Mit Abbildung, Tafel I, S. 12. Injectionspräparat.

Taf. IV, Fig. 3. Abbildung: Atlas, Tafel IV, Fig. 3.

Cazeaux, Mémoires de la Société de Biologie 1852, Tom. III, S. 211. — *Canstatt's Jahresbericht 1852, III. S. 17.

Barkow, *Ueber Pseudacormus, Breslau 1854. Mit Abbildung. Injectionspräparat.

Spliedt, *Monstri Acardiaci descriptio. Inaug. Diss. Kiel 1859. Mit Abbildung. — *Virchow's Archiv, Bd. 18, S. 254. Injectionspräparat.

Virchow, *Monatsschrift für Geburtskunde 1862, Bd. 20, S. 18.

Schönborn, *De monstris acardiacis. Inaug. Diss. Berlin 1863. S. 50. Injection mit farbiger Lösung.

von Roques, *Ueber einen menschlichen Acardiacus mit Nabelschnurbruch und Atresia ani. Inaug. Diss. Marburg 1864, S. 14.

Poppel, *Monatsschrift für Geburtskunde, 1869. Bd. 32, S. 138. Mit Abbildung.

Sippel, *Ein menschlicher Acardiacus. Inaug. Diss. Marburg 1875. Mit Abbildung. Injectionspräparat.

Taf. IV, Fig. 1. Abbildung: Atlas, Tafel IV, Fig. 1.

Meïmaroglu, *Ueber einen Acardiacus. Inaug. Diss. Halle 1879. Mit Abbildung. Injection theilweise misslungen.

Felsenreich und Holl, *Wiener medicinische Jahrbücher 1880, Heft 1. Mit Abbildung. Injectionspräparat.

Historische Bemerkungen. Zur Geschichte des Acardiacus. Die Erklärungsversuche, in welcher Weise der Acardiacus ernährt werde, waren zumeist speculativer Natur und förderten das Richtige nicht zu Tage. H. Meckel war der Erste, der 1850 vermuthungsweise (*Archiv für Anatomie und Physiologie, 1850, S. 254) und 1852 bestimmt aussprach (*Illustrirte medicinische Zeitung, 1. Bd., S. 100), dass die Ernährung des Acardiacus durch das Herz des wohlgebildeten Zwillingsbruders geschehe. In beiden Fällen fand eine Injection der Gefässe statt, wodurch die anatomischen Verhältnisse klar gelegt wurden. Zur selben Zeit, 1850, beschrieb Hempel (*De monstris acephalis, Hafniae 1850) einige acephale Missbildungen und kam ebenfalls zu einer richtigen Deutung der Kreislaufverhältnisse. Erst 1859 veröffentlichte Claudius seine berühmte Arbeit (*Die Entwickelung der herzlosen Missgeburten, Kiel 1859), in der er in gründlicher Weise die Formbildung und die Kreislaufverhältnisse des Acardiacus behandelt. 1879 nahm ich eine Revision der Ansichten von Claudius vor und veröffentlichte dieselbe im *Archiv für Gynäkologie, Bd. 14, S. 321, auch enthalten im Jubiläumsheft zur Feier des 25jährigen Stiftungsfestes der Gesellschaft für Geburtshilfe in Leipzig, 21. April 1879.

In sehr seltenen Fällen kann die Allantois der Frucht *B* sich mit dem Fötus *A* selbst, und nicht, wie gewöhnlich beim Acardiacus, mit der Allantois desselben vereinigen. So hat Baart de la Faille ein Beispiel beschrieben, in welchem von zwei herzlosen Früchten die Nabelschnüre an dem Oberkiefer eines gesunden Zwillings angeheftet sind. **Acardiacus epignathus.**

Baart de la Faille, *Jets over den Epignathus. Groningen 1874, Fall II.

Auch unter den Beobachtungen der Epignathi finden sich mehrere Fälle verzeichnet, in denen die Nabelschnur neben der entarteten Frucht mit dem Gaumen des Autositen in Zusammenhang steht. Man kann diese Missbildungen mit Acardiaci epignathi bezeichnen. Sie bilden den Uebergang zum reinen Epignathus.

Vom Kalbe beschreibt Rathke eine Beobachtung, nach der die Nabelschnur eines kleinen Kalbsfötus in der Schädelhöhle eines grösseren inserirt und es zur Bildung einer Pseudoplacenta auf der Dura mater gekommen ist. Der Fall ist noch dadurch wichtig, dass beide Früchte verschiedenen Geschlechtes sind.

Rathke, *Meckel's Archiv 1830, S. 380,

Erklärungen dieses sehr merkwürdigen Falles sind geliefert worden von

H. Meckel, *Müller's Archiv 1850, S. 260.
B. S. Schultze, *Virchow's Archiv, Bd. 7, S. 525.
Ahlfeld, *Archiv für Gynäkologie, Bd. 9, S. 253.
Klebs, *Handbuch der pathologischen Anatomie, Bd. 2, S. 329.

Epignathus. Unter Epignathus versteht man einen Acardiacus amorphus, der mit der Mundhöhle, zumeist mit dem harten Gaumen seines Zwillingsbruders in Verbindung steht. **Epignathus.**

Man sieht aus der Mundhöhle eines meist wohlgebildeten Fötus Massen herausragen, die schon bei oberflächlicher Inspection mehr oder weniger deutliche Spuren einer Fötalanlage zeigen. In der Mehrzahl der Fälle sind es cystische Gebilde, die dem Gaumen anhaften, andere Male sieht man deutliche embryonale Formen, als Extremitäten etc. Mikroskopisch ist die Bedeckung des Tumors entweder als fötale Oberhaut oder als fibröses Gewebe nachzuweisen. Im ersteren Falle lassen sich auch die Bestandtheile der normalen Haut, als Wollhaare, Drüsen etc. nachweisen. Einige Male zeigte der Tumor innerhalb der Mundhöhle Schleimhautbedeckung, die dann auf die Mundschleimhaut überging.

Fast übereinstimmend fand man in allen Tumoren Hohlräume, die je nach ihrem Inhalte bald Höhlen, bald Lappen, bald Cysten genannt werden. Der Inhalt dieser Hohlräume ist in der Regel eine dicke Flüssigkeit. Mehrere Male wird berichtet, dass in den Hohlräumen fötales Gehirn sich befunden habe. Durch mikroskopische Untersuchungen ist dieser Befund bestätigt worden. Ausser Flüssigkeiten und Hirnmasse enthielten die Hohlräume auch bisweilen Cutis, Epithel, Fett, Haare, Zähne, Knorpel und Knochen. — In mehreren Fällen wurden Darmbestandtheile im Tumor vorgefunden und zwar meist nur kleine, oben und unten blind endende Partien. In einem Falle hat der Autor normales Lebergewebe gefunden (Rippmann).

Knorpel, Knochenplatten und Röhrenknochen wurden häufig im Tumor gefunden. Besonders fand man den Unterkiefer, Oberkieferknochen, Schädelknochen und Wirbelsäule.

Der Tumor ist in der Regel vielfach in der Mundhöhle angeheftet. In mehreren Fällen kann man den Stiel oder gar ganze Theile der Geschwulst durch die Schädelbasis hin verfolgen und findet dann die Anheftungsstelle auf der Sella turcica statt.

Die Ernährung des Tumor muss selbstverständlich durch den Stiel und durch die Gefässe der Mundhöhle oder der Hirnbasis stattfinden.

Durch das Wachsthum einer Geschwulst in der Mundhöhle des Autositen werden die der Anheftestelle benachbarten Theile des Autositen mehr oder weniger beeinträchtigt.

Die im ersten Augenblicke auffallende Missbildung ist in ihrer Entstehungsweise leicht zu begreifen, wenn man sich die Verhältnisse jener Periode darstellt, in der die Verbindung stattfand:

Wir denken uns zwei vollständig getrennte Fruchtanlagen so auf einem Eie liegen, dass die beiden Embryonalaxen, die Köpfe einander zugewendet, eine Linie ausmachen. Die Entfernung der beiden Köpfe muss so gross sein, dass sich beide Embryonen, ohne einander zu stören, aus der Keimblase herausheben können. Wuchert *A* sehr bedeutend, während *B* klein bleibt, so kommt, wenn die Entfernung zwischen den Köpfen nicht zu klein war, *B* bald unterhalb der vorderen Hirnblase und weiter noch in den Trichter hinein zu liegen, der sich am Infundibulum zuspitzt, in dem gleicher Weise auch das Vorderdarmende eingestülpt ist, und ebenfalls mit seiner obersten Spitze am Infundibulum haftet. So liegt dann *B* zwischen der hinteren Fläche des Vorderhirns und der vorderen Fläche des Vorderdarms.

Fig. 7.

Fig. 8.

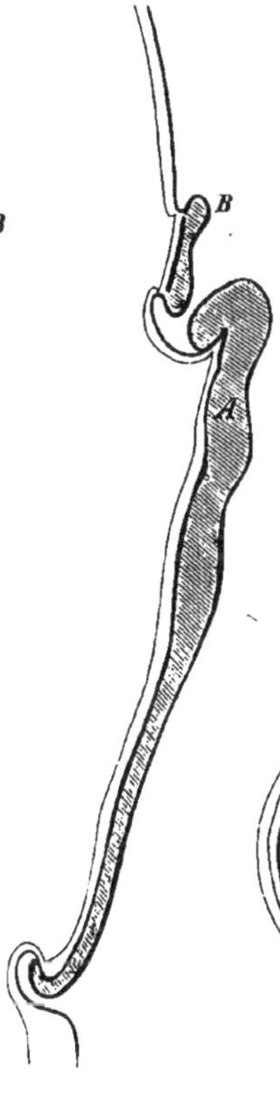

Fig. 9.

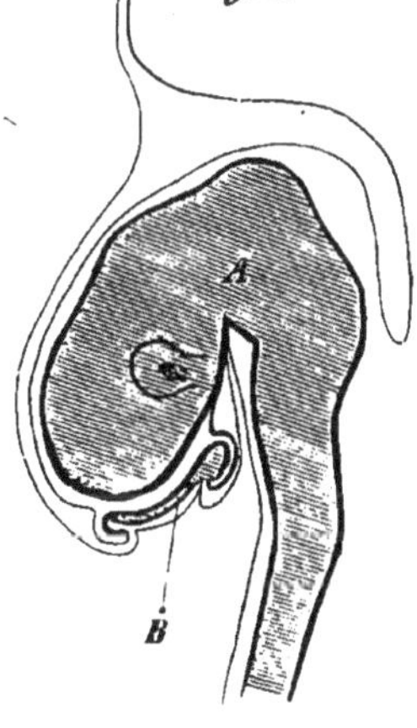

Die Hirnblasen voran wächst *B* vor der Vorderdarmhöhle hinein und kann mit seinem, durch räumliche Verhältnisse sich nothwendig zuspitzenden Vorderende bis zum Ende dieses Raumes verwachsen.

Aus der Spitze dieses Raumes bildet sich aber die Hypophyse, indem dort Chordaspitze und Vorderdarmspitze zusammentreffen. Daher der Zusammenhang des Epignathusstieles mit der Sella turcica.

Tritt *B* nur durch kleinere Gefässe mit *A* in Verbindung, so wird meistens nur eine weitere Ausbildung der zunächst *A* liegenden Partien stattfinden; ist hingegen ein Uebergang grösserer Blutgefässe vorhanden, so kann es sehr wohl zur Ausbildung einiger Organe, besonders von Theilen der Wirbelsäule und der Extremitäten kommen.

Etwas anders gestalten sich die Verhältnisse, wenn *B* anfangs mit *A* im Wachsthume gleichen Schritt gehalten hatte, dann aber, nach der Bildung der Allantois, diese letztere den eben beschriebenen Weg an die Hirnbasis fand. Dann vereinigen sich die an der Schädelbasis liegenden Gefässe mit den Gefässen der Allantois und *B* wird, weil seine Gefässe nicht den günstigen Boden gefunden haben, wie die Allantoisgefässe von *A*, zum Acardiacus. In diesem Falle macht dann *B* ähnliche Verwandlungen durch, als andere Acardiaci; nur steht seine Ernährung in gar keinem Verhältniss zu der Ernährung derjenigen Acardiaci, die ihr Blut aus der Placenta schöpfen; denn in der Regel ist die Ernährung durch die Placentaranastomose eine ergiebigere, als die durch die Verbindung mit der Schädelbasis.

So kommt es, dass derartige Acardiaci sich meist noch weniger entwickeln und mit der Unterabtheilung der Amorphi auf eine Stufe zu bringen sind. Je kürzer nun der Nabelstrang, desto näher kommt *B* der Mundhöhle zu liegen, es wird wahrscheinlich sogar, bei sehr kurzer Schnur, *B* in die Mundhöhle hineingezogen werden.

Polygnathie. Als besondere Form des Epignathus sind die Fälle zu betrachten, bei denen ein Unterkiefer des Autositen in deutlichem Zusammenhange steht mit einem Unterkiefer des Parasiten. Hier kann von einer vollständigen Trennung nicht die Rede sein. Es hat stets im Laufe der Entwickelung ein Zusammenhaften der beiden unteren Fortsätze des ersten Kiemenbogens bei Nebeneinanderliegen der Keimanlage bestanden. Magitot nennt mit Geoffroy St. Hilaire diese Form P o l y g n a t h i e.

M a g i t o t, *Études tératologiques de la Polygnathie chez l'homme, Annales de Gynécologie, Aug. Sept. 1875, Sep.-Abdr. pag. 9 und pag. 31.

Genaueres über die Entwickelung des Epignathus habe ich im *Archiv für Gynäkologie, Bd. 7, Heft 2 gegeben. Damals waren mir 32 Fälle in der Literatur bekannt geworden. Seitdem sind weitere veröffentlicht, ältere mir bekannt geworden, so dass ich im ganzen, die beiden Fälle von Polygnathie von Magitot mit eingerechnet, 40 Citate bringen kann.

Hoffmann, *Ephemerid. nat. cur. 1688, dec. II, ann. VI. obs. 165, S. 336.

Abbildung: Atlas, Tafel VI, Fig. 1 und 2. Taf. VI, Fig. 1 u. 2.

Otto, *Verzeichniss der Sammlung des Anatomie-Instituts zu Breslau. Breslau 1826, S. 64. No. 2933.

Deutschberg, *De tumoribus nonnullis congenitis. Inaug. Diss. Breslau 1822. 2 Beobachtungen. — Dieselben sind später referirt von Otto, *monstrorum sexcentorum descriptio anatomica, Breslau 1841, No. 586 und 588 und ferner von Otto, *Neue seltene Beobachtungen, Heft 2, S. 161 und 162, Tafel IV, Fig. 1 und 2.

Haak, *Dissertatio sistens descriptionem anatomicam foetus parasitici. Kiel 1826.

Sömmering, *Himly, Geschichte des Fötus in foetu, Hannover 1831, S. 112 Anmerkung. — Hess, *Beiträge zur Casuistik der Geschwülste mit zeugungsähnlichem Inhalte. Inaug. Diss. Giessen 1845. Fall 3. — Perls, *Lehrbuch der allgemeinen Aetiologie und der Missbildungen, S. 341.

Abbildung: Atlas, Tafel VI, Fig. 3. Taf. VI, Fig. 3.

Vrolik, *Nieuwe Verhandelingen der 1. Cl. van het Koninkl.- Nederl. Instituut. Amsterdam 1831, III, S. 211.

Blundell, Principles and practice of obstetrics, London 1834.

Baldy, London med. and phys. Journal, Bd. 58, S. 48. — *Schott, Die Nerven der Nabelschnur, S. 84.

Studencki, *De quadam linguae infantis neonati abnormitate, adhuc nondum observata. Inaug. Diss. Berlin 1834. 2 Fälle.

Bury, London med. Gazette, Vol. XIV, 24. Mai 1834.

Breschet, Lauth, sur les diplogénèses, Paris 1834. 2 Fälle.

Adelmann, citirt von *Ammon, Die angeborenen chirurgischen Krankheiten des Menschen, 1842, S. 37, Taf. VIII, Fig. 8.

Sandifort, *Museum anatomicum Academiae Lugduno-Batavae, Bd. IV, Taf. 195.

Abbildung: Atlas, Tafel VI, Fig. 10. Taf. VI, Fig. 10.

Otto, *Monstrorum sexcentorum descriptio anatomica, Breslau 1841, No. 354, 355, Taf. 23, Fig. 3 und 4, und No. 587. 3 Fälle.

Retzius, Svenska Läkare Sällskapets Nya Handlingar, Bd. 3, S. 224. — *Canstatt's Jahresbericht 1846, Bd. IV, S. 18.

Gilles, *De hygromate cystico congenito. Inaug. Diss. Bonn 1852.

Hess, *Beiträge zur Casuistik der Geschwülste mit zeugungsähnlichem Inhalte. Inaug. Diss. Giessen 1845, Fall 1.

Löwi, Protokolle der Versammlung Oberpfälzischer Aerzte, 7. Aug. 1854. — *Sonnenburg, Deutsche Zeitschrift für Chirurgie, Bd. V.

Kidd, *Dublin hospit. Gaz. 1856, No. 6.

Poelmann, Bulletin de la Société de méd. de Gand, 1855, S. 10. — *Canstatt's Jahresbericht 1855, IV, S. 13.

Wegelin, *Bericht über die Thätigkeit der St. Gallischen naturwissenschaftlichen Gesellschaft, 1860—1861, S. 68.

Hecker, *Monatsschrift für Geburtskunde, Bd. 25, S. 1.

Rippmann, *Ueber einen bisher nocht nicht beobachteten Fall multipler Intrafötation. Inaug. Diss. Zürich 1865.

Abbildung: Atlas, Tafel VI, Fig. 5 und 6. Taf. VI, Fig. 5 u. 6.

Arnold, *Virchow's Archiv, Bd. 50, S. 482.

Abbildung: Atlas, Tafel VI, Fig. 7 und 8. Taf. VI, Fig. 7 u. 8.

J. Baart de la Faille, *Jets over den Epignathus, eene teratologische Bydrage. Groningen 1874. 2 Fälle.

Abbildung: Atlas, Tafel VI, Fig. 9. Taf. VI, Fig. 9.

Davis, The Clinic, 1874, Febr. VI. 8. — *Schmidt's Jahrbücher Bd. 161, S. 323.

Neuffler, *Württembergisches Correspondenzblatt, Bd. XLIV, No. 11, S. 80.

Ahlfeld, *Archiv für Gynäkologie, Bd. 7, S. 210.

Wasserthal, *Zur Casuistik des Epignathus. Inaug. Diss. Dorpat 1875.

Sonnenburg, *Deutsche Zeitschrift für Chirurgie, Bd. 5, S. 99.

Stockwell, The Boston med. and surg. Journal, 1876, No. 8. — *Virchow-Hirsch, Jahresbericht, 1876, I. 304.

Fehling, *Sammlung der Entbindungsschule in Stuttgart. Abbildung durch Dr. Fehling zugefertigt bekommen.

Taf. VI. Fig. 4. Abbildung: Atlas, Tafel VI, Fig. 4.

Vielleicht gehören zu den Epignathis auch einzelne Formen von Teratomen, die an der Basis des Gehirns, auf der Sella turcica vorkommen. Man könnte sich denken, dass die gewöhnlich in der Mundhöhle wuchernde Masse des Epignathus verloren gegangen sei, während nur die Partien, die durch die Basis des Schädels in die Schädelhöhle gelangten, sich dort entwickelten. Es ist aber auch möglich, dass die Neubildung von der Hypophysis selbst ausging. Ich betrachte sie deshalb genauer bei den angeborenen Tumoren der Schädelhöhle.

In sehr seltenen Fällen findet die Anheftung des Parasiten nicht in der Mundhöhle statt, sondern in der Orbita. Ein derartiges höchst interessantes Präparat besitzt die Sammlung der Entbindungsschule in Leipzig.

Aus der linken Orbita eines grossen, gut ausgebildeten Kindes ragt eine Steissbacke und eine linke untere Extremität heraus. Unterhalb dieser Stelle, dem linken Mundwinkel sich nähernd, also der Richtung der embryonalen Oberkiefer-Augenspalte entsprechend, ragt ein Tumor von leberartiger Consistenz heraus. Neben der Steissbacke sieht man einen kleinen Rüssel, ähnlich dem Nasenrüssel der Cyklopen. — Ausserdem ist das Kind noch durch eine Encephalocele frontalis verunstaltet.

Taf. VI. Fig. 11. Abbildung: Atlas, Tafel VI, Fig. 11.

Vielleicht gehört hierher auch die Beobachtung von

Bröer-Weigert, *Virchow's Archiv, Bd. 67, S. 518.

Der rechte Bulbus war mit einer apfelsinengrossen Geschwulst in Verbindung und ragte weit aus der Orbita heraus. Exstirpation. Tod am 7. Tage nach der Geburt. Es fanden sich, durch genaue mikroskopische Untersuchungen festgestellt, im orbitalen Fettgewebe eingelagert Knorpel, Knochen, epidermidale Massen, Schleimdrüsencysten, Darmtheile und bronchiale Elemente.

Taf. VI, Fig. 12. Abbildung: Atlas, Tafel VI, Fig. 12.

Sacralteratome. Auch am Schwanzende der Frucht entsteht ein ähnlicher Trichter, der zur Aufnahme von einem zweiten Fötus oder der Allantois derselben sehr geeignet ist. Er wird durch eine Falte des animalen Blattes gebildet, die dadurch entsteht, dass sich das Schwanzende heraushebt und nach innen umbiegt.

Man bezeichnet im allgemeinen Tumoren an dieser Stelle als congenitale Sacraltumoren. Hier haben wir nur von denen zu reden, welche durch Anheftung einer zweiten Fruchtanlage an das untere Ende der Chorda entstanden sind. Wir nennen diese Tumoren congenitale Sacralteratome.

Der Zusammenhang zwischen Hauptfrucht und Parasiten muss an den unteren Enden der beiden Fruchtanlagen stattfinden. Es muss also die Spitze des Steissbeins des Parasiten der Spitze des Steissbeins des Autositen entweder direct anhaften oder durch fibröses Gewebe mit demselben verbunden sein. Da das untere Ende der Chorda als Luschka'sche Steissdrüse persistirt, so muss diese mit dem Tumor in Verbindung treten. Indem nun aber im Verlaufe des weiteren Wachsthums der Parasit zum Theil oder ganz und gar von der Haut des Autositen umwachsen wird, da er auch nach oben zu in das Becken hineingedrängt werden kann, so pflegt nach und nach die Verwachsung des Parasiten mit seiner Hauptfrucht eine allseitige zu werden, und die primäre Verwachsungsstelle ist dann nicht mehr hervortretend.

Die eingeschlossene fötale Masse zeigt einen Bau, wie wir solchen an der niedersten Art der Acardiaci, am Amorphus, kennen gelernt haben. Rudimente des Beckens, der Wirbelknochen, der Extremitäten bilden den Mittelpunkt der Geschwulst, um die herum hauptsächlich Bindegewebe und die Rudimente einzelner Organe zu finden sind. So finden sich Theile des Darms, des Gehirns (Virchow, *Monatsschrift für Geburtskunde, Bd. 9, S. 259), drüsiger Organe etc. Muskeln und Nerven sind sparsam vertreten; doch sind mehrmals quergestreifte Muskelfasern im Tumor gefunden worden. Ungemein häufig bilden sich in den weiten Maschen des Unterhautzellgewebes Oedeme und Cysten. Sitzt der fötale Tumor nicht genau median, sondern hat er sich mehr in eine Seite des Autositen geschoben, so bildet sich in der Regel auf der anderen Seite, gesondert vom Teratom, eine Cyste aus, die im Gewebe des Autositen sich befindet. Man bemerkt dann auf der einen Seite des Steisses einen grossen knolligen Tumor, in dessen Innerem feste Massen zu fühlen sind, auf der anderen Seite eine grosse einfächerige Cyste, die gewöhnlich nicht die Grösse des Teratoms erreicht.

Die Ernährung geschieht durch eine oder mehrere Arterien des Hauptstammes, häufig durch die stark erweiterte Arteria sacralis media.

In einem Sacralteratome können auch fötale Organe ganz fehlen, und der histologische Charakter ist es allein, der auf den fötalen Ursprung hinweist. Es entsprechen diese Teratome der niedersten

Art der Acardiaci, wie wir sie im vorigen Abschnitte beim Epignathus besprochen haben. Auch dort haben wir Gebilde, in denen auch nicht eine bestimmte fötale Form vorkommt, und doch bleibt uns nichts übrig, wie sie als Reste eines Zwillingsbruders aufzufassen. Während nun am oberen Ende der Wirbelsäule, an der Hypophysis, kein Zweifel bestehen kann, dass die Epignathi Zwillingsgeschwülste seien, bringen es die verwickelteren Verhältnisse des unteren Stammendes mit sich, dass man lange Zeit in Zweifel war, wie man diese Teratome auffassen sollte. Man bezeichnete sie, in Folge ihres Zellenreichthums und der zwischen dem Bindegewebe sich bildenden Hohlräume, als Cystosarcome. Es ist nothwendig, dass diese Anschauung ganz über Bord geworfen wird. Es ist unzweifelhaft, dass diese Steissteratome, auch wenn sich keine fötalen Formgebilde in ihnen vorfinden, in ihrer Zusammensetzung ganz und gar den niedersten Formen des Acardiacus ähneln, die wir doch nie Cystosarcome nennen werden, da wir ihre fötale Abstammung kennen.

Nachdem Luschka die Persistenz der Steissdrüse nachgewiesen hatte, glaubte man mit einem Male alle diese zweifelhaften Tumoren als durch Entartung der Steissdrüse hervorgegangen erklären zu können. So sprach sich Virchow (*Monatsschrift für Geburtskunde Bd. 19, S. 407) gelegentlich der Demonstration eines fötalen Steisstumors dahin aus, dass die Zusammensetzung der Gewebe ähnlich sei dem Gewebe der Hypophyse und der Nebenniere und daher die Annahme, der Tumor stamme von der Steissdrüse ab, gerechtfertigt sei. Auch Braune (*Die Doppelbildungen und abnormen Geschwülste der Kreuzbeingegend, S. 112) führt als Beweis an, dass die Steissdrüse en miniature den Bau eines Cystosarcoms darstelle. Später hat Virchow seine Ansicht dahin geändert, dass er jetzt fast ausnahmslos diese Cystosarcome als Teratome ansehen möchte (*Virchow-Hirsch Jahresbericht 1869, I, S. 165), eine Ansicht, der auch Förster huldigt (Würzburger Verhandlungen, Bd. 10, S. 42. — *Schmidt's Jahrbücher, Bd. 108, S. 157). Dass die Steissdrüse nicht zu grossen Tumoren entarten wird, dafür spricht der Umstand, dass auch ihr Analogon, die hintere Partie der Hypophysis, nie Tumoren bedeutenderen Umfanges hervorbringt, obgleich sie besser ernährt wird, als die Steissdrüse. — Die Ansatzstelle des Teratoms muss, wie schon oben gesagt, die Stelle sein, wo normaler Weise die Steissdrüse liegen sollte. Findet man bei Geschwulstbildung an dieser Stelle die Steissdrüse nicht, so ist dies noch kein Beweis, dass die Geschwulst aus der Steissdrüse sich gebildet habe, die Steissdrüse in der Geschwulst aufgegangen sei. Viel eher ist anzunehmen, die Steissdrüse ist als ungemein kleines Organ auch dem geübten Untersucher entgangen, oder sie ist in Folge des Druckes der Neubildung geschwunden.

Endlich fehlen die Uebergangsformen. Man kennt keine kleinen Cystosarcome der Steissgegend. Stets sind sie schon in auffallender Grösse vorhanden.

Ueber die Steisstumoren, die vielleicht als echte Steissdrüsengeschwülste aufzufassen sind, und über die Hernien und cystischen Geschwülste des Rückenmarkcanales, so wie über die Lipome der Steissgegend werde ich in einem späteren Abschnitte berichten.

Alle Steissteratome bilden sich unterhalb der Muskulatur der Glutäen und drängen den Damm und das Rectum vor sich her. Daher sind die Afteröffnung und die Genitalien in der Regel weit nach vorn verschoben und sitzen gleichsam dem vorderen oberen Theile des Teratoms auf.

Bisweilen ist an der Färbung und Beschaffenheit der Oberhaut deutlich zu sehen, wie weit die Haut des Autositen das Teratom umwachsen hat, wo die Haut des Teratoms beginnt. Meistens ist dasselbe ganz von dem Gewebe des Autositen umschlossen.

Sacralteratome gehören zu den häufigsten Missbildungen. Die Literatur anzugeben, halte ich nicht für nöthig. Eine sehr ausführliche Sammlung findet man in Braune: *Die Doppelbildungen und abnormen Geschwülste der Kreuzbeingegend, Leipzig 1862. S. 86. Im Atlas ist auf Tafel VII eine Zahl von Beispielen zusammengestellt:

Abbildungen: Atlas, Tafel VII, Fig. 1. Taf. VII, Fig. 1.

Löffler, *Stark's Neues Archiv für die Geburtshilfe, Frauenzimmer- und Kinderkrankheiten, Bd. 1, Heft 2, S. 145.

Es handelt sich um ein neugeborenes Kind, was aus der Abbildung nicht vermuthet werden kann. Die auf der Geschwulst sichtbare Erhebung wurde als Nase, der Schlitz als Auge gedeutet. — Die Geschwulst wurde mit Glück abgebunden.

Tafel VII, Fig. 3. Taf. VII, Fig. 3.

W. Braune, *Monatsschrift für Geburtskunde und Frauenkrankheiten, Bd. 24, S. 1, Fig. 1.

Braune glaubt diesen Tumor von der Steissdrüse ausgegangen.

Tafel VII, Fig. 4. Taf. VII, Fig. 4.

Freier, *Virchow's Archiv, Bd. 58, S. 509.

Im Tumor fanden sich Darmtheile, Hirnmasse?, verschiedene Knochengebilde etc.

Tafel VII, Fig. 5 und 6. Taf. VII, Fig. 5 u. 6.

Porta, Caso singolare di vertebre sopranumerarie articolate coll' osso sacro. Memoria di Luigi Porta letta nell' adunanza dell' J. R. J. Lombardo, dell' 8 gennajo 1852. —

Braune, *Die Doppelbildungen und angeborenen Geschwülste der Kreuzgegend, S. 34, Tafel IV, Fig. 6 u. 7.

Der Tumor wurde einem 21jährigen Mädchen durch das Messer entfernt. Tod am 8. Tage.

Erklärung: Fig. 6. v, Grosser Wirbelbogen; cc, Zwei Knochen von der Form einer Clavicula; oo, Knochen ohne bestimmbaren Typus.

Taf. VII, Fig. 7 u. 8.

Tafel VII, Fig. 7 und 8.

Schwartz, *Beitrag zur Geschichte des Foetus im Foetus, Programm, Marburg 1860.

Erklärung: Fig. 8. Die im Tumor gefundenen, einem zweiten Becken angehörenden Knochen.

Taf. VII, Fig. 9.

Tafel VII, Fig. 9.

Fleischmann, *Der Foetus im Foetus, Nürnberg 1845.

Erklärung: Par, Parasit; p, Verschmolzene Beine mit 9 Zehen; br, Vorderarm mit Hand und 4 Fingern; d, einzelstehende Zehe oder Finger.

Taf. VII, Fig. 10 u. 11.

Tafel VII, Fig. 10 und 11.

Pitha, *Prager Vierteljahrsschrift 1850, S. 74.

Ammon, *Die angeborenen chirurgischen Krankheiten des Menschen, S. 139. Tafel XXXIV, Fig. 2.

Anna Przenosyl aus Powlow in Böhmen kam mit nur einer kleinen Geschwulst zur Welt. Im 3. Jahre brach dieselbe auf und es zeigte sich das monströse Bein. Auf Reisen wurde die P. vielfach von Aerzten untersucht. Pitha operirte sie im 20. Jahre durch Amputation des überzähligen Beines.

Taf. VII, Fig. 12 u. 13.

Tafel VII, Fig. 12 und 13.

Luschka, *Virchow's Archiv, Bd. 13, S. 411. Tafel VI, Fig. 1 und 8.

Knabe, bei der Geburt abgestorben. Ausser einer grösseren Geschwulst am Beckenende noch eine langgestielte runde Geschwulst, die weit herabhing. Im Stiel eine Arterie. In der Geschwulst ein dem Kreuzbein ähnliches Knochenstück und Darm.

Erklärung: Fig. 13. a, Arterie; v, Vene; os, os, in der Ossification befindlicher Knochen; m, Muskel, der diese Knochen verbindet; t, t, hodenartige Organe; tr, Darmcanal mit Gekröse.

Zweimal sind bisher innerhalb des Sacraltumor Bewegungen wahrgenommen worden. Die Bewegung war aber nicht der Art, als wenn eine Extremität oder ein Theil derselben Stösse hervorbrächte, sondern die Bewegungen gingen augenscheinlich von Muskelfasern aus, die unter der Bedeckung des Tumor in der Geschwulst flächenartig ausgebreitet lagen.

Preuss, *Archiv für Anatomie und Physiologie von Reichert und Du Bois-Reymond 1869, S. 267. — Abegg, *Bericht über die Königl. Hebammen-Lehr-Anstalt zu Danzig von 1819 bis 1868, S. 23.

Dieses Kind wurde unter dem Namen des „Schliewener Kindes“ in den verschiedensten Orten Deutschlands gezeigt. Von seinem Absterben ist mir nichts bekannt geworden.

Ahlfeld, *Archiv für Gynäkologie, Bd. 8, S. 280.

Dieses „zweite Schliewener Kind“ wurde in Gohlis bei Leipzig geboren. Es lebte bis September 1877 und starb 2½ Jahr alt an Diphtheritis. Die Bewegungen im Tumor liessen nach mehreren Wochen so nach, dass nur dem geübten Auge sie noch bemerkbar waren. Die Section ergab das Vorhandensein von quergestreiften Muskelfasern unter und zwischen dem Fett des Unterhautzellgewebes. Ausser einer Darmpartie fand sich kein deutlich geformtes fötales Organ. Das Sectionsergebniss findet sich genauer im *Archiv für Gynäkologie, Bd. 12, S. 473.

Abbildung: Atlas, Tafel VII, Fig. 2. Taf. VII, Fig. 2.

Während beim Epignathus und bei den Steissteratomen die zu Grunde gegangene Fruchtanlage dem Kopf- resp. Steissende näher lag und im Laufe der Entwickelung in die Mundhöhle oder unter die Bedeckungen des Steisses zu liegen kam, müssen wir uns die zurückgebliebene Fruchtanlage in den gleich zu besprechenden Missbildungen seitlich der Hauptanlage gelagert denken. Hebt sich das äussere Keimblatt von der Keimblase ab, so wird die rudimentäre Fötalanlage den Seitenplatten folgend in die Bauchhöhle des normal sich entwickelnden Fötus hineingezogen und von den Bauchdecken desselben vollständig umwachsen, so dass, bei nicht eröffneter Bauchhöhle des Autositen, entweder gar kein Umstand oder nur ein stark aufgetriebener Unterleib darauf hindeutet, dass der Unterleib etwas berge, was nicht hinein gehöre. Inclusionen.

Inclusionen. Nicht immer geben die Berichte genügenden Aufschluss über den Sitz des includirten Fötus. Bald befand sich derselbe ausserhalb, bald innerhalb der Peritonealhöhle. In einem Falle sass er zwischen den Platten der Bauchdecken. Es ist wohl anzunehmen, dass die includirte Masse nicht immer an einer Stelle haftete, sondern theils in Folge grösserer Ausbreitung, theils in Folge ihrer eigenen Schwere und des abdominellen Druckes sich verschob. So beobachtet man secundäre Scrotal- und Perinealinclusionen, im Gegensatz von primären, die als Unterart zu den Steissteratomen angesehen werden müssen. — Endlich kommen fötale Inclusionen auch im Gewebe des Hoden und des Ovarium vor, die ich weiter unten abhandeln werde.

Inclusio abdominalis. Der Sack, der den Fötus enthält, ist mit den Organen der Bauchhöhle eng verwachsen. Seine Wand besteht entweder nur aus neugebildetem Bindegewebe oder aus den Resten des Amnion, wenn der includirte Fötus bereits sein Amnion gebildet hatte. Ist ein Amnion vorhanden, so lassen sich in der Regel auch die Spuren eines Nabelstranges nachweisen. Die Gefässe der benachbarten Organe übernehmen dann die Ernährung des Parasiten. Inclusio abdominalis.

Der Fötus selbst ist stets klein und rudimentär entwickelt. Zum Theil sind die an ihm sichtbaren Verunstaltungen die Folge seines Herzmangels, zum Theil die Folge der mechanischen Insulte, denen er fortwährend ausgesetzt ist. Er ähnelt daher mehr oder weniger einer mumificirten Frucht, wie sie bei Abdominalschwangerschaften gefunden zu werden pflegt.

Die Kinder, welche includirte Föten tragen, werden nicht selten todt geboren. Werden sie lebend geboren, so können sie weiter leben. Im Laufe der Zeit erregt aber der Tumor peritonitische Erscheinungen, denen der Träger zu erliegen pflegt. Deshalb wird das Alter der betreffenden Menschen nicht hoch. In einem Falle wurde der Stammkörper 50 Jahr alt.

Es macht grosse Mühe die Literatur zu sichten, da gerade in diesem Kapitel viel untereinander geworfen worden ist, was nicht hierher gehört. So sind unter den Inclusionen zahlreiche Beispiele von Dermoidcysten, ja auch Fälle von Extrauterinschwangerschaften beschrieben worden. Ich werde daher die Literatur genauer angeben.

Bis zum Jahre 1830 finden sich die Beobachtungen von Himly, *Geschichte des Fötus in foetu, Hannover 1831, gesammelt.

Breschet, Bulletin de la société de méd. Vol. I, S. 4. — *Mende, Beobachtungen und Bemerkungen aus der Geburtshilfe etc. Bd. 3, S. 314.

Amedée Bissieu, geb. 1790, klagte zeitig über Schmerz in der linken Brusthälfte und im Unterleibe. Im 14. Jahre erkrankte er unter heftigem Fieber. Eine Geschwulst von der Grösse einer Melone zeigte sich in der linken Unterbauchgegend. Sechs Monate später starb der Knabe, nachdem sechs Wochen vor seinem Tode ein Ballen Haare abgegangen war. — Section: Links im Unterleibe ein Sack, der mit allen benachbarten Därmen, besonders mit dem Grimmdarme zusammenhing und mit diesem auch communicirte. Die Ernährung des Inhaltes fand statt durch eine kurze Nabelschnur, die am Colon transversum inserirte und eine Arterie und eine Vene enthielt. Im Sacke befand sich Eiter, ein Ballen Haare und ein unvollkommener Fötus, der durch ein Band mit der Sackwand verbunden war. Da eine genauere Untersuchung vorgenommen und der Fötus männlichen Geschlechts befunden wurde, so muss er ziemlich gut ausgebildet gewesen sein. — Die Beschreibung des Fötus hingegen ist mangelhaft.

Young, Med.-Chir. Transactions, London 1809, Vol. 1. — *Meckel, Reil's Archiv, Bd. 9, S. 434.

In der linken Seite des Leibes entwickelte sich ein Tumor, so dass der Leibesumfang im 7. Monate 36" betrug. Im 9. Monate starb der Knabe. — Zwischen den Blättern des Colon transversum lag eine 5 Pfd. haltende Cyste, in deren Innern ein Fötus sich befand. Rumpf und Extremitäten waren deutlich ausgebildet, während an Stelle des Kopfes nur eine dunkelrothe Masse (Gefässgewebe) sich befand. Der Fötus war mit dem Fruchtsacke durch ein Band, welches vom Schädelrudiment ausging, verbunden und durch eine fleischige, vom Nabel ausgehende Brücke, in der sich Darmtheile befanden. Die Wirbelsäule war hinten gespalten.

Phillips, Med.-Chir. Transactions, London 1815, Vol. 6, S. 124. — *Meckel, Deutsches Archiv, Bd. 2, S. 358.

Das Mädchen soll gesund zur Welt gekommen sein. Vom 3. Monate an bemerkte man eine Ausdehnung des Unterleibes, die immer mehr zunahm, das Kind herunter brachte, so dass es $2^1/_2$ Jahr alt starb. — Section ungenügend. Grosser Tumor in der linken Bauchseite, vom Zwerchfelle bis Becken reichend. Mit der linken Niere hing diese c. 8—10 Pfd. schwere Cyste durch einen Strang zusammen. Wand knorpelhart. Im Inneren mehrere Fächer, in deren einem ein Knochen, einem Schienbeine ähnlich, mit Muskeln versehen und Fusswurzelknochen lagen.

Reiter und Steiniger, *Med. Jahrbücher des k. k. öster. Staates. Bd. 2. Wien 1814, S. 67. — *Himly, der Foetus in foetu, S. 24.

Mädchen, mit gesundem Zwillingsbruder geboren, soll auch anfangs vollständig gesund gewesen sein. Einige Monate alt erkrankte es, der Leib wurde stärker und zwar besonders die linke Seite. 8 Monate alt starb es. — Unter und hinter dem Magen, mit demselben, dem Gekröse und dem Psoas verwachsen, lag eine 3 Pfd. schwere Cyste. In dieser lag der Fötus. Der Zusammenhang mit dem Sacke ist nicht eruirt worden. Der Fötus bestand aus 3 grösseren Lappen, die durch eine mittlere Masse verbunden waren. Es fand sich ein Doppelfuss mit 10 Zehen, zwei Arme, zwei Hände, ein Stück Darm von $3^1/_2$" Länge, ein Stück Wirbelsäule; auch ein wenig Muskelsubstanz wurde gefunden.

Ausser diesen vier Beobachtungen, die sich sämmtlich auch von Himly referirt finden, bringt dieser Autor noch 9 Beobachtungen, die entweder sehr ungenau beschrieben oder zweifelhafter Natur sind. Mir sind in der Literatur noch folgende Beobachtungen bekannt geworden:

Dupuytren, Bulletin de la faculté de méd. I. — *Schmidt's Jahrbücher, Bd. 55, S. 93.

Im Mesocolon eines 13jährigen Knaben fanden sich Reste eines Fötus.

Schützer, Abhandlungen der Schwedischen Akademie, Bd. 20, S. 173. — *von Siebold's Journal, Bd. 12, S. 134.

Geschwulst von Kindskopfgrösse im Gekröse, auf den unteren Rücken- und den oberen Lendenwirbeln, mit Schneidezähnen, Hundszähnen, Backzähnen, Unterkiefer, Haaren und anderen Knochen.

Tilenius-Becker, *Schmidt's Jahrbücher, Bd. 36, S. 137.

32 Jahr alter Mann, aus dessen Leichnam ein 42 Pfd. schweres steatomatöses, mit Melanosen und Knochenstücken gemischtes Gewächs genommen wurde, welches in dem Gekröse seinen Ursprung nahm. Zweifelhafter Fall.

Fleischmann, der Fötus im Fötus. Nürnberg 1845. — *Schmidt's Jahrbücher, Bd. 55, S. 93.

Es gingen die Reste eines Fötus durch den After eines 11jährigen Mädchens ab.

*Abbildung und Beschreibung eines fötusähnlichen Gewächses, das in einem 50jährigen Manne nach dessen Tode gefunden wurde. Passau 1846. — Bornhuber, Frankfurter Oberpostamtszeitung, 1831, No. 67. — *Himly, der Fötus in foetu, S. 26.

Anton Ernst, geb. 1781, kränkelte fortwährend. In seinem dritten Jahre bemerkte man unter den Rippen der linken Seite eine kleine Erhabenheit, die sich von Jahr zu Jahr mehr vergrösserte und endlich den Bauch zu einer bedeutenden Grösse auftrieb, während der übrige Körper abmagerte. Tod 1831. — Die ganze linke Seite des Leibes nimmt eine grosse Balggeschwulst ein, die das Zwerchfell und den Magen stark verdrängt hat und bis auf das linke Darmbein herabgeht. Der linke Hode fehlte. — In der Cyste fand sich eine Fettmasse von fester körniger Substanz in einer Menge von c. 30—35 Pfd., drei Büschel Haare und ein incrustirter Fötus von 8'' Länge. Die Beschreibung und Abbildung lässt es ausser Zweifel, dass diese Masse ein Fötus war.

Taf. VIII, Fig. 5. Abbildung: Atlas, Tafel VIII, Fig. 5.

Schönfeld, Annales et Bulletin de la société de méd. de Gand, August 1841. — *Schmidt's Jahrbücher Bd. 38, S. 69.

Wohlgebautes Kind mit voluminösem Bauche. Tod 3 Stunden nach der Geburt. — Section: Ausser der Nabelvene ging noch ein zweiter Strang zur Leber, der eine Arterie und eine Vene enthielt. Dieser Strang trat auf der linken Seite der Leber wieder heraus und ging als Nabelstrang zu einem in seinem Amnion liegenden Fötus. Derselbe war 16 Ctm. lang und zeigte eine Brust-Bauchspalte sowie mangelhafte Entwickelung der Extremitäten. Es sollen auch Lungen vorhanden gewesen sein. Der Eisack wurde vom Amnion gebildet. — Der includirte Embryo soll durch die Nabelschnur des Autositen ernährt worden sein; wenigstens fand sich keine Placenta, und Sonden, in die Umbilicalgefässe eingeführt, konnten bis in die Brust des Parasiten hinein verfolgt werden.

Sondberg, Hygica, 1849, Bd. 11 und 12. — *Schmidt's Jahrbücher, Bd. 72, S. 141.

Vielleicht nur Dermoidcyste.

Sulikowsky-Danyau, Gazette des Hôp. 1851, S. 134 und Bulletin de l'Académie, XVII, 4, 1851, 30. Nov. — *Schmidt's Jahrbücher, Bd. 75, S. 291.

Kind mit beträchtlich aufgetriebenem Leibe geboren, der bis zum 10. Jahre wuchs. Ruptur am Nabel. Exstirpation der Geschwulst, die Knochen (mit einem Auge in der Orbita?), Zähne etc. enthielt.

Montgomery, Dublin Journal, Mai 1853. — *Schmidt's Jahrbücher, Bd. 81, S. 21.

Ein Knabe, in Sherbourne wohnhaft, erreichte mit einem Fötus in der Bauchhöhle das Alter von 16 Jahren. Der Fötus mit seinen Anhängen befindet sich im Museum des Royal College of Surgeons in London.

Albertoni, Gazetta med. italiana (Lombardia) 1855, No. 19. — *Monatsschrift für Geburtskunde, Bd. 6, S. 469.

Bei einem 3jährigen Knaben fühlte man in der linken Seite des mässig geschwollenen Leibes einen faustgrossen Tumor. Das Kind bekam Fieber. Es entleerte beim Stuhlgang kleine harte Körper, die als Fötalknochen unzweifelhaft zu erkennen waren. Heilung.

Riembault, Gazette méd. de Lyon, 1857, No. 15. — *Canstatt's Jahresbericht, 1857, IV, S. 4.

Bei einem 25jährigen Arbeiter gingen aus einer in der Nähe des Rectum liegenden Geschwulst kleine Knochen ab, die für fötale gehalten werden mussten. Die Section des später gestorbenen Patienten wurde nicht gestattet.

Nélaton, Gazette des Hôp. 1867, No. 74. — *Schmidt's Jahrbücher, Bd. 137, S. 314.

Es ist nicht klar, ob eine Dermoidcyste des Eierstocks oder eine includirte Masse gefunden wurde.

Hecker und Buhl, *Klinik der Geburtskunde, Bd. 1, S. 301 mit Abbildung.

Neugeborenes reifes Mädchen, 4 Stunden nach der Geburt gestorben, trug zwischen Niere, Pankreas und Zwerchfell, unter dem Peritoneum, einen 9,5 Ctm. langen, 5—7 Ctm. dicken Sack. Die Ernährung geschieht durch einen Zweig der Aorta, wo dieselbe aus dem Diaphragma heraustritt. Der Sack besteht aus 3 Häuten: 1) retroperitoneales Bindegewebe, 2) seröse Hülle (innere Schicht des Chorion primitivum (?), 3) Amnion. Der Fötus zeigt drei untere und zwei obere Extremitäten, Kopfknochen, Becken, Darmtheile (an einem derselben den Ductus omphalomesaraicus, der in die Bauchwand geht); kein Herz, keine Leber, Nieren, Geschlechtstheile etc., folglich Acardiacus. Buhl vermuthet einen Acardiacus, der vom Dotterkreislauf herstammt.

Abbildung: Atlas, Tafel VIII, Fig. 4. Taf. VIII, Fig. 4.

Erklärung: d. omph. e, Dotterstrang mit deutlichem Divertikel an der Stelle seiner Zusammenmündung mit dem Ileum; Cy, Cystensack; d, Zwerchfell; tr, Darmtheil; g, Andeutung äusserer Genitalien; p, p, untere Extremitäten; m, obere Extremitäten; t, Bauchwand; ad, Verwachsung des Kopfes mit der inneren Cystenwand; am, Amnion; a, aufgeschnittene Aorta.

Klebs, *Handbuch der pathologischen Anatomie, S. 1013.

Dr. Scherer in Bern beobachtete bei einem Neugeborenen einen kleinfaustgrossen Tumor in der Bauchhöhle, welcher eigene, von denen des Kindes unabhängige Bewegungen zeigte. Das Kind starb wenige Wochen nach seiner Geburt an peritonitischen Erscheinungen. Dr. Scherer machte die Section und fand unter dem Mesocolon transversum eine Cyste. Er exstirpirte dieselbe im Ganzen, eröffnete dann die dünne Cystenwandung, um sich von der Richtigkeit seiner Annahme einer Inclusio foetalis zu überzeugen, und übergab Klebs das Präparat, nachdem es eine Zeit lang in Spiritus gelegen.

Klebs fand Folgendes: Der Cystensack bestand aus Peritoneum und Amnion. Von der Aorta des Kindes ging eine Arterie in den Cystensack und durch eine kurze Nabelschnur in den Leib des Parasiten. An Stelle der Insertion der Nabelschnur findet sich eine Hernia funiculi umbilicalis, in der Dünndarmschlingen und die rudimentäre Leber liegen.

Die includirte Frucht bildet eine Eiform. Die peripheren Theile liegen stark comprimirt der Hauptmasse, d. i. dem Kopfe an. Extremitäten sind mangelhaft entwickelt und verunstaltet. Schädel, ziemlich gross, enthält deutlich Gehirnmasse und einen intermeningealen Bluterguss. Im unteren Theile befindet sich ein Stück der Wirbelsäule und des Beckens. Auch ein rudimentäres Herz ist vorhanden und führt zu demselben ein kleiner Zweig aus der Aorta, die wiederum direct mit den Gefässen des Nabelstranges in Verbindung steht. Ueber der Leber findet sich eine Cyste mit Flimmerepithel ausgekleidet (Lunge). Der Dickdarm ist sehr weit und mit schleimiger Masse gefüllt. Innere Geschlechtstheile sind nicht untersucht; äussere fehlen.

Abbildungen: Atlas, Tafel VIII, Fig. 1, 2 und 3. Taf. VIII, Fig. 1, 2 u. 3.

Erklärung: Fig. 1. Cy, Cystenwand. A, Aorta des Hauptfötus, aus der entspringt a, arteria umbilicalis des includirten Fötus; f, Nabelstrang; hu, hernia funiculi umbilicalis; c, Kopf; au, Ohranlage; p, untere Extremität; br, obere Extremität.

Fig. 2. f, Nabelstrang; hu, Hernia funiculi umbilicalis; c, Kopf; p.d, p.s, rechter und linker Fuss; m, Hand.

Fig. 3. cav, mit Blutextravasat gefüllte Höhle zwischen Dura mater und Gehirn; cer, Gehirn; oc, Durchschnitt der Schuppe des Hinterhauptes; f, Rachenhöhle; c, Herzrudiment, welches durch eine sehr enge

Arterie mit a, der Aorta, zusammenhängt; vl, Lendenwirbel; d, Zahnanlage des Oberkiefers; n, Anlage der Nase; ls, li, Anlage der Ober- und Unterlippe; tr, Dickdarm; s, Schambein.

Vielleicht gehört unter die Inclusiones abdominales auch ein in der griechischen Zeitung Sother (31. Aug. 1834) berichtetes Vorkommniss, wonach ein Knabe nach heftiger Anstrengung einen Fötus ausbrach, der, missbildet, in der Entwickelung ungefähr dem 40—50. Tage entsprach (*Froriep's Neue Notizen, Bd. 43, 1834, S. 31).

Es fällt die relative Häufigkeit auf, mit welcher doppelte Inclusionen vorgefunden werden. Unter den referirten Fällen wurde in der Beobachtung von Hecker und Buhl mitgetheilt, dass drei untere Extremitäten vorhanden gewesen seien. Unter den später zu besprechenden Inclusionen der Schädelhöhle sind ebenfalls zwei (Rippmann, *Ueber einen bisher noch nicht beobachteten Fall multipler Intrafötation, Inaug. Diss. Zürich 1865, und Aretäos, *Virchow's Archiv, Bd. 23, S. 428), wo es sich um Fötusrudimente mehrerer Früchte handelte. Auch unter den Abdominalinclusionen habe ich noch zweier Erwähnung zu thun, in denen sich die Rudimente zweier Fötalanlangen im Unterleibe vorgefunden haben, von denen die eine dann zu einer Perinealinclusion zu werden pflegt.

Bedenkt man, dass wiederholte Theilung der Fruchtanlage zu den grössten Seltenheiten gehört, dass Dreifachmissbildungen beim Menschen nur äusserst selten gefunden wurden, so fällt uns um so mehr die Häufigkeit dieses Vorkommnisses bei den Inclusionen auf.

Ich halte diese Erscheinung für eine werthvolle Bestätigung der Entstehung der Doppelmissbildung durch Spaltung. Die einzelnen Organanlagen, die eingeengt in der Bauchhöhle des Autositen liegen, stossen im weiteren Wachsthume an die umgebenden Gewebe an und spalten sich, ehe sie differenzirt waren. So entsteht z. B. eine doppelte Extremität, während die Organanlage, wenn sie einfach bleiben soll, einer freien räumlichen Entwickelung bedarf.

Die beiden Fälle von doppelter Inclusion, einer inclusio abdominalis verbunden mit einer inclusio perinealis, sind beschrieben von

Fattori, De' feti che rachiudono feti, detti volgarmente gravidi, Parma 1815. — *Himly, Foetus in foetu, S. 22.

Agata Lupi gebar im 7. Monate ihrer Schwangerschaft eine Frucht weiblichen Geschlechts. Der Leib des Kindes und die Perinealgegend zeigten sich aufgetrieben. Am Colon und Mesocolon transversum festsitzend, beginnt eine Cyste, die sich bis hinter den Uterus in das kleine Becken erstreckt. Der Sack derselben bestand aus zwei leicht zu trennenden Blättern. In diesem Sacke lag eine placentaähnliche Masse, der inneren Wand angeheftet. Von dieser Placenta gingen 2 Gefässe aus, deren eines sich in einen rundlichen Körper (Leber?) verlor. Dieser Körper lag in einem dem Fötus angehörenden häutigen Sacke, in dem auch noch ein beiderseits blind endigendes Darmstück gefunden wurde. Die

Hauptmasse bestand aus einem unförmigen, von Cutis überzogenen Körper, aus dem zwei Füsse, der eine mit fünf, der andere mit einem Zehen hervorragten.

Im Perinealsacke befand sich eine stinkende Flüssigkeit, die den Fötus zum Faulen gebracht hatte. Daher lagen seine Bestandtheile theilweise ungeordnet im Sacke zerstreut. Auch hier fand sich ein grosser rundlicher, mit Cutis überzogener Körper, aus dem eine Hand mit 4 Fingern, zwei Unterschenkel mit Füssen, ein Schulterblatt mit kurzem Arme und einer zweifingrigen Hand hervorragten. Ausserdem war ein Darmstück nicht zu verkennen, während andere Organe, die Fattori für Lungen, Pleura, Herz, Capsula suprarenalis, Harnblase, Ureter etc. zu halten geneigt ist, einer genaueren Untersuchung bedurft hätten.

Abbildung: Atlas, Tafel VIII, Fig. 6. Taf. VIII, Fig. 6.

Copirt vergrössert nach Förster, *Die Missbildungen des Menschen, Tafel V, Fig. 17.

Erklärung: I, Theile des Stammfötus; II, Theile der Bauchhöhleninclusion; III, Theile der Perinealinclusion; vl, an, vulva und anus von I; Pl, Pl, placentaähnliche Massen; p. p, untere Extremitäten; m, obere Extremitäten; tr, tr, Hauptmasse von dem die Extremitäten ausgehen; t, oben und unten blind endendes Darmstück; v, v, Gefässe zwischen Placenta und Amnion.

Schaumann, *Casus rarior Foetus in foetu, Inaug. Diss. Berlin 1839.

• Zu Kabel, Prov. Posen, gebar die Frau des Bauer Preuss im Jahre 1837 ein Kind weiblichen Geschlechts. Der stark ausgedehnte Leib musste bei der Geburt punktirt werden. Im Unterleibe fand man eine grosse Cyste, die bei der Punktion getroffen war, und zwei weitere Säcke, die sich unter die Glutäen geschoben hatten und diese Partie stark nach aussen drängten. Der grössere centrale Sack war innen mit cutisartigem Gewebe ausgekleidet, auf dem sich Haare befanden. Von unten her war ein kleiner Körper eingestülpt, in dessen Innerem 3 Knöchelchen lagen, die nicht mit bestimmten Knochen des Skeletts verglichen werden konnten. Im linken Sacke befanden sich zwei untere und zwei vereinigte obere Extremitäten mit den dazugehörigen Knochen, von denen besonders die Phalangen der Doppelhand (mit 9 Fingern) gut ausgebildet waren. — Im rechten Sacke, der sich in den linken öffnete, waren Darmtheile, Cysten, Knochen etc.

Abbildung: Atlas, Tafel VIII, Fig. 7. Taf. VIII, Fig. 7.

Erklärung: p,p, untere Extremitäten; m, vereinigte obere Extremitäten; am, Amnion; an, After; v, vulva.

Inclusio testiculi et ovarii. In der Entwickelung zurückgebliebene Anlagen eines zweiten Fötus können, so lange die Bauchhöhle noch weit klafft, an der Seitenwand des Fötus hängend, beim Umschlagen derselben auf den Wolff'schen Körper zu liegen kommen, vom Hoden oder Ovarialgewebe umwachsen werden und auf diese Weise in das Innere dieser Organe gerathen. Es finden sich in beiden Organen Geschwülste mit soweit vorgeschrittener fötaler Bildung, dass eine andere Möglichkeit der Entstehung, als die erwähnte, nicht gut denkbar ist, wenn überhaupt die Berichte zuverlässig genug sind. Eine andere Frage ist, ob man alle Geschwülste des Hodens und der Ovarien, in denen völlig andersartige Gewebe sich vorfinden, als durch Inclusion entstanden erklären soll. Seit durch Waldeyer Inclusio testiculi et ovarii.

und His die Entstehung der Geschlechtsdrüsen genauer erörtert ist, liegt die Wahrscheinlichkeit nahe, dass Elemente der nicht betheiligten Keimblätter in die Organanlage für Hoden und Eierstöcke eingesprengt werden können, und dass diese fremdartigen Keime im späteren Verlaufe den Anlass geben zu Neubildungen aus, den Geschlechtsdrüsen vollständig fremden, histologischen Bestandtheilen.

Für die Entwickelung der Dermoide im Ovarium deutet Waldeyer (*Archiv für Gynäkologie, Bd. 1, S. 305) noch einen anderen Entstehungsmodus an. Er schreibt: „Es ist nämlich sehr wohl annehmbar, dass die Epithelzellen des Ovarium, ihrer Bedeutung als unentwickelte Eizellen gemäss, bei ihrer Vermehrung durch Theilung oder Sprossung andere, und zwar in der Richtung einer unvollständigen embryonalen Entwickelung weiter gehende Producte liefern, als sie selbst sind. Man hat durchaus nicht nöthig, für eine solche Weiterentwickelung weiblicher Keimzellen erst die Intercurrenz männlicher Zeugungsstoffe anzunehmen; die zahlreichen Beispiele parthenogenetischer Entwickelung, die sich von Tag zu Tag mehren, überheben uns in dieser Beziehung einer zu grossen Aengstlichkeit. Ich erinnere hier z. B. an die neueren Mittheilungen von Hensen über die Züchtung unbefruchteter Eier beim Kaninchen (Centralblatt für die med. Wissenschaften, Berlin 1869, S. 403)".

Eine neue Erklärung für die Entstehung der includirten Teratome des Hodens giebt Klebs *Handbuch der pathologischen Anatomie, S. 1017. Klebs fand in der Sammlung des Prager pathologisch-anatomischen Instituts ein in Spiritus aufbewahrtes Fötusskelett von 17 Ctm. Länge. An der linken Schambogenhälfte desselben befindet sich eine kleine, überzählige Extremität. Das Os sacrum fehlt; eine Spaltung der Wirbelsäule ist bis zum 10. Brustwirbel nach obenzu vorhanden. Ausserdem sind noch geringere Verbildungen dieser Theile zu erwähnen. „Alles deutet darauf hin, dass hier eine Geschwulstbildung gesessen, welche die Theile auseinandergedrängt und in ihrem normalen Wachsthume behindert hat." Es muss eine partielle Keimspaltung des hinteren Leibesendes dagewesen sein. Wären die beiden Hälften gleich gut entwickelt gewesen, so wäre eine Doppelmissbildung mit doppeltem Becken etc. entstanden. So aber hat die grössere Anlage die kleinere vollständig umwachsen. „Dass bei einer solchen Inclusion eines abgespaltenen Theiles gerade die sich entwickelnde Geschlechtsdrüse von fremden Keimanlagen durchwachsen werden muss, ist begreiflich."

Ich verstehe nicht, wie durch dieses Präparat eine Theorie der Inclusion bei unvollständiger Keimspaltung gestützt werden und noch weniger, wie diese Theorie die Entstehung von Teratomen, speciell des Hodens und der Ovarien klar legen soll. Das erwähnte Präparat ähnelt den Verbildungen der Dipygi parasitici vollständig, nur dass noch spina fissa mit ihren Folgezuständen hinzugekommen zu sein scheint.

Vor der Hand muss es noch fraglich bleiben, da die anatomischen Berichte nicht sorgfältig genug geliefert worden sind, ob die Teratome des Hodens wirklich im Hodengewebe lagen oder ob sie dem Hoden nur anhafteten und als Scrotalteratome aufzufassen sind.

Noch immer kennen wir nur wenige andere Beispiele, als sie Verneuil in seiner berühmten Arbeit über inclusion scrotale et testiculaire, Archives génér. Juni, Juli, Aug., Sept. 1855 (*Schmidt's Jahrbücher, Bd. 90, S. 279. — *Klebs, Pathol. Anatomie, Bd. II, S. 1155) gesammelt hat.

S. Donat (1696). Ein junger Mann empfand nach geschlechtlicher Aufregung plötzlich im rechten Hoden einen lebhaften Schmerz. Es folgte die Entwickelung einer Geschwulst, die nach $^3/_4$ Jahren die Grösse eines kleinen Kinderkopfes zeigte. Exstirpation. In der kugeligen Masse befand sich ausser Flüssigkeit ein weisser, fleischiger Körper, der von kleinen Knochenstrahlen durchsetzt wurde, die von einer dem Schädel ähnelnden Knochenmasse ausgingen. An dieser werden zwei Orbitae, zwei Augäpfel mit pigmentirter Uvea etc. beschrieben.

von Hartmann, (1803) publicirt durch Prochaska, *Medicinische Jahrbücher des k. k. österreichischen Staates, Bd. 2, S. 80.

Bei einem Neugeborenen war die Leistengegend durch einen kleinen Tumor ausgefüllt, der später in den Scrotalraum sich herabsenkte. Im 3. Jahre nahm die Geschwulst so zu, dass im Verlaufe einiger Wochen das Scrotum bis zur Mitte des Oberschenkels reichte. Durch Abscedirung wurden verschiedene Theile eines Fötus ausgestossen und zwar der Reihe nach ein Fuss, bis zum Knöchel reichend, ein Stück Oberkieferbein mit 4 Zähnen, ein Stück Hirnschale.

Der bei Verneuil und Klebs referirte andere Fall von Prochaska (*Med. Jahrb. d. k. k. öst. Staates, 2. Bd. S. 83) scheint ein Steissteratom und nicht ein Scrotalteratom gewesen zu sein.

Dietrich (1818), *Froriep's Notizen, 1826, Bd. 14, S. 15.

Einige Zeit nach der Geburt fand man einen Scrotaltumor, der rechten Seite, bis zum Knie herabreichend. Derselbe wurde abgebunden. Der Hoden war $4^1/_2''$ lang, $2^1/_2''$ breit und wog 7 Unzen. Im Inneren lagen in jauchiger Flüssigkeit verschiedene ausgesprochene Fötaltheile. Vor allem scheint das Becken verhältnissmässig weit sich entwickelt zu haben. Auch die unteren Extremitäten waren vorhanden.

Die Frage, ob die bei Oeffnung des Tumor durchschnittene Haut die Tunica vaginalis des Hodens war, lässt sich aus dem Berichte mit Sicherheit nicht erkennen, doch wird gemeldet, dass die Fötustheile im Parenchym des Hodens gelegen hätten.

Ekl (1826) — *Schmidt's Jahrbücher, Bd. 90, S. 279. — *Froriep's Notizen, 13. Bd. S. 282. — Klebs giebt als Autor Fatti an, der aber bei Froriep Tatti genannt ist.

Bei einem kleinen Kinde wurde eine $5''$ lange und ungefähr $2^1/_2''$ dicke Scrotalgeschwulst ausgeschält und aus derselben die Rippen, die Wirbelsäule, die beiden Augenhöhlen und Oberschenkelknochen eines Fötus herausgezogen. Auch

Augen sollen in demselben enthalten gewesen sein. Es müssen fleischige Theile an den Knochen sich befunden haben, denn in Froriep's Bericht, den er vom Herrn Pfarrer und Dechant Hauser in Raushofen erhalten hat, wird mitgetheilt, dass an dem Spirituspräparate „die fleischigen Theile von den Beinen" sich zu lösen begannen.

André und Olivier, Mémoires de l'académie 1832. S. 84.

Nach einem Jahre bemerkte man eine Geschwulst des rechten Hoden, die für eine Hydrocele gehalten wurde. Im 6. Jahre Abscedirung. Ausstossung eines fleischigen Knotens, der 3 Zähne und Haare enthielt. Später wurde noch ein grosser Zahn entfernt.

Velpeau, Leçons orales, Tom. III, S. 198, Paris 1841.

Kräftiger 27jähriger Mann, soll seit seiner Jugend einen rechtsseitigen Scrotaltumor getragen haben. Der Tumor fiel durch seine Farbe gegenüber dem dunkeln Scrotalgewebe auf. Ebenso documentirte er durch die Insensibilität, dass er dem Nachbargewebe fremd war. Hoden, Nebenhoden und Samenstranggefässe erschienen normal. — Exstirpation. Ausser Fett und Haaren fanden sich organisirtere Theile des Skeletts und zwar Theile einer Schulter (Schlüsselbein, Schulterblatt und Theile des Oberarms), Theile des Beckens oder der Schädelbasis und Theile der Wirbelkörper oder unbestimmbarer Knochen.

In diesem Falle sass das Teratom in der Haut des Scrotum.

Corvisart (1845).

Harte, schmerzlose Geschwulst am Hodensacke eines kleinen Kindes. Exstirpation. Dieselbe enthielt Fett, zahlreiche Haare, Knochenstücke, von denen einige Gelenkverbindungen gezeigt haben sollen. — Mangelhaft untersucht und beschrieben.

Duncan und Goodsir.

Hodenteratom, im 8. Jahre operirt. Nach Eröffnung der Tunica vaginalis entleert sich Eiter mit Haaren gemischt. Hoden zu Grunde gegangen. An der Tunica vaginalis sassen Hautfragmente, die Haare producirten. Ausserdem fanden sich zwischen dem entarteten Hoden und der Scheidenhaut Knochenstückchen.

Verneuil und Guersant (1854).

Bei einem zweijährigen Kinde wurde eine hühnereigrosse Geschwulst entfernt. Der Tumor gehörte bestimmt dem Scrotum an, nicht dem Hoden; letzterer ist 10—12 Mm. lang, 2—3 Mm. dick und enthält deutlich Samencanälchen. In der vielkammerigen, cystischen Geschwulst befinden sich ausser seröser Flüssigkeit Hirnsubstanz, Fett, Haare, Hautgebilde, Darmrudimente etc. Eine Cyste enthält eine Gallertblase mit polygonalen Pigmentzellen (Choroidea oculi). In dem festen Theile der Geschwulst befinden sich Knorpel und Knochen von unregelmässiger Gestalt.

Tilanus (1858), Verhand. van het Genootschap ter Bevordering der Genees- en Heelkunde te Amsterdam, II, Deel 1, S. 70. — *Schmidt's Jahrbücher, Bd. 100, S. 171,

beschreibt ein angeborenes Cystofibroid des linken Hoden. Anfangs wenig umfangreich, mass es im 20. Lebensjahre 12″ im Längs-, 6″ im Querdurchmesser. Exstirpation. Zahlreiche Dermoidcystchen mit Epithel, Haaren, Drüsen, Knorpel und Knochen.

Láng (1871), *Virchow's Archiv, Bd. 53, S. 128.

1½jähriges Kind. Exstirpation. Keine geordneten Fötaltheile.

Perls, *Lehrbuch der allgemeinen Aetiologie und der Missbildungen, 1879, S. 360.

Der Tumor sass innerhalb der Tunica vaginalis propria und war von plattgedrückten atrophischen Resten, Hodensubstanz überzogen. Es zeigte sich in ihm vorwiegend myxosacromatöser Bau, stellenweise knorpelige und drüsige Partien, quergestreifte Muskelfasern und markhaltige Nervenfasern. Der Träger war ein 31 jähriger Mann.

Es existiren nur einige wenige Beispiele, die auch im Stroma des Ovarium Theile eines Fötus nachweisen lassen. Im Ganzen haben wir es bei den Dermoiden des Ovarium nur mit Gebilden zu thun, die dem Hornblatt entstammen. Wenn graue Nervensubstanz darin gefunden wird, so könnte diese dem Centralnervenrohre durch Abschnürung entlehnt sein. Alle diese fötalen Gewebe zeigten aber in keinem Falle eine so geregelte Anordnung, dass man genöthigt wäre, eine Inclusion anzunehmen. Der Mangel wirklicher Inclusionen im Ovarium ist ein Grund mehr, an dem Vorkommen von Teratomen im Hodengewebe zu zweifeln; wie ich oben schon wiederholt angedeutet habe, dass ich die Hodenteratome als Scrotalteratome auffassen möchte.

Als Unicum möchte hier die Beobachtung von Jasinski in Warschau Erwähnung finden, der sich genöthigt sah, aus der Vagina einer Frau mehrere Zähne zu entfernen, die, wie wohl nicht anders möglich, durch den Durchbruch eines Ovarialdermoids in die Nähe der Portio vaginalis gelangt waren.

Jasinski, Graefe und Walther. Journal für Chirurgie und Augenheilkunde, Bd. 13, S. 429. — *von Siebold's Journal, Bd. 10, S. 143.

Eine 28jährige Frau, die 4 mal geboren, erkrankte an heftigem Schleimflusse. Der Arzt fühlte in der Nähe der Portio vaginalis einen erhabenen Körper, der platzte und viel Eiter entleerte. Danach klagte der Mann über Schmerzen beim Coitus, als wenn er gegen einen harten Gegenstand anstosse. Ein fünftes Kind zeigte frische Excoriationen der Haut an der Backe. Ein Consilium Warschauer Aerzte entdeckte harte Knochenmassen. Man schritt zur Extraction und entfernte nach anfangs vergeblichen Versuchen mit grosser Mühe zwei grosse Backenzähne und zwei Schneidezähne, ohne die Knochenleiste fassen zu können, in der die Zähne festgesessen hatten.

Eine richtige Erklärung dieses Falles liefert der Referent des allgemeinen Repertoriums der gesammten deutschen medicinisch-chirurgischen Journalistik, herausgegeben von Kleinert, Jahrgang 4, Heft II, S. 17. Weniger prägnant ist die Erklärung von Suchier, *von Siebold's Journal, Bd. 12, S. 128.

Aus der neueren Literatur ist nur ein Fall zu erwähnen, in dem geordnete Fötaltheile in einem Ovarium gefunden worden sind. Doch ist auch für diesen Fall nicht bestimmt genug bewiesen worden, dass es sich nicht um eine Ovarialschwangerschaft gehandelt habe.

Axel Key, Hygiea, Bd. 26, S. 300. — *Schmidt's Jahrbücher, Bd. 127, S. 156.

68 Jahr alte Frau. Bei der Section durchschnitt man mit der linea alba die Wand einer incrustirten Cyste. Innerhalb dieser Kapsel hing frei und beweglich an einem dicken Stiele die Geschwulst, die Axel Key für eine Dermoidcyste erklärt. Die mannskopfgrosse Höhle war fast ganz mit grauen Haarlocken gefüllt. Ausserdem sassen solche Haare in grosser Menge an der Wand der Cyste. Von einer

Seite der Wand entsprang eine fast 4″ lange, länglich geformte, weiche Masse, die einem missgebildeten Fötus glich, der mit dem Kopfe an der Wand festsass. Die Oberfläche dieses Klumpen war mit Haut bedeckt. Es fanden sich auch Andeutungen der Extremitäten; an den Füssen sogar einige Zehen mit Nägeln. Im Innern fand man meistentheils Fettmasse, in der grössere oder kleinere Knochenstücke eingestreut lagen. Im vermeintlichen Kopfe lag eine hirnähnliche Masse, in der mikroskopisch Nervenelemente nachgewiesen wurden.

Auch im Rectum traf Danzel, *Archiv für Klinische Chirurgie, Bd. 17, S. 442, eine Cyste mit Haaren an, die wahrscheinlich ebenfalls aus der Bauchhöhle herstammte.

Inclusio subcutanea.

Inclusio subcutanea. Die Einschliessung einer zweiten Fötalanlage in die Bestandtheile der Bauchdecken selbst kann nur zu Stande kommen, wenn die dem äusseren Keimblatte anhängende rudimentäre Anlage bei der Einwärtsrollung des Hornblattes zwischen dieses und das mittlere Keimblatt geschoben wird. Es ist nur ein derartiger Fall bekannt.

Gaither, The med. repository, New-York, 1810 by Mitchill and Miller, Vol. XIII, S. 1. — *Himly, Foetus in foetu, S. 38.

• Bei einem 2¾ Jahr alten Mädchen lag zwischen der Bauchhaut und den Bauchmuskeln ein mit Wasser gefüllter Sack. Derselbe enthielt einen Embryo von 1 Pfund 14 Unzen Gewicht. Der Leib desselben war 7″ lang und hatte 10″ im Umfange. Kopf unvollkommen entwickelt, ohne Augen, ohne Mund. An der dem Gesicht entsprechenden Stelle war links eine kleine Hervorragung ohne Oeffnung, welche einen Eckzahn und zwei Schneidezähne enthielt. Hinterhaupt mit braunen, 8—9″ langen Haaren bedeckt. Leib ziemlich gut ausgebildet. An den Extremitäten verschiedene Verstümmelungen. Geschlecht undeutlich weiblich. Eine Verbindung des Fötus mit dem Sacke liess sich nicht nachweisen; doch fand man Reste eines Stranges, der durch Fäulniss zerstört war (Nabelstrang?).

Entsprechend den Dermoiden und Teratomen der Bauchhöhle kommen auch Inclusionen der Brusthöhle vor, die dann im Mediastinum, seltener in der Lunge zu sitzen pflegen.

Inclusionen des Mediastinum.

Inclusionen des Mediastinum. Auch hier ist die generelle Frage nicht zu beantworten, ob die im Mediastinum anticum und posticum gefundenen Dermoide als die includirte Anlage eines zweiten Fötus oder als includirte Theile, die dem Fötus selbst angehören, aufzufassen seien. Da complicirtere Teratome hier nicht gefunden worden sind, sondern nur die Bestandtheile der auch anderwärts vorkommenden Dermoide, so brauchen wir vor der Hand die Teratome des Mediastinum nicht als Inclusionen auffassen.

Die Literatur bis zum Jahre 1870 findet sich bei

Riegel, *Virchow's Archiv, Bd. 49, S. 193.

Unter den später veröffentlichten Beobachtungen ist ein Fall, von Virchow beschrieben, von grosser Wichtigkeit, da aus ihm hervorzugehen scheint, dass in den Dermoiden des Mediastinum nicht nur Gewebe, der äusseren Haut angehörig, zu finden sind, sondern auch

Gewebe des mittleren Keimblattes (enorme Muskelneubildung) und Abschnürungen der Lungenanlage.

Virchow, *Virchow's Archiv, Bd. 53 S. 444.

Auch unter den Dermoiden der Lunge finden sich keine Beobachtungen, aus denen mit Bestimmtheit das Vorhandensein einer zweiten Fruchtanlage gefolgert werden müsste. Dermoide der Lunge.

Die Literatur der Dermoide der Lungen ist sehr spärlich und lässt uns bisweilen im Ungewissen, ob man es nicht mit Dermoiden des Mediastinums zu thun habe, die bei weiterem Wachsthum in die Lunge hindurchgebrochen sind.

Münz, Albers, Atlas der pathologischen Anatomie, 20. Lieferung. — *Canstatt's Jahresbericht, 1842, Bd. 1, S. 347 (Chirurgie, S. 103).

Cloetta, *Virchow's Archiv, Bd. 20, S. 112.

Mohr, citirt von *Fürst, in Gerhardt's Handbuch der Kinderkrankheiten, Bd. 3, S. 567.

Salomonsen, citirt von *Fürst, a. a. O.

Inclusionen der Schädelhöhle. Bei der Besprechung der Epignathi habe ich bereits auseinandergesetzt, auf welche Weise die Anlage eines zweiten Fötus in das Innere der Schädelhöhle und zwar auf den Boden der Hirnhöhle gelangen kann. In der Beobachtung von Rippmann-Breslau, wo ausser der Schädelinclusion auch noch ein Epignathus vorhanden war, ist der Entstehungsmodus am besten illustrirt. Möglicher Weise ist auch in den übrigen Beobachtungen früher Fötalmasse vorhanden gewesen, die durch den Canal des Keilbeins und durch den gespaltenen harten Gaumen bis in und vor die Mundhöhle geragt haben mag. Die letzteren Partien sind aber, weil dünn gestielt, ausgestossen und der Gaumen hat sich geschlossen oder es ist ein Wolfsrachen geblieben. Inclusionen der Schädelhöhle.

Die Inclusionen der Schädelhöhle bieten entweder die Erscheinungen der Dermoidcysten, oder man findet ausgesprochene fötale Glieder.

Otto, Verzeichniss der anatomischen Präparatensammlung des Anatomie-Institutes zu Breslau, 1826, S. 60, No. 2891 und *Erster Nachtrag 1830, S. 41, No. 8815.

Ausgetragener Knabe. Wasserkopf. Ungeheurer Wolfsrachen und Hasenscharte; weit offenstehende Nasenhöhle etc. Im hintern Ende der linken Hemisphäre liegt eine haar- und fetthaltige Balggeschwulst, die bis in den Seitenventrikel sich erstreckt.

Aretaeos, *Virchow's Archiv, Bd. 23, S. 428.

Dr. Milliaresis aus Cephallonien übersandte dem Museum der Königl. Gesellschaft der Aerzte in Athen eine 7monatliche Frucht männlichen Geschlechts und einen 2 1/2″ langen Acardiacus acephalus. Da der 7monatliche Fötus eine Oeffnung in seinen hydrocephalischen Schädel hatte, durch die der kleine Acardiacus hindurchgeschoben werden konnte, so nahmen beide, Dr. M. und Aretaeos an, der Acardiacus habe in der Schädelhöhle gelegen. Placenta und Eihäute sollen normal gewesen sein.

Die Section des Hydrocephalus ergab keinen Anhalt für diese Annahme. Hingegen befand sich im Schädel, aus dem leider das Gehirn entfernt war, eine zweite Frucht mit deutlich entwickelten Extremitäten und einem Stück Darm. Dieselbe hing mit der Arachnoidea zusammen, war wahrscheinlich von da aus ernährt worden und war, auf dem Boden des Schädels liegend, mit dem verlängerten Mark eng verwachsen. — Aus dem Schädel soll noch eine fleischige-Masse abgegangen sein; ein weiterer Sack befindet sich an dem im Schädel includirten Fötus, so dass sich Aretaeos berechtigt glaubt, die Missbildung als einen Parasitus pentadymus encranius zu bezeichnen.

Vielleicht haben wir es aber nur mit einer einfachen Einschliessung zu thun.

Rippmann, *Ueber einen bisher nicht beobachteten Fall multipler Intrafötation in- und ausserhalb der Schädelhöhle. Inaug. diss. Zürich 1865. — Breslau und Rindfleisch, Geburtsgeschichte und Untersuchung eines Falles von Fötus in foetu, *Virchow's Archiv Bd. 30, S. 406. — Rindfleisch, *Amtlicher Bericht über die 39. Versammlung deutscher Naturforscher und Aerzte in Giessen, 1864, S. 252.

In der Gebäranstalt zu Zürich wurde im Februar 1864 ein frühzeitiges Kind geboren (1548 Gr.), welches ausser einer bedeutenden Ausdehnung des Schädels als weitere Monstrosität einen cystischen Epignathus aus der Mundhöhle hervorragend zeigte. Auf dem Boden der Schädelhöhle lag ein Tumor, der mit dem Stiele des Cystentumors durch den Canal des Keilbeins im Zusammenhange stand. Die intracranielle Geschwulst bestand auf den ersten Anblick aus einer Anhäufung rundlicher roth und weiss gefleckter Knollen und Cysten. Innerhalb dieser Massen lagen zwei Augen, Darmtheile, Extremitäten. Auch eine Nabelschnur soll vorhanden gewesen sein (Rindfleisch), die an den Sack der Geschwulst lief, den R. deshalb als Amnion auffasst. Im Ganzen sollen 7 Extremitäten vorhanden gewesen sein. Diese letztere Thatsache benutzt Rindfleisch, um einen Vergleich dieser Organvermehrung mit der Knospung der Pflanzen anzustellen. „Wenn sich das Menschengeschlecht wie die Pflanzen durch Sprossenbildung vermehren könnte, so würden ohne Zweifel die Hypophyse und die Steissdrüse auf einmal sehr wichtige Organe werden und die Erzeugung der Minerva aus dem Haupte des Jupiter kein Curiosum sein.“ Auf der Naturforscherversammlung in Giessen fand diese Sprossungstheorie eine lebhafte Entgegnung von Seiten der Herren Hecker, Dohrn und Gusserow. Letzterer bezeichnete es als schrecklich, wenn die Menschen sich auch noch durch Sprossung fortpflanzen sollten.

Taf. VI, Fig. 5 u. 6. Abbildung: Atlas, Tafel VI, Fig. 5 und 6.

Weigert, *Virchow's Archiv, Bd. 65, S. 212.

Tumor der Zirbeldrüse, in dem Haarbälge, Haare, Talgdrüsen, Knorpel, Fett, glatte Muskelfasern, Cylinderepithel und vielleicht auch Nerven gefunden wurden.

Irvine, Lancet 1878, S. 733. — *Breslauer Aerztliche Zeitschrift 1879. No. 4, S. 35.

7jähriges Kind. Im Cerebellum, in das Rückenmark sich fortsetzend, lag eine mit Haaren und käsigen Massen gefüllte Cyste.

Zu vermuthen ist, dass unter den Dermoidcysten der Schädelhöhle sich eine oder die andere Beobachtung findet, die sich als fötale Inclusion deuten lässt. Liegt das Teratom innerhalb der Dura mater, so registrirt der Fall seiner Aetiologie nach unter den eben berichteten Inclusionen der Schädelhöhle. Findet sich das Teratom hingegen auf der Aussenfläche der Dura mater, unter, innerhalb oder ausserhalb der knöchernen Kopfbedeckung, so werden wir es unter den folgenden Abschnitt, unter fötale Transplantationen einzureihen haben.

Fötale Transplantation. Hierunter verstehe ich die Einimpfung von Zellenmassen aus der Anlage eines rudimentären Fötus auf die Oberfläche einer sich normal entwickelnden Frucht. Die Transplantation ist wohl zu trennen von der Implantation, bei der es sich um Einstülpung der Zellen der einen Keimhaut in das Gewebe der anderen Keimhaut hinein handelt, also nur die Anlage eines Individuum nöthig erscheint. Fötale Transplantation.

Das Vorkommen der Transplantation ist an und für sich nicht unwahrscheinlich, nachdem wir Fälle kennen gelernt haben, in denen eine zweite Anlage der gut entwickelten anhängt, und so bedeutend von der Norm abweicht, dass man Mühe hat, menschliche Formen an ihr zu entdecken.

Wenn wir uns zwei mit den Schädeln verwachsene Früchte, dann die Home'sche Missbildung, bei der ein Kopf einer normalen Frucht aufsitzt, vorstellen, so ist es nichts Wunderbares, wenn in dritter Stufe nur noch ein Theil der Hirnblase des zweiten Fötus auf dem Schädel der ersten Frucht transplantirt bleibt.

Eine ähnliche Reihenfolge würden wir erhalten, wenn wir einen Epignathus mit gut ausgebildeten Parasiten, einen Epignathus, der eine nur aus Cysten bestehende Geschwulst bildet, und eine Frucht, die kleine Teratome in der Mundhöhle zeigt, neben einander stellen.

Berührt ein Fötus den anderen nur mit einer kleinen Fläche, entsteht durch Vereinigung kleiner Blutgefässe eine Einschaltung dieses Theiles in die Circulation des grösseren Fötus, stirbt wegen Mangel der Ernährung der kleine Fötus ab, so wird nur das am grösseren Fötus haftende Stück weiter ernährt und von dem grösseren Fötus in seine Gewebe oder Höhlen aufgenommen.

Unverhältnissmässig häufig finden sich Dermoidcysten am Schädel, ausserhalb der Dura mater und an den Theilen des Gesichts. Mikulicz, *Wiener med. Wochenschrift, 1876, No. 39—41, sammelte allein 53 derartige Fälle. Wenn auch die Mehrzahl derselben als durch Einstülpung des Hornblattes entstanden sein wird, so spricht doch Manches dafür, dass ein Theil derselben auch auf dem Wege der Transplantation sich gebildet haben könne. Besonders unter den Dermoiden der grossen Fontanelle (12 Fälle), des Schläfebeins (20 Fälle), der Orbita (8 Fälle) könnte man Teratome, von einer Zwillingsanlage herrührend, wohl finden. Fehling zeigte in der *Gesellschaft für Geburtshilfe zu Leipzig eine Cyste der grossen

Fontanelle beim Neugeborenen, die ich schon damals auf die ebenbesprochene Weise entstanden zu erklären versuchte.

Wollmann, *Verhandlungen der Physikalisch-Medicinischen Gesellschaft zu Würzburg, Bd. 9, S. 168.

In der Mundhöhle eines sonst wohlgebildeten, 8monatlichen Fötus fanden sich mehrere kleine Tumoren, theils mit der Zunge, theils mit dem weichen und harten Gaumen verbunden, die unverkennbare Spuren fötaler Abstammung zeigten, mit den Geweben, denen sie angeheftet waren, aber in keinen Zusammenhang gebracht werden konnten.

Blankmeister, Zeitschrift für Medicin, Chirurgie und Geburtshilfe, Neue Folge, VII, 8. S. 519. -- *Schmidt's Jahrbücher, Bd. 141, S. 312.

Bei einem 6 Stunden alten Kinde am Dache der Mundhöhle einen zungenähnlichen Tumor, der mit normaler Oberhaut bedeckt war. Neben dem Tumor sass eine kleine Cyste. Die Geschwulst wurde weggenommen, und es zeigte sich nun eine Fissur des harten Gaumens. Im Innern der exstirpirten Massen sass Fettgewebe.

Arnold, *Virchow's Archiv, Bd. 43, S. 181.

Ein neugeborenes Kind trug an der Stirn ein grosses Lipom. Exstirpation. Tod. Die Section erwies, dass der Tumor durch eine Spalte mit einem zweiten intracraniellen zusammenhing, in dem sich ausser anderen fötalen Geweben Knochen fanden, deren Bau deutlich Epiphysen und Diaphysenbildung zeigte. Das Gehirn war defect.

In diesem Falle muss die Auflagerung auf die Hirnblase und später Perforation stattgefunden haben. Im weiteren Verlaufe der Entwickelung ist durch die Bildung des Schädeldaches und durch die Oberhaut eine Bedeckung des Teratoms gebildet worden.

Taf. VIII, Fig. 8 u. 9.

Abbildungen: Atlas, Tafel VIII, Fig. 8 und 9.

Erklärung: Fig. 9. T T, Masse des Teratoms; fm, Grosse Fontanelle; Ch, Chiasma; no, nervus opticus; Hyp, Hypophysis cerebri.

II. Partielle Spaltung.

Je später die Spaltung der ganzen Anlage beginnt, desto weniger eingreifend erfolgt sie. Da das Material an der Stelle, wo sich später der Kopf bilden wird, am reichlichsten vorhanden ist, so wird hier die Spaltung häufiger vorkommen, als am Schwanzende. Duplicitas anterior, Spaltung am Kopfende, kommt ungefähr viermal so häufig vor als Duplicitas posterior, Spaltung am Schwanzende. Ausser Duplicitas anterior und posterior kann zugleich auch eine Spaltung der ganzen Längsanlage des Keims erfolgen, der Beginn einer Duplicitas paralella, wie sie der totalen Keimspaltung zu Grunde liegt. Auch Spaltungen des Kopf- und Schwanzendes zu gleicher Zeit werden beobachtet.

a) Spaltung am Kopfende beginnend (Duplicitas anterior). Hypophysis cerebri duplex.

Der geringste Grad einer Duplicitas anterior ist das Vorhandensein einer doppelten Hypophysis cerebri. Dieses Organ entwickelt sich aus dem oberen Ende der Chorda und aus der obersten Spitze des Vorderarms und bildet später auf der inneren Fläche der Schädelbasis einen aus beiden Bestandtheilen zusammengesetzten kleinen Tumor.

Die Chorda kann an ihrem oberen Ende sich spalten, ohne dass die Spaltung weitergreift. Die Frucht zeigt daher äusserlich und innerlich vollständig normale Bildung. Nur zufällig entdeckt man bei Sectionen die doppelte Hypophysis.

Einen Fall von doppelter Hypophysis sah ich an einem Schädel des hiesigen pathologisch-anatomischen Instituts, der zu anderen Zwecken aufbewahrt worden war.

Spaltung des Gesichts, Diprosopus. Eine Spaltung der Anlage für das Grosshirn bedingt eine Bildung zweier Gesichter, die je nach der Tiefe der Spaltung in ihren sich berührenden Hälften bald mehr, bald weniger ausgebildet sind, während die äusseren Hälften normal entwickelt zu sein pflegen. Diprosopus.

Daher findet man bei den schwächsten Graden der Gesichtsspalte nur eine Verdoppelung der Mundhöhle mit doppelten Zahnreihen, zwei Zungen, die sich hinten vereinigen; bei stärkeren Graden in der Mitte nur ein gemeinsames Ohr; bei den stärksten Graden sind beide Gesichter vollkommen ausgebildet. Sie bilden dann den Uebergang zur nächsten Form (Dicephalus), bei welcher die Anlage für den Kopf vollständig getrennt ist.

Je nach dem Grade der Spaltung kann man die einzelnen Formen der Diprosopi bezeichnen mit D. distomus, D. diophthalmus, D. triophthalmus, D. tetrophthalmus, D. triotus, D. tetrotus.

Einen leichten Ueberblick über diese verschiedenen Formen erlangt man durch Besichtigung der Tafel IX des Atlas. Dort sind dem Grade der Spaltung nach die einzelnen Formen zusammengestellt.

Abbildungen: Atlas, Tafel IX, Fig. 1. Taf. IX, Fig. 1.

Sömmering, *Abbildungen und Beschreibungen einiger Missbildungen, Mainz 1791, Tafel III.

Ein gemeinsamer dritter Augapfel (Diprosopus triophthalmus).

Tafel IX, Fig. 2. Taf. IX, Fig. 2.

*Präparat der Entbindungs-Anstalt in Leipzig.

Zwei dicht nebeneinanderliegende Augäpfel in gemeinsamer Orbita.

Tafel IX, Fig. 3 und 4. Taf. IX, Fig. 3 u. 4.

Swayne, *Transactions of the Obstetrical Society of London, Vol. VIII, 1867, S. 1, Fig. 1 und 2.

Getrennte Augäpfel. Theilung der gemeinsamen mittleren Wange.

Erklärung: Fig. 4. Oes, Oesophagus; tr, tr, Trachea; Ep, Epiglottis.

Taf. IX, Fig. 5. Tafel IX, Fig. 5.

Sömmering, *Abbildungen und Beschreibungen etc. Tafel V, Tafel IX, Fig. 6.

Getrennte Orbitae (Diprosopus tetrophthalmus).

Taf. IX, Fig. 6. Tafel IX, Fig. 6.

Eschricht, *Müller's Archiv, 1834, S. 268.

Während die beiden Münder confluiren, ist die obere Partie des Gesichts bereits so weit getrennt, dass zwischen den beiden sich berührenden Stirnbeinen schon eine Lücke entsteht.

Taf. IX, Fig. 7. Tafel IX, Fig. 7.

Wilde, *Dublin Quaterl. Journal, 1862, S. 74.

Wie im vorigen Falle.

Taf. IX, Fig. 8. Tafel IX, Fig. 8.

Rokitansky, *Handbuch der pathologischen Anatomie, 3. Aufl. Bd. 1, S. 31.

Weiter vorgeschrittene Spaltung des Gesichts.

Taf. IX, Fig. 9. Tafel IX, Fig. 9.

Otto, *Monstrorum sexcentorum descriptio, Tafel XXIV, Fig. 2.

Vollständig getrennte Gesichter.

Taf. IX, Fig. 10. Tafel IX, Fig. 10.

Sömmering, *Abbildungen und Beschreibungen etc. Tafel VI.

Zwischen den Gesichtern erscheint ein gemeinsames drittes Ohr (Diprosopus triotus).

Taf. IX, Fig. 11. Tafel IX, Fig. 11.

Lancereaux, *Traité d'Anatomie pathologique, S. 70.

Taf. IX, Fig. 12. Tafel IX, Fig. 12.

Sömmering, *Abbildungen und Beschreibungen etc. Tafel VII.

Jedes Gesicht besitzt ein inneres Ohr (Diprosopus tetrotus).

Sehr häufig zeigen sich hydropische Ansammlungen in der Schädelhöhle, so dass der gemeinsame Kopf als Hydrocephalus imponirt, oder als Hemicephalus duplex, wenn die Wasseransammlung so bedeutend war, dass die Hirnhäute platzten und die Bedeckung des Schädels nicht zu Stande kam.

Entsprechend dem Baue des Gesichtes finden sich natürlicher Weise auch doppelte Anlagen der Mundhöhlen, Zungen, Gaumen, Keilbeine etc. Diese Missbildung ist nicht lebensfähig, da das Hirn und die Rachenhöhle in hohem Grade fehlerhaft gestaltet zu sein pflegen.

Von besonderem Interesse sind folgende einzelne Beobachtungen:

Buch, *De monstro humano distomo. Inaug. Dissert. Halle 1866.

Hemicephalus; beginnende Verdoppelung der Nase. Doppelmund.

Abbildung: Atlas, Tafel X, Fig. 1. Taf. X, Fig. 1.

Israel, *Ein Fall von Verdoppelung der linken Unterkieferhälfte. Inaug. Diss. Berlin 1877.

An der linken Seite des Unterkiefers eines sonst wohlgebildeten Kindes hängt ein walzenförmiger Tumor, der sich nach der Exstirpation als eine rudimentäre Unterkieferhälfte auswies. Auch rudimentäre Mundbildung liess sich an dem Tumor nachweisen.

Abbildungen: Atlas, Tafel X, Fig. 2 und 3. Taf. X, Fig. 2 u. 3.

Erklärung: Fig. 3. Der exstirpirte Tumor. Pr.c, Processus condyloideus; Gl, Speicheldrüse; Or, rudimentäre Mundöffnung; c, Cyste.

Bongiovanni, *Descrizione di una monstruosa bambina, Verona 1789.

Ausser einem Diprosopus triophthalmus findet sich an diesem Mädchen auch eine Spaltung des Beckenendes. Ein parasitärer Fötus haftet Brust an Brust. Diese Complication des Dicephalus diprosopus mit Dipygus parasiticus ist bisher ein Unicum geblieben.

Abbildung: Atlas, Tafel X, Fig. 4. Taf. X. Fig. 4.

Spaltung des Kopfes und der Wirbelsäule. Dicephalus. Dicephalus. Schon bei stärkeren Graden des Doppelgesichts zeigt sich eine doppelte Wirbelsäule, die in der Regel erst im Becken confluirt oder auch dort noch getrennt bleibt. Die Vereinigung der nach oben divergirenden Wirbelsäulen erfolgt stets weiter unten, als man dies am nicht skelettirten Körper vermuthen möchte.

Sowie die äusserlich sichtbare Trennung auch den Hals betrifft, so haben wir es nicht mehr mit einem einfachen Dicephalus zu thun, sondern es beginnt damit die Verdoppelung des Thorax.

Je weiter die Spaltung von oben nach unten fortschreitet, desto vollständiger entwickeln sich die inneren Hälften der beiden Körper. Während bei einfacher Trennung der Köpfe nur zwei Arme vorhanden sind (Dicephalus dibrachius), beginnt bei tiefergehender Trennung die Entwickelung eines gemeinsamen dritten Armrudiments, welches nothwendiger Weise nach hinten zu herausragen muss. Geht die Verdoppelung noch weiter, so sehen wir einen gemeinsamen hinteren Arm (Dicephalus tribrachius). Der Arm wird zweihändig, bekommt später einen doppelten Vorderarm, und endlich ist die Ausbildung zweier vollständigen Arme perfect geworden (Dicephalus tetrabrachius).

Entsprechend der Verdoppelung des Thorax finden wir eine vollkommenere Ausbildung der Lungen und des Herzens. Schon der

Dicephalus tribrachius kann einige Zeit leben, weil bei ihm getrennte Herzen vorkommen können, wenn sie auch noch in einem gemeinsamen Herzbeutel liegen sollten.

Der Dicephalus tetrabrachius hat stets zwei ausgebildete Brusträume mit zwei vollständig getrennten Herzen und vier Lungen, während der Darmtractus nach unten zu sich vereinigt und die Beckenorgane gemeinschaftlich zu sein pflegen. Wenn sonst keine Complicationen vorhanden sind, so können diese Individuen weiter leben. Freilich gehen durch die Schwierigkeiten bei der Geburt die grosse Zahl der Dicephali zu Grunde.

Diese Form der Duplicitas anterior ist verhältnissmässig häufig. Aus der reichen Literatur referire ich einige seltnere oder bekannter gewordene Beobachtungen:

Naef, *Osiander, Neue Denkwürdigkeiten, 1. Bd., Göttingen 1797.

Vereinigung der Wirbelsäulen am 1. Rückenwirbel.

Der Bruder des Vaters dieses Dicephalus zeugte ebenfalls einen Dicephalus dibrachius.

Neubeck, *De dicephalo dibrachio. Inaug. Diss. Halle 1866.

In diesem, dem vorigen äusserlich sehr ähnlichen, Falle wurde eine vollständige Verdoppelung der Wirbelsäule nachgewiesen.

Taf. X, Fig. 5 u. 6. Abbildungen: Atlas, Tafel X, Fig. 5 und 6.

Andreas Emmenius, *Abbildung und Beschreibung zweier Wundergeburten, Leipzig 1627.

Dieser Dicephalus tribrachius, Sara-Anna getauft, wurde in Schädellage geboren und lebte ½ Stunde. Die Herzen waren ohne Herzbeutel und lagen mit den Spitzen einander zugewendet, sich fast berührend.

Serres, *Mémoires de l'Académie des Sciences, Tom. XI, 1832, S. 759.

Dieser sehr bekannte Fall betrifft zwei Mädchen, Ritta-Christina, die am 12. März 1829 in Sassari in Sardinien geboren wurden. Schon bald nach der Geburt wurden sie nach Frankreich gebracht, um öffentlich gezeigt zu werden. Sie starben in Paris am 23. November desselben Jahres, wurden also 8 Monate und einige Tage alt.

Dem Grade der Trennung nach gehören sie zum Dicephalus tetrabrachius. Die Wirbelsäulen vereinigten sich im Becken. Ausserdem waren die Sterna noch mit einander verbunden. Bis zu der Stelle, wo der Ductus omphalo-entericus in das Ileum mündete, waren die Därme getrennt; von da an einfach. Zwei Herzen in einem Herzbeutel. Bei Ritta bestand eine dreifache Durchbohrung des Septum der Herzvorhöfe; zwei cavae superiores mündeten in das Herz; die eine in das rechte, die andere in das linke Herzohr. In dieser Anomalie lag der Grund für die Cyanose der Ritta, sowie auch für deren allgemeine Schwächlichkeit. Jederseits eine Niere. Zwei Uteri; der eine vor, der andere hinter dem Mastdarme; mit je zwei Eileitern und zwei Ovarien. Eine gemeinsame Blase. Das Becken difform, mit rudimentärem Anhange. Dahinter ein kleiner Höcker, der als dritte untere Extremität aufzufassen ist.

Die physiologischen Verhältnisse sind von Serres weitläufig abgehandelt. Entsprechend der vollständigen Trennung der Gehirne, Rückenmarke und Herzen, waren die Thätigkeiten der Organe ziemlich selbstständige.

Taf. XI, Fig. 6 u. 7. Abbildungen: Atlas, Tafel XI, Fig. 6 und 7.

Mac Callum, Canada Medical and Surgical Journal, October 1878. — Pilcher, *Annales of the Anatomical and Surgical Society, New York 1880, No. 1, S. 19.

Rose-Marie Drouin, genannt die St. Benoit-Zwillinge, wurden am 28. Febr. nach 6stündiger leichter Geburt in St. Benoit geboren.

Andreas Emmenius, *Abbildung und Beschreibung zweier Wundergeburten, Leipzig 1627.

Justina-Dorothea waren in Schädellage durch das Becken gegangen. Rumpf und Extremitäten folgten dem ersten Kopfe nach dem Mechanismus der Selbstentwickelung; dann der zweite Kopf. Sie lebten 6 Wochen; starben, ohne vorher krank gewesen zu sein, unter Krämpfen, binnen einer Viertelstunde. Die Herzen zeigten sich getrennt. Das eine war anormal entwickelt.

Abbildung: Atlas, Tafel XII, Fig. 1. Taf. XII, Fig. 1.

Ramis, *Aerztliches Intelligenzblatt bayrischer Aerzte, 1858, No. 8.

Die Geburt erfolgte in gleicher Weise, wie im vorhergehenden Falle. Anna-Maria lebte 8 Tage. Im Bau ähnelten die Kinder der Ritta-Christina auffallend.

Börstler, American Journal, 1855, Juli. — *Schmidt's Jahrbücher, Bd. 90, S. 12.

Aehnlich wie Ritta-Christina gebaut. Interessant ist das Verhältniss während des Absterbens: In der 6. Woche nach der Geburt bemerkte die Mutter, dass der etwas grössere Zwilling nach einigen mühsamen Athemzügen ganz zu athmen aufhörte. Um 8½ Uhr konnte Börstler weder Respiration noch Herzbewegung wahrnehmen. Die Haut wurde cyanotisch und es entstand dadurch eine Demarcationslinie, die beide Kinder deutlich von einander trennte. Ein starker Husten der kleinen Frucht veranlasste convulsivische Zuckungen der grösseren, sogar einen leisen Schrei, worauf dieselbe wieder in ihren asphyctischen Zustand verfiel, der bis 5 Uhr Abends anhielt, wo das andere Kind starb. Es erfolgte ein nochmaliges Schnappen nach Luft von Seiten des grösseren Kindes, worauf es 10 Minuten später als das kleinere verschied.

Grünwald, *Virchow's Archiv, Bd. 75, S. 561.

Lebender Dicephalus tetrabrachius.

Eine Reihe von Abbildungen auf Tafel X und XI geben eine Uebersicht über die fortschreitende Spaltung der oberen Körperhälfte.

Abbildungen: Atlas, Tafel X, Fig. 7. Taf. X, Fig. 7.

Präparat der Sammlung der Hebammenschule in Lübben. Nach einer *Photographie.

Reiner Dicephalus dibrachius.

Tafel X, Fig. 8. Taf. X, Fig. 8.

Niess, *Monatsschrift für Geburtskunde, Bd. 1, S. 433.

Ein Kopf zeigt eine Encephalocele posterior.

Tafel X, Fig. 9 und 10. Taf. X, Fig. 9 u. 10.

Sandifort, *Museum anatomicum Academiae Lugduno-Batavae, Bd. II, Tafel CXXI und CXXII.

Auf dem Rücken erscheint die erste Anlage eines gemeinsamen mittleren Arms.

Tafel X, Fig. 11. Taf. X, Fig. 11.

*The St. Louis medical and surgical Journal, 1868, Sept.

Dicephalus tribrachius.

Taf. XI, Fig. 1.

Tafel XI, Fig 1.

*Präparat der Sammlung der Entbindungsanstalt in Stuttgart. Nach einer Zeichnung copirt.

Der gemeinsame dritte Arm hat eine Doppelhand, das erste Zeichen der beginnenden Spaltung des Arms.

Taf. XI, Fig. 2, 3 u. 4.

Tafel XI, Fig. 2, 3 und 4.

Barkow, *Monstra animalium duplicia. Leipzig 1828, Tom. I Tafel III, Fig. 1, Tafel IV, Fig. 1 und 3.

Ausser der Doppelhand beginnt auch der Arm sich zu spalten.

Erklärung: Fig. 4. r.d, r.s, rechter und linker radius; u, ulna; n, nervus medianus; b,b, capita longa musculorum bicipitum resecta; cs, cs, scapula; m, manubrium sterni.

Taf. XI, Fig. 5.

Tafel XI, Fig. 5.

Tiedemann, *Tiedemann und Treviranus, Zeitschrift für Physiologie, Bd. 3, S. 10. Tafel VI.

Die getrennten inneren Arme werden noch durch eine Hautfalte zusammengehalten.

Taf. XI, Fig. 6 u. 7.

Tafel XI, Fig. 6 und 7.

Sorros, Siehe Seite 76.

Taf. XI, Fig. 8.

Tafel XI, Fig. 8.

Bland, *Philosophical Transactions Vol. 71 für anno 1781, Part. II, S. 362, Fig. S. 370.

Dicephalus tetrabrachius.

Dicephalus parasiticus.

Auch nach stattgefundener partieller Keimspaltung kann eine der beiden Anlagen verkümmern und hängt dann der grösseren als Parasit an. Diese Verkümmerung nimmt ihren Anfang erst in einer späteren Entwickelungsperiode, als bei gänzlich getrennten Anlagen (totaler Keimspaltung). Deshalb haben die parasitären Anhänge fast immer eine Gestalt, an der fötale Formen sehr wohl zu erkennen sind, während, wie wir beim Acardiacus acormus, beim Epignathus etc. gesehen haben, die menschliche Form ganz verloren gehen kann, wenn von zwei gänzlich getrennten Anlagen die eine zurückblieb.

In diesen Parasiten bildet sich kein Herz, oder, wenn vorhanden, bleibt es rudimentär. Die Parasiten werden, wie die Acephalen, durch grössere Blutgefässe des gut gebildeten Fötus ernährt.

Es unterscheidet sich diese Form der Parasiten von denen bei gänzlicher Spaltung der Anlagen entstandenen dadurch, dass stets ein Theil der Wirbelsäule im Parasiten sich gebildet hat und mit dem entsprechenden Theile der Wirbelsäule des normalen Fötus zusammenhängt.

Die parasitären Formen der Duplicitas anterior sind bei weitem seltener, als die der Duplicitas posterior. Es mag dies wohl seinen Grund darin haben, dass Spaltungen der Anlage von oben her, sobald sie über die Herzgegend hinausgehen, die ganze Anlage zu spalten pflegen, während bei Spaltungen von unten her die in der Bildung schon weiter gediehenen Partien des Herzens und des Kopfes nur selten getrennt werden.

Walther, *Thesaurus medico-chirurgicarum observationum curiosarum, Leipzig 1715, Obs. XIX, S. 58.

In Genua lebte 1699 ein 14jähriger Knabe, der am Bauche einen Parasiten trug, bestehend aus Kopf, Hals, Schulter und Brust.

Winslow, *Histoire de l'Académie royale des Sciences, Année 1733, Paris 1735, S. 366 und flg.

Winslow sah 1698 in Italien auf einem Jahrmarkte ein 18jähriges Individuum, welches unterhalb der Gegend der dritten Rippe einen Kopf trug. Die beiden Individuen hiessen Jacques-Matthieu. Beschreibung ungenau.

Hesse, *Monstri bicipitis descriptio anatomica. Inaug. Diss. Berlin 1823.

Kein Zusammenhang der Wirbelsäule des Parasiten mit der des Autositen. Parasit hydrocephalisch, besitzt ein rudimentäres Herz. Hasenscharte. In der Nabelschnur nur eine Arterie und eine Vene.

Abbildung: Atlas, Tafel XI, Fig. 9. Taf. XI, Fig. 9.

Wirtensohn, *Duorum monstrorum duplicium humanorum descriptio anatomica. Inaug. Diss. Berlin 1825.

Parasit hydrocephalisch, mit rudimentärem Herzen. Die Zwillinge schauen nach gleichen Seiten hin.

Abbildungen: Atlas, Tafel XI, Fig. 10 und 11. Taf. XI, Fig. 10 u. 11.

Nockher, *Preussische medicinische Vereinszeitung, 1837, No. 3.

Ein gut gebildeter Kopf des Autositen; der des Parasiten hydrocephalisch. Nach Abfluss vielen Wassers wog er noch 10 Pfd. Zusammenhang am Processus xiphoideus durch einen dünnen fibrösen, $^1/_2$" langen Hals.

Bühring, Casper's Wochenschrift, 1844, No. 1. — *Schmidt's Jahrbücher, Bd. 42, S. 60.

Ein hydrocephalischer Kopf mit deutlicher Hirnanlage sass auf einem zweiten Halse auf. Die Ernährung erfolgte durch den Autositen. Bühring band den Kopf ab. Tod des Kindes 36 Stunden nach der Operation. Section.

Eine höchst seltene Form eines Dicephalus ist von Alcock berichtet, wenn die Abbildung in der That dem Präparate entspricht. Es handelt sich um einen Dicephalus tetrabrachius tetrapus, bei dem die Fruchtaxen so mit einander verbunden sind, dass sie sich am Nabel im rechten Winkel treffen. In Folge dessen steht der eine Zwilling aufrecht auf seinen Füssen, während der andere in wagerechter Haltung sich befindet.

Alcock, The Dublin Quaterly Journal. New Serie, 1853, XV, S. 262.

Abbildung: Atlas, Tafel XIII, Fig. 11. Taf. XIII, Fig. 11.

Auch in einer von Eudes Deslongchamps beschriebenen Missbildung ist ein sehr eigenthümliches Verhältniss der Wirbelsäulen zu einander constatirt worden. Da die beiden Wirbelsäulen in einer kleinen Strecke sich vereinigen, um dann wieder nach den Becken zu auseinander zu gehen, so hat Deslongchamps den Namen Rachipagus für diese Missbildung vorgeschlagen. Rachipagus

Eudes Deslongchamps, *Comptes rendus, des séances et Mémoires de la société de Biologie, Tom. III, Année 1851, Paris 1852, S. 221.

Das Präparat wurde dem Untersucher bereits skelettirt ohne nähere Auskunft über das Verhalten der Weichtheile zugestellt. Es fand sich in der Sammlung eines Arztes nach dessen Tode vor.

Bis zum dritten Brustwirbel sind die Wirbelsäulen vollständig getrennt. Die Köpfe stehen sich Gesicht gegen Gesicht, doch ist der eine Kopf nach hinten übergesunken, so dass er mit seinem Hinterhaupte der Unterbauchgegend des Bruders aufliegt. Vom dritten Brustwirbel an vereinigen sich die beiden Wirbelsäulencanäle zu einem gemeinsamen Canale, der von zwei Wirbelkörpern und den rudimentär entwickelten Flügeln gebildet wird. Im Lumbaltheile trennen sich die Wirbelsäulen wieder, um zu zwei getrennten, durch Mangel des Kreuzbeins und Spina bifida missgebildeten Becken zu gehen.

Während im oberen Theile des Skeletts bis zur Vereinigungsstelle die Wirbelkörper einander zugewendet sind, die Gesichter sich daher anschauen würden, findet im Bereiche der vereinigten Partie eine solche Drehung der Wirbelsäulen zu einander statt, dass dieselben mit ihren seitlichen Partien neben einander zu liegen kommen. In Folge dessen stehen die Becken neben einander, nicht vor einander und die vier unteren Extremitäten zeigen mit ihren Füssen sämmtlich nach vorn.

Leider fehlen alle Angaben über das Verhältniss der Organe der Brust- und Bauchhöhle. Letztere kann nur einen sehr kleinen Raum eingenommen haben.

So ausführlich auch die Beschreibung, so wäre es doch sehr wünschenswerth gewesen, wenn ausser der einen Abbildung noch eine Ansicht der Rückseiten der Skelette gegeben worden wäre.

Ischiopagus. Spaltung der ganzen Wirbelsäule. Verdoppelung der Becken. Ischiopagus. Ausser durch die tief gehende Spaltung charakterisirt sich diese Form noch durch die grosse Differenz der beiden Längsachsen. Dieselben bilden einen stumpfen Winkel, bisweilen nahezu eine gerade Linie.

Die Wirbelsäulen sind vollständig getrennt. Zwei Kreuzbeine sind vorhanden, und man könnte demgemäss diese Form auch unter die Doppelmissbildung durch totale Spaltung der Keimanlage entstanden zählen. Die zahlreichen Uebergänge hingegen, die vom Dicephalus zum Ischiopagus existiren, bestimmten mich, letzteren an dieser Stelle anzureihen.

Die Becken sind so vereinigt, dass sie eine grosse Beckenhöhle bilden, in der sich, bei den ausgebildetsten Fällen, die beiden Kreuzbeine gegenüberstehen. Sind zwei aneinander liegende Beckenhälften nicht vollständig, sondern mangelhaft ausgebildet, so rücken dem entsprechend die beiden Kreuzbeine näher an einander.

Man stellt sich die Art der Vereinigung der beiden Becken am besten so vor, dass man bei zwei getrennten Früchten die Symphyse spaltet, den Beckenring beiderseits mit grosser Kraft auseinanderzieht und die getrennten Enden so vereinigt, dass der linke quere

Schambeinast mit dem rechten der Gesicht gegen Gesicht stehenden Früchte verbunden wird, der rechte mit dem linken. Verfolgt man die Bestandtheile der Becken einzeln, so liegt dem Kreuzbein von *A* das rechte Darmbein, das rechte Scham- und Sitzbein von *A* an. Darauf folgt das linke Scham- und Sitzbein und das linke Darmbein von *B*. Das Kreuzbein *B*. Das rechte Darmbein und das rechte Scham- und Sitzbein von *B*, endlich das linke Scham- und Sitzbein und das linke Darmbein von *A*.

Oberhalb der vereinigten Becken gehen die Bauchdecken der beiden Früchte in einander über. Auch befindet sich dort der gemeinsame Nabel. Unterhalb der vereinigten Becken finden sich vier gut entwickelte untere Extremitäten, die aber bei der Symphysenspaltung jedes einzelnen Beckens weit nach aussen gelagert sind. Verständlicher Weise muss die rechte untere Extremität von *A* neben der linken von *B* liegen und umgekehrt.

Die Orientirung wird noch weiter dadurch erschwert, dass auch die Schamtheile gespalten und gegenseitig vereinigt sind. So liegen zwischen dem rechten Oberschenkel von *A* und dem linken Oberschenkel von *B* die rechten grossen und kleinen Schamlippen etc. von *A* und bilden mit den linken gleichen Organen von *B* vollständig gut gebildete äussere Geschlechtstheile.

Ist der Beckenring nicht gleichmässig gut auf beiden Seiten ausgebildet, sondern hat er eine rudimentäre Hälfte, so sind auch die äusseren Geschlechtstheile weniger gut entwickelt.

War die eine Seite nur so mangelhaft entwickelt, dass auch die Anlagen für die beiden Extremitäten confluirten und eine gemeinsame dritte Extremität entstand (Ischiopagus tripus), so fehlen natürlich die Geschlechtstheile auf einer Seite vollständig.

Von den inneren Organen sind die Thoraxeingeweide vollständig getrennt und meist normal. In der Bauchhöhle sind Leber, Milz, Pancreas, Magen und der grösste Theil des Darmcanals doppelt vorhanden.

Auch die inneren Geschlechtsorgane sind doppelt angelegt. Vagina, Blase, Mastdarm confluiren häufig und haben gemeinsame oder getrennte Ausführungsgänge.

In einzelnen Fällen kommt es zu keiner genügenden Bildung der Ausführungswege. Wir haben es dann mit Kloakenbildung, Atresie des Afters, der Urethra u. s. w. zu thun.

Obgleich die Ischiopagen ganz wohl weiter leben könnten, so giebt es doch kein Beispiel, in dem die Missbildung über ein Jahr alt geworden wäre.

Der Ischiopagus ist keine seltene Form.

Auf Tafel XII des Atlas ist durch eine Reihe von Abbildungen der Uebergang vom Dicephalus zum Ischiopagus dargestellt. Während in der Abbildung Figur 1 die ausgesprochenste Form eines Dicephalus tetrabrachius zu sehen ist, sind in Figur 2 bereits die Axen der Körper so zu einander gestellt, wie man sie beim Ischiopagus findet. Bei weiterer Spaltung zeigt sich ein drittes Bein auf der den beiden unteren Extremitäten entgegengesetzten Seite (Fig. 3, 4, 5 und 6). Diese dritte Extremität beginnt sich zu verdoppeln, was zuerst an dem Doppelfuss bemerkbar wird (Fig. 7, 8 und 9), um dann mit der Entwickelung der vierten unteren Extremität das Bild eines Ischiopagus tetrapus zu geben.

Diese Reihenfolge wird dargestellt durch folgende

Taf. XII, Fig. 1.

Abbildungen: Atlas, Tafel XII, Fig. 1.

Andreas Emmenius, *ΔΥΑΣ ΤΕΡΑΤΩΝ, Abbildung und Beschreibung zweier Wundergeburten, (Zittau) Leipzig 1627. Siehe Seite 77.

Taf. XII, Fig. 2.

Tafel XII, Fig. 2.

Fortunius Licetus, *De Monstris, Editio novissima, Amsterdam 1665. Appendix, Monstra quaedam nova et rariora etc. S. 316.

Dieses Mädchen soll am 26. October 1664 in England geboren worden sein und 2 Tage gelebt, auch Nahrung zu sich genommen haben. Die Section ergab Verdoppelung aller Organe bis zu den Lebern. Nieren sollen nur zwei vorhanden gewesen sein.

Taf. XII, Fig. 3.

Tafel XII, Fig. 3.

Valentini, *Miscellanea cur. seu Ephem. Dec. II. Ann. III, 1699, S. 191, Fig. 20, S. 302.

Ischiopagus tripus.

Taf. XII, Fig. 4, 5 u. 6.

Tafel XII, Fig. 4, 5 und 6.

Prochaska, *Abhandlungen der Böhmischen Gesellschaft der Wissenschaften 1786, S. 218, Fig. 5, 6 und 7.

Ischiopagus tripus. Das dritte Bein hat ein doppelte Tibia.

Erklärung: Fig. 5. os c, Schwanzbein; os s, Kreuzbein.

Fig. 6. Fib., Fibula; tib, tib, Tibia.

Taf. XII, Fig. 7.

Tafel XII, Fig. 7.

Fortunius Licetus, *l. c. S. 113.

Ischiopagus tripus. Der dritte Fuss zeigt eine Spaltung in zwei. Es sind 10 Zehen vorhanden.

Taf. XII, Fig. 8.

Tafel XII, Fig. 8.

Dubreuil, *Mémoires du muséum d'histoire naturelle, Tom. XV, Paris 1827, S. 256, Fig. 6.

Wie die vorige Form.

Tafel XII, Fig. 9. Taf. XII, Fig. 9.

*Aus einer Sammlung von Handzeichnungen des Herrn Geh. Medicinalrath Credé.

Tafel XII, Fig. 10 und 11. Taf. XII, Fig. 10 u. 11.

Prochaska, *Abhandlungen der Böhmischen Gesellschaft der Wissenschaften auf das Jahr 1786, S. 218, Fig. 1 u. 4. Ischiopagus tetrapus.

Tafel XII, Fig. 12. Taf. XII, Fig. 12.

Gerling, *Hypogastrodidymus. Inaug. Diss. Marburg 1845. Ein Kind lebte 1/4 Stunde, das andere wurde todtgeboren. Zwei Uteri bicornes und ein septus. Vier Vaginae münden in eine Kloake.

Erklärung: r, r, r, r, vier Nieren; v, v, zwei Blasen; u, u zwei Uteri; a.umb, arteria umbilicalis; rect., rectum.

Ausserdem sind noch folgende Beobachtungen erwähnenswerth:

Calvin Ellis, Boston med. and surg. Journal, 1871, Octob. — *Virchow-Hirsch, Jahresbericht 1871, I, S. 168.

Während beim Ischiopagus nur eine Nabelschnur und eine Placenta in der Regel gefunden werden, berichtet der Autor in diesem Falle von zwei Nabelschnuren und zwei Placenten.

*Wahrhafftige Abbildung und Beschreibung einer erschröcklichen Missgeburt, geb. zu Weinhausen bei Wien 1631. — In Nürnberg bei Johannes Hauer zu finden.

Lebte 4 Tage.

Bozzetti, Omodei Ann. Luglio 1844. — *Schmidt's Jahrbücher, Bd. 49, S. 52.

Lebte 9 Tage.

Levy, *Beskrivelse af et Par ved Underkroppen sammenhängende levende födte Tvillingsöstre (Ischiopages). Kopenhagen 1857.

Sehr gut beschriebener Fall mit ausgezeichneten Abbildungen

Abbildungen: Atlas, Tafel XIII, Fig. 1, 2, 3 und 4. Taf. XIII, Fig. 1, 2, 3 u. 4.

Erklärung: Fig. 4. c,c', Herz; h,h', Leber; v,v', Magen; r,r', rectum; ur, ur, ur', ur', Ureteren; r.d, rechte einfache aber vergrösserte Niere mit zwei Ureteren; ves, ves', Blase; u, u', Uterus; a.u, a.u, a.u', a.u', arteria umbilicalis; v.u, v.u', vena umbilicalis.

Liebmann, *Di un caso di Ischiopagia. Triest 1874.

Ein Fötus lebte 2 Stunden, der zweite todtgeboren. Trotz genauer Untersuchung keine Blase und kein Organ des Genitaltractus gefunden.

Chamcides, Wiener medic. Presse 1878, No. 50. — *Allgemeine medic. Centralzeitung 1876, No. 1.

Ischiopagus tripus; lebte 8 Tage. Ein Kind starb an Bronchitis. Das andere 7 Minuten nach dem Tode des ersten, vollständig gesund.

Dubreuil, *Mémoires du muséum d'histoire nat., Tom. XV, Paris 1827, S. 256, Fig. 1 und 3.

Beiden Köpfen fehlt das Schädeldach (Hemicephali). Die Nabelschnur scheidet sich sofort am Nabel in zwei Stränge.

Abbildungen: Atlas, Tafel XIII, Fig. 5 und 6. Taf. XIII, Fig. 5 u. 6.

Ischiopagus parasiticus.

Ischiopagus parasiticus. Entwickelt sich der eine Zwilling nur mangelhaft, geht sein Herz zu Grunde und wird er vom kräftiger entwickelten Fötus mit ernährt, so entsteht der Ischiopagus parasiticus.

Tiedemann, *Tiedemann und Treviranus, Zeitschrift für Physiologie, Bd. 3, Heft 1, S. 6, Tafel III und IV.

Ein grosser Nabelschnurbruch bildet über den vereinigten Bauchhöhlen eine grosse Blase. Während die Becken und die unteren Extremitäten gut ausgebildet sind, fehlt dagegen der Thorax und Kopf der einen Frucht. Es finden sich auf der betreffenden Seite nur zwei Oberarme und die Rudimente einer Brusthöhle, in der sich ein Herz, bestehend aus einem Venensack und einer Herzkammer, erkennen lässt.

Taf. XIII, Fig. 7 u. 8.

Abbildungen: Atlas, Tafel XIII, Fig. 7 und 8.

Knatz, *Ueber Doppelmissbildungen. Inaug. Diss. Marburg 1856.

Der Parasit ist hydrocephalisch. Die Stellen des äusseren Gehörs sind bei Mangel des Unterkiefers dicht an einander gerückt (Synotie). Die Ohrmuscheln selbst und ein Auge fehlen. Der ganze Kopf ist in eine Kappe eingehüllt, die wahrscheinlich vom Peritoneum abstammt bei vorhandenem Nabelschnurbruche. Das Herz ist schlauchförmig. Die Ernährung findet durch die Aorta statt.

Taf. XIII, Fig. 10,

Abbildung: Atlas, Tafel XIII, Fig. 10.

Maunoir, Med.-chir. Transactions, Vol. VII, S. 257. — *Meckel, Deutsches Archiv, Bd. 5, S. 477.

Es findet sich nur ein Herz in dem vollkommen entwickelten Zwillinge.

Jagor, Illustracion Filipina, 1860, No. 22, 15. Nov. — *Virchow's Archiv, Bd. 50, S. 296.

Diese als Triplicitas monstrosa inferior mitgetheilte Monstrosität ist ohne Zweifel als Ischiopagus parasiticus aufzufassen. Die vermeintlichen dritten unteren Extremitäten sind Arme.

Taf. XIII, Fig. 9.

Abbildung: Atlas, Tafel XIII, Fig. 9.

Lengeling, *Ueber Duplicitas parasitica (Ischiopagus). Inaug. Diss. Bonn 1879.

Pygopagus.

Findet der höchste Grad der Spaltung bei Duplicitas anterior statt, hängen nur die Schwanzenden der beiden Anlagen nach an einander, und entwickelt sich jeder Theil gleichmässig gesondert vom anderen, so entsteht die sehr seltene Form des Pygopagus, der am Kreuz-Steissbein verbundenen Zwillinge.

Dieselben drehen sich entweder genau den Rücken zu, oder sie sind mehr oder weniger seitlich mit einander verbunden. Der Wirbelcanal ist im Os sacrum beiden Früchten gemeinschaftlich; ob aber auch das Rückenmark in diesem Theile gemeinschaftlich, ist in den einzelnen Fällen nicht genau erörtert. Zu vermuthen ist es bei Chrissie-Millie.

Der Pygopagus hat zwei Nabel und zwei Nabelschnüre. Meist werden wohl die funiculi umbilicales zu einer gemeinsamen Placenta gegangen sein. Für einen Fall wird berichtet, dass zwei Placenten vorhanden gewesen seien. Natürlich müssen die beiden Früchte in einer Amnionhöhle liegen. Leider sind über die Beschaffenheit der Eihäute und der Nachgeburt nur sehr ungenaue und dürftige Beschreibungen vorhanden.

In der Literatur finden sich folgende Beobachtungen:

Paré, *Opera, Paris 1582, S. 734. — *Braune, die Doppelmissbildungen, S. 13.
Zwei mit den Steissen verbundene erwachsene Mädchen, die sich nur dadurch von den bekannten, weiter unten beschriebenen, ungarischen Mädchen unterscheiden, dass die Verbindung etwas höher an der Wirbelsäule hinaufreicht. Die Mädchen wurden 1475 in Verona geboren und liessen sich, da die Eltern arm waren, für Geld sehen.

Abbildung: Atlas, Tafel XIV, Fig. 2. Taf. XIV, Fig. 2.

Paré, *Opera, Paris 1582, S. 743. — Licetus, *De monstris, Amsterdam 1665, S. 80.

Im Dorfe Rorbach bei Heidelberg wurden 1486 zwei Knaben geboren, die mit dem Rücken und Steisse verbunden waren. Der Abbildung nach hätte sich die Verwachsung weiter erstreckt, als in den meisten Fällen. Jedes der Kinder soll männliche und weibliche äussere Genitalien besessen haben.

Abbildung: Atlas, Tafel XIV, Fig. 1. Taf. XIV, Fig. 1.

J. Treyling, Acta Academ. nat. cur. Tom. V. observ. 133, S. 445. — Comment. litt. ad rei med. et scient. nat. increment. inst. Tom. II, ann. 1741, S. 87.

Im Jahre 1700 wurden in einem Flecken in Krain Mädchen geboren, die am Kreuzbeine zusammenhingen. Nach Wien gebracht, versuchte ein Chirurg die Verwachsung zu trennen. Diesem Versuche erlagen die Kinder im Alter von 4 Monaten.

Die Section ergab, dass alle Theile getrennt und wohlgebildet waren, mit Ausnahme der beiden Steissbeine, welche auf ihrer Aussenfläche mit einander verwachsen waren und gleichsam ein einziges Os coccygis bildeten. Die beiden Recta liefen zu einem gemeinsamen Anus.

Torkos Justus Johannes, *Philosophical Transactions of Royal Society of London, abredged, vol. 1752 a 1763, pag. 311. — *Werther, Disputatio medica de monstro hungarico, Leipzig 1707.

Die Kinder wurden am 26. October 1701 zu Szony in Ungarn geboren. Bei der Geburt ging der Körper der Helena voran bis zum Nabel. Drei Stunden danach folgten die Füsse und der Körper der Judith, verbunden mit dem der Helena. Torkos erzählt, dass die Mutter attentius comtemplabatus canes coeuntes, arctius cohaerentes et capitibus erga se invicem quodammodo conversos, eosque sibi crebrius praefigurabat.

Die Verwachsung fand am Kreuzbeine statt. Zwischen dem rechten Schenkel der Helena und dem linken der Judith lag der gemeinsame After. Ebenso war nur eine Vulva vorhanden. Ging die eine zu Stuhl, so bekam die andere ebenfalls Drang, während Urinentleerung gesondert erfolgte.

Im 6. Jahre bekam Judith eine linksseitige Paralyse. Obgleich die Heilung gut von Statten ging, blieb doch Judith von dieser Zeit an schwächer an Geist und Körper, während Helena lebhafter, geistreicher und schöner wurde. Während sie Pocken und Rötheln gleichzeitig überstanden, litt Judith häufig an nervösen Affectionen, die der Helena fremd blieben. Helena überstand allein eine Pleuritis, Judith eine Malaria. Die eine litt an Katarrh und Kolik, während die andere verschont blieb.

Im 16. Jahre erschien die Regel. Doch zeigte sich die Blutung nicht zu gleicher Zeit und nicht in gleicher Stärke. Bald war die eine, bald die andere angegriffener. Judith hatte häufig hysterische Krämpfe und Brustaffectionen.

Am 8. Februar 1723 wurde Judith von heftigen Krämpfen befallen, gefolgt von Coma. Am 23. desselben Monats trat der Tod ein. Während dieser Zeit hatte Helena Fieber, verlor häufig die Besinnung, und obwohl sie noch Gefühl hatte und sprechen konnte, so verfiel sie doch sehr schnell, und drei Minuten vor Judith begann bei ihr die Agone. Die Schwestern starben fast in einer Minute.

Die letzten Jahre ihres Lebens brachten sie im Kloster der Schwestern der St. Ursula in Pressburg zu. Daselbst starben sie auch.

Bei der Section zeigte sich, dass Aorta und Vena cava descendens von der Stelle an, wo die beiden Iliacae abgehen, gemeinsam waren. Die beiden Darmschläuche vereinigten sich in der Höhe des os sacrum und bildeten einen gemeinsamen After. Die Kreuzbeine vereinigten sich beim zweiten Kreuzbeinwirbel. Unterhalb dieses fand sich nur ein Sacrum und ein os coccygis. Die beiden Vaginae liefen in eine gemeinsame Vulva. Jeder Körper hatte seine Clitoris, seine Nymphen, seine Urethra.

Taf. XIV, Fig. 3 u. 4. Abbildungen: Atlas, Tafel XIV, Fig. 3 und 4.

Copirt aus Tardieu et Laugier, *Annales d'hygiène publ. April 1874.

Wolff, *Acta Academiae Scientiarum Petropolitanae, anno 1778, P. I, S. 41.

Im Jahre 1778 wurde in einem Dorfe, zum Kirchspiele von Sabestilova Gorka, Gouvernement Twer, gehörig, eine Doppelmissbildung geboren, die zwei Monate lebte. Sie wurde gleich nach dem Tode der Akademie zu Petersburg übersendet.

Die Kinder waren hinten mit einander verbunden und zwar an den hinteren mittleren Flächen des Beckens bis zum Os coccygis herab. Sie hatten nur eine gemeinsame Afteröffnung.

Walter, Museum anatomicum, pars I, No. 2997, S. 128. — Barkow, *Monstra animalium duplicia per anatomen indigata, Leipzig 1828, Tom. I, S. 1. Descriptio anatomica puellarum duarum Hungaricarum modo posterioribus et inferioribus truncorum partibus inter se junctorum; No. 2997 des Berliner anatomischen Museum.

Zwei sonst wohlgeformte Mädchen sind an dem hintersten untersten Theile des Truncus mit einander verbunden. Hinter dem gemeinsamen Perinäum sieht man zwei durch eine Scheidewand getrennte Afteröffnungen. Grosse Labien sind drei, kleine vier vorhanden. Die gemeinsame dritte Schamlippe ist grösser, als normal. Die Vaginae sind durch ein Septum geschieden.

Die beiden Früchte besitzen nur je eine grosse Niere; die des rechten Fötus auf der linken Seite der Wirbelsäule, die des linken auf der rechten Seite; jede mit zwei Ureteren.

Die Wirbelkörper des Kreuzbeins sind nicht mit einander verbunden, sondern die Früchte hängen durch starke Bänder zusammen. Nur der erste Kreuzbeinwirbel der rechten Frucht ist vollständig gebildet; die linke Hälfte des Bogens des zweiten Kreuzbeinwirbels ist sehr klein, die des 3., 4. und 5. fehlt ganz; an ihrer Stelle ist Bandmasse. Das Steissbein ist aus zwei Wirbelkörpern zusammengesetzt. Der untere derselben ist länger und breiter und steht in Verbindung mit der linken Spina ossis ischii des linken Fötus.

Am linken Fötus ist ebenfalls der erste Wirbelkörper vollständig, vom zweiten an fehlen die rechten Hälften der Bogen. Der fünfte und das os coccygis fehlen ganz. An Stelle der fehlenden Wirbel sind Bandmassen vorhanden, die von einem Sacrum zum anderen herübergehen. Der Canalis sacralis geht von einer Frucht auf die andere über. An dieser Stelle ist die Medulla gemeinsam, es gehen aber keine Nerven aus diesem Theile ab.

Im rechten Fötus fehlt die linke, im linken die rechte Arteria umbilicalis.

Ein bisher noch nicht erklärtes Organ, von Gestalt eines Penis, 7½''' lang, haftet an der unteren Spitze der Dura mater medullae spinalis.

Normand, Bulletin de la Faculté de médecine, 1818, No. 1, S. 1.

Eine 30jährige Drittgebärende wurde nach mehrtägiger Geburt von Zwillingen entbunden, die mit dem Os sacrum in Verbindung standen.

Das Scrotum, welches bedeutend voluminöser war, als gewöhnlich, enthielt 4 Hoden. Der Penis war beiden gemeinsam. Ebenso war nur ein After und eine Harnröhre vorhanden.

Pierre war 1½'' länger als Louis, vom Scheitel bis zum Steisse gerechnet, und viel kräftiger. Auch durch die Röthe seiner Haut unterscheidet er sich von Louis, der eine blasse Farbe hat. Pierre schluckte sehr kräftig, während man bei Louis sah, dass er nicht lange leben würde.

Als Normand am dritten Tage die Kinder wiedersah, war er erstaunt, Louis noch am Leben zu finden. Er war lebhafter, trank besser, so dass man glauben konnte, er würde vielleicht weiter leben.

Am 9. Tage starben die Kinder, Section wurde nicht gemacht. Es war nur eine Placenta vorhanden, aus der ein gemeinsamer Nabelstrang entsprang, der sich später theilte. — Mit Recht vermuthet H. Meckel, *Müller's Archiv, 1850, S. 258, dass der Nabelstrang nur scheinbar einfach gewesen sei.

Molitor, *Beobachtungen und Abhandlungen österreichischer Aerzte, Bd. 5, S. 333. Wien 1826.

Zwei am Kreuze verbundene Mädchen wurden zwar schwer, doch ohne Kunsthülfe geboren. Sie waren vom letzten Lendenwirbel an, über das Kreuzbein bis zum Steissbeine mit einander vereinigt, doch nicht genau median, sondern auch Theile der Darmbeine waren mit einander verbunden und hatten einen gemeinsamen Mastdarm. Auch eine gemeinsame Harnröhrenöffnung sollen sie gehabt haben. Jedes Kind besass eine Nabelschnur, die sich ¼ Elle vom Nabel vereinigten und in der Mitte einer gemeinsamen Placenta wurzelten. Vollkommen ausgetragen, munter und gesund, wurden sie doch nur 25 Tage alt. Rosalie, die etwas kleiner als Maria war, wurde plötzlich von Krämpfen befallen, die bald darauf auch bei der Grösseren ausbrachen. Sie starben am 6. September in einer Zeit von 2 Minuten nach einander.

Ramsbotham, The med. Times and Gazette, 1855, No. 274. — Simpson, Brit. med. Journal, Febr. 13., März 13., 1869. — Jackson, Boston med. and surg. Journal, Juli 8. 1869. — Virchow *Berliner Klinische Wochenschrift, 1873, No. 9. — Tardieu und Laugier, *Annales d'hygiène publique et de médecine légale, 1874, April, S. 342.

Millie-Christine (Chrissie), genannt die doppelköpfige Nachtigall, wurden im Juli 1851 in Nordcarolina geboren; die Geburt war leicht. Jhr Vater ist ein Neger, die Mutter stammt von Schwarzen und Indianern ab; nach anderen Angaben soll die Mutter Mulattin sein, der Vater Indianer. Die Haut der Mädchen war hell broncefarben. — Die Vereinigungsstelle erstreckt sich vom unteren Ende des ersten Kreuzwirbels bis zum Steissbeinende, und zwar ist die rechte Hälfte des einen mit der linken des anderen verbunden, so dass die Mädchen sich einen Kuss geben können. Sie haben einen gemeinschaftlichen After, hingegen zwei Scheidenmündungen mit je einer Harnröhrenöffnung. An Stelle des zweiten Afters ist eine kleine Vertiefung.

Die Mädchen sind sehr intelligent, lernen ungemein schnell. Sie lassen sich nur höchst ungern untersuchen, so dass Tardieu, Laugier und Virchow keine Inspectionen der Genitalien haben vornehmen können, sondern letzterer wenigstens den Bericht von Ramsbotham anzieht. Die Mädchen menstruiren zu gleicher Zeit, lassen zu derselben Zeit Harn und Koth; doch können sie jede allein uriniren und zu Stuhle gehen. — Herzbewegung und Puls sind fast anhaltend verschieden. Millie, die Kleinere, hat einen Puls von 76—78, Chrissie, von 68—72. Die Respiration ist harmonirend, aber vollständig unabhängig von einander.

Das Rückenmark scheint im Lendentheil sich zu vereinigen. Obgleich die Bewegungen der unteren Extremitäten völlig unabhängig sind, so ist doch die Sensibilität beider in diesen Theilen gemeinschaftlich. Zwar fühlt nicht jede Schwester genau, welcher Theil berührt worden ist, doch kann die nicht berührte sagen, dass man ihre Schwester irgendwo am unteren Körperdrittheile betastet habe. Auch wenn eine Schwester ein Bein bewegt, so fühlt dies die andere, doch kann sie nicht bestimmt angeben, welches bewegt worden ist.

Taf. XIV, Fig. 5. Abbildung: Atlas, Tafel XIV, Fig. 5.

Joly und Peyrat, *Bulletin de l'Académie de médecine, 2. série, Tom. III, séance de 20. Janvier 1874.

Im Januar 1869 wurden zu Mazères (Ariége) Zwillingsmädchen todt geboren. Geburt langdauernd. Keine ärztliche Hilfe nöthig. Die Missbildung hatte zwei Nabelschnüre und zwei Placentae.

Die Vereinigung findet am Kreuzbein statt. Die Vagina ist einfach und normal entwickelt. After einfach. Die Section wurde nicht gestattet, doch gute Photographien abgenommen.

Taf. XIV, Fig. 6 u. 7. Abbildungen: Atlas, Tafel XIV, Fig. 6 und 7.

b) Spaltung am Beckenende beginnend (Duplicitas posterior).

Dipygus. Verdoppelung des Beckens. Spaltung der Lendenwirbelsäule. Dipygus.

Die gleichmässigen Formen der Duplicitas posterior sind beim Menschen ungemein selten. In der älteren Literatur werden wohl mehrere Beispiele erwähnt, doch halten dieselben eine strenge Kritik nicht aus. Licetus bildet auf Seite 79 eine Figur ab, zu der nicht einmal der Text passt. Der von Förster angeführte Fall von Detharding gehört ebenfalls nicht hierher (siehe denselben S. 33). Den von Geoffroy St. Hilaire (Mémoires de l'Académie des sciences, Tom. XI, S. 435) beschriebenen hat dessen Sohn Isidore schon desavouirt, indem keine Verdoppelung des Beckens stattgefunden habe, sondern nur ein überzähliges Bein gefunden wurde.

Die ersten Andeutungen einer Spaltung des Beckenendes sind enthalten in einer Beobachtung von

Suppiger, *Correspondenzblatt für Schweizer Aerzte, 1876, No. 14 und 1878, No. 24, S. 744. — *Briefliche Mittheilungen an den Herausgeber.

Katharina Kreszentia Kaufmann, geboren am 24. Mai 1876 in Winikon (Canton Luzern), besass zwei deutlich ausgebildete äussere Schamtheile, durch die Raphe von einander getrennt. Jederseits zwei grosse und zwei kleine Schamlippen, eine Clitoris, ein Hymen, eine Urethra, eine Vagina, ein Anus. Letzterer mündet in die Fossa navicularis. An Stelle des Afters eine Einziehung. Beide After entleeren Koth, beide Urethrae zugleich Harn.

Bis zum letzten Lendenwirbel sind die Darmfortsätze einfach; von da ab scheint Verdoppelung vorhanden zu sein, mit einer Vertiefung zwischen den beiden Hälften. Symphyse breiter als normal, zeigt eine Centimeter breite Vertiefung. Nur eine Tuberositas ischii auf jeder Seite.

Diese an der Lebenden gemachten Untersuchungen wurden durch die Autopsie vervollständigt. Das Kind starb im Februar 1878 an einer Pneumonie. Die Leiche wurde dem pathologischen Institut in Basel übersendet.

Aeusserlich sieht man zwei vollständig ausgebildete Geschlechtstheile. Die Recta münden in die rechte Vagina und linke Vulva mit enger Oeffnung.

Das Becken hat 9 Ctm. Querspannung, wird durch eine sagittale Peritonealfalte in zwei Hälften getheilt, deren jede eine Harnblase und einen einhörnigen Uterus mit zugehöriger Tuba und Ovarium enthält. Die Mastdärme sind bis zum Cöcum doppelt angelegt. Nur zwei Nieren.

Die Wirbelsäulen divergiren vom dritten Lendenwirbel ab. Am Steissbeine stehen sie 3,5 Ctm. von einander ab. Das Rückenmark theilt sich in zwei partes sacrales. Das Becken ist leider nicht genau genug beschrieben. Die Schamfuge bildet eine 4,4 Ctm. breite knorpelige Masse.

Abbildung, Atlas, Tafel XIV, Fig. 8. Taf. XIV, Fig. 8.
Nach der Natur gezeichnet im Sommer 1877.

Bei stärkerer Spaltung des Beckenendes zeigt sich dann eine dritte Extremität. Auch wenn diese dritte Extremität nur rudimentär angelegt ist, finden sich doch Spuren der Verdoppelung des Beckens. In den folgenden Beobachtungen ist die Entwickelung der beiden Becken wenigstens nahezu gleichmässig, während in dem Kapitel über Dipygus parasiticus die Fälle zu suchen sind, in denen die eine Beckenhälfte nur rudimentär neben einer vollkommneren gefunden wurde.

Burggraeve, Bulletin de l'Académie de médecine de Belge 1866, No. 8. — *Virchow-Hirsch, Jahresbericht, 1866, I, 157. — Verrier, *Gazette obstétricale, 1874, No. 10, S. 136. — Liebmann, *Estratto dal Bolletino delle scienze nationali Annata III, No. 2, 1877. — *Persönliche Besichtigung 1877.

Blanche Dumas, geboren 1860, wurde als drittes Kind leicht geboren. Sie maass im Jahre 1866 105 Ctm. Kopf und Brust gut entwickelt. Der Unterleib dehnt sich der Breite nach bedeutend aus, so dass ein gewöhnlicher Baudelocque'scher Tastercirkel die Cristae ilei nicht spannen kann. Der Verbreiterung des Beckens entspricht eine Vermehrung der Extremitäten. Auf der linken Seite ist das linke Bein gut entwickelt, auf der rechten Seite das rechte; während von den beiden inneren das dem rechten zugehörige nur als ein Stumpf sichtbar, ist das dem linken zugehörige ziemlich gut ausgebildet. Dieses überzählige Bein ist ohne Gelenk der Symphyse angeheftet und kann nur passiv bewegt werden. Zwischen den beiden Extremitätenpaaren befinden sich die Zugänge zum Darm zum Harn- und Geschlechtsapparat. — Nach Aussage des Begleiters menstruirt das Mädchen aus beiden Geschlechtsöffnungen.

An dem Extremitätenstumpf in der Inguinalgegend befindet sich eine Mamma mit Warze (siehe Anmerkung). An der Stelle, wo die hintere Anheftungsstelle des überzähligen Beines sich befindet, ragt eine grosse Warze hervor, die von den Begleitern als männliches Glied ausgegeben wurde.

Taf. XIV, Fig. 9 u. 10. Abbildungen: Atlas, Tafel XIV, Fig. 9 und 10.
Nach *Photographien.

Anmerkung. Zu der überzähligen Brustdrüse möchte ich bemerken, dass solche beim Dipygus parasiticus an der Ansatzstelle des Parasiten am Autositen nicht vereinzelt dasteht. von Baer beschreibt einen Hemicephalus mit überzähligem Beine an der rechten Hüfte. In der Inguinalgegend dieses Monstrum fanden sich drei überzählige Brustdrüsen. Auch bei Thieren kommen nach von Baer an der Basis überzähliger Hinterfüsse sehr oft Milchdrüsen vor.

Tarler, *Oesterreichische Wochenschrift November 1842. — * Canstatt's Jahresbericht 1843, 1. Bd. des 2. Jahrganges S. 154.

Bei einem neugeborenen Mädchen beobachtete Tarler, dass von der linken Lendengegend bis zum Steiss hin ein zweites Becken entsprang mit unteren Gliedmassen, wodurch somit die untere Körperhälfte doppelt erschien. Das zweite Becken ist dem ersten an vollem Steiss und Hüften gleich. In der Kerbe befindet sich ein gehörig geformter After, der in einen blinden Sack endet. Das Steissbein ist deutlich; der Schamberg gerundet. An der Stelle der Geschlechtstheile ist eine vertiefte Grube ohne Andeutung des Geschlechts. Die gut gebildeten Oberschenkel haben Kniescheiben; die Unterschenkel sind verhältnissmässig kleiner, aus zwei Knochen bestehend; die Füsse platt, mit normaler Zehenzahl. Im Ganzen ist dieser zweite Körper kleiner, als der erste. Das Mädchen lebte, gedieh gut. Das Wachsthum schritt an beiden Körpern gleichmässig fort.

Moores, New Orleans Journal of med. October 1868, S. 734. — *Virchow-Hirsch, Jahresbericht, 1868, I, 175. — J. Jones und P. F. Eve, Med. and surg. Report., April 15, Vol. XIX. — *Virchow-Hirsch, Jahresbericht, 1868, I, S. 176. — G. J. Fischer, bei Ellis, Boston med. and surg. Journal, October 1871. — *Virchow-Hirsch, Jahresbericht, 1871, I, S. 168.

Mädchen, 9 Tage alt ca. 12 Pfd. schwer, hat zwei mittlere rudimentäre Extremitäten, während die äusseren normal sind. Anus und Vulva doppelt, liegen zwischen je einem normalen und einem rudimentären Beine. Wahrscheinlich ist Blase und flexusa sigmoitea einfach. Es beginnt die Theilung erst in der Urethra und dem Rectum. Harn und Koth werden nämlich gleichzeitig gelassen. Das Becken und der untere Theil der Wirbelsäule sind doppelt.

Synkephalus.

Spaltung des Beckens und der ganzen Wirbelsäule bis zum Kopfe.

Bei fortgeschrittener Spaltung der Wirbelsäulenanlagen entwickeln sich zwei Hälse, auf denen ein gemeinsamer Kopf sich befindet, der aber ebenfalls schon die Spuren der Verdoppelung zeigt. Gewöhnlich sind dann bereits vier obere Extremitäten vorhanden. Die beiden Thoraxseiten vereinigen sich in einem vorderen und einem hinteren Sternum.

Ist auch der Kopf, obgleich gemeinsam, doch aus den vier Hälften zweier Köpfe zusammengesetzt, so entsteht die interessante Form des Janiceps, Janus, Synkephalus (Förster). Die beiden Körper berühren sich Brust an Brust, Gesicht an Gesicht. In Folge dessen liegt die linke Seite der einen Frucht der rechten der anderen Frucht an und bildet mit dieser ein gemeinsames Ganze. Ebenso bildet sich jedes Gesicht aus der linken Hälfte des einen und der rechten des anderen. Das Hinterhaupt besitzt jede Frucht für sich.

Die Wirbelsäulen sind vollständig verdoppelt. Von jeder derselben gehen die Rippen nach vorn und hinten ab und vereinigen sich mit den entsprechenden der anderen Frucht zu einem vorderen und einem hinteren Brustbeine.

Je nach dem Grade der Spaltung ist die Brusthöhle doppelt, durch eine membranöse Scheidewand in zwei Theile getrennt, oder ganz einfach. Danach verhalten sich auch die Eingeweide der Brusthöhle. Das Zwerchfell ist verbreitert, aus zweien gebildet.

Magen und Oesophagus sind meist einfach; ebenso der obere Theil des Darmes. Die tiefer liegenden Partien desselben, die Nieren, die inneren Geschlechtstheile etc. sind doppelt vorhanden.

Einer genaueren Beschreibung bedürfen die Schädelknochen und die Gehirne. In den höheren Graden der Verbildung sind die Schläfenbeine und die Stirnbeine des hinteren Gesichts gesondert. Da, wo die mittleren Nähte der Schläfen- und Stirnbeine zusammenstossen, bildet sich eine Art Fontanelle und unter dieser die einfache Orbita; in noch höherem Grade der Verdoppelung zeigt das Hintergesicht aber ganz das Verhalten, wie bei Cyklopie. Die Schläfenbeine sind in allen Fällen unter einander verwachsen, die Schuppe ist einfach; der Meatus auditorius externus einfach oder ganz blind, die Zitzenfortsätze sind nahe zusammengerückt, verschmolzen oder ganz verschwunden; von Kiefer und Gaumenknochen keine Spur (Förster).

Das Gehirn zeigt Verdoppelung der Medulla oblongata, des Kleinhirns, des Pons und der Corpora quadrigemina. Bei ausgebildeten Fällen ist auch das Grosshirn verdoppelt, doch hängen die einzelnen Theile zusammen. Bei weniger ausgebildeten Formen ist das Grosshirn einfach.

Janiceps asymmetros.

In weitaus der Mehrzahl der Fälle kommt es zu keiner vollkommenen Ausbildung des hinteren Gesichts. Daher ist der Janiceps mit sehr seltenen Ausnahmen ein a s y m m e t r o s. In den sehr wenigen symmetrischen Beispielen sind die Köpfe mit den Hinterhäupten verbunden, die Gesichter stehen sich vollständig und wohl ausgebildet gegenüber.

Der Janiceps asymmetricus hat immer eine gemeinsame Nabelschnur, die, wie beim Thoracopagus, in die vereinigte Bauchhöhle inserirt.

K l e i n, *Meckel, Deutsches Archiv für Physiologie, Bd. 4, S. 556, berichtet, dass die Nabelschnur doppelt, in einer Scheide gelegen habe und sich beim Eintritt in den gemeinsamen Bauchbruch getheilt habe.

Die Missbildung kann nur Stunden leben. Gewöhnlich wird sie todt geboren oder stirbt sofort nach der Geburt.

Das Vorkommen ist nicht selten. Als besondere Fälle seien erwähnt:

Beer, *Deutsche Klinik, 1862, S. 453.

Abort von 7 Wochen. Fötus 2,77 Ctm. Spaltung der Wirbelsäule bis zum Kopfe. Extremitäten sämmtlich gut entwickelt. Nabelschnur auf einem gemeinsamen Nabelschnurbruche inserirend. Kopf normal gross. Grosse Fontanelle einfach.

Beschreibung mangelhaft. Sehr schade, dass das Versprechen, Reichert werde diese frühzeitige Missbildung genauer beschreiben, soviel mir bekannt, nicht erfüllt worden ist.

Ehrmann, Foetus monstreux (Deradelphe), Gazette médic. de Strassbourg 1858, No. 4. — *Canstatt's Jahresbericht 1858, IV, S. 1.

Sehr genaue Beschreibung.

Tiedemann, *Tiedemann und Treviranus, Zeitschrift für Physiologie, Bd. 3, S. 235.

Gut gebildeter Kopf, der hinten breiter erscheint und ein aus zwei Hälften zusammengesetztes Ohr trägt. 4 Arme.

Genaue Beschreibung der anatomischen Verhältnisse.

Taf. XIV, Fig. 11, Abbildung: Atlas, Tafel XIV, Fig. 11.

Einen sehr seltenen Befund zeigte ein Kind, welches am 2. April 1880 der Entbindungsschule in Leipzig übergeben wurde und welches ich daselbst untersuchen konnte. Es ähnelte im Ganzen dem Tiedemann'schen Falle, doch fehlten auch die beiden vereinigten Ohren auf der hinteren Kopfseite. Statt dessen fand man daselbst nur eine kleine Vertiefung. Am Gesicht zeigte sich eine Spaltung des Ober- und Unterkiefers. Die Unterlippe war jederseits an den harten Gaumen angewachsen. Die Zusammensetzung des Gesichts aus zwei, verschiedenen Individuen angehörigen, Hälften war in diesem Falle sehr schön zu sehen.

Otto, *Monstrorum sexcentorum descriptio anatomica, No. 306, S. 190. Taf. XXIV, Fig. 1.

Dipygus tetrabrachius distomus, mit Mangel des Schädeldaches.

Taf. XIV, Fig. 12. Abbildung: Atlas, Tafel XIV, Fig. 12.

Taf. XV, Fig. 1, 2, 3 4, 5, u. 6. Ausserdem die Abbildungen: Atlas, Tafel XV, Fig. 1—6.

Vrolik, *Tabulae ad illustrandam embryogenesin hominis et mammalium, Tafel XCVI, Fig. 1 und 2, Taf. XCVII, Fig. 1, 2, 4 und 5.

Erklärung: Fig. 4. ps, pd, pc, os parietale sinistrum, dextrum, commune; os, od, os occipitis sinistrum und dextrum.

Taf. XV, Fig. 7. Tafel XV, Fig. 7.

Perls, *Lehrbuch der allgemeinen Aetiologie und der Missbildungen, S. 90, Fig. IV.

Erklärung: pd, p'd, ps, p's, os parietale dextrum, sinistrum; f'd, fs, fc, os frontale dextrum, sinistrum, commune.

Taf. XV, Fig 8 u. 9. Tafel XV, Fig. 8 und 9.

Meckel, *Meckel's Archiv, Bd. 4, S. 555, Tafel VI, Fig. 3, und Tafel VII, Fig. 1.

Tafel XV, Fig. 10 und 11. Taf. XV, Fig. 10 u. 11.

Leopold, *Neue Zeitschrift für Geburtshilfe, Bd. 32, S. 13.

Tafel XV, Fig. 12 und 13. Taf. XV, Fig. 12 u. 13.

*Sammlung des pathologisch anatomischen Instituts in Leipzig, Missbildungen, No. 25.

Tafel XVI, Fig. 1, 2 und 3. Taf. XVI, Fig. 1, 2 u. 3.

Böhmer, *Observationes anatomicae, Halle-Magdeburg, Tafel III und IV, Fig. 1 und 3.

Erklärung: Fig. 3. th, Thymus; pp, Lungen; c, Herz; l, Milz; vent, Magen; h,h', Leber; rd, rs, rechte und linke Niere; r, r, rectum; ut, ut, uterus; a, a, arteria umbilicalis; vu, vena umbilicalis; v, v, Harnblasen; ur, ur, Harnleiter.

Tafel XVI, Fig. 4. Taf. XVI, Fig. 4.

Baumgärtner, *Physiologischer Atlas, Tafel XXXV, Fig. 2.

Tafel XVI, Fig. 5 und 6. Taf. XVI, Fig. 5 u. 6.

Rokitansky, *Handbuch der pathologischen Anatomie, 3. Aufl. Bd. 1, S. 33.

Tafel XVI, Fig. 10 und 11. Taf. XVI, Fig. 10 u. 11.

Meckel, *Meckel's Archiv, Bd. 4, S. 551, Tafel VI, Fig. 1 und 2.

Duverney, *Mémoires de l'Académie des Sciences, Tom. XI, Tafel 16. Fall von Janiceps symmetros. Janiceps symmetros.

Abbildung: Atlas, Tafel XVI, Fig. 7. Taf. XVI, Fig. 7.

Bordenave, Mémoires de l'Académie des Sciences, 1776, S. 697.

Fall von Janiceps symmetros. Der eine Körper ist weniger entwickelt als der andere. Seine unteren Extremitäten sind verschmolzen (Sympodie).

Abbildungen: Atlas, Tafel XVI, Fig. 8 und 9. Taf. XVI, Fig. 8 u. 9.

Sehr selten ist der Janus parasiticus. Die in einander geschobenen Köpfe sind gleichmässig entwickelt, der übrige Körper der einen Frucht aber nur rudimentär ausgebildet. Die Ernährung erfolgt durch den Autositen, der auch allein mit der Placenta durch eine Nabelschnur in Verbindung steht. Janus parasiticus.

Klein, *Meckel, Deutsches Archiv für Physiologie, Bd. 4, S. 551.

Diese höchst seltene Missgeburt wurde am 9. April 1812 im Oberamt Rottweil geboren und lebte ½ Stunde. Der Parasit zeigt einen sehr verkürzten Stamm, zwei normal gebildete obere Extremitäten, hingegen nur eine sehr mangelhaft ausgebildete untere Extremität. Die weniger gut ausgebildete Seite zeigt Cyklopenbildung mit Synotie.

Schweickhard, *Beschreibung einer Missgeburt. Tübingen 1801.

Dipygus parasiticus. Die parasitären Formen der Duplicitas posterior sind viel häufiger, als die symmetrischen, während bei der Duplicitas anterior sich das umgekehrte Verhältniss zeigte. — Gewöhnlich hängen die Zwillinge in der Mittellinie zusammen, und Dipygus parasiticus.

zwar ragen mehr oder weniger weit Theile des Parasiten aus der Hauptfrucht heraus.

Je vollständiger der Parasit entwickelt ist, desto näher dem Kopfe ist er angeheftet. Hat der Parasit einen Thorax und obere Extremitäten, so muss er am Munde, Halse oder dem oberen Theile des Thorax hängen. Besteht er nur aus einem Steisse und den dazu gehörigen Extremitäten, so wird er am Bauche des Hauptfötus befestigt sein; hat er endlich nur untere Extremitäten aufzuweisen, so finden sich diese am Becken der grösseren Frucht.

Stets wird man, wenn man die Wirbelsäule des Parasiten sich verlängert denkt, an diejenige Stelle der Wirbelsäule des Hauptfötus kommen, wo die entsprechenden Theile der beiden Wirbelsäulen zusammenhangen würden. Die Wirbelsäule pflegt aber im Parasiten zu fehlen und ist daher diese Berechnung nur eine hypothetische.

Der kleinere Fötus ist Acardiacus. Er wird durch Blutgefässe des grösseren mit ernährt. Spuren des Herzens finden sich fast stets, wenn der Parasit eine weitere Ausbildung erlangt hat.

Bei gut ausgebildeten Parasiten sind die Baucheingeweide und die Geschlechtstheile verhältnissmässig gut entwickelt.

Der Dipygus parasiticus wird nicht selten lebend geboren. Der Stammfötus kann sehr wohl gedeihen und alt werden. Ich hatte Gelegenheit, einen ziemlich grossen Brustparasiten 10 Tage hindurch zu beobachten.

Vereinigung am Gesicht und Hals:

·Rosenstiel, *Monstri duplicis rar. descriptio. Inaug. Diss. Berlin 1824.

An der dem Gesichte entsprechenden Fläche des Kopfes fehlen jegliche Theile des Gesichtes. Hingegen finden sich jederseits zwei Ohren so gestellt, dass zwei offenbar zum Parasiten gehörige vor denen des Autositen liegen. Aus dem oberen Theile des Brustkastens hängt der Parasit heraus, dessen obere Extremitäten mangelhaft, Rumpf und untere Extremitäten hingegen gut entwickelt sind.

Nur der Autosit hat eine Nabelschnur.

Taf. XVII, Fig. 1. Abbildung: Atlas, Tafel XVII, Fig. 1.

Peter, *Monstri duplicis per implantationem expositio anatomica. Inaug. Diss. Zürich 1844.

Fötus von 7 Monaten. Kopf cyklopisch entartet. Auf der rechten Wange die beiden Ohrmuscheln des Parasiten. Darüber eine Knochenspitze. Aus der rechten Brusthälfte ragt der obere Theil eines Parasiten heraus mit zwei kurzen Armen und zwei grossen Händen versehen. — Im Innern finden sich zwei Herzen, drei Lungen, zwei Luftröhren, eine gespaltene Leber und zwei Gallenblasen. — Am Bauche eine grosse Nabelschnurhernie, und eine dem Autositen gehörige Nabelschnur.

Taf. XVII, Fig. 2. Abbildung: Atlas, Tafel XVII, Fig. 2.

*Präparat der Entbindungsschule in Leipzig.

Kopf ebenfalls cyklopisch entartet. Ausser dem Nasenrüssel zeigt sich noch ein Rüssel an Stelle der linken Wange, der wahrscheinlich dem Parasiten angehört. Vier Ohren sind so gestellt, wie im Falle von Rosenstiel, dass unter den Ohren des Autositen die des Parasiten sich befinden. Der Parasit ist sehr weit ausgebildet, hat Schultern, gut entwickelte obere Extremitäten, Rumpf, Steiss, untere Extremitäten, Geschlechtstheile u. s. w. Die einfache Nabelschnur gehört dem Autositen.

Abbildung: Atlas, Tafel XVII, Fig. 3. Taf. XVII, Fig. 3.

Vereinigung an der Brust.

Winslow, *Histoire de l'Académie royale des Scienes, Année 1733, Paris 1735, S. 366 und Année 1734, S. 468.

12jähriges Mädchen; starb. Sectionsbericht.

Schenk von Gräfenberg, *Monstrorum historia, Frankfurt 1609, S. 63 u. 65, berichtet über mehrere derartige Fälle. Seite 65 bildet er einen erwachsenen Mann ab, der in der Gegend des Processus ensiformis einen mittels des Halses angehefteten Parasiten trägt, dem also nur der Kopf fehlt, um vollständig zu sein.

Abbildungen: Tafel XVII, Fig. 5 und 6. Taf. XVII, Fig. 5, u. 6.

Brückmann, *Ausführliche Beschreibung einer seltsamen Wundergeburt. Wolfenbüttel. Jahreszahl fehlt.

Sehr gut entwickelte obere und untere Extremitäten, die, der Abbildung nach, zu tief am Thorax inseriren. Nabelschnurhernie.

Abbildung: Tafel XVII, Fig. 8. Taf. XVII, Fig. 8.

Burdach, *Berliner medicinische Zeitung 1833, No. 47.

Knabe, lebte längere Zeit.

Nicholson, *De monstro humano sine trunco nato. Inaug. Diss. Berlin 1837.

Sehr gut entwickelte obere Extremitäten.

Abbildung: Tafel XVII, Fig. 4. Taf. XVII, Fig. 4.

Wirtensohn, *Duorum monstrorum duplicium humanorum descriptio anatomica. Inaug. Diss. Berlin 1825.

Schultern mangelhaft entwickelt, während die Hände gut ausgebildet sind.

Abbildung: Tafel XVII, Fig. 9. Taf. XVII, Fig. 9.

Rambur, Mémoires du muséum d'histoire naturelle, Tom. XV, Paris 1827, S. 444. — *J. Geoffroy St. Hilaire, Histoire générale et part. etc. Atlas, Tafel XVIII, Fig. 5.

Knabe, ein Jahr alt.

Abbildung: Tafel XVII, Fig. 10. Taf. XVII, Fig. 10.

Pearson und Livingston, Med. and physical Journal, London, August 1821. — *J. Geoffroy St. Hilaire, Histoire générale et part. etc. Bd. 3, S. 226.

Ein erwachsener Chinese, der sich in Macao und Canton zeigte, trug an seiner Brust einen Parasiten, der nicht entsprechend der Grösse des Autositen mitgewachsen war.

Nagel, Oesterreichische Wochenschrift, 1845, No. 9. — *Schmidt's Jahrbücher, Bd. 47, S. 206.

Baumgärtner, *Physiologischer Atlas, Taf. XXX, Fig. 1.

Abbildung: Atlas, Tafel XVII, Fig. 7. Taf. XVII, Fig. 7.

Witte, *Beiträge zur Geburtshilfe und Gynäkologie, Heft 3, S. 18.

In der Sitzung der Gesellschaft für Geburtshilfe in Berlin vom 22. April 1873 stellte Witte eine lebende Doppelmissbildung vor. Das ausgetragene Kind trägt an der linken Seite des Thorax, mit dem Processus ensiformis in Zusammenhang stehend, einen Parasiten, bestehend aus Wirbel, Schulterblätter und zwei rudimentären Armen.

Dumas, *Archiv für Gynäkologie, Bd. 7, S. 389. — *Persönliche Besichtigung.

Dieser Dipygus parasiticus lebte 10 Tage in der Entbindungs-Anstalt in Leipzig. Er starb in Folge des Zerfalls einer grossen Nabelschnurhernie.

Taf. XVII, Fig. 11. Abbildung: Atlas, Tafel XVII, Fig. 11.

Danielbeck und Lunkiewicz, Kawkarki medic. Zbornik 1874, No. 20. — *Virchow-Hirsch, Jahresbericht, 1875, I, S. 338.

Lebendes Kind. Gute Beschreibung der physiologischen Functionen und der Anatomie.

Auch dieser Fötus starb in Folge seiner Nabelschnurhernie.

Vereinigung am Bauche:

Sandifort, *Museum anatomicum Academiae Lugduno-Batavae, Bd. 2, Taf. CXXV.

Unterhalb des Processus ensiformis, bis zum Nabel reichend, ragen aus dem sonst sehr wohlgebildeten Knaben ein Steiss und zwei gut ausgebildete Extremitäten hervor. Keine Spalte zwischen den Nates, kein After, keine Genitalien.

Taf. XVIII, Fig. 1. Abbildung: Atlas, Tafel XVIII, Fig. 1.

Fäsebeck, *Archiv für Anatomie, Physiologie etc., 1842, S. 61.

Genaue Untersuchung. Im unteren Theile des Parasiten befindet sich ein rudimentäres Becken, dem Kreuz- und Steissbein fehlen. An den Darmbeinen inseriren die beiden Oberschenkelbeine. After fehlt. Geschlechtstheile vorhanden. Der Parasit soll gesondert vom Autositen Harn gelassen haben. — Das Kind starb 15 Wochen alt.

Section: Die Mammaria interna sinistra, so dick, wie ein Federkiel, trat in den Stiel des Parasiten, unterhalb des Processus ensiformis hervortretend, ging in das Becken des Parasiten und theilte sich in Arterien für die beiden Schenkel. Zweige dieser Aeste versorgten die Niere und Blase des Parasiten. Ein Zweig ging durch den Stiel zurück, bog um den Nabelring des Autositen herum und ging in die Nabelschnur.

Der Parasit enthielt ein Stück Darm, welches nach oben blind endete, nach unten in die Blase mündete.

Ausserdem fand sich ein Hode im Parasiten.

Es wäre möglich, dass in diesem Falle eine Torsion des Stiels des Parasiten stattgefunden habe. Wenigstens ist die in der Zeichnung wahrnehmbare Stellung des Parasiten zum Autositen nicht anders zu erklären.

Taf. XVIII, Fig. 2 u. 3. Abbildungen: Atlas, Tafel XVIII, Fig. 2 u. 3.

Erklärung: Fig. 3. v.cc., vena cruralis communis; a.m.i, arteria mammaria interna; t, tibia mit Fusswurzelknochen; f,f', femur des Parasiten; Pelv, Becken des Parasiten.

Gross, *Les monstres doubles parasitaires, Nancy 1877, S. 17.

Der Parasit wurde mit Erfolg weggenommen.

Taf. XVIII, Fig. 4 u. 5. Abbildungen: Atlas, Tafel XVIII, Fig. 4 u. 5.

Figur 5: Der weggenommene Parasit.

Vereinigung am Becken.

von Baer, *Mémoires de l'Académie de St. Pétersbourg, Tom. IV. Sciences natur. IV, S. 157, Taf. VIII.

Hemicephalus mit überzähligem Beine, der rechten Hüfte anhängend. Hüftbein, auch überzählig, ist durch Knorpel mit dem Kreuzbeine verbunden. Oberschenkel in seiner unteren Hälfte defect, ebenso die Kniescheibe. Ein zweiter nervus ischiadicus führt zum überzähligen Beine.

Behn, *De Monopodia. Inaug. Diss. Berlin 1827.

Todtgeborener Knabe mit einem besser entwickelten und einem rudimentär entwickelten Becken. Die Extremitäten des ersten sind nach Art der Sympodie vereinigt. Das rudimentäre Becken besitzt nur eine rudimentäre, am Knaben die äussere, linke Extremität.

Lancereaux, *Traité d'anatomie pathologique, S. 92 u. 93.

Mädchen, mit einem Knaben zusammen geboren. 5 Jahr alt wurde es 1874 in Paris von Depaul demonstrirt. Am Schambein die Rudimente eines Beckens. Zwei wohlgebildete Schenkel.

Abbildung: Atlas, Tafel XVIII, Fig. 6. Taf. XVIII, Fig. 6.

von Baer, Bulletin de l'Académie de St. Pétersbourg, Tom. VI. Sciences natur. IV. 1845, S. 166, Taf. X, Fig. 1.

Mädchen, reif, lebte kurze Zeit. In die Schamfuge eingefügt sind zwei rudimentäre Darmbeine, an denen zwei untere Extremitäten haften. Im Parasiten liegt ein rudimentärer Darm, der in die Steisskerbe mündet. Geschlechtstheile äusserlich doppelt, innerlich nicht zu finden. Blase des Autositen sehr gross, mit zwei Ausführungsgängen, von denen einer zu den Geschlechtstheilen des Parasiten führt. Beschreibung der Gefässverbindung zwischen Autosit und Parasit sehr ausführlich. — Der Nabel besteht aus einer bläschenförmigen Erhöhung, in der das getheilte Dotterbläschen liegt; eine grössere Hälfte für die grössere Frucht, eine kleinere für den Parasiten.

Abbildungen: Atlas, Tafel XVIII, Fig. 7, 8, 9, 10, 11 u. 12. Taf. XVIII, Fig. 7, 8, 9 10, 11 u. 12.

Erklärung: Fig. 8. Die vereinigten Partien der Anus- und Genitalgegend. an, After; sin.ur, Zugang zum sinus urogenitalis; clit, clit, clitoris; lab.m, grosse Schamlippen; ur, Mündung der urethra.

Fig. 9. Ansicht der Vereinigungsstelle von unten und hinten.

Fig. 10. Vereinigung der inneren Partien. musc.r.abd, Musculus rectus abdominis; apon, Aponeurose desselben; ves.umb, Nabelbläschen; v.hyp, vena hypogastrica; art.umb, arteria umbilicalis; ur, Urachus; v, Blase; a.par, zum Parasiten führende Arterie; tr, int, Darm; Perit, Peritoneum; os il, Os ilei.

Fig. 11. r, Mastdarm; ut, Uterus; v, Blase; tr.int, Darm des Parasiten.

Fig. 12. v.hyp, vena hypogastrica dextra, zugleich Venenstamm des Parasiten; a.crur, arteria cruralis; a.hyp, arteria hypogastrica; a.umb, arteria umbilicalis; art.Par, zum Parasiten führende Arterie.

Garvens, *Dissertatio inauguralis inversio vesicae urinariae, accedente ano praeternaturali etc. Halle, 1841. — Weitere Untersuchung desselben Präparates: Braune, *Die Doppelbildungen und angeborenen Geschwülste der Kreuzbeingegend, S. 133.

Bei bestehender Schambeinspalte hing die dritte Extremität nicht am Schambeine, sondern, ohne Gelenkbildung, an der inneren Fläche des verunstalteten linken Darmbeins.

Berigny, Gazette méd. de Paris, 1844, XII, S. 518. — *Braune, Die Doppelbildungen, S. 17.

22 Tage altes, gut gebildetes Mädchen, welches am unteren Stammesende ein zweites verkümmertes Individuum trug. Der Parasit hatte Darm, Afteröffnung, Klumpfüsse.

Acton, *Med. chirurg. Transactions, Vol. 29, 1846, S. 101. — Gorré, Archives général., 1846, suppl. 231. — *Braune, Die Doppelbildungen, S. 14. — Teixeira Margues, Revista medica Portugueza, 1864, No. 4, 5 u. 6. — *Canstatt's Jahresbericht, 1864, IV, S. 3. — De Macedo e Valle, Annales de la Société de méd. d'Anvers, 1865, Febr., S. 65. — *Canstatt's Jahresbericht, 1865, IV, S. 2. — Hart, Lancet, 1865, S. 124. — *Canstatt's Jahresbericht, 1865, IV, S. 2. — *Bulletin général de Thérap. méd. et chirurg. Paris, Juli 1865.

Joâo-Baptista dos Santos, geb. 5. Sept. 1845, hat an der Schamfuge hängend eine überzählige Extremität. Oberhalb der Anheftungsstelle zeigen sich am Unterleibe Knorpelplatten. Doppelter Penis; der linke etwas grösser. Eine mittlere Extremität mit getheiltem Fuss und 2 × 5 Zehen. Diese parasitische Extremität ist am Ober- und Unterschenkel empfindlich, am Fusse nicht. Penes erigiren beide gleichzeitig und ejaculiren gleichzeitig. Zwei Hodensäcke mit je einem Hoden. Das Becken ist noch nicht genau untersucht. — Ob Joâo-Baptista noch lebt oder nicht, ist mir nicht bekannt.

Taf. XIX, Fig. 1, 2 u. 3. Abbildungen: Atlas, Tafel XIX, Fig. 1, 2 u. 3.

Fig. 1 und 2. Das Kind im Alter von $^3/_4$ Jahren, *Med. chirurg. Transactions, Vol. 29, S. 101.

Fig. 3. Im Alter von 20 Jahren, *Bulletin général de Thérap. méd. et chirurg. 1865, Juli.

Schmerbach, *Würzburger medic. Zeitschrift, 1. Bd. S. 369.

14jähriger Knabe, hat auf der rechten Seite zwei untere Extremitäten, von denen die äussere normal eingelenkt zu sein scheint, während die dicht daneben befindliche andere ein falsches, aber bewegliches Gelenk an dem Darmbeine besitzt. Die äussere hat einen Klumpfuss mit 6 Zehen, die mittlere nur 3 Zehen. Die Tibia der letzteren ist nicht von Muskeln, sondern nur von Haut überkleidet. — Der Knabe benutzte beim Gehen und Stehen die mittlere, etwas kürzere untere Extremität und schlug die äussere nach hinten in die Höh.

Taf. XIX, Fig. 4 u. 5. Abbildungen: Atlas, Tafel XIX, Fig. 4 u. 5.

Liesching, *Tripes Heitersbacensis, In. Diss. Tübingen 1755.

Taf. XIX, Fig. 6 u. 7. Abbildungen: Atlas, Tafel XIX, Fig. 6 u. 7.

von Baer, Bulletin de l'Académie de St. Pétersbourg, Tom. VI, Sc. nat. IV, Taf. VIII.

Taf. XIX, Fig. 8 u. 9. Abbildungen: Atlas, Tafel XIX, Fig. 8 u. 9.

Erklärung: Fig. 8. mm, drei mammae accessoriae.

Fig. 9. Os s, os sacrum; Os il. I, Hüftbein des Autositen; Os il. II, Hüftbein des Parasiten; n, Nervenverbindung.

Virchow, *Monatsschrift für Geburtskunde, Bd. 9, S. 259, sah einen 17—18jährigen Mann aus dem Spessart, der ebenfalls ein überzähliges Bein trug.

D'Alton, *De monstris, quibus extremitates superfluae suspensae sunt, commentatio, Halle 1853, S. 21. — Erneuete Untersuchung desselben Präparates von Braune, *Doppelmissbildungen, S. 125, Taf. XIV.

Hemicephalus mit Spina bifida. Ueberzähliges Bein am Becken.

Ancelet, Gaz. des Hôpit. 1869, No. 147 und 149. — *Virchow-Hirsch, Jahresbericht, 1869, I, S. 164.

Lebendes Mädchen.

Vielleicht gehört hierher auch ein merkwürdiger Fall von doppeltem Penis, beschrieben von

Jenisch, Württembergisches Correspondenzblatt, Bd. 7, No. 17. — *Schmidt's Jahrbücher, Bd. 28, S. 141.

Wohlgebildeter, reifer Knabe, lebt. Doppelter Penis mit zwei Harnröhren, die in eine gemeinsame Blase führen. After fehlt. Darm mündet in die Blase. In der Gegend des Afters ein Teratom von Wallnussgrösse. — Ueber Verdoppelung des Beckens ist nichts angegeben.

III. Mehrfache Spaltung der Anlage.

a) Totale Spaltung.

Betrifft eine doppelte Spaltung die ganze Anlage, sind die drei auf diese Weise entstandenen Fötalkeime gleich gross, so entstehen bei ungehinderter Entwickelung homologe Drillinge. Homologe Drillinge

Was über homologe Zwillinge, S. 14, gesagt worden ist, gilt auch über homologe Drillinge. Selten erreichen Drillinge die vollständige Reife; man hat daher auch seltner Gelegenheit, die weitere Entwickelung dieser Früchte zu beobachten.

Die drei Früchte liegen in einem Chorion, in drei, zwei oder in einem gemeinsamen Amnion. Der letztere Fall kommt bei Drillingen relativ häufiger vor, als bei Zwillingen. Der Grund liegt darin, dass drei in einem kleinen Raume sich bildende Amnionblasen leichter durch Schwund ihrer Wände sich vereinigen, als wenn in demselben Raume nur zwei Amnien sich gebildet haben.

Aus eben dem Grunde kommen auch die drei Allantoisblasen mit einander in ausgedehntere Berührung, es kommt zu zahlreichen kleineren und grösseren Anastamosen. Die Folge hiervon ist das häufigere Vorkommen von Acardiacis neben Zwillingen, oder gar von zwei herzlosen Früchten neben einer wohlgebildeten, und das häufige Vorkommen von Missbildungen überhaupt neben wohlgebildeten Embryonen.

b) Partielle Spaltung der bereits einmal gespaltenen Anlage.

Hierher gehören die Fälle, wo in einem Chorion eine Doppelbildung zusammen mit einer normalen Frucht sich befindet. Eier mit Doppelbildung und gesunder Frucht.

Es ist auffallend, wie häufig dieses Vorkommniss wie auch das

Vorkommen homologer Drillinge ist, gegenüber den Fällen von unvollendeter doppelter Spaltung des Keims. Letztere, im nächsten Abschnitt zu besprechende Form ist nur zwei- bis dreimal beim Menschen beobachtet worden. Eine Erklärung dieses Verhältnisses findet man darin, dass man annimmt, entweder zwei Dotter, von denen der eine gespalten ist, haben zur Bildung der dreifachen Früchte Anlass gegeben, oder erst würde eine vollständige Spaltung des einfachen Dotters stattfinden müssen, ehe die eine Hälfte desselben wiederum gespalten werden könnte.

c) Partielle Spaltung der bereits einmal partiell gespaltenen Anlage.

Tricephalus. Beim Menschen sind diese Fälle sehr selten beobachtet worden. Häufiger kommen sie bei niederen Thieren vor, bei denen überhaupt Spaltungen zu den gewöhnlichen Thatsachen gehören. In einem trefflichen Aufsatze (*Jena'sche Zeitschrift für Medicin und Naturwissenschaften, Bd. 7, S. 142) behandelt C. Bruch die Dreifachbildungen und berichtet über mancherlei für die Aetiologie dieser Missbildungen wichtige Beobachtungen. Die doppelte Spaltung des Kopfendes beim Menschen beschreiben:

Reina und Galvani, Sopra un feto umano tricefalo, Atti dell' Academia Gioenia, Tom. VIII, S. 203. — *Froriep's Neue Notizen, Bd. 3, No. 13, S. 193.

Eine 19jährige Frau, deren Mutter 18 Kinder geboren, war von einem kräftigen jungen Manne zum ersten Male schwanger. Am 5. November 1831 begann die Geburt. Erst am 4. Tage erfolgloser Wehen wurde Reina gerufen. Er fand einen Kopf vorliegend und legte die Zange an; doch vergebens. Perforation. Dabei wurde ein zweiter Kopf entdeckt. Wegnahme des ersten Kopfes mit dem Messer. Perforation des zweiten Kopfes. Jetzt fand der Geburtshelfer auch den dritten. Zerstückelung des zweiten Kopfes. Extraction desselben bis auf den Beckenboden. Als nun der Kopf mittels der Zange nicht weiter extrahirt werden konnte, wurde auch der zweite Kopf amputirt. Perforation des dritten Kopfes. Nun endlich gelang die Extraction der ganzen Frucht mittels zwei in den Mund eingehakter Finger.

Die Placenta war von doppelter Grösse. „Die Nabelgefässe fanden sich in ganz natürlicher Ordnung."

Die anatomische Untersuchung ergab, dass zwei Wirbelsäulen vorhanden waren, auf deren Spitzen ein und zwei Köpfe sassen. Die Wirbelsäulen gingen getrennt bis zum Becken. Das Becken zeigte in seiner hinteren Mitte zwei Kreuzbeine. Ferner fanden sich vier ossa ilei, aber nur zwei ossa ischii und pubis. Die mittleren Darmbeine waren nur klein, kümmerlich entwickelt und unter einander mittels Knorpelmasse verbunden. — Ein zweiter Zusammenhang der beiden Skelette fand am Thorax statt.

Die Brusthöhlen waren durch eine dünne Scheidewand getrennt. In jeder lag ein Herz.

Die Bauchhöhle war sehr geräumig. Die Eingeweide verhielten sich wie beim Thoracopagus. Innere Genitalien einfach. — Vom einfachen Magen ging ein gemeinsamer Oesophagus ein Stück in die Höhe, spaltete sich dann in zwei und der eine wiederum, so dass jeder Kopf seinen Oesophagus hatte. Aehnlich verhielten sich auch die Tracheen. — Aeusserlich sichtbar erstreckte sich die Spaltung nur auf Kopf und Hals. Der Thorax war ungemein breit, doch scheinbar einfach. Hinten ragte noch ein dritter, rudimentär gebildeter Arm hervor. Die untere Hälfte des Körpers war normal; ebenso die männlichen Genitalien.

Abbildungen: Atlas, Tafel XIX, Fig. 10 u. 11. Taf. XIX, Fig. 10 u. 11.

Ferner soll ein Kind mit drei Köpfen in Harlem geboren worden sein. Leider ist diese Beobachtung nicht in wissenschaftlichen Zeitschriften, sondern nur in der Tagesliteratur berichtet. Man weiss von dem Kinde weiter nichts, als dass es die Namen Peter, Paul und Johannes erhalten haben soll. — La clinique des hôpitaux et de la ville, 1830, No. 4. — *von Siebold's Journal 1836, Bd. 15, S. 692. — *Isid. Geoffroy St.-Hilaire, Histoire générale etc., Bd. 3, S. 337.

Aeltere, aber wenig glaubwürdige Fälle von dreiköpfigen Kindern sind berichtet von

Engelbert von Westhoven, Ephemerides nat. cur. 1717 dec, IV. cent. 5—6, obs. 28, S. 48 und

Bartholin, Historiarum anatomicarum rariorum Centuria VI, observ. 49.

Mehr als Dreifachbildung ist beim Menschen bisher noch nicht beobachtet worden, wenn auch in der älteren Literatur über Menschen mit vier Köpfen etc. berichtet wird.

Einen Doppelkopf an einem Ischiopagus beschreibt

Fiedler, Wiener med. Presse 1872, No. 1. — *Virchow-Hirsch, Jahresbericht 1872, I, S. 229.

Am Hinterhauptbeine des Kopfes eines Ischiopagus soll ein „rudimentärer dicker Kopf, seiner Entwickelung nach etwa dem vierten Monate entsprechend" gesessen haben. Beschreibung ungenau. Vielleicht ist es eine Encephalocele occipitalis gewesen.

Den einzigen Fall einer doppelten Spaltung des Beckenendes berichtet

Fedor Jagor, Illustracion Filipina 1860, No. 22, 15. Nov. — *Virchow's Archiv, Bd. 50, S. 296 mit Abbildung.

Das Kind wurde am 2. November 1860 in Luzon, pueblo de Borongan, Laguna, geboren und soll nach der Beschreibung sechs untere Extremitäten haben. Die Abbildung ist aber so ähnlich einem von Knatz (*Ueber Doppelmissbildungen, Inaug. Diss. Marburg 1856) und einem von Tiedemann (*Tiedemann und Treviranus, Zeitschrift für Physiologie, 3. Bd. 1829, S. 6, Taf. III) beschriebenen Ischiopagus parasiticus, dass ich aus diesem Grunde das mittlere Paar der unteren Extremitäten für obere halten möchte. Siehe diesen Fall auf S. 84.

Abbildung: Atlas, Tafel XIII, Fig. 9. Taf. XIII, Fig. 9.

d) Spaltung einer Anlage nach doppelter Richtung.

Ein höchst seltenes Vorkommniss ist die Entwickelung zwei verschiedener Formen der Doppelbildungen an einem Individuum. Ich kenne nur eine hierher gehörige Beobachtung beim Menschen: Spaltung nach doppelter Richtung.

Zeno Bongiovanni, *Descrizione di una monstruosa bambina, nata nel Veronese, Verona 1789.

Das betreffende Kind wurde in der Nähe von Verona lebend geboren, starb aber nach wenigen Tagen. Es zeigte eine Spaltung des Gesichts (Dicephalus diprosopus) und zugleich trug es an der vorderen Wand des Thorax einen Parasiten, bestehend aus rudimentären Armen, gut gebildetem Steiss und unteren Extremitäten (Dipygus parasiticus). Siehe diesen Fall auf S. 75.

Taf. X, Fig. 4. Abbildung: Atlas, Tafel X, Fig. 4.

Anhang.

I. Uebergrosse Bildung des ganzen Körpers. Riesenbildung.

Im Anschlusse an die Spaltungen des ganzen Keimes füge ich die übergrosse Bildung des ganzen Körpers an, wie ich auch dem nächsten Abschnitte die übergrosse Bildung einzelner Körpertheile folgen lassen werde. Diese Themata gehören in sofern zusammen, als wir für eine Spaltung eine grössere als normale Anlage der undifferenzirten Zellenmasse anzunehmen geneigt sind und oben (S. 8) auch annahmen. Erfolgt bei besonders üppigem Anlagematerial keine Spaltung, so entsteht eine abnorme Vergrösserung des Ganzen oder einzelner Theile.

Das normale Gewicht eines Neugeborenen von 3250 Gr. und die normale Länge von 50,5 Ctm. werden häufig überschritten. Doch nennen wir nicht jede Ueberschreitung abnorm. Wirklich abnorm grosse Kinder können wir erst solche nennen, die ungemein selten beobachtet werden. Es ist bekannt, dass Laien, Hebammen und auch Aerzte das Gewicht des Neugeborenen vielfach weit überschätzen. Gut beobachtete Fälle übergrosser Kinder sind sehr selten. Eins der grössten Kinder erwähnt

Uebergrosse Neugeborene. Thümen (Prenzlau), *Froriep's Neue Notizen, IV, No. 4.

Bei einer Frau, die schon 9 lebende Kinder leicht geboren, entwickelte Thümen im April 1836 mittels der Zange und dem stumpfen Haken einen Knaben, der 20 Pfd. wog.

A. Martin, *Berliner Klinische Wochenschrift 1876, 7. August, sah sich bei übergrossem Kinde zur Perforation genöthigt. Der Knabe wog ohne Gehirn, Blut und Schädeldach 7470 Gramm.

Beach, Med. Record 1879, 22. März. — *Centralblatt für Gynäkologie, 1879, No. 23, S. 580.

Vater 7' 7", Mutter 7' 9". Erstes Kind soll 18 Pfd. (englisch) schwer, 24" lang gewesen sein. Das zweite wog 23¾ Pfd. und hatte eine Länge von 30". Nachgeburt wog 5 Kilogramm.

In der Regel pflegen diese intrauterin so bedeutend entwickelten Kinder nicht in dem Maasse fortzuwachsen. Mit den Jahren tritt ihre auffallende Entwickelung zurück, sie werden mittel- oder etwas über mittelgross. Häufig werden sie später schlaff und mager und sterben noch in den Kinderjahren. Es existiren nur sehr wenige Beobachtungen, in denen wissenschaftlich genau übergrosse Kinder sowohl gleich nach der Geburt, als auch später gewogen worden sind.

In der Sitzung vom 5. April 1876 der Gesellschaft für Geburtshilfe in London berichtet Cameron, er habe ein neugeborenes Mädchen gewogen und 14 Pfd. (englisch) notirt. Dieses Kind wog 1 Jahr alt 67 Pfd., hatte in der Taille 35¼", am Thorax 30" Umfang. Im Alter von 17 Monaten war es 98 Pfd. schwer.

Allgemeene Konst-en-Letter-Bode, 1805, No. 17. — *Harless, Jahrbücher der Medicin und Chirurgie, 1. 2. St. S. 208.

van Dougen, geboren den 6. März 1801 in Vucht bei Herzogenbusch, glich bei der Geburt schon einem 4—5 Monate altem Kinde. Mit 7½ Monaten lief der Knabe allein im Dorfe umher. Mit 3 Jahren fuhr er ältere Kinder auf dem Schubkarren. März 1805 war er 3' 11½" gross. — Geschlechtstheile stark entwickelt. Schamberg behaart. Bart zeigt sich. Saamenergiessungen noch nicht bemerkt, aber häufig Erectionen. Kopf etwas gross. Verstand nicht bedeutend. Sehr gefrässig. — Um diese Zeit trug er einen halben Sack Roggen und fuhr einen Mann von 130 Pfd auf dem Schubkarren.

Entwickeln sich diese schon bei der Geburt sehr grossen Kinder entsprechend weiter, so tritt nicht selten eine frühzeitige Reife ein, die sich beim Mädchen durch Eintritt der Menstruation in den Kinderjahren, beim Knaben durch zeitigen Bartwuchs und rauhe männliche Stimme documentirt.

Man findet hierüber Ausführliches in der trefflichen Abhandlung von Kussmaul: Ueber geschlechtliche Frühreife, *Würzburger medicinische Zeitschrift, Bd. 3, 1862, S. 321.

Ein neueres Beispiel hierfür bringt

Stocker, *Correspondenzblatt für schweizer Aerzte, 1879, No. 9, S. 261.

J. St., Zwillingskind, fiel durch seine unverhältnissmässige Grösse gegenüber der Zwillingsschwester und auch im allgemeinen auf. Ein Jahr alt, bemerkte die Mutter die erste Blutspur. Anfang des dritten Jahres wurde die Menstruation regelmässig. — Das Kind entwickelte sich sehr schnell, so dass es im achten Jahre für ein mindestens zwölfjähriges Kind gehalten wurde. In dieser Zeit wog das Mädchen 34,75 Kil. und war 139 Ctm. lang. Brüste und äussere Schamtheile weit entwickelt.

Uebermässig fette Menschen sieht man häufiger; doch ist diese Krankheit in den wenigsten Fällen angeboren. Erst nach der Geburt beginnt die auffallende Fettbildung. Auf Jahrmärkten und Messen produciren sich sehr häufig derartige überfette Individuen. Die ältere Literatur ist zusammengestellt von

G. F. Jaeger, *Vergleichung einiger durch Fettigkeit oder kolossale Bildung ausgezeichneter Kinder und einiger Zwerge. Stuttgart 1821.

Riesen.

Riesen. Menschen, die bei nahezu oder vollständig proportionalem Wachsthum eine für ihr Alter und überhaupt übermässige Grösse erreichen, sogenannte Riesenmenschen, waren meist bei der Geburt nur normal gross. Bald früher, bald später stellte sich bei ihnen das auffallende Wachsthum ein, welches sie für immer kennzeichnete. Bisweilen sollen die Eltern dieser Individuen sich ebenfalls durch übermässige Grösse ausgezeichnet haben. In der Mehrzahl der Beobachtungen aber wird berichtet, dass dies nicht der Fall gewesen sei.

Man unterscheide wohl die Fälle von allgemeinem Riesenwuchs von denen der allgemeinen Lipomatose, die wir soeben erwähnten Bisweilen kommt beides zusammen vor, so dass durch ihre Länge hervorragende Personen auch durch übermässige allseitige Fettbildung ein auffallendes Breitenwachsthum erlangen.

Nicht selten hängt ein überschnelles Wachsthum in der Entwickelungsperiode mit einer Verzögerung des Eintrittes der geschlechtlichen Reife zusammen. Bartlose Gesichter, hohe Knabenstimmen fallen dann leicht an den hochaufgeschossenen jungen Menschen auf. Mädchen, der Grösse nach 18–20 Jahre, in der That aber 13 oder 14 Jahre alt, zeigen noch keine Spur von Blutabgang, entwickeln sich geschlechtlich erst später.

Die Grösse, von der ab man von Riesenwuchs sprechen kann, ist circa 200 Ctm. Die grösste bekannt gewordene Länge eines Menschen ist 275 Ctm. gewesen.

Durch besondere Körperkraft zeichnen sich die Riesen nicht immer aus, doch kommen auch bedeutende Kraftmenschen unter ihnen vor. Die Vergrösserung betrifft zumeist die unteren Extremitäten, dann den Rumpf. Der Kopf fällt nie durch kolossale Dimensionen auf, höchstens ist der Unterkiefer übermässig kräftig angelegt.

Vollständige Impotenz ist sehr selten; Sterilität beim Weibe noch seltener.

Beispiele von übergrossen Menschen sind:

Antonius Franckenpoint (* Schenck von Gräfenberg, Monstrorum historia. S. 96), lebte in der Grafschaft Geldern.

Louis Jacques, der Riese von Laneuville (Journal des Connais. méd., Febr. 1843. — * Schmidt's Jahrbücher Bd. 42, S. 158), erreichte bis zum 25. Jahre die Länge von 232 Ctm. Der Hauptantheil kam auf die Länge der Beine, so dass er wie auf Stelzen ging. Er alterte sehr zeitig.

Langer, * Wachsthum des menschlichen Skelets mit Bezug auf den Riesen. Wien 1869, besonders abgedruckt aus dem 31. Bande der Denkschriften der mathematisch-naturwissenschaftlichen Classe der kaiserlichen Akademie der Wissenschaften, benutzte zu seinen Untersuchungen die Beschreibungen von

Zitterland, De duorum sceletorum praegrandium rationibus. Berlin 1875,

Weisbach, mündliche Mittheilung.

Quetelet, Bulletin de l'Académie roy. de Belgique 1847, Tom. XIV, 1. P., S. 138,

Ecker, Berichte und Verhandlungen der naturforschenden Gesellschaft zu Freiburg i/Br. 1862, S. 382.

Auf Schloss Ambras bei Innsbruck befinden sich die Bilder zweier Riesen; eines Waffenträgers und eines Elsässer Bauern. Der letztere scheint der längste bisher bekannte Mensch gewesen zu sein. Die Inschrift der erwähnten Bilder lautet:

Anno 1553. Ist der Pauer mit Namen Hanss Kraw auss dem Dorff Bosenhan in der Land Vogtey Hagenaw gelegen, geboren und wunders wegen seiner Grösse von dem Churfürsten Pfalzgraffen Friederichen beschenkt worden, dessen Lang gerecht durch des Churfürsten Hoffmahler gemahlt worden, zur selben Zeit 48 Jahre alt gewesen und der Lang neünthalben Schuech. — Dies wären nach Langer 275 Ctm.

Nächst diesem Riesen ist ein Skelet eines Irish Giant im Trinity College zu Dublin zu nennen, das 8½ Schuh gross gewesen sein soll.

Humphrey, On the human skeleton 1858.

Das grösste weibliche Skelet scheint das einer Lappin zu sein, welches in der Stockholmer Sammlung aufbewahrt wird. Es ist 203 Ctm. hoch. Die Frau wurde 43 Jahr alt.

B. Spaltung noch nicht differenzirter Anlagen einzelner Organe (Verdoppelungen).

Wenn sich die Hauptanlage des Fötus bereits gebildet hat, eine Theilung derselben gar nicht mehr möglich ist, sprossen an der Peripherie des Truncus einzelne Organe heraus, die, so lange ihre Zellenmasse noch keine morphologische Gestaltung zeigt, einer Spaltung unterliegen können und in der That häufig genug gespalten werden. Diese an der Peripherie der Gesammtfruchtanlage hervorsprossenden Zellenmassen sind vor allen die Anlagen für die Extremitäten, später die Mamma.

Als diejenige Kraft, welche hier die Spaltung bewirkt, ist wohl ohne Zweifel in der Hauptsache das Amnion anzusehen. Während ich früher keine Beweise für diese Annahme bringen konnte, so ist mir im Laufe der Zeit ein Kind unter die Hände gekommen, dessen einer Daumen gespalten ist und an der Trennungsstelle noch ein amniotischer Faden haftet. Die Abbildung dieses Doppeldaumens und des ihm anhängenden Amnionfadens befindet sich auf Tafel XX, Fig. 13.

Taf. XX Fig. 13.

Abbildung: Atlas, Tafel XX, Fig. 13.

Der Beginn der Spaltung würde also zur Zeit des Abhebens des Amnion anzunehmen sein, am 12. oder 13. Tage der Entwickelung eines menschlichen Fötus.

Oft bleibt es nicht bei einer einfachen Spaltung. Die Zellenhaufen der Mamma z. B. können vielfach gespalten werden.

Verdoppelung der Extremitäten.

1. Verdoppelungen an den Extremitäten.

Spaltung der ganzen Extremität ist beim Menschen noch nicht mit Sicherheit beobachtet worden. An den oberen Extremitäten sah man noch nie, an den unteren nur äusserst selten Spaltung. Auch der scheinbar hierher gehörige Fall von Schmerbach, den Förster (*Die Missbildungen des Menschen, S. 43, Taf. VIII, Fig. 13—15 und Erklärung) unter dem Abschnitte „Ueberzählige Bildung ganzer oder halber Extremitäten" mittheilt, ist als Dipygus parasiticus aufzufassen (siehe S. 98), indem ausser der Extremität auch Spuren eines Beckens zu finden sein werden.

Nicht zu verwechseln mit gespaltenen Extremitäten sind die zusammengelagerten Extremitäten bei Doppelmissbildungen. Die dritten Arme und dritten Beine zeigen sehr häufig die Spuren einer Trennung in zwei (siehe Taf. XI, Fig. 1, 2, 3, 4 und 5).

Auch die Spaltung der Hände und Füsse gehört zu den grossen Seltenheiten. In den bisher bekannt gewordenen Beobachtungen von Doppelhänden pflegt ungefähr in der Mitte der Hand, immer unter Vermehrung der Fingerzahl, die Spalte bis zu den Carpalknochen zu reichen. Spaltung der Hände und Füsse.

Murray, Med. chir. Transactions, Vol. XLIV, S. 29, 1863. — *Lancereaux, Traité d'Anatomie pathologique, S. 169.

Abbildung: Atlas, Tafel XX, Fig. 1. Taf. XX, Fig. 1.

Giraldès, Maladies chir. des enfants, Paris 1865—1869. — *Lancereaux, S. 169.

Morel-Lavallée, Gazette des Hôp. 1861, No. 85. — *Schmidt's Jahrbücher, Bd. 112, S. 372.

Spaltung beider Hände und eines Fusses. Mangel der zweiten Zehe am linken Fusse.

Fumagalli, Ann. univers. 1871, Mai, S. 305. — *Schmidt's Jahrbücher, Bd. 153, S. 136.

An der rechten Hand finden sich 2 × 4 Finger. Die äusseren 4 Finger sind mangelhafter entwickelt, der Daumen gespalten.

George J. Bull, *The Boston medical and surgical Journal XCIII, No. 11, S. 292, 1875.

Am 5. Mai 1875 wurde in Worcester ein Mädchen geboren, welches eine Vergrösserung der linken Schamlippe und der linken Extremität zeigte. An dieser Extremität fand sich ein doppelter Fuss mit gemeinsamer Hacke, und zwar ist der Fuss so getheilt, dass eine obere Partie und eine untere Partie vorhanden ist, die sich mit der Planta pedis berühren. Der obere Fuss hat 5, der untere 7 Zehen, von denen die äussere grosse Zehe sehr lang ist und sich um des oberen Fusses grosse Zehe etwas herumlegt. — Die Füsse verhalten sich genau so zu einander, wie die Hände von Doppelmissbildungen, die sich am gemeinsamen dritten Arme vorfinden, z. B. wie in Fig. 1, Tafel XI.

Abbildung: Atlas, Tafel XX, Fig. 2. Taf. XX, Fig. 2.

Es ist hier auch der sehr merkwürdige Fall von Doppelhand einzureihen, den Kuhnt beschreibt.

Kuhnt, *Virchow's Archiv, Bd. 56, S. 268.

Bei Gelegenheit einer Rekrutenaushebung sah Kuhnt einen 21 jährigen jungen Mann, der an Händen und Füssen die eigenthümliche Bildung hatte, dass jede

Hand, jeder Fuss aus zwei Hälften zusammengesetzt schien. An den Händen sah man zu jeder Seite des Mittelfingers einen Gold- und einen kleinen Finger. Daumen und Zeigefinger fehlten. An den Füssen waren 5 Zehen in normaler Stellung vorhanden. Die grosse Zehe hingegen war doppelt breit und an ihrer Innenseite sassen noch je zwei wohlgebildete Zehen. So schien auch jeder Fuss aus den zwei Hälften eines rechten und eines linken Fusses zusammengesetzt zu sein.

Taf. XX, Fig. 7, 8, 9, u. 10.

Abbildungen: Atlas, Tafel XX, Fig. 7, 8, 9 und 10.

Eine dieser Beobachtung sehr ähnliche Verbildung der Hand beschreibt Gherini, Gaz. med. Italiana-Lombard. 1874, No. 51. — *Virchow-Hirsch, Jahresbericht 1874, I, S. 300.

Auch der Fall von Rüdinger scheint mir hierher zu gehören:

Rüdinger, *Beiträge zur Anatomie des Gehörorganes, der venösen Blutbahnen der Schädelhöhle, sowie der überzähligen Finger, München 1876, S. 25, Tafel VI, Fig. 1—6.

Beide Hände eines erwachsenen Mannes sind in der Weise missbildet, dass an Stelle des Daumen zwei Finger stehen, die als Goldfinger und kleiner Finger aufzufassen sind. — Das 6jährige Töchterchen dieses Mannes hatte an der rechten Hand die gleiche Missbildung. Auch an der linken fehlte der Daumen, doch fanden sich 3 Finger radialwärts vom Zeigefinger vor.

Spaltung der Finger und Zehen.

Die Spaltung der Finger und Zehen ist ein ungemein häufiges Vorkommniss. Besonders die beiden äusseren Glieder, die dem Drucke des Amnion mehr wie die anderen ausgesetzt sind, zeigen sich häufig verdoppelt. Oft besteht das abgetrennte Stück nur aus einem Hautanhängsel und sitzt dann, meist gestielt, neben dem Daumen, der grossen Zehe, dem kleinen Finger und der kleinen Zehe. Ist die Spaltung eine tiefere, so finden sich Knochen in dem überzähligen Gliede, die dann entweder ganz lose in demselben liegen, fest mit dem Knochen verwachsen sind oder durch eine Gelenkfläche mit demselben in Verbindung stehen. Bei tieferen Spaltungen pflegt auch eine Vermehrung der Handwurzelknochen zu Stande zu kommen. Die Spaltung der drei mittleren Finger ist viel seltener. Hände mit 10 Fingern, Füsse mit 10 Zehen sind nur in äusserst seltenen Fällen beobachtet worden. — Je mehr Finger verdoppelt sind, desto tiefer geht die Spaltung.

Sind die Knochen verdoppelt, so pflegen Muskeln, Sehnen, Nerven, Gefässe ebenfalls doppelt angelegt zu sein und die Finger sind dann zum Theil gebrauchsfähig.

Ungemein häufig findet sich die Vermehrung der Finger und Zehen complicirt mit Verwachsung der Glieder unter einander durch Schwimmhäute. Es ist dies ein Beweis mehr für meine Annahme, dass das Amnion am Zustandekommen der Spaltung der Anlagen für Finger und Zehen stark betheiligt ist.

Als ätiologisches Moment muss hier aber der Vererbung gedacht werden, da sich Vermehrung der Finger nicht so selten durch mehrere

Generationen hindurch findet. Es ist nicht unmöglich, dass auch bei der Frage der Vererbung die Erkrankung des Amnion herangezogen werden muss.

Blasius, *von Siebold's Journal, Bd. 13, S. 131.

Am linken Fusse eines 4jährigen Knaben fanden sich 10 Zehen, und zwar eine überzählige kleine Zehe, eine zwischen der zweiten und dritten, eine Doppelzehe über der zweiten und ein Anhang an der grossen Zehe.

Abbildungen: Atlas, Tafel XX, Fig. 11 und 12. Taf. XX, Fig. 11 u. 12.

Fig. 12. Art der Einfügung der überzähligen exstirpirten Doppelzehe, welche über der zweiten sass, nebst ihrem Metatarsalknochen. Der kleine Zapfen an dem vereinigten Nagelende bedeutet ein hängengebliebenes Stück Haut.

Otto, *Monstrorum sexcentorum Descriptio anatomica, Obs. 256, Tafel XVIII, XIX, XX.

Bei einem 25jährigen Menschen fand sich die unregelmässigste Entwickelung der Hände und Füsse. An den Händen waren einzelne Glieder mangelhaft entwickelt, an anderen Stellen zeigte sich wieder Ueberzahl. Die beiden Füsse hatten je nur zwei Zehen, die durch eine tiefe Spalte getrennt waren. An den Händen fand sich auch das sehr merkwürdige Vorkommniss, dass Glieder, die an der Basis doppelt angelegt waren, an der Spitze sich wieder vereinigten und nur einfachen Bau zeigten.

Bernstein, *Froriep's Neue Notizen IV, No. 1.

An jeder Hand und jedem Fuss je 9 Finger und Zehen.

Abbildungen: Atlas, Tafel XX, Fig. 3, 4, 5 und 6. Taf. XX, Fig. 3, 4, 5 u. 6.

Lanay, Société de Chirurgie, 22. Juli 1874. — *Hennig, Zwölfter Bericht der Kinderheilanstalt zu Leipzig 1880, S. 38.

An beiden Händen 9 Finger, an den Füssen 7 Zehen.

Brudi, *Berliner klinische Wochenschrift 1878, No. 35.

Bei einem Kanonier fand Brudi am hinteren inneren Rande des Nagelfalzes der grossen Zehe des linken Fusses eine Geschwulst von der Grösse eines Daumennagels, die sich als ein kleiner „vollständig ausgebildeter dritter Fuss en miniature" repräsentirte. Die 5 Zehen besassen kleine Nägel. Knochen und Knorpel waren nicht durchzufühlen.

Es kann sich in diesem Falle nicht um einen Fuss en miniature gehandelt haben, sondern nur um eine mehrfache Spaltung der Daumenanlage.

Spaltung des Fingernagels.

Spaltung des Fingernagels.

Sedgwick, Med. Times and Gaz. 1855, No. 268. — *Canstatt's Jahresbericht 1855, IV, S. 20.

Doppelter Nagel am Ringfinger.

Otto, *Sexcentorum monstrorum Descriptio, Tafel XXV, Fig. 1. Taf. XX, Fig. 14.

Abbildung: Atlas, Tafel XX, Fig. 14.

Hagenbach, *Jahrbuch für Kinderheilkunde, 1879, Bd. 14, S. 234 und 237.

Die sehr häufigen Fälle, in denen sich die Verdoppelungen der Finger und Zehen mit Bildung von Schwimmhäuten compliciren, sind durch mehrere Beispiele auf Tafel XX dargestellt:

Gruber, *Bulletin de l'Académie de St. Pétersbourg. Tom. XV.

Taf. XX, Fig. 15, 16, 17, 18, 19 u. 20. Abbildungen: Atlas, Tafel XX, Fig. 15, 16, 17, 18, 19, 20.

Fälle, in denen ein überzähliger Finger eine abnorme Stellung zu seinem grösseren Nachbar einnimmt, bilden ab

Gruber, *Virchow's Archiv, Bd. 32, S. 223, Taf. V, Fig. 4.

Taf. XX, Fig. 21. Abbildung: Atlas, Tafel XX, Fig. 21.

Gruber, *Virchow's Archiv, Bd. 80, S. 94.

9jähriges Mädchen. Ein überzähliger Daumen ist mit dem Metacarpalknochen so verwachsen, dass er eine entgegengesetzte Richtung wie der normale Daumen einnimmt.

Das Verhältniss der Knochen der Hand und des Fusses bei Vermehrung der Finger und Zehen mögen einige Abbildungen illustriren aus

Seerig, *Ueber angeborene Verwachsung der Finger und Zehen und Ueberzahl derselben. Gelegenheitsschrift. Breslau. Tafel II.

Taf. XX, Fig. 22, 23 u. 24. Abbildungen: Atlas, Tafel XX, Fig. 22, 23 und 24.

Polymastie. 2. Spaltung der Anlage der Brustdrüse, Polymastie.

Wird die Anlage der Brustdrüse gespalten, so beobachtet man nicht selten auch noch eine Ortsveränderung der abgesprengten Keime. Bisweilen findet sich sehr weit von der Stammdrüse entfernt die Mamma accessoria. So hat man sie am Oberschenkel, in den Schamlippen, in der Inguinalgegend, am Rücken etc. beobachtet. Dass in der Achselhöhle sich milchgebende Drüsen finden, hat nichts Wunderbares mehr, seitdem nachgewiesen ist, dass die Brustdrüse durch einen Zipfel mit den Lymphdrüsen der Achselhöhle in Verbindung steht. Weniger leicht ist der Nachweis zu führen, wie die kleinen abgesprengten Partikelchen weit ab von der Hauptbrust sich verirren können. Am wahrscheinlichsten ist mir die Möglichkeit, dass durch den Druck des Amnion Theile abgetrennt und am Amnion haftend auf der Körperoberfläche transplantirt werden.

Wo einmal eine absondernde Drüse sich vorfindet, bildet sich auch ein Ausführungsgang und häufig eine Hautpapille an der Mündung des Ausführungsganges, eine Warze.

Ist das abgesprengte Stück verödet, so findet man auch nur die Warze.

In der Regel sind kleine Nebendrüsen erst bemerkt worden, wenn sie im Laufe einer Schwangerschaft oder eines Wochenbettes anfingen Milch zu geben. Bisweilen konnten sie dann auch zum Stillen benutzt werden.

Mammae accessoriae finden sich ziemlich gleichhäufig beim männlichen und weiblichen Geschlechte. Beim weiblichen sind sie scheinbar häufiger, weil sie leichter bemerkt werden.

Der Sitz der Mamma accessoria ist in der Regel unterhalb der normalen, ein wenig mehr der Mittellinie des Körpers genähert. Ausserdem sind sie beobachtet in der Achselhöhle, oberhalb des Nabels, am Schenkel, auf dem Rücken, in der Leistengegend, an der Vulva.

Fast sämmtliche bisher in der Literatur beschriebene Beobachtungen finden sich in den beiden Arbeiten von Hartung (*Ueber einen Fall von Mamma accessoria, Inaugural-Dissertation, Erlangen 1875) und Leichtenstern (*Virchow's Archiv, Bd. 73, S. 222) gesammelt.

Leichtenstern fand accessorische Brüste unter 105 Fällen

an der Vorderseite des Thorax	96	Mal
in der Achselhöhle	5	„
am Rücken	2	„
auf dem Akromion	1	„
auf dem Oberschenkel	1	„

Entgangen sind ihm ein Fall von Hartung (l. c.), in welchem die überzählige Drüse in der Substanz der grossen Schamlippe sich vorfand, ein Fall von Haffter, *Archiv der Heilkunde, 16. Jahrgang, 1875, S. 56 und 57, der in der Wand einer Dermoidcyste des Ovarium Milchdrüse nachwies, und die Beobachtungen, die Alfonso Corradi in seinem grossen Werke *Dell' Ostetricia in Italia, Bologna 1874, S. 1409, zusammengestellt hat.

Ferner sind die Fälle nicht verzeichnet, wo die accessorische Milchdrüse bei Missbildungen mit überzähligen unteren Extremitäten in der Leistengegend gefunden wurden, wie in dem Falle von v. Baer (siehe S. 98), bei der Blanche Dumas (siehe S. 89) und vielleicht auch in einer Beobachtung von Kömm, Med. Jahrbücher des österreich. Staats, XVIII, I, S. 216. — *Müller's Archiv, 1839, S. 5.

Einen der interessantesten Fälle von accessorischer Milchdrüse berichtet

Robert, Magendie, *Journal de Physiologie, Tom. VII, No. 2:

Therese Ventre, deren Mutter eine überzählige Warze auf der rechten Seite des Thorax hatte, besass selbst, ausser den gewöhnlichen Warzen am Brustkasten, eine am Schenkel, die auf einer so reichlich secernirenden Drüse sass, dass die Ventre sechs Jahre hindurch drei fremde Kinder neben den eigenen säugte. Ihr eigener Sohn sog 30 Monate hindurch an der Warze am Schenkel. Er pflegte unter die Röcke zu kriechen, um dort stehend oder kniend sich zu sättigen.

Ich selbst habe accessorische Drüsen bei Wöchnerinnen mehrere Male gesehen.

Auf Tafel XXI des Atlas sind folgende Beobachtungen aufgenommen:

Abbildung: Atlas, Tafel XXI, Fig. 1. Taf. XXI, Fig. 1.
*Nach dem Leben gezeichnet.

Die beiden accessorischen Warzen sind noch besonders in einem grösseren Verhältnisse gegeben.

Taf. XXI, Fig. 2.

Abbildungen: Atlas, Tafel XXI, Fig. 2.

Leichtenstern, *Virchow's Archiv, Bd. 73, S. 251, Tafel IV, Fig. 2.

Zwei accessorische Brustwarzen beim Manne unterhalb der normalen Brüste.

Taf. XXI, Fig. 3.

Tafel XXI, Fig. 3.

Leichtenstern, *l. c. S. 252, Tafel IV, Fig. 3.

Männliches Individuum. Die rechte accessorische Brustwarze 8, die linke 3 Ctm. unter der normalen Papille.

Taf. XXI, Fig. 4.

Tafel XXI, Fig. 4.

Leichtenstern, *l. c. S. 252, Tafel IV, Fig. 4.

Weibliches Individuum mit sehr kleinen accessorischen Mammillen.

Taf. XXI, Fig. 5.

Tafel XXI, Fig. 5.

Shannon, *The Dublin Quaterly Journal, 1848, Vol. V, S. 266.

Die accessorischen Drüsen befinden sich oberhalb der normalen Drüsen und sind weiter nach aussen, der Achselhöhle zu gelegen.

Taf. XXI, Fig. 6.

Tafel XXI, Fig. 6.

Fitzgibbon, *The Dublin Quaterly Journal, New Series, Vol. XXIX, S. 109.

Vier accessorische Warzen. Zwei unterhalb, zwei oberhalb der normalen.

Taf. XXI, Fig. 7.

Tafel XXI, Fig. 7.

Leichtenstern, *l. c. S. 245, Tafel IV, Fig. 1.

Puerpera primipara bemerkte am dritten Tage nach der Geburt, dass beim Anlegen des Kindes an die linke Brust gleichzeitig sich Milch ergoss aus einer bisher für ein Muttermal gehaltenen Warze unterhalb der linken Brust. Desgleichen empfand sie, besonders nach längerem Stillen des Kindes, ein lästiges Nasswerden in der linken Achselhöhle. Daselbst fand man unter der Behaarung eine accessorische Warze.

Doppelte Brustwarze.

Nicht ganz so häufig als die Spaltung der Brustdrüsenanlage kommt eine doppelte Brustwarze vor. Dieselbe sitzt in der Regel auf gemeinsamem Warzenhofe. Kommt sie getrennt vom Warzenhof vor, so gehört sie auch einer Mamma succenturiata an.

Tiedemann, Tiedemann und Treviranus, Zeitschrift für Physiologie, 5. Bd., 2. Heft, 1835, S. 110, Tafel I, Fig. 3

bildet eine doppelte Warze ab, die auch Ammon, *Die angeborenen chirurgischen Krankheiten des Menschen, Tafel XIV, Fig. 4 copirt.

Taf. XXI, Fig. 8.

Abbildung: Atlas, Tafel XXI, Fig. 8.

Otto, Neues Verzeichniss der anatom. Sammlung des k. anatom. Instituts zu Breslau, 2. Aufl., Breslau 1841, S. 125, No. 1288. — *Leichtenstern, Virchow's Archiv, Bd. 73, S. 248.

Albers, Atlas der pathologischen Anatomie, 3. Abth. Tafel 44, Fig. 1. — Förster, *Die Missbildungen des Menschen, Tafel 8, Fig. 33.

3. Vermehrung einzelner Theile durch Spaltung der Anlagen.

Vielfach findet man Organe in ihren Anlagen gespalten, die dann in einer Ueberzahl vorhanden sind, so Wirbel, Knochen, Muskeln, Gefässe, Nerven u. s. w. Es lässt sich im einzelnen Falle selten die spaltende Kraft eruiren.

Es würde zu weit führen, alle die Organe einzeln abzuhandeln, die hin und wieder in Ueberzahl vorkommen. Ich werde nur über die wichtigsten Vorkommnisse hier berichten und zwar über

Die Verdoppelungen im Bereiche des Haut- und Muskelblattes und über

Die Verdoppelungen im Bereiche des Darm-Drüsenblattes.

Ueberzählige Bildung von Knochen.

Ueberzählige Knochen.

Bald findet man in der Hals- und Lendenwirbelsäule, bald im Kreuz- und Steissbeintheile einen oder mehrere überzählige Wirbel, die in Form und Grösse den normalen vollständig gleichkommen. In anderen Fällen liegt nur ein überzähliges rudimentäres Stück zwischen zwei normal gebildeten Wirbelkörpern. Derartige Einschaltungen rudimentärer Wirbeltheile bewirken eine Verunstaltung des betreffenden Theils der Wirbelsäule, während ein vollständig ausgebildeter Wirbelkörper die Haltung der Wirbelsäule nicht zu irritiren pflegt.

Kommt die Vermehrung der Wirbel am Kreuz- und Steissbeine vor, so kann bei veränderter Stellung dieser beiden Knochen eine Schwanzbildung entstehen.

Schwanzbildung.

Am häufigsten findet man diese Auswüchse bei der Sirenenbildung, einer Missbildung, deren Wesen zum Theil darin besteht, dass das rudimentär gebildete Kreuz-Steissbein stark nach hinten herausgedrängt und um seine Querachse gedreht wurde. An gesunden Kindern gehört Schwanzbildung in Folge von Vermehrung der Wirbel zu den grössten Seltenheiten. Häufiger findet man an besagter Stelle Lipome, die einen Schwanz vortäuschen.

His, *Anatomie menschlicher Embryonen, S. 89, bespricht die Frage: besitzt der menschliche Embryo einen Schwanz? von entwickelungsgeschichtlichem Standpunkte. Auch bei den kleinsten Embryonen hat His nie eine Vermehrung der knorpeligen Wirbel gesehen. Es handelt sich immer um 34 Wirbel.

Ecker, *Archiv für Anthropologie, Bd. 11, S. 281 und Bd. 12, S. 129, hat öfter beim Embryo einen schwanzförmigen Anhang beobachtet, der aber nur aus weichen Geweben bestand. His sah diesen Anhang noch nie.

Fleischmann, *Amtlicher Bericht über die 18. Versammlung der Gesellschaft deutscher Naturforscher und Aerzte zu Erlangen 1840. Erlangen 1841, S. 141, demonstrirte einen Fötus, bei welchem sich das Ende der Wirbelsäule zu einem wirklichen Schwanze verlängert hatte. Der Schwanz war 8 Linien lang und verdünnte sich am Ende haarfein. Man sah durchschimmernd fünf dunkle Punkte, die für überzählige Schwanzwirbel gehalten wurden.

Denselben Embryo untersuchte neuerdings

Leo Gerlach, *Morphologische Jahrbücher, Bd. VI, S. 106, und constatirte das Vorhandensein eines Axenstranges (Chorda) und eines ventralgelegenen Muskels Gerlach folgert aus diesem Befunde, dass früher Vermehrung der Urwirbel, eine Verlängerung des Medullarrohres, also ein wirklicher Schwanz vorhanden gewesen sein müsse. His betont dagegen, dass auch dieser Embryo nur 34 normale Wirbel besessen habe.

In dem Gerlach'schen Falle sowohl, wie auch in dem von Ecker referirten (Dr. Neumeyer in Cincinnati) handelt es sich um Missbildungen. Der Schwanz im Gerlach'schen Falle sieht wie ein amniotischer Faden aus, der durch stärkeren Zug die Haut konisch herausgezogen hat. Dem entsprechend wäre dann auch die linke kleine Schamlippe mit in die Höhe gehoben und bildet ein Segel zwischen Clitoris und Schwanzbasis. Auch die Torsion des Schwanzfadenendes spricht für diese Ansicht. Zum Neumeyer'schen Falle ist noch zu bemerken, dass Atresia ani vorhanden und dass der Schwanz gar nicht an Stelle der Steissbeinspitze, sondern am oberen Theile der Kreuzbeingegend sich befindet, von einem „Schwanze" also gar nicht die Rede sein kann.

Ornstein, *Zeitschrift für Ethnologie, 1879, Heft 6, S. (303), bemerkte einen schwanzartigen Fortsatz bei einem griechischen Rekruten, 26 Jahre alt. Nach der Untersuchung am Lebenden schien der Ausgangspunkt die Verbindungsstelle des ersten falschen Steissbeinwirbels mit dem zweiten zu sein. Sonst fand sich nur noch ein drittes Stück, das vierte und fünfte fehlte. Die Länge der ganzen Protuberanz betrug 5 Ctm., wovon $2^1/_3$ Ctm. frei hervorragten, $2^2/_3$ Ctm. unter der Haut verliefen. Im Innern schien eine knorpelharte Masse sich zu befinden.

Nur ungenaue Angaben giebt uns

Greve, *Virchow's Archiv, Bd. 72, S. 129:

„1848 wurde zu Wichtens im Grossherzogthum Oldenburg ein Knabe geboren, bei dem sich das Steissbein zu einem förmlichen Schwanz entwickelt hatte, und welcher circa 8 Wochen nach der Geburt von meinem Freunde, dem Dr. Averdam, jetzt zu Westerstedt, entfernt worden ist. Nach ihm soll derselbe bei der Berührung mit einer Nadelspitze etwas Bewegung gezeigt haben. Ich erhielt denselben vor kurzem als Spirituspräparat und hat er eine Länge von 7,5 Ctm." Nach der Abbildung zu urtheilen, scheint er hohl gewesen zu sein.

Virchow, *Virchow's Archiv, Bd. 79, S. 178, hatte Gelegenheit diesen Schwanz zu untersuchen. Es fehlt ihm jede Knochen- und Knorpelstütze. Er besteht aus grosszelligem Fettgewebe, ziemlich starken Gefässen, losem Bindegewebe und feinen elastischen Fasern.

Taf. XXI, Fig. 12.

Abbildung: Atlas, Tafel XXI, Fig. 12.

Einen Schwanz von der Länge eines halben Fingers bei einem auch sonst missbildeten Kinde bildet ab

C. E. Niemeyer, *Singularis in foetu puellari recens edito abnormitatis exemplum. Inaug. Diss. Halle 1814.

Angaben über die Beschaffenheit dieses Schwanzes fehlen.

Abbildung: Atlas, Tafel XXI, Fig. 11. Taf. XXI, Fig. 11.

Ein gut beobachtetes Beispiel einer wirklichen Schwanzbildung theilt mit

Thirk, *Oesterreichische Wochenschrift, 1847, No. 36.

Salmastli oglu Artin, in Kurdistan geboren, zeigte bei seiner Geburt einen mehrere Zoll im Umfange haltenden Ansatz am Steissbeine, der zwischen die Nates gedrängt war. In der Kindheit machte der Tumor keine Beschwerden. Im 8. Jahre fing er an schmerzhaft anzuschwellen und ging in Eiterung über. Der Sack wurde eröffnet und sehr viel Eiter entleert. — Untersuchung im Alter von 22 Jahren: Auf dem letzten Kreuzbeinwirbel erhebt sich ein zolllanger überzähliger Wirbel, an den der erste Steissbeinwirbel sich anheftet. Die Steissbeinwirbel sind, ihrer vier, jeder einen Zoll lang. Am letzten sitzen vier, etwas mehr wie vier Zoll lange, etwa 14''' breite Schwanzstücke auf, ein unbewegliches Ganze bildend. In der Mitte des untersten ist ein neuer, ungefähr 5 Zoll langer, runder dünner, elastischer Ansatz fühlbar, der sich abermals in ein kleines viertheiliges Schwanzstück erweitert, das etwas beweglich ist. Hieran knüpft sich wiederum ein elastischer Ansatz, an dessen Spitze ein kleines dreieckiges Knochenstück hängt. Alle diese Theile sind in eine Fett-Zellmasse eingehüllt, so dass Thirk die Missbildung mit dem Namen eines „angeborenen Fettschweifes" belegt. Der ganze Tumor hat im grössten Umfange c. 84 Ctm., von oben nach unten 32 Ctm., die grösste Dicke beträgt 16 Ctm.

Sollte man es in diesem Falle nicht mit einem Pygopagus parasiticus zu thun haben?

Abbildungen: Atlas Tafel XXI, Fig. 9 und 10. Taf. XXI. Fig. 9 u. 10.

Schwanzähnliche Auswüchse können auch ohne Vermehrung der Wirbel sich bilden. Die von Meckel (*Handbuch der pathologischen Anatomie, Bd. I, S. 385 und flg.) angeführten Beobachtungen können einen Anspruch auf die Bezeichnung „Schwanz" wohl kaum machen. Es handelt sich zum Theil, soweit die Beschreibung es an die Hand giebt, um Cysten des untersten Theils der Spinalhöhle, die eine Ausbuchtung der Ueberkleidung des Kreuz-Steissbeins zu Wege gebracht haben. Dass derartige Säcke häufig mit einer stark behaarten Oberhaut überzogen sind, kann man bei den Kreuzbeintumoren häufig sehen. So erklären sich vielleicht auch die Beobachtungen behaarter Schwänze.

Ueber Lipome, die zur Schwanzbildung beitragen, wird im 4. Abschnitte gehandelt werden.

Vermehrung der Rippen ist nicht selten. Am häufigsten kommt gabelförmige Theilung einer Rippe vor; demnächst vollständige Theilung der Rippenanlage, also Vermehrung derselben um eine oder mehrere überzählige Rippen. Dieselben sitzen mit Vorliebe über der ersten oder unter der letzten Rippe und werden dann als Halsrippen oder Lendenrippen bezeichnet. Die obersten gehen gewöhnlich nicht zum Sternum, sondern verbinden sich mit dem Knorpel Vermehrung der Rippen.

der ersten Rippe. Die untersten verlaufen wie die zwölfte. Häufig findet man bei Vermehrung der Zahl der Rippen auch überzählige Wirbel.

Halsrippen. Ueber Halsrippen findet sich eine nahezu vollständige Literatur nebst selbstbeobachteten Fällen bei

Gruber, *Mémoires de l'académie impériale des sciences de St. Pétersbourg, VII. Série, Tom. XIII, No. 2. Petersburg 1869.

Ausserdem beschrieben noch Beobachtungen

G. Braun, Wiener med. Wochenschrift, 1857, No. 24—26. — *Schmidt's Jahrbücher, Bd. 96, S. 328.

Schwegel, Prager Vierteljahrschrift, 1859, Bd. 2, S. 121. — *Canstatt's Jahresbericht 1859, IV, S. 25.

Willshire, The Lancet, Dec. 1861. (Gruber citirt 1860, 29. Dec., S. 633.) — *Canstatt's Jahresbericht 1861, IV, S. 7.

Turner, Journal of Anatomy and Physiology (2. Serie, No. 5) 1869, S. 130. — *Schmidt's Jahrbücher, Bd. 145, S. 271.

Struther, Journal of Anatomy and Physiology 1874, Nov. — *Schmidt's Jahrbücher, Bd. 167, S. 10.

Clark, Glasgow med. Journal, 1874, No. 3, S. 361. — *Schmidt's Jahrbücher, Bd. 163, S. 316.

Kernig, Petersburger med. Zeitschrift. N. F. IV. No. 1, S. 112. — *Schmidt's Jahrbücher, Bd. 162, S. 321.

Lendenrippen. Lendenrippen beschreibt u. A.

Struther, Journal of Anatomy and Physiology, 1874, Nov. — *Schmidt's Jahrbücher, Bd. 167, S. 11.

Schwegel, Prager Vierteljahrschrift, 1859, Bd. 2, S. 121. — *Canstatt's Jahresbericht 1859, IV, S. 25.

Verdoppelung beider Stirnbeine. Den sehr seltenen Fall der Verdoppelung beider Stirnbeine beschreibt und bildet ab

Förster, *Die Missbildungen des Menschen, Taf. VIII, Fig. 9—12. Präparat der pathologischen Sammlung zu Würzburg x, 1072.

Achtmonatlicher männlicher Mulattenfötus, mit Ausnahme des Kopfes wohlgebildet. — Beide Stirnbeine sind verdoppelt; besonders die linke Gesichtshälfte zeigt sich verbreitert. Auf derselben finden sich 2 gut ausgebildete, etwas kleinere Augen vor, so dass also das Individuum drei Augen aufzuweisen hat. — Gehirn wegen Maceration nicht zu untersuchen; muss auch an seiner Vorderfläche Abnormitäten gezeigt haben.

Taf. XXII, Fig. 1, 2, 3 u. 4. Abbildungen: Atlas, Tafel XXII, Fig. 1, 2, 3 u. 4.

Erklärung: Fig. 1. Vorderansicht.

Fig. 2. Scheitelansicht. o, Hinterhauptsbein; p.d, p.s, rechtes und linkes Scheitelbein; F. d, rechtes Stirnbein; F. d', rechtes accessorisches Stirnbein, F. s', linkes accessorisches Stirnbein; F. s, linkes Stirnbein; e, Oeffnung für die Encephalocele.

Fig. 3. Seitenansicht. or, orbita; n, Nasenbein; o.a, Accessorischer Knochen.

Fig. 4. Ansicht von links vorn.

Eine Vermehrung der Zähne ist sehr häufig. Man wird dieselbe in den wenigsten Fällen für eine Spaltung in der Grundanlage halten dürfen, sondern für eine über die Zeit dauernde Persistenz der ersten Zähne, neben denen die neuen Zähne herauswuchern. Angeborene Ueberzahl der Zahnanlagen ist sehr selten. Vermehrung der Zähne.

Ueberzählige Muskeln finden sich allerorts sehr häufig vor, und finden sich in den Lehrbüchern der descriptiven Anatomie als Varietäten beschrieben.

Verdoppelung der Ohrmuscheln ist nur beim Dipygus parasiticus beobachtet (siehe S. 94), wo mit dem Gesichte eines Fötus auch die Reste eines zweiten verbunden sind. Fälschlicher Weise werden als doppelte Ohrmuscheln Hautexcrescenzen beschrieben, die auf der Wange, nahe dem Ohre sich gebildet haben, die Folgen eines mangelhaften Verschlusses der Kiemenspalten. So sah Verdoppelung der Ohrmuscheln.

Birkett, Lancet 1858, I, 12. — *Canstatt's Jahresbericht, 1858, IV, S. 5 bei einem kleinen Mädchen zwei deutlich zusammengerollte Ohren mit Concha und unvollkommenen Helix an der Haut jeder Seite des Halses im Niveau des Zungenbeines, ohne mit letzterem in näherem Zusammenhange zu stehen.

Langenbeck, *Allgem. med. Centralzeitung, 1879, No. 66, Beilage, S. 50 demonstrirte eine derartige Missbildung an einem 12jährigen Knaben. Die Gestalt der Excrescenz war die einer äusseren Ohrmuschel. Sie sass auf der Hervorragung der rechten Backe, gegenüber dem rechten Ohre.

Spaltung der Augenlider beobachtete Spaltung der Augenlider.

Seely, American Opthalm. Soc. Transactions 1871. — *Schmidt's Jahrbücher, Bd. 154, S. 251.

Beide unteren Lider zeigen einen Vförmige Spalte; die oberen, derselben Stelle entsprechend, eine Einkerbung.

Verdoppelung des Rückenmarkes ist beim Menschen äusserst selten, während eine doppelte Anlage des mittleren Theiles bei Thieren niederer Ordnung häufig vorkommt. Lereboullet beschrieb an Hechtembryonen, Oellacher bei Salmo Salvelinus diese Form, die der letztere Autor als Mesodidymi bezeichnet und unter den Doppelmissbildungen mit aufführt. Aehnliches beschreibt auch Bruch, über Dichordus, Würzburger med. Wochenschrift, 1864, V, S. 1. —*Schmidt's Jahrbücher, Bd. 123, S. 359. Verdoppelung des Rückenmarkes.

Beim Menschen beobachtete eine Verdoppelung im Lendentheile

Lenhossék, Wochenblatt der Zeitschrift der Wiener Aerzte, 1858, No. 2. — *Canstatt's Jahresbericht, 1858, IV, S. 5.

Auf dem Durchschnitte zeigte sich eine Verschmelzung von zwei Rückenmarken, von welchem das linke fast vollkommen entwickelt war, während das rechte nur die rechte Hälfte eines Rückenmarkes darstellte. Von dieser Stelle zeigten alle weiteren Horizontalschnitte das allmählige Schwinden des rechten halben Rückenmarkes, so dass schon einige Linien oberhalb und unterhalb keine Spur einer Duplicität mehr vorhanden war. Entsprechend waren auch drei vordere und drei hintere Nervenwurzeln zugegen, welche sich aber noch innerhalb des Wirbelcanales so sammelten, dass die vordere und hintere des linken Rückenmarkes sich mit der vorderen und hinteren des rechten halben Rückenmarkes vereinigte. An den Wirbeln war keine Duplicität vorhanden.

J. Wagner, *Archiv für Anatomie und Physiologie, 1861, S. 735, fand einen theilweise doppelten, mit Epithel ausgekleideten Centralcanal des Rückenmarkes.

Verdoppelung der Zunge.

Verdoppelung der Zunge findet sich in zweifacher Weise vor. Die Zungen sitzen übereinander; ein Vorkommniss, das aus neueren Beobachtungen nicht bestätigt worden ist. Meckel (Descriptio monstrorum nonnullorum, S. 49) führt von dieser Form 5 Fälle an. Dieselben gehören alle älteren Autoren an und würden einer schärferen Kritik kaum Stand halten können.

Die Zungen sitzen nebeneinander. Das Vorkommen dieser Missbildung ist verständlicher. Man beobachtet die Stufenreihe von einfacher Einkerbung der Zungenspitze bis zur vollständigen Theilung der Zunge. Für die leichteren Fälle erklärt sich die Spaltung als durch Zug vom Zungenbändchen ausgehend entstanden. In anderen Fällen wurde die Zunge durch einen fremden Tumor gespalten, der sich in der Mundhöhle entwickelte, wie z. B. beim Epignathus, oder die Spaltung kommt im Vereine mit tiefergehenden Spalten des Gesichts vor. Im ganzen sind dergl. Fälle in der Literatur nur wenige registrirt.

Dana, Mémoires de Turin, 1787, S. 303. — *Meckel, Handbuch der pathol. Anatomie, Bd. 1, S. 551.

In diesem Falle handelt es sich vielleicht um eine epignathische Bildung.

Hofmann, Zweite und dritte Nachricht von der Anstalt für arme Kranke zu Altdorf im Nürnbergischen, Altdorf und Nürnberg, 1788, Anhang zur zweiten Nachricht. — *Stark's Archiv, Bd. 4, S. 400.

Betrifft eine Missbildung (Cyclops?); die Spitze der Zunge war etwas gespalten. übrigens sehr dick und ragte aus dem Munde hervor.

Schubarth, *De maxillae inferioris monstrosa parvitate et defectu, Frankfurt a. d. Oder 1819, S. 18.

Spaltung des Unterkiefers und der Zunge bei schwerer Verbildung des Gesichts und des Rumpfes.

Otto, *Verzeichniss der anatomischen Präparatensammlung zu Breslau, Breslau 1826, S. 64, No. 2933.

Reifer Knabe, Hemicephalus, Tumor aus dem Munde hervorragend (Epignathus?). Zwei Zungen nebeneinander.

Otto, *Monstrorum sexcentorum descriptio, No. 354.

Epignathus distomus. Zwei Zungen.

Jung, Jahresbericht des ärztlichen Vereins zu Frankfurt a M. 1866. — *Schmidt's Jahrbücher, Bd. 133, S. 269.

Kind, 6 Monate alt, mit Wolfsrachen und gespaltener Zunge.

Pooley, Americ. Journal, N. S. CXXVI, April 1872, S. 385. — *Schmidt's Jahrbücher, Bd. 160, S. 271.

Neugeborenes. Zunge 1 Zoll weit gespalten.

Im Verhältniss häufig findet sich die doppeltgespaltene, also dreilappige Zunge. Doppeltgespaltene Zunge.

Otto, *Sexcentorum monstrorum descriptio, Obs. 460, S. 270.

Zunge durch zwei Einschnitte in drei Spitzen getheilt. Das Kind zeigt noch verschiedene Verbildungen.

Septours, *L'Union, 1876, No. 16.

Hemicephalus, Hasenscharte, Wolfsrachen. Zwei Zungen sitzen auf dem Boden der Mundhöhle. Die dritte liegt dem harten Gaumen an. Alle drei vereinigen sich nach hinten und haften am Zungenbeine. Die obere ist auch mit dem Gaumen verwachsen. Alle überzieht normale Schleimhaut mit Papillen.

*Sammlung des pathologischen Instituts in Giessen. Eigene Besichtigung.

Hemicephalus. Zunge dreigelappt, ragt aus dem Munde heraus.

Abbildung: Atlas, Tafel XXI, Fig. 13. Taf. XXI, Fig. 13.

*Nach einer selbstgenommenen Skizze ausgeführt.

Nur einmal ist bisher eine Thyreoidea accessoria beobachtet worden. Thyreoidea accessoria.

Demme, 16. Jahresbericht des Kinderspitales in Bern. — *Jahrbuch für Kinderheilkunde, 1879, Bd. 14, S. 432.

Ein 8 Wochen altes Kind, welches mit hühnereigrosser Geschwulst in der Retromaxillargegend geboren, wurde operirt und starb. Die Section ergab eine überzählige Schilddrüse.

Die Verdoppelung der Uvula gehört unter die Spaltbildungen, da sich die Uvula aus zwei seitlichen Theilen zusammensetzt. Siehe zweiter Abschnitt.

Verdoppelung der Epiglottis. Tiefere Einkerbungen der Epiglottis lassen diese nicht selten doppelt erscheinen. Einkerbungen leichteren Grades kommen sehr häufig vor. Verdoppelung der Epiglottis.

Hargraves Monifold, The Lancet, 1871, Jan., S. 10. — *Canstatt's Jahresbericht 1851, III, S. 10.

Bei einem Kinde, das bald nach der Geburt von Laryngismus stridulus befallen wurde und bis zum Tode, im 4. Monate, daran litt, fand sich eine gespaltene Epiglottis, welche in zwei Klappen oder Hörner auslief.

Vermehrung der Bronchien. Ist eine Vermehrung der Bronchien vorhanden, so pflegen auf der Seite, wo die Ueberzahl stattfindet, die Bronchien zu verschiedenen Lungenlappen zu gehen. So sah Vermehrung der Bronchien.

Leudet, Gazette de Paris 1856, No. 27. — *Canstatt's Jahresbericht 1856, IV, S. 44,

an der Leiche eines an Phthisis verstorbenen Mannes die Theilung der Trachea in drei Bronchien. Der dritte Bronchus, welcher enger war als die beiden anderen, aber vollkommen den Bau derselben hatte, senkte sich in den oberen Lappen der rechten Lunge. Auch

Cruveilhier, Traité d'Anatomie descr., Vol. III, 2. Auflage, S. 468, beobachtete die gleiche Anomalie.

Vermehrung der Lungenlappen.

Vermehrung der Lungenlappen gehört nicht zu den grösseren Seltenheiten. Es lässt sich der Uebergang von tieferen Einkerbungen zu abgesonderter Lappenbildung zur Genüge constatiren. In diesen Fällen ist es eher einmal möglich, die trennende Kraft zu finden. So beschreibt Rokitansky eine Lunge, die durch eine abnorme Falte der Pleura so eingeschnitten worden war, dass ein überzähliger oberer Lungenlappen entstand. (*Fürst, Missbildungen der Lunge, in Gerhardt Handbuch der Kinderkrankheiten, Bd. 3, 2. Hälfte, S. 573.) Aehnlich der Leber nimmt auch die schnellwachsende Lunge jede Gestalt an, die ihr durch den Raum der Pleurahöhle gestattet wird. Sobald daher Missgestaltungen der letzteren vorhanden sind, müssen auch angeborene Formveränderungen der Lunge entstehen. Fast ausnahmslos hängen die accessorischen Lungenlappen durch kleinere Bronchien mit den grösseren zusammen. Nur in einzelnen, sehr seltenen Fällen wurde ein Zusammenhang nicht constatirt.

Rokitansky, *Lehrbuch der pathologischen Anatomie, Bd. III, S. 44.

Im linken Pleurasacke lagert, zwischen die Basis der normal gestalteten zweilappigen Lunge und das Zwerchfell eingeschaltet, ein stumpfer, konischer, accessorischer Lungenlappen, der ohne jeden Bronchus und demgemäss ohne Zusammenhang mit der Trachea ist. Ernährung erfolgt durch Aeste der Aorta thoracica.

C. Ruge, *Berliner Klinische Wochenschrift, 1878, No. 27, S. 401.

Die Ernährung der links unten liegenden accessorischen Lunge erfolgte durch ein Gefäss vom 7. Intercosatlraume aus.

Rektorzik, Wiener medicinisches Wochenblatt, XVII, S. 280. — *Schmidt's Jahrbücher, Bd. 110, S. 281. — *Cannstatt's Jahresbericht 1861, IV, S. 7.

Der überzählige Lungenlappen befindet sich nicht selten an der Lungenbasis, liegt ziemlich versteckt und wird erst beim Herausheben der Lunge aus dem Pleuraraume bemerkt.

John Chiene, Journal of Anatomy and Physiology, IV, 1869, Nov., S. 89. — *Schmidts Jahrbücher, Bd. 146, S. 134.

Loewy, *Berliner Klinische Wochenschrift 1873, No. 32, S. 378.

Collins, Dublin Journal, LVIII, S. 252, Sept. — *Schmidt's Jahrbücher, Bd. 163, S. 316.

Ueberzähliger Spitzenlappen.

Verdoppelung des Magens.

An dem Magen, wie auch am Darme kommen ziemlich häufig Divertikelbildungen vor, die, wenn sie am Magen recht bedeutend sind, auch als Verdoppelung des Magens aufgeführt werden. Meistens ist dann die Einschnürung zwischen dem Appendix und dem eigentlichen Magen so bedeutend, dass ein enger Canal zu Stande kommt. In einzelnen der beschriebenen Fälle wird es unentschieden bleiben, ob die Anomalie angeboren oder erworben. Rokitansky (*Lehrbuch der pathologischen Anatomie, 3. Aufl., Bd. 3, S. 150) erwähnt Fälle von Einschnürung, die den Magen in einen Cardia- und in einen Pylorusmagen zerlegen.

Struthers, Monthly Journal. Juni 1851. — *Schmidt's Jahrbücher, Bd. 72, S. 7. Zwei Beobachtungen.

Garcia Vasquez, El Siglo méd. 1859, 274. — *Schmidt's Jahrbücher, Bd. 112, S. 158.

In der Leiche eines 23jährigen Mannes war der Magen um ³/₄ seines Volumens verkleinert, über seiner oberen und rechten Seite bestand ein ungeheurer, scheinbar blind endigender Sack, der mit dem Oesophagus durch kleine Löcher in Verbindung stand.

Die Verdoppelung einer Darmpartie beobachtete

Verdoppelung des Darms.

Schreiber, Oesterreichische med. Jahrbücher 1875, Heft 2. — *Virchow-Hirsch, Jahresbericht 1875, I, S. 340.

Partielle Duplicität des Colon ascendens. Colon und Coecum stark erweitert, in normaler Lage. Dicht über der Valvula Bauhini theilt sich das Colon ascendens in zwei ungleich weite Röhren, die später etwas divergiren, um sich bald wieder zum einfachen Colon ascendens zu vereinigen.

Fairland, Brit. med. Journal 1879, S. 962. — *Jahrbuch für Kinderheilkunde 1879, Bd. 14, S. 412.

Neugeborenes Kind. Atresia ani. Künstlicher After. Tod. — $1^{1}/_{2}$" vom Pylorus entfernt soll sich der Darm in Dünndarm und Dickdarm getheilt haben, die dann beide blind endeten. — Beschreibung und Bezeichnung stimmen nicht mit der Abbildung überein.

Es ist nicht unwahrscheinlich, dass Fälle von Verdoppelung des Darmes als abgeschnürte Darmcysten aufzufassen sind, wie solche im zweiten Abschnitte, bei den Cysten des Dotterstrangs abgehandelt werden.

Das lockere Gewebe des Pancreas ist für die Abschnürung einzelner Partikel sehr geeignet, so dass das Nebenpancreas, Pancreas accessorium, ziemlich häufig beobachtet wird. Am Kopfe des Pancreas findet sich nicht selten ein Anhang, der als Pancreas minus bezeichnet wird und dessen schon Winslow Erwähnung thut. Dieser Anhang kann einen eigenen, direct in das Duodenum führenden Ausführungsgang besitzen. Bei stärkerer Abspaltung rückt das Pancreas accessorium hinter die Arteria mesaraica superior oder umschlingt diese Gefässe an ihrer Wurzel.

Pancreas accessorium.

Hyrtl, Handbuch der topographischen Anatomie, 4. Auflage, 1860, 1. Bd., S. 667. — *Zenker, Virchow's Archiv, Bd. 21, S. 369.

Klob und Zenker fanden die abgetrennten Stücke weiter fortgerückt, am häufigsten in der Wand des Dünndarms, näher oder ferner vom Duodenum.

Klob, Zeitschrift der Gesellschaft der Wiener Aerzte 1859, No. 46, S. 732, citirt neben 6 neuen Fällen bei

Zenker, *Virchow's Archiv, Bd. 21, S. 369.

In einem der Zenker'schen Fälle fanden sich zwei Nebenpancreas, 16 und 48 Ctm. unterhalb des Duodenum.

Einmal sass ein Pancreas succenturiatum an einem wahren Darmdivertikel, 54 Ctm. oberhalb der Coecalklappe.

Eine gleiche Beobachtung machte

Neumann, Archiv der Heilkunde 1870, S. 200. — *Virchow-Hirsch, Jahresbericht 1870, I, S. 295.

Abweichend von Zenker vermuthet Neumann nicht ein wahres Divertikel, sondern ein durch den Zug des Pancreas gebildetes Diverticulum spurium.

Montgomery, The Lancet VII, 1869. — *Canstatt's Jahresbericht 1861, IV, S. 7.

Spaltung der Leber.

Wie das Pancreas, so ist auch die Leber häufig der Sitz tiefer Einschnürungen und Abschnürungen, so dass Nebenleber entsteht. Die Leber schmiegt sich bei ihrem Wachsthum jedem freien Raume, jeder Lücke an, und es gehört daher nicht zu den auffallenden Vorkommnissen, wenn die Leber abnorme Spitzen, Zungen etc. zeigt. Seltener sind schon die totalen Abschnürungen, so dass es zur Bildung einer Nebenleber kommt.

Wagner, *Archiv der Heilkunde, 2. Jahrgang, 1861, S. 471,

fand bei zwei Sectionen kleiner Kinder im ligamentum suspensorium hepatis, nahe dem Nabel, eine Anzahl makroskopischer und mikroskopischer Knötchen normalen Lebergewebes.

Verdoppelung der Gallenblase.

Die Gallenblase kann durch circuläre Einschnürung doppelt werden. Zwei neben einander liegende Gallenblasen, die einen doppelten Gallengang haben.

Otto, *Neue seltene Beobachtungen, Heft II, S. 119.

Bei einem erwachsenen Manne fanden sich zwei hintereinander liegende Gallenblasen, die durch einen Gang mit einander verbunden waren.

Taf. XXII, Fig. 5.

Abbildung: Atlas, Tafel XXII, Fig. 5.

Einen höchst eigenthümlichen Fall secirte ich am 11. April 1880. Es war der Entbindungsanstalt in Leipzig eine Frucht zugesendet worden, die wegen eines grossen Wassersackes im Unterleibe bedeutende Beschwerden bei der Entbindung gemacht hatte. — Ausgetragenes Kind weiblichen Geschlechts. Grosser Nabelschnurbruch. Derselbe wird ausgefüllt durch eine strausseneigrosse Cyste, die extraperitoneal gelegen die Peritonealhöhle im hohen Grade beengt hat. Der Darm ist wohl in allen seinen Theilen vorhanden, doch in seiner Längsentwickelung auf ein Drittheil der normalen Länge reducirt. Das Netz ist durch die Cyste weit ausgedehnt worden. Situ transversus im Bezug auf Herz, Leber, Milz. Die Cyste nun muss nach genauester Untersuchung als eine zweite oder wenigstens als eine abgeschnürte Partie der Gallenblase angesehen werden. Dafür spricht der Inhalt und die baumförmig auf der Cyste sich ausbreitende Lebersubstanz. Auch die Milz war gespalten. Es fanden sich deren 15 vor. Auf der Cystenoberfläche sah man von Lebergewebe kleeblattförmig eingeschlossen ein zweites Diaphragma.

Vielfache Spaltung der Milz.

Ungemein häufig ist die Spaltung der Milzanlage und dadurch eine Vielfachbildung der Milz. Bei einzelnen Missbildungen, wie bei der Hernia diaphragmatis, gehört es fast zur Norm, dass sich so und so viele kleine Milzen vorfinden.

Senftleben, Deutsche Klinik, 1858, No. 8. — *Canstatt's Jahresbericht, 1858, IV, S. 18.

Bei einem Kinde, welches auf der Langenbeck'schen Klinik in Berlin wegen

Atresia ani operirt wurde, fanden sich ausser anderen inneren Missbildungen 5 hanfkorn-erbsengrosse Nebenmilzen.

Marsh, Americ. med. Times, März 1862. — *Canstatt's Jahresbericht, 1862, IV, S. 3.

In der Leiche einer an Lebercirrhose gestorbenen Frau fand M. eine doppelte Milz. Die überzählige Milz hing an der grösseren eigentlichen Milz wie die Leber am Diaphragma und erhielt eine besondere Arterie von der Arteria splenica. Sie hatte ziemlich die Grösse einer normalen Milz.

Busch, *Neue Zeitschrift für Geburtshilfe, Bd. 28, S. 379.

Bei der Section eines todtgeborenen Knaben, bei der sich Brust-, Bauch- und Schädelwassersucht vorfand, zeigte sich die Milz aus 24 einzelnen Theilen bestehend.

Zu den grössten Seltenheiten gehört die Bildung überzähliger Nieren. Den ersten beschriebenen Fall findet man in

Ueberzählige Niere.

Barthol. Eustachi, Liber de renibus, Cap. X, S. 51, Taf. IV, Fig. 5. — Hyrtl, *Oesterreichische med. Wochenschrift, 1841, No. 41, S. 966.

Hyrtl, *Oesterreichische med. Wochenschrift, 1841, No. 41, S. 965.

In einer weiblichen Leiche fand sich am Beckeneingange. an der Symphysis sacro-iliaca eine dritte Niere von der Grösse eines halben Gänseeies. Gehalten wurde die Niere durch eine Bauchfellduplicatur. Drei Arterien, von denen eine aus der Aorta, zwei aus der iliaca communis sinistra entsprangen, gingen zur Niere. Das Nierenbecken war in zwei Calices getheilt. Der Harnleiter hatte die Dicke einer Rabenfeder und verlief neben dem anderen zur Blase.

Thielmann, *Müller's Archiv, 1835, S. 511.

Die dritte Niere fand sich in der Leiche eines Matrosen der Arteria iliaca dextra, der cruralis und dem Musculus Psoas anliegend. Der 4 Linien lange Ureter mündete in den Ureter der rechten Hauptniere. Die Arterien für die dritte Niere stammten aus der Aorta und der Art. hypogastrica. Eine Nebenniere der accessorischen Niere fand sich nicht.

Dagegen findet sich auffallend häufig die Verdoppelung der Ureteren mit oder ohne Doppelbildung des Nierenbeckens. Weigert sah sie bei je 100 Sectionen ein Mal. Da der Ureter sich als Ausstülpung des Wolff'schen Ganges bildet, so muss die doppelte Anlage in der Spaltung der ersten Anlage ihren Grund haben. Ueber die spaltende Ursache fehlt bis jetzt jede Andeutung. Das obere Ende des überzähligen Ureter mündet in ein gemeinsames Nierenbecken, oder das Nierenbecken ist auch verdoppelt. In einem Falle (Remy) mündete der überzählige Ureter an der Aussenfläche der Niere und hing dort mit einer Anzahl kleiner Cysten zusammen, die wahrscheinlich als durch Hydronephrose destruirte Partien der Niere anzusehen sind. Nach der Blase zu vereinigen sich in der Regel die beiden Ureteren und münden als gemeinsamer Canal in die Blase. In einigen Fällen fand eine totale Duplicität statt, so dass zwei Oeffnungen auf der betreffenden Seite des Trigonum sich vorfinden. Auch vollständige Verdoppelung beiderseits wurde beobachtet.

Verdoppelung der Ureteren und des Nierenbeckens.

Socio, Bulletino delle Science mediche, Juni 1842. — *Canstatt's Jahresbericht, 1842, Chirurgie, S. 158, Bd. 1, S. 402.

Verga, Bulletino delle Science mediche, Juni 1842. — *Canstatt's Jahresbericht, 1843, Bd. 1, S. 84.

Gusserow, *Monatsschrift für Geburtskunde, Bd. 21, S. 2.

Vielfache Missbildungen an einem neugeborenen Mädchen. Verdoppelung des rechten Nierenbeckens und des Ureter. Dieselben treten getrennt in die Blase ein.

Koch, *Monatsschrift für Geburtskunde, Bd. 21, Supplement, S. 161.

Rechte Niere mit zwei Ureteren, die sich vor Eintritt in die Blase vereinigen.

Smith, Dublin Journal LVII, S. 384 [3. S. No. 25] April. — *Schmidt's Jahrbücher, Bd. 162, S. 321.

Roberts, *Obstetrical Transactions, Bd. 12, S. 364.

Kind mit Vesica und Spina fissa. Der rechte Ureter ist doppelt und vereinigt sich in der Höhe der Aortenbifurcation.

Hoffmann, *Archiv der Heilkunde, 1872, S. 532.

Fall 1: Auf beiden Seiten zwei Ureteren. Der eine Ureter der rechten Seite mündet in den rechten Samenleiter an der Stelle, wo sonst die Samenbläschen sich befinden. Diese fehlen.

Fall 2: Aus der linken Niere entspringen zwei Ureteren. Einer derselben mündet in den linken Samenleiter und buchtet sich kurz vor der Prostata zu einer Höhle auf, die mit dem anderen Ureter communicirt. Mündung am colliculus seminalis.

Fürst, *Archiv für Gynäkologie, Bd. 10, S. 161.

Präparat des pathologisch-anatomischen Museums in Leipzig. 5jähriges Mädchen. Rechte Niere vergrössert, doppeltes Nierenbecken und bis zur Blase verdoppelter Ureter.

Rayer, Traité des maladies des reins, Atlas 1841. — Hoffmann, *Archiv der Heilkunde, 1872, S. 537.

Fig. 7. Beiderseits doppelter Harnleiter, münden beiderseits gesondert.

Fig. 5 u. 8. Zwei Beispiele doppelter Harnleiter, die auch doppelt in die Blase münden.

Morgagni, De sedibus et causis, Brief VII, 17 u. Brief 64, 2. — Hoffmann, *l. c.

Sömmering, Baillie, Anatomie des krankhaften Baues, Wien 1805, S. 172. — Hoffmann, *l. c.

C. E. Niemeyer, *Singularis in foetu puellari recens edito abnormitatis exemplum. Inaug. Diss. Halle 1814.

Der linke Ureter theilte sich in vier Aeste. Das Kind zeigte mancherlei Missbildungen der inneren Geschlechts- und Harnorgane, wie des Darmes. Besonders bemerkenswerth ist eine beginnende Theilung der Harnblase.

Juetting, De ventriculi et vesicae urinariae duplicitate. Inaug. Diss. Berlin 1838.

Getrennte Blase mit je zwei Ureteren.

v. Zaluski, *Ein Fall von doppelten Harnleitern mit getrennten Ausmündungen in der Blase. Inaug. Diss. Greifswald 1869.

Der überzählige rechte Ureter mündet oberhalb des caput gallinaginis.

Heller, Deutsches Archiv für klinische Medicin, Bd. 5, S. 267. — citirt bei Bachhammer, *Archiv für Anatomie und Physiologie, 1879, 1. u. 2. Heft, S. 145.

Wrany, Oesterreichische Jahrbücher für Pädiatrik, I. — citirt bei Bachhammer, *l. c. S. 145.

Fürstner, *Virchow's Archiv, Bd. 59, S. 406.

62jähriger, an Phthisis zu Grunde gegangener Mann. Die rechte Niere, kleiner als die durch Erkrankung vergrösserte linke, besass einen normalen Ureter. Ausserdem entsprangen am oberen Rand der Niere fünf Canälchen, die sich zu einem zweiten Ureter vereinigten, den normalen Ureter im Verlaufe kreuzten und unweit der Blase sich mit ihm zu einem Rohre verbanden. Beim zweiten Ureter war es nicht zur Bildung eines Nierenbeckens gekommen, sondern die einzelnen Nierenkelche gingen sich erweiternd unmittelbar in die ableitenden Röhren über.

Abbildung: Atlas, Tafel XXII, Fig. 8. Taf. XXII, Fig. 8.

Weigert, *Virchow's Archiv, Bd. 70, S. 490 u. Bd. 72, S. 130.

1) Rechterseits im ganzen Verlaufe verdoppelte Ureteren. Ein Ureter mündet am colliculus seminalis, der andere in die Prostata. Links Vereinigung des anfangs doppelten Ureter.

Abbildung: Atlas, Tafel XXII, Fig 6. Taf. XXII, Fig. 6.

Schematische Zeichnung. Col. sem. Colliculus seminalis.

2—7) Sechs Fälle von einseitiger vollständiger Verdoppelung.

8—13) Sechs weitere Fälle von vollständiger Verdoppelung.

Abbildung: Atlas, Tafel XXII, Fig. 7. Taf. XXII, Fig. 7.

Schematische Zeichnung zu den Fällen mit vollkommen verdoppelten Ureteren.

Bachhammer, *Archiv für Anatomie und Physiologie, 1879, Heft 1 u. 2, S. 139.

1 u. 2) Einseitige fast vollkommene Verdoppelung.

3) Doppelseitige unvollkommene Verdoppelung.

4 u. 5) Vollkommene Verdoppelung der Ureteren auf beiden Seiten.

6, 7 u. 8) Drei Fälle, wo nur eine Niere vorhanden. Dieselbe besitzt einen doppelten Ureter, der in zwei Fällen gekreuzt, in einem Falle nicht gekreuzt zur Blase geht und dort nicht einseitig, sondern rechts und links von der Mittellinie mündet. — Die letzteren Fälle fasst Bachhammer so auf, dass die eine Niere aus der Verwachsung zweier hervorgegangen sei, wofür auch die für jedes Nierenbecken vorhandene Arterie und die Thatsache spricht, dass der Hilus der einfachen Niere nach vorn gerichtet ist (Rokitansky, *Handbuch der patholog. Anatomie, 3. Auflage, 3. Bd., S. 320).

Bornhaupt, *Petersburger med. Wochenschrift, 1879, No. 45.

Totale Verdoppelung der rechten Seite. Ein Theil der Niere cystös entartet.

Wahrscheinlich gehört hierher auch eine in neuester Zeit beschriebene Beobachtung von

Remy, *Journal de l'Anatomie et de la Physiologie par Robin et Pouchet, 1879, No. 2, S. 175.

Vollständig wohlgebildete Geschlechtstheile eines Knaben. Prostata nicht vergrössert. Neben dem rechten Ureter läuft ein ebenso langer Canal von der Niere zur Blase. An der Niere sitzt er der Aussenfläche derselben an, wo sich eine Partie cystöser Gebilde finden. In die Blase tritt er mit dem anderen Ureter ein, geht aber nicht durch die Schleimhaut, sondern zwischen dieser und Musculatur zur Prostata, wo er in einer feinen Spalte mündet.

Remy erklärt das Gebilde für einen persistirenden Müller'schen Faden; die Cysten an der Niere für Ueberreste des Wolff'schen Körpers.

Verdoppelung des Herzens.

Die Verdoppelung des Herzens. Schon früher hatte man bei Vögeln, besonders Gänsen, Hühnern, Rebhühnern, wiederholt zwei Herzen gefunden (Meckel, *Reil's Archiv, Bd. 6, S. 561). In neuerer Zeit haben Panum (*Virchow's Archiv, Bd. 16, S. 39) und Dareste (*Recherches sur la Production artificielle des Monstruosités, Paris 1877, S. 160 flg.) darauf aufmerksam gemacht, dass diese Verdoppelung einen Grund habe in der normalen doppelten Anlage des Herzens. Bei einfachen menschlichen Individuen gehört diese Missbildung zu den grössten Seltenheiten. Ein Fall aus neuerer Zeit ist mir nicht bekannt geworden.

Collomb, Oeuvres médico-chirurgicales, Lyon und Paris 1798. — *Reil's Archiv, Bd. 4, S. 213.

Bei einem Cyklops fand C. zwei Herzen, jedes in sein eigenes Pericardium eingehüllt. Das eine lag in der linken, das andere in der rechten Brusthöhle, die Spitze des einen gegen die linke, die des anderen gegen die rechte Seite gekehrt. Die Gefässe waren doppelt, vereinigten sich aber ungefähr 9 Linien vom Herzen zu gewöhnlicher Grösse.

Chaussier, Bulletin de la fac. méd. de Paris. — *Meckel's Archiv, Bd. 2, S. 137.

Das eine Herz lag im Brustkasten, das andere in der Bauchhöhle. Beide durch Gefässe verbunden. Reifes Kind.

Verdoppelung der Hoden.

Spaltung und Vermehrung der Geschlechtsdrüsen. Nur einmal ist bisher an einer Leiche das Vorhandensein zweier Hoden auf einer Seite bestätigt worden, während wiederholt Verdoppelung der Hoden an Lebenden gesehen worden sein soll. Diese letzteren Fälle müssen mit grosser Vorsicht aufgenommen werden, da Verwechselungen mit Geschwülsten leicht unterlaufen können.

Blasius, Observationes med. p. IV. Obs. 20. — Förster, *Missbildungen, S. 47.

Im rechten Hoden lag, gleich vollkommen dem anderen, ein zweiter Hode und erhielt besondere Gefässe aus der Aorta und vena cava; das Verhalten der Scheidenhaut, Samenleiter und Samenblasen wird nicht erwähnt.

Müller, Medicinisch-chirurgische Zeitung, 1853, S. 789, citirt aus den Nassauischen Medic. Jahrbüchern. — *Canstatt's Jahresbericht, 1853, IV, S. 3.

Jacobovics, Ungarische Zeitschrift, VII, 15. 1856. — *Schmidt's Jahrbücher, Bd. 92, S. 371 und Bd. 95, S. 157.

Flögel, Oesterreichische Zeitschrift für praktische Heilkunde, 1858, 4, 39. — *Schmidt's Jahrbücher, Bd. 100, S. 369 und *Canstatt's Jahresbericht, 1858, IV, S. 6

Auf jeder Seite soll ein doppelter Hoden gelegen haben.

Bei einem Hermaphroditen, in dessen einer Scrotalhälfte während des Lebens ein doppelter Hode diagnosticirt war, fanden sich bei der Section drei Körper, die vom Autor als Hode, Ovarium und Gebärmutter aufgefasst werden.

Barkow, *Anatomische Abhandlungen, Breslau 1851, S. 61.

Vermehrung der Ovarien.

Die Vermehrung der Ovarien ist schon mehrfach durch Sectionen oder bei Ausrottung ovarieller Tumoren nachgewiesen worden.

Beigel (*Wiener medicinische Wochenschrift, 1877, No. 12) fand an den Genitalien von 350 weiblichen Leichen 8 Mal an der Grenze des Peritoneums an der Basis des Ovarium kleine accessorische Eierstöcke, bis zur Grösse einer Kirsche, die meist auf einem kleinen Stiele aufsassen.

Durch Theilung eines Ovariums entsteht der doppelte Eierstock. Den ersten Fall dieser Art zeigte Grohe auf der Naturforscherversammlung in Stettin.

Grohe, Wiener Medic.-Halle, 1863, No. 43. — *Monatsschrift für Geburtskunde, Bd. 23, S. 67.

Bei der Section einer 40jährigen Frau fand sich rechts ein grosses, links zwei kleine Ovarien, deren eines nahe am Uterus durch ein ligamentum ovarii befestigt war, während das andere weiter entfernt in einer Bauchfell-Duplicatur ruhte. Alle drei Ovarien hatten, wie der Durchschnitt derselben lehrte, functionirt.

Klebs, *Monatsschrift für Geburtskunde, Bd. 23, S. 405.

An Stelle des rechten Ovarium sind zwei Körper vorhanden, die durch einen weisslichen Strang verbunden werden. In beiden Körpern finden sich ebenso wenig wie im linken Ovarium folliculäre Bildungen. Der äussere dieser beiden Körper (Ovarien) bildet eine mehrkammerige Cyste. Die Frau, der diese drei Ovarien angehörten, starb steril im 40. Jahre.

de Sinéty, Gazette de Paris, 1875, 27, S. 333. — Olshausen, *Die Krankheiten der Ovarien, S. 12.

Bei einem Neugeborenen zeigte das eine Ovarium sechs oder sieben gestielte Anhänge; dieselben waren cystisch; nur einer war solider und zeigte die ganz normale Structur des Ovarium mit Follikeln und Ovulis..

Olshausen, Die Krankheiten der Ovarien, S. 12.

Olshausen exstirpirte eine vielkammerige Cyste, die er für ein Ovarialkystom hielt. Nach dem Tode der Patientin fand man zwei normale Ovarien. Der Stiel, woran das vermeintliche dritte Ovarium sass, war daumendick und sass zwei Centimeter hinter dem Ansatze des ligam. Ovarii an der hinteren Wand des Uterus. Die Substanz und Form des Uterus waren nicht alterirt.

Die Annahme Olshausen's, dass dieser Tumor ein durch Peritonitis abgeschnürtes Stück des Ovarium sei, ist wohl sehr zweifelhaft. Ueberhaupt sprechen zu wenig Umstände dafür, dass dieser Tumor ein drittes Ovarium gewesen.

Winckel, *Die Pathologie der weiblichen Sexualorgane, 1. Lieferung, S. 26.

Die betreffende Frau starb im Alter von 77 Jahren an Lebercirrhose. Ausser zwei normal entwickelten Ovarien fand sich ein drittes, welches grösser war, als jedes der beiden anderen, vor dem Uterus liegend. Dasselbe war mittels eines 17 Mm. langen lig. ovarii mit dem vorderen Theile des fundus uteri verbunden. Durch eine glatte, dreieckige, mit der Basis nach der Blase gelegene Falte hängt es fest mit der hinteren Blasenwand zusammen.

Winckel hält die Entwickelung des vorderen dritten Eierstocks hervorgegangen aus dem Theile des Darmblattes, welcher den ursprünglichen Blindsack des Mastdarms, die Allantois bildet.

Winckel, *Die Pathologie der weiblichen Sexualorgane, Lieferung 5, S. 142.

Mit dem linken Eierstocke ist durch ein 9 Mm. langes Band (ligamentum interovariale) die Cyste eines dritten Eierstocks verbunden, die 3,5 Ctm. lang, 2,5 Ctm. breit und dick ist.

Taf. XXII, Fig. 11.

Abbildung: Atlas, Tafel XXII, Fig. 11.

Erklärung: Ov.d., Rechtes Ovarium; Ov.s. int. linkes inneres Ovarium; Cyst.ov.s.ext, linkes äusseres cystös entartetes Ovarium.

Kocks, *Tageblatt der 51. Versammlung deutscher Naturforscher und Aerzte in Cassel, 1878, S. 97. — *Referat im Archiv für Gynäkologie, Bd. 13, S. 469.

Bei einer Uterusexstirpation lag ein drittes Ovarium im ligamentum latum. In demselben fand sich ein Corpus luteum neben dem frischen Graaf'schen Follikel.

Winkler, *Archiv für Gynäkologie, Bd. 13, S. 276.

Auch in diesem Falle wurde das dritte Ovarium bei der Exstirpation eines Ovarientumor gefunden und gleichfalls exstirpirt. Der Stiel inserirte an der Hinterfläche des linken breiten Mutterbandes. Die mikroskopische Untersuchung ergab ein deutliches, aber unfertiges Ovarium, an dem die Follikelschläuche, wie im fötalen Zustande, nicht vollständig abgeschnürt waren, so dass sie an die Schläuche der Hodendrüse erinnerten.

Diese im Winkler'schen Falle dargelegte Thatsache klärt vielleicht den einen oder den anderen Fall von Hermaphroditismus lateralis auf, in denen die Autoren neben einem Ovarium noch einen Hoden zu finden geglaubt haben.

Mangiagalli, Annali di ostetricia, März 1879. — *Centralblatt für Gynäkologie, 1880, No. 4, S. 91.

Bei einem durch Craniotomie extrahirten Fötus fand sich zwischen rechtem Ovarium und Uterus ein überzähliges Ovarium, von fast gleicher Grösse und gleichen Gewebsverhältnissen, als beim normalen.

Barkow, *Anatomische Abhandlungen, Breslau 1851, S. 63, fand bei einem Hermaphroditen neben dem Ovarium noch einen zweiten Körper, dessen freie Oberfläche an die ungleiche Oberfläche eines Ovarium bei älteren Personen erinnerte.

Verdoppelung der Harnblase.

Ich sehe mich genöthigt, auch die Verdoppelung der Harnblase als wahre Verdoppelung anzusehen. Wenn es auch noch nicht unwiderlegbar bewiesen worden ist, dass die Allantois in ihrer ersten Anlage schon ein einfaches Organ bildet, so bildet jedenfalls die Allantois zur Zeit, wo sie getheilt wird und dadurch eine doppelte Blase angelegt wird, eine einfache Blase. Es ist im höchsten Grade wahrscheinlich, dass der Enddarm selbst die Theilung der Allantois bewirkt, indem er durch übermächtige Ausdehnung oder durch Zug nach aussen die hintere Wand der Allantois gegen die vordere drängt, die Allantoishöhle dadurch mehr oder weniger theilt. In dem Abschnitte über Blasenspalte werde ich genauer auf diese Vorgänge eingehen.

In der Literatur ist mancherlei untereinandergeworfen worden, doch giebt es der Beobachtungen schon mehrere, in denen eine

Theilung der Blase angeboren befunden wurde. Die ältere Literatur findet sich ziemlich vollständig bei

Juetting, *De ventriculi et vesicae urinariae duplicitate, Diss. Berlin 1838, Pars II, S. 21.

Präparat aus der Sammlung in Münster. Die Blase ist in zwei ungleiche Hälften getheilt. Das Septum sitzt der hinteren und oberen Wand an, geht aber nicht ganz bis zur vorderen. Die linke Blasenhälfte ist kleiner als die rechte. Vier Ureteren. Trigonum in der rechten Hälfte mit zwei Ureteren und der Urethra. Von den beiden Ureteren der anderen Hälfte läuft der eine zwischen den beiden Platten des Septum und mündet in die rechte Hälfte, der andere öffnet sich in der unteren Partie der linken Hälfte. Der Harn der linken Hälfte muss, um ausfliessen zu können, erst in die rechte Hälfte.

Meckel, *Handbuch der pathologischen Anatomie, Bd. 1, S. 652, citirt folgende ältere Mittheilungen:

Blasius, Observ. med. pars IV, Obs. 19, S. 59.

Ash, Baillie, Bemerkungen über die Kenntniss des kranken Baues; in den Abhandlungen für praktische Aerzte, Vol. 20, S. 428.

Karpinsky, De imp. in lithot. Argent. 1780, in Hartentheil, de ves. urin. calc. S. 63.

Testa, De re med. Epist. 4, S. 135.

Cartier, Observ. med. Cap. 20, S. 85.

Diesen Beobachtungen sind folgende hinzuzufügen:

Meckel, *Reil's Archiv, Bd. 6, S. 554.

In einem Fötus fand M. eine Harnblase, die, durch eine hervorspringende Falte in zwei mit einander communicirende Säcke getheilt, fast den ganzen Unterleib einnahm.

Schneider, *von Siebold's Journal, Bd. 7, S. 470. — Die missbildete Harnblase fand sich bei einem Kinde, welches mit Atresia ani urethralis geboren wurde. Es starb am 9. Tage nach der Operation. „Die Harnblase glich einem starken Muskel und wurde durch eine fleischige Scheidewand in zwei Theile getheilt. Die rechte Höhle hatte derbere Muskelportionen, war kleiner als die linke und ihre Cavität mit einer Haut umgeben, welche jener einer gewöhnlichen Blase glich. Bei der Eröffnung der linken Kammer entdeckte ich keine solche Haut, aber sie war gänzlich mit Blut gefüllt. Aus dieser linken Höhle der Blase entsprang ein Canal, welcher an der linken Seite des Mastdarmes hinabstieg und sich in denselben endigte. Der andere Ventrikel der Blase führte zu dem Penis und der Harnröhre." — Zweifelhafter Fall.

Chônski, De vitio quodam primae formationis inferiorem potissimum tubi intestinalis partem et vesicam urinariam spectante, Dissertation, Berlin 1837. — *von Ammon, die angeborenen chirurgischen Krankheiten des Menschen, S. 43, Atlas, Taf. 10, Fig. 13.

Kind mit atresia ani vesicalis, Bauchbruch und Anus praeternaturalis eines abgeschnürten Meckel'schen Divertikels. Die Blase erscheint in zwei Theile getrennt, augenscheinlich durch den zwischengedrängten stark vergrösserten Mastdarm. Zwei Ureteren münden an jeder Seite der Trennungswand.

Bozzetti, Omodei Ann. Luglio 1844. — *Schmidt's Jahrbücher, Bd. 49, S. 51.

Bei der Section eines Kranken, der von Jugend auf an Harnbeschwerden gelitten, zeigte sich die Prostata über alle Gebühr vergrössert, die Harnblase im Innern der ganzen Länge nach durch eine häutige Zwischenwand getheilt, welche durchaus von der inneren Membran nicht getrennt, noch weniger aber von der rechten Seite des Blasenhalses, den sie gänzlich verschloss, geschieden werden konnte.

Scarenzio, Ann. univ. CLXXIV, 1861, S. 531. — *Canstatt's Jahresbericht 1861, IV, S. 15.

Ein 19jähriger Bauerbursche, bei dem zugleich Hypospadie des geringsten Grades, nämlich Spaltung der Urethra an der Eichel vorhanden war, ging in Folge eines Steinleidens zu Grunde. Der Körper der Blase erschien durch eine tiefe längs der Mittellinie von vorn nach hinten verlaufende Furche in zwei seitliche Hälften getheilt, jede Hälfte hatte 7—8 Ctm. Durchmesser; die Communicationsöffnung zwischen beiden betrug 3,5 Ctm. im Durchmesser.

Huppert, *Archiv der Heilkunde, VI, 4, S. 382.

Die Blase eines alten Hospitaliten, der an Abdominaltyphus starb, war durch eine sagittale Wand in zwei Hälften getheilt. In der Mitte derselben war die communicirende Oeffnung. Ureteren und Urethra münden in der rechten Hälfte. Die Blase zeigt viele Trabeculae ähnliche Ueberbrückungen, ist stark hypertrophisch, so dass es die Frage ist, ob wir es hier mit angeborener oder erworbener Theilung zu thun haben.

Schatz, *Archiv für Gynäkologie, Bd. 3, S. 304.

Fall von totaler Spaltung des Urogenitaltractus. Zwei Uteri, die im unteren Drittel mit einander durch eine feine Oeffnung communicirten, zwei Vaginen, zwei Blasen, eine grössere linke, eine kleinere rechte, die durch je eine Fistel mit der dahinterliegenden Scheide in Verbindung stehen. Die Scheiden münden in eine Kloake, in die auch der Mastdarm sich öffnet bei atresia ani externa. Das Kind zeigte noch weitere Difformitäten und starb 12 Stunden nach der Geburt.

Taf. XXII, Fig. 9.

Abbildung: Atlas, Tafel XXII, Fig. 9.
Schematische Darstellung. Erklärung: t, t, Tube; u, u', uterus; v, v' Harnblase; s, s' Scheide; ur, Urethra.

Man lese ferner über dies Kapitel

Rose, *Monatsschrift für Geburtskunde, Bd. 26, S. 252 und
Winckel, *Die Krankheiten der Blase, S. 80.

Die Uebergänge von der gespaltenen zur verdoppelten Blase sind auch im Abschnitte über die Blasenspalte weiter berücksichtigt worden.

Vermehrung der kleinen Schamlippen.

Vermehrung der kleinen Schamlippen fand Winckel zweimal. Im einen Falle war die Verdoppelung einseitig und zwar links. Im anderen Falle ist dies nicht erwähnt.

Winckel, *Die Pathologie der weiblichen Sexualorgane, 9. u. 10. Lieferung, Taf. I, Fig. 3, S. 265 u. 268.

Dieselbe Missbildung erwähnt
Rokitansky, *Lehrbuch der pathol. Anatomie, 3. Aufl. Bd. 3, S. 384.

Vermehrung der Tubenostien und Fransen.

Vermehrung der Tubenostien und der Fransen ist nach Rokitansky (Lehrbuch der pathologischen Anatomie, 3. Aufl., Bd. 3, S. 433) ein häufiges Vorkommniss.

Rokitansky, Allgemeine Wiener med. Zeitung 1859, No. 32. — *Schmidt's Jahrbücher, Bd. 107, S. 186.

Merkel, *Beiträge zur pathologischen Entwickelungsgeschichte der weiblichen Genitalien. Inaug.-Dissertation. Erlangen 1856.

Abbildung: Atlas, Tafel XXII, Fig. 10. Taf. XXII, Fig. 10.

Erklärung: T. dext, T. sin, Rechte und linke Tube; Fimbr. succ, accessorische Fimbrien.

4. Implantatio foetalis.

Implantatio foetalis.

Die Thatsache, dass sich bald frühzeitig, bald später Neubildungen im Körper bilden, die nicht aus denselben Zellenarten zusammengesetzt sind, als die Gewebe besitzen, in denen sie sich entwickeln, haben zur Aufstellung einer Theorie von der Absprengung fötaler Keime geführt. Man nahm an, dass während der Entwickelung, vor der Differenzirung der einzelnen Organe, bisweilen Zellen des einen Keimblattes abgesprengt und näher oder weiter entfernt in andere Gewebe hinein placirt werden könnten. Dieses embryonale Gewebe soll dann die Fähigkeit haben, Jahre hindurch latent bleiben zu können, um, durch irgend welches Stimulans angeregt, plötzlich zu wuchern. Durch dieses, meistens dann excessive Wachsthum findet eine Tödtung des Nachbargewebes auf Kosten der Neubildung statt, die dadurch einen malignen Charakter für den localen, andere Male auch für den ganzen Organismus erhält. Nach Thiersch (*der Epithelialkrebs, namentlich der Haut, 1865) müsste man daran denken, dass epitheliale Partien in Knochen, Lymphdrüsen etc. implantirt werden könnten, um dann später den Ausgangspunkt zur Carcinombildung zu geben. Waldeyer (*Virchow's Archiv, Bd. 41, S. 470 und Bd. 55, S. 67) führt diese Ansicht noch weiter aus, indem er für das Carcinoma simplex sowohl, wie für die Epithelialcarcinome die Abstammung von Epithelien als wahrscheinlich hinstellt. Die Cohnheim'sche Theorie (*Allgemeine Pathologie, Berlin 1877, S. 634) betont vor allem, wie an einzelnen Stellen im Fötalkörper ein Uebermaass embryonaler Zellen angehäuft sein könne, welche im Laufe des Lebens, vielleicht durch überreichen Blutzufluss angeregt, in Proliferation gerathen und zur Bildung von Tumoren Anlass geben könne.

Man sieht aus diesen drei Publicationen unserer bedeutendsten Forscher, dass dieselben eine Befriedigung in der Virchow'schen Lehre, das Carcinom entstehe durch eine heteroplastische Wucherung der Bindegewebszellen, nicht gefunden haben. Immer mehr scheinen die Thatsachen darauf hinzuführen, die Keime für die Entwickelung heterogener Neubildungen in der embryonalen Periode suchen zu müssen.

Die lange Latenz darf uns nicht ungewöhnlich vorkommen, wenn wir sehen, wie sogar physiologischer Weise unter gesunden Verhältnissen Organanlagen jahrelang latent liegen können, bis sie dann, plötzlich angeregt, zum Wachsen kommen.

Man denke an die Zahnanlagen, an die Milchdrüsenentwickelung, an den Bartwuchs etc.

Der für die Fundirung der Theorie von der embryonalen Abstammung nöthige Nachweis des Vorhandenseins abgesprengter Massen ist nun freilich sehr schwer zu führen. Da es sich nur um mikroskopisch kleine Partien zu handeln braucht, und es keine Anzeichen giebt, diese Partien an irgend einer Stelle eines sonst wohlgebildeten Körpers zu suchen, so müssen diese Nester unbemerkt bleiben, bis sie durch ihre proliferirende Ausbreitung sich bemerkbar machen.

Hingegen wird die Cohnheim'sche Anschauung wesentlich gestützt werden, je zahlreicher die Fälle werden, wo schon am Embryo die ausgeprägten Formen heteroplastischer Tumoren sich finden, die nicht als von einer zweiten Anlage stammend anzusehen sind.

In einem kleinen Aufsatze (zur Casuistik der congenitalen Neoplasmen, *Archiv für Gynäkologie, Bd. 16, S. 135) habe ich versucht, soweit mir die Literatur zugänglich, die im fötalen Alter und die in der frühesten Kindheit beobachteten malignen Tumoren zusammenzustellen, um den Beweis zu liefern, wie zahlreich schon jetzt das Material sei, welches zur Stütze der Theorie von der embryonalen Abstammung herangezogen werden kann. Wenn man bedenkt, dass bisher nur die grobanatomisch wahrnehmbaren Tumoren gefunden wurden, während kleinere den Beobachtern entgingen, die kleinsten überhaupt nicht gesehen werden können, so unterliegt es keinem Zweifel, dass eine sehr grosse Zahl der in späterem Alter auftretenden malignen Geschwülste ihren Ursprung in der embryonalen Periode haben werden.

Unter die interessantesten, für diese Frage wichtigsten Fälle gehört der von mir im Archiv für Gynäkologie, Bd. 16, S. 141 beschriebene:

Ein ausgetragenes, frisch todtgeborenes Kind, am oberen Körper normal entwickelt, präsentirte sich in der unteren Körperhälfte in der typischen Form einer Sirenenbildung.

Auch die inneren Organe zeigten keine wesentliche Abweichung von den regelmässig vorkommenden Anomalien der unteren Partien des uropoëtischen Apparates. Blase, Nieren, Ureteren fehlten vollständig. Der Dickdarm endete blind. Kurz vor seinem blinden Ende zeigte er zwei haselnussgrosse Ektasien, die durch ein lumenloses Stück Darm mit einander verbunden waren. In dem unteren dieser Hohlräume, also im wirklichen letzten Ende des Darmes, befand sich ebenfalls eine reichliche Menge Meconium. Als dies herausgedrückt wurde, kam eine von der Schleimhaut ausgehende, maulbeergrosse Masse zu Tage, die mit ihren buchtigen Einkerbungen sofort den Eindruck eines Darmcarcinoms machte; eine Diagnose, die dann auch das Mikroskop bestätigte.

Durch diese Beobachtung wird diese Cohnheim'sche Theorie wesentlich gestützt; denn es handelt sich hier in der That um überflüssiges Material zum Aufbau des Enddarms, der in Folge der Missbildung des Beckens, des Mangels von Raum nicht zur Ausbildung kommen konnte.

Ich habe weiter in der erwähnten Abhandlung darauf aufmerksam gemacht, wie eine nur während einer gewissen Zeit der Entwickelung bestehende auffallende Wucherung persistent bleiben und den Anlass zur krankhaften Wucherung geben kann. Dohrn, *Ueber die Entwickelung des Hymen, Marburg 1875 S. 2, schildert, wie in der 18. und 19. Woche der fötalen Entwickelung eine auffallend starke Papillarwucherung in der Scheide beginne, um später wieder nachzulassen. Spiegelberg, Sänger, Schmidt und ich (2 Fälle) konnten von Beobachtungen berichten, wo bei jungen Individuen, wahrscheinlich meist von der Scheide ausgehend, eine sarcomatöse Entartung mit excessiver Wucherung der Vaginalpapillen zur Beobachtung kam.

Anhang.

Uebergrosse Bildung einzelner Theile der Fruchtanlage. Riesenwuchs.

Wie ich als Anhang zu den durch Theilung des ganzen Keims entstandenen Missbildungen die übergrosse Bildung der ganzen Fruchtanlage (Riesenbildung) besprochen habe, so werde ich hier als Anhang die übergrosse Bildung einzelner Theile der Fruchtanlage (Riesenwuchs) besprechen. Es würde zu weit führen, wenn sich diese Beschreibung auf Organe erstrecken würde, die vermöge individueller Anlage (d. h. Vererbung) mehr oder weniger das normale Maass überschreiten. Wie in einer Familie die grosse Nase sich immer und immer wieder vorfindet, so wird man auch vom „hypertrophischen Uterus" etc. nicht unter den Missbildungen zu reden haben, sobald nicht ein ganz auffallender Contrast sich zwischen dem Einzelorgan und der Grösse des Gesammtkörpers vorfindet. Bei den äusserlich sichtbaren Organen wird es auch noch darauf ankommen, ob die Vergrösserung entstellend für den Träger ist.

Riesenwuchs. Uebergrosse Entwickelung des Kopfes, des Truncus und der Extremitäten.

Es fehlen leider die genaueren anatomischen Untersuchungen in der Mehrzahl der bekannt gewordenen Fälle. Doch lässt sich aus einigen vermuthen, dass besonders das Unterhautzellgewebe und Fettgewebe der Sitz der Hypertrophie gewesen sei. Auch die Knochensubstanz ist in einzelnen Fällen einseitig stärker entwickelt gewesen oder wenigstens im weiteren Leben unverhältnissmässig gewachsen. Dann finden wir wiederholt angegeben, dass starke Gefässentwickelung, Venennetze, Naevi vasculares, stärkere Behaarung, ja erhöhte Wärme in der hypertrophischen Seite beobachtet worden sei. Es gelten diese Angaben im allgemeinen nicht nur von der Hypertrophie ganzer Körperhälften überhaupt, sondern, wie selbstverständlich, auch von Hypertrophien einzelner Glieder etc.

Erblichkeit spielt keine Rolle bei der congenitalen Hypertrophie. Eher mag man annehmen, dass eine Gefässinnervationsstörung den Anlass zur Hyperämie und zur Hypertrophie gegeben habe. Ich will nicht unterlassen darauf aufmerksam zu machen, dass Früchte, die aus irgend einem Grunde in utero sich nicht bewegen oder auffallend wenig bewegen, eine unverhältnissmässig bedeutende Entwickelung des Fettpolsters zu zeigen pflegen, wie die Hemicephali, die Früchte mit Mangel oder rudimentärer Ausbildung der Extremitäten, die Acardiaci. Man mag bei fernerer Untersuchung darauf achten, ob bei congenitaler Hypertrophie der Glieder z. B. eine Störung in der Innervation eine Lähmung der Extremitäten zur Folge gehabt haben kann. Ob, wie von mancher Seite vermuthet wurde, Störungen im trophischen Nervensysteme die Ursache abgab, lässt sich aus den wenigen bisher bekannten Thatsachen nicht klar stellen.

Halbseitige Hypertrophie des Körpers. Uebergrosse Entwickelung einer ganzen Körperhälfte.

Riecke, von Walther und Ammon, Journal für Chirurgie, 1845, 3. Bd. — *Canstatts Jahresbericht, 1845, IV, S. 7.

Die Verschiedenheit der beiden Körperhälften soll so bedeutend gewesen sein, dass jede Hälfte einem anderen Individuum anzugehören schien.

Foucher, *Bullettin de la soc. anat. April 1852. — *Virchow-Hirsch, Jahresbericht 1869, I, S. 174.

Hypertrophie der ganzen linken Seite eines Mannes. Soll angeboren sein.

Katharina Hohmann, der bekannte Hypospadiäus, hat eine mässige einseitige Hypertrophie und zwar rechterseits. Schultze, *Virchow's Archiv. Bd. 43, S. 330, giebt diese Thatsache für Gesicht und Oberarm an. Nach Photographien, die ich von K. H. besitze und soweit ich mich erinnere durch persönliche Besichtigung wahrgenommen zu haben, erstreckt sich die Hypertrophie auf die ganze rechte Seite.

Devouges, Bulletin de la Soc. anatom. de Paris, Dec. 1856. — *Canstatt's Jahresbericht 1857, IV, S. 5.

Broca, Gazette de Paris, 1859, Nr. 29. — *Canstatt's Jahresbericht 1859, IV, S. 6.

Bei einem 11jährigen Knaben waren die beiden Körperhälften so verschieden entwickelt, dass er wie aus zwei halben Körpern zusammengesetzt erschien. Die Eltern hatten die Abnormität bald nach der Geburt bemerkt, später hat sie zugenommen. Die linke Hälfte war die hypertrophische. Am auffallendsten war die Erscheinung des Kopfes. Das linke Auge war mehr geöffnet als das rechte; die linke Mundhälfte beschrieb einen grösseren Bogen; die betreffenden Zahnreihen waren stärker entwickelt; die Asymmetrie des Schädels trat bedeutend hervor. Auch die Zunge war links breiter.

Broca machte Untersuchungen über die Sensibilitätsunterschiede, über die Sinnesthätigkeiten beiderseits.

Burlet, Gazette med. de Lyon 1862, Nr. 13. — *Canstatt's Jahresbericht 1862, IV, S. 9. —

Eine 27jährige gesunde Frau, bei der von Geburt an die rechte Körperseite stärker entwickelt war. Auch das Knochenwachsthum war ein verschiedenes, denn die Länge des Oberschenkels z. B. war rechts um 4,5 Ctm. grösser als links.

Logan, New Orleans Journal of Med. 1868, Octob. S. 733. — *Virchow-Hirsch Jahresbericht 1868, I, S. 170.

4jähriges Mädchen. Die Ungleichheit wurde von den Eltern 12 Tage nach der Geburt zuerst bemerkt. Die Zunahme betrifft die rechte Seite, sowohl in Bezug auf Länge, als Dicke.

Monod und Trélat, Archives génér. de Méd. 1869, Mai, Juni. — *Virchow-Hirsch, Jahresbericht 1869, I, S. 174.

Ein 19jähriger Küchenjunge hatte schon längere Zeit eine stärkere Entwickelung des rechten Beins bemerkt, die, wie angegeben wird, schon von der Geburt her datirte. Bei ärztlicher Untersuchung zeigte sich die ganze rechte Seite stärker entwickelt. Auf der hypertrophischen Seite fanden sich unregelmässig gebildete Naevi und zahlreiche Ektasien der kleineren Venen. Es soll auch eine Temperaturdifferenz zu Gunsten der hypertrophischen Seite bestanden haben.

Monod und Trélat erwähnen noch zweier Beobachtungen von Chassaignac: halbseitige totale Hypertrophie und linksseitige Hypertrophie des Beines bei zwei jungen Mädchen. Im 2. Falle Gefässmäler auf der normalen rechten Unterextremität.

Humphrey, Journal of Anatomy and Phys. IV, (2. Ser. Nr. 14) 1870, Mai, S. 226. — *Schmidt's Jahrbücher, Bd. 148, S. 8.

Die rechtsseitige Hypertrophie fand sich bei einem Mädchen, das in Cambridge in das Hospital eintrat. Auch die Zunge war einseitig hypertrophirt.

Bull, The Boston med. and surg. Journal, 1875, Sept. — *Virchow-Hirsch, Jahresbericht 1875, I, S. 342.

Neugeborenes Mädchen. Linke Seite hypertrophisch. Besonders tritt es stärker auf an der linken unteren Extremität, deren Fuss in zwei Hälften getrennt ist mit zusammen 11 Zehen (siehe Seite 107). Die Labia majora und minora der linken Seite sind stark hypertrophisch.

Ich selbst hatte Gelegenheit eine totale halbseitige angeborene Hypertrophie zu beobachten, ein Fall, der auch von Aly (*Ueber congenitale halbseitige Hypertrophien, ungedruckte Dissertation, Leipzig 1879) beschrieben wurde.

Karl Backhof in Leipzig, 2 Jahr 4 Wochen alt, gut und kräftig entwickelt, hat eine angeborene Hypertrophie der ganzen linken Körperhälfte. Ausserdem bemerkt man an der normalen Seite reichlicher als an der hypertrophischen zahlreiche kleine, meist linsengrosse Röthungen, die bei Erregung des Kindes besonders auffallen. Das Längenwachsthum an den unteren Extremitäten ist nicht vermehrt.

Taf. XXIII, Fig. 1.

Abbildung: Atlas, Tafel XXIII, Fig. 1.

Excessive Grösse des Kopfes.

Auffallende Entwickelung des ganzen Kopfes gegenüber dem Körper und den Extremitäten kommt fast nur beim Wasserkopfe vor. Doch sind auch in einzelnen Fällen Köpfe beobachtet worden, die ohne diese Krankheitsursache zu einer so bedeutenden Grösse sich entwickelt haben, dass ein Missverhältniss mit den übrigen Körpertheilen resultirte.

Dammann, *Berliner medicinische Zeitung 1842, S. 45, beschreibt den Kopf eines neugeborenen Kindes: Gerader Durchmesser $5^1/_4$", querer $4^1/_2$", senkrechter $4^1/_4$", schräger 6". Knochen so hart und fest, wie bei einem $1^1/_2$jährigen Kinde. Grosse Fontanelle geschlossen.

Stärkere Entwickelung einer Kopfhälfte.

Stärkere Entwickelung einer Kopfhälfte.

Friedreich, *Virchow's Archiv, Bd. 28, S. 474.

16jähriges Mädchen. Die rechte Seite des Gesichtes ist um Vieles massiger und voluminöser, als die linke. Der rechte Mundwinkel steht tiefer. Auch die rechte Ohrmuschel ist um Vieles stärker entwickelt. Auf der hypertrophischen Seite zeigt sich stärkerer Haarwuchs. Zunge, Zähne, Tonsille, Zahnfleisch, Alveolar-Fortsätze nehmen an der Hypertrophie in auffallender Weise Antheil. — Bei der später stattgefundenen Section zeigten sich Schädel, Schädelbasis und Gehirn symmetrisch entwickelt.

Taf. XXIII, Fig 2 u. 3.

Abbildungen: Atlas, Tafel XXIII, Fig. 2 und 3.
Erklärung: Fig. 3. Halbseitig hypertrophirte Zunge.

Heumann, Versammlung mittelrheinischer Aerzte zu Darmstadt am 22. April 1862. — *Virchow's Archiv, Bd. 28, S. 479.

Ganz ähnliche Verhältnisse bei einem 5jähr. Knaben, nur war die linke Seite die voluminösere. Knabe starb im 6. Lebensjahre an secundärer Meningitis, ausgehend von Caries des linken Felsen- und Schläfebeines.

Passauer, *Virchow's Archiv, Bd. 37, S. 410.

11jähriger Knabe. Am stärksten hypertrophisch ist die linke Backe. Im übrigen sind die Verhältnisse wie in dem Friedreich'schen Falle. Auch die Zunge und die Zähne sind betheiligt. Schädel symmetrisch.

Mc Kay, Transactions of the American ophthalmological Society, Juli 1875, New York 1876, S. 345. — *Schmidt's Jahrbücher, Bd. 171, S. 220.

Von Geburt an war das rechte Auge und die rechte Backe bedeutend geschwellt; auch der rechte Oberkiefer war aufgetrieben. Im ersten Jahre wurde wegen congenitalem Aderhautsarcom der Bulbus exstirpirt.

Busch, *Berliner Klinische Wochenschrift, 1880, No. 9, S. 127.

Asymmetrischer Riesenwuchs der linken Hälfte des Unterkiefers bei einem erwachsenen Manne.

Ich selbst sah eine gleichmässige Vergrösserung der ganzen rechten Gesichtshälfte bei einem 1jährigen Kinde, das ich seiner Zeit ziemlich schwierig mit der Zange extrahiren musste. Nach der Geburt hatte ich nichts von der Anomalie gemerkt.

Einseitige Vergrösserung einer Extremität. Riesenwuchs einer Extremität.

Schon bei der Geburt zeigt sich in der Regel die erste Anlage, und man bezeichnete bisher die Anomalie speciell als Riesenwuchs. Im späteren Leben nimmt das Wachsthum des vergrösserten Gliedes meist rapid zu und kommen dann die grössten Verunstaltungen zu Stande, die an die Elephantiasis Arabum erinnern. Ueber die Ursache ist noch wenig bekannt. In einigen Fällen scheint die Syphilis verantwortlich gemacht werden zu müssen; in anderen die amniotische Entzündung, in anderen überreichliches Anlagematerial. In letzteren Fällen complicirt sich die Hypertrophie nicht selten mit Spaltungserscheinungen (Doppeltsein) des vergrösserten Gliedes oder wenigstens der Endspitzen desselben. Auch Lymphstauungen müssen als Ursache der excessiven Volumenvermehrung angesehen werden, ebenso wie die Venenektasien und Vermehrung der venösen Gefässe als Ursache herangezogen wurden.

Meckel, bei Friedberg, *Virchow's Archiv, Bd. 40, S. 372, zeichnete 1803 in Paris den vergrösserten Arm eines Mädchens, der von Geburt an Riesenwuchs gezeigt hatte. Ausser der Abbildung und dieser kurzen Notiz ist nichts weiter bekannt geworden.

Abbildung: Atlas, Tafel XXIII, Fig. 5. Taf. XXIII, Fig. 5.

Höring, Würtembergisches Correspondenzblatt, 1844, März. — *Canstatt's Jahresbericht 1844, III, S. 22.

Arm und Hand bei einem 45jährigen weiblichen Individuum.

Beck, *Heidelberger Annalen, 1836, S. 89.

Mann von 28 Jahren. Rechte obere Extremität gleichmässig vergrössert. Daumen und Zeigefinger der rechten Hand zeigen ein excessives Wachsthum. Die Nägel dieser Finger zeigen den ersten Grad der Doppelheit.

Chassaignac, Gazette des hôpitaux, 8. Mai 1858. — citirt von Friedberg, *Virchow's Archiv, Bd. 40, S. 373.

Angeborene Hypertrophie der rechten oberen und unteren Extremität bei einem 18 Jahr alten jungen Manne. Hand und Fuss übertrafen noch an Grösse verhältnissmässig den Vorderarm und Unterschenkel. Auf der vergrösserten Seite zahlreiche Varicen und venöse Teleangiektasien.

Adams, Lancet II, 7. August 1858. — *Schmidt's Jahrbücher, Bd. 103, S. 164.

Congenitale Vergrösserung der rechten unteren Extremität. Auf derselben Seite ein Naevus, der sich vom letzten Rückenwirbel bis zu den Zehen erstreckt.

Higginbotham, Petersburger medicinische Zeitung, 1863, No. 3, S. 205. — *Schmidt's Jahrbücher, Bd. 119, S. 360.

Linke obere Extremität.

Friedberg, *Virchow's Archiv, Bd. 40, S. 353.

Auguste B. zeigte gleich nach der Geburt eine Vergrösserung des rechten Beines und der linken Hand, Lipome am Rücken, Knoten am linken Arme. Mit 11 Monaten stand das Kind; die Bewegungen des rechten Beines waren sehr auffallend. Von da ab häufige Erkrankungen, die mit Fieber, Anschwellung einzelner Körpertheile, Blasenbildung auf demselben u. s. w. verliefen. Im Alter von 10

Jahren wurde die Abbildung (Atlas, Tafel XXIII, Fig. 6) verfertigt. Grösse des Kindes 3′ 5″; das rechte Bein war nahezu ebenso gross.

Taf. XXIII, Fig. 6.

Abbildung: Atlas, Tafel XXIII, Fig. 6.

Little, Transactions of the pathol. Soc. XVII, S. 434. — *Virchow-Hirsch, Jahresbericht 1867, I, S. 269.

Albert, Wiener med. Presse, 1871, No. 1. — *Schmidt's Jahrbücher, Bd. 157, S. 11.

Gillivray, Med. Presse and Circulair, Mai 1872. — *Virchow-Hirsch, Jahresbericht 1872, I, S. 234.

Besserung durch Unterbindung der art. axillaris.

Rose, *Monatsschrift für Geburtskunde, Bd. 30, S. 339.

Das Kind wurde 11 Tage alt. Beide Beine waren vergrössert, besonders aber das linke. Rose fasst den Fall auf als eine Verbindung von Lipomatosis congenita mit Elephantiasis congenita varicosa. Letztere soll die Folge der übermässigen Entwickelung des Venensystems sein, während der secundäre Blutmangel in den betreffenden Geweben die Lipomatosis mit sich bringen soll.

Münchmeyer, *Berliner Klinische Wochenschrift, 1876, No. 23.

Samuel C. Busey, *The American Journal of Obstetrics, Febr. 1877, S. 19.

1. Fall: Frau mit kolossaler Hypertrophie (Elephantiasis) des ganzen rechten Beines.

Taf. XXIII, Fig. 7.

Abbildung: Atlas, Tafel XXIII, Fig. 7.

2. Fall: Knabe mit angeborener Hypertrophie des linken Armes, besonders aber der linken Hand.

Taf. XXIII, Fig. 4.

Abbildung: Atlas, Tafel XXIII, Fig. 4.

Langhans, *Virchow's Archiv, Bd. 75, S. 293.

Congenitale Vergrösserung der linken unteren Extremität, beobachtet bei einem 7 Monate alten Knaben. Nach dem Tode des Knaben und an excidirten Stücken während des Lebens wurden Untersuchungen gemacht, denen zu Folge die Geschwulst als Lymphangioma bezeichnet wurde. Langhans weist nach, dass nicht Lymphstauung, nicht Erweiterung der Blutgefässe, sondern Vermehrung der Lymphgefässe, Wucherungen in den Wänden derselben als primäre Ursache aufzufassen sei.

Riesenwuchs an Händen und Füssen.

Riesenwuchs einer Hand, eines Fingers, eines Fusses, einer Zehe.

Hand und Fuss sind meist nicht angeboren vergrössert, sondern erst im Leben von vergrösserten Fingern oder Zehen aus mit ergriffen worden. Häufiger wurde die Vergrösserung an den Fingern als an den Zehen beobachtet. Mittelfinger und Mittelzehe sind vor allen betroffen worden; nächstdem Zeige- und Ringfinger, selten Daumen und kleiner Finger. Die Veränderungen bestehen nur in einer allseitigen Vergrösserung aller betheiligten Partien. Eine mikroskopisch nachweisbare Veränderung fand Böhm (siehe Citat weiter unten) nicht. — Die Finger und Zehen sind meist hyperextendirt, was wohl auf ein langsameres Wachsthum der Sehnen gegenüber dem übrigen Gewebe zurückzuführen ist.

Die Literatur findet sich bis zum Jahre 1869 fast vollständig zusammengestellt von

Kessler, *Ueber einen Fall von Macropodia lipomatosa. Dissertation. Halle 1869.

Enthält einen auf der Volkmann'schen Klinik beobachteten Fall.

Adams, The Monthly Journal XX, 1855, Febr., S. 170.

Bis zum 10. Jahre vergrösserte sich der bereits angeboren hypertrophische Mittelfinger, mit dem Körperwachsthum Schritt haltend. Von da ab begann rapides Wachsthum, so dass im 12. Jahre der Mittelfinger der rechten Hand 3,5", der des linken 8" mass. Ausserdem Knotenbildung an Hand und Arm.

Böhm, *Ueber Makrodaktylie. Dissertation. Giessen 1856.

An Händen und Füssen Vergrösserung der 2., 3. u. 4. Finger, der 2. Zehen.

Abbildungen: Atlas, Tafel XXIII, Fig. 8, 9, 10 u. 11. Taf. XXIII, Fig. 8, 9, 10 u. 11.

Wulff, *Petersburger med. Zeitschrift, 1861, 10. Heft, S. 281.

von Klein, von Graefe und Walther, Journal, Bd. 6, Heft 3, S. 379. — *Heidelberger Annalen, 1836, S. 89. Zeigefinger.

Rosenfeld, Aerztliche Mittheilungen aus Baden, Bd. 12, S. 22. — citirt von Wulff, *l. c.

Wagner, Med. Jahrbücher, Bd. 28. — *Schmidt's Jahrbücher, Suppl. III, S. 66.

Die Hand wog im 18. Jahre 12 Pfd. und der Mittelfinger allein war so gross, dass die Hand eines kräftigen Mannes ihn nicht bedecken konnte.

Hahn, Bericht über die Versammlung der deutschen Aerzte und Naturforscher in Stuttgart, 1834. — *Schmidt's Jahrbücher, Bd. 5, S. 138.

Beide Hände von Geburt an übermässig vergrössert, ausserdem die linke Brust.

Guersant, Bulletin de la société de Chirurgie de Paris, Sitzung vom 23. Sept. 1857. — *Kessler, S. 19.

Ideler, Berliner Dissertation 1855. — *Kessler, S. 17.

Annandale, Diseases of the fingers and toes, Edinburg 1865. — *Kessler, Dissertation, S. 16 u. 22.

Busch, *Archiv der klinische Chirurgie, Bd. 7, Heft 1, S. 178.

Zwei Beobachtungen.

Fiedler, Archiv der Heilkunde, 1866, S. 316. — *Kessler, Dissertation, S. 15.

Cuny, Dissertation, Giessen 1865. — *Kessler, S. 22.

Wittelshöfer, Archiv für klinische Chirurgie, Bd. 26, S. 57. — *Centralblatt für die medicinischen Wissenschaften, 1879, No. 51, S. 927.

Eine fleissige Zusammenstellung. Zwei neue Beobachtungen aus der Billroth'schen Klinik.

Gruber, *Virchow's Archiv, Bd. 56, S. 416.

Abbildung: Atlas, Tafel XXIII, Fig. 15. Taf. XXIII, Fig. 15.

Ewald, *Virchow's Archiv, Bd. 56, S. 421.

Abbildungen: Atlas, Tafel XXIII, Fig. 12, 13 u. 14. Taf. XXIII, Fig. 12, 13 u. 14.

Aschoff, *Monatsschrift für Geburtskunde, Bd. 30, S. 339.

Taulier, Gaz. méd. de Lyon, 1867, No. 17. — *Virchow-Hirch. Jahresbericht 1867, I, S. 269.

Coutagne, Gaz. méd. de Lyon, 1867, No. 5. — Virchow-Hirsch, Jahresbericht 1867, I, S. 263.

Albert, Wiener med. Presse 1872, No. 1. — *Schmidt's Jahrbücher, Bd. 157, S. 11.

Samuel C. Busey, *The American Journal of Obstetr., Febr. 1877.

Eine Reihe von interessanten Beobachtungen.

Abbildungen: Atlas, Tafel XXIII, Fig. 16, 17, 18, 19, 20 u. 21. Taf. XXIII, Fig. 16, 17, 18, 19, 20 u. 21.

Fig. 16 u. 17. Hypertrophische linke und normale rechte Hand.

Fig. 18. Riesenwuchs des Mittelfingers.

Fig. 19, 20 u. 21. Riesenwuchs und Hypertrophie des Unterschenkels und Fusses.

Hypertrophie der Ohrmuschel.

Auffallende angeborene Vergrösserung der Ohrmuschel, so dass eine Entstellung entstand, beobachtete

Wreden, Monatsschrift für Ohrenheilkunde, Jahrg. IV, No. 2.

Das rechte Ohr war 74 Mm. lang.

Ich selbst sah das rechte Ohr bei einem neugeborenen Mädchen in entstellender Weise vergrössert. Im weiteren Wachsthum hat das Verhältniss eher abgenommen, so dass das Auffallende etwas verschwindet.

Hypertrophie der Wange.

Angeborene Vergrösserung der Wange.

Beck, *Heidelberger Annalen, 1836, S. 92.

Bei einem 3jährigen Mädchen hing die Wange in Form einer derben Falte bis zum Unterkiefer herab, verzog den Mund und entstellte bedeutend das Gesicht Operation.

Das oben erwähnte Kind, dessen Ohrmuschel übermässig vergrössert ist, hat auch eine stärkere Entwickelung der gleichseitigen Backe.

Makroglossie.

Angeborene Vergrösserung der Zunge (Makroglossie).

Die Zunge tritt aus der Mundhöhle heraus, wenn sich an ihr oder in ihrer Umgebung Tumoren befinden, die welche die Zunge theils verschieben, theils secundär in den Entzündungsprocess hineinziehen. Vergrössert sich die Zunge, ohne dass Tumoren in der Mundhöhle sich befinden, so ist es entweder wirkliche Hypertrophie, oder Ausdehnung der Lymphgefässe, Lymphstauung, Venenstauung (Nabelschnurstrangulation), cavernöse Geschwülste, die das Volumen der Zunge vermehren. — Die Makroglossie ist ziemlich häufig, zumal in ihren geringeren Graden.

Wichtige Untersuchungen und interessante Beispiele liefern

Virchow, *Die krankhaften Geschwülste, Bd. 3, S. 99.

Virchow, *Virchow's Archiv, Bd. 7, S. 126.

C. O. Weber, *Virchow's Archiv, Bd. 7, S. 115.

Fraglich, ob congenital.

Rich. Volkmann, Henle und Pfeiffer's Zeitschrift, N. F. VIII, S. 333. — *Canstatt's Jahresbericht 1857, IV, S. 6.

Hecker und Buhl, *Klinik der Geburtskunde, Bd. I, S. 322.

Makroglossie verbunden mit Makronephrie.

Steinberg, *Neue Zeitschrift für Geburtskunde, Bd. 2, Heft I.

Mit Ranula complicirt.

Arnstein, *Virchow's Archiv, Bd. 54, S. 319.

Lymphadenoma cavernosum.

Winiwarter, Archiv für Klinische Chirurgie, Bd. 16, S. 655. — *Schmidt's Jahrbücher, Bd. 162, S. 338.

Sänger, *Archiv für Gynäkologie, Bd. 14, S. 69.

Vergrösserung der Zunge durch Venenstauung bei Strangulation.

Sänger, *Verhandlungen der Gesellschaft für Geburtshilfe in Leipzig, 1. Juli 1878.

Myositis syphilitica linguae.

Riesenwuchs eines Zahnes.

Riesenwuchs eines Zahnes.

*Berliner medic. Zeitung 1837, Beilage No. 33.

Bei einem 14tägigen Kinde wuchs frühzeitig der untere linke Eckzahn zu einer Länge von 1½", so dass er mit der Spitze bis zum linken Nasenflügel reichte.

Wede, Deutsche Vierteljahrschrift für Zahnheilkunde, 1869, IX, No. 2, S. 1869. — *Schmidt's Jahrbücher, Bd. 147, S. 229.

Ein Zahn von 2,9 Ctm. Dicke, 1,9 Ctm. Höhe, 1,8 Ctm. Breite; mit einem Gewichte von 12,37 Gramm.

Struma congenita.

Angeborene Hyperplasie der Schilddrüse ist ein verhältnissmässig häufiges Vorkommniss; doch sind mancherlei pathologische Erscheinungen in diesem Kapitel zusammengeworfen. In der Regel handelt es sich beim Neugeborenen um Gefässkröpfe, die freilich im Leben in andere Formen übergehen können. Ausserdem wurden noch Cystenkröpfe, selten Schleimkröpfe beobachtet. Auch Knorpel fand man ab und zu eingestreut.

Virchow, *Die krankhaften Geschwülste, 3. Bd. 1. Hälfte, Seite 54.

Enthält die Literatur bis 1866.

Demme, *Gerhardt, Handbuch der Kinderkrankheiten, Bd. 3, Abschnitt 2, S. 387.

Enthält die Literatur bis 1878.

Die congenitalen Kröpfe können auch angeerbte sein. In Gegenden, wo die Anlage zur Kropfbildung eine sehr verbreitete ist, lässt sich freilich schwer unterscheiden, ob angeerbt oder zeitig erworben. Doch sind Beobachtungen von hereditärem Struma sicher gemacht worden.

Friedreich, Virchow, Handbuch der spec. Pathologie und Therapie, Erlangen 1858, Bd. 5, S. 524. — *Virchow, die krankhaften Geschwülste, Bd. 3 1. Hälfte, S. 57, erwähnt einer Familie, in der die Grosseltern, der Vater und 5 Kinder strumöse Anschwellungen des rechten Hornes der Schilddrüse trugen, ohne dass sie endemischen Einflüssen ausgesetzt gewesen wären.

Hecker, *Monatsschrift für Geburtskunde, Bd. 31, S. 199.

Struma congenita bei einem neugeborenen 7 Pfd. schweren Knaben. Die Schilddrüse wog 41,6 Gr., umgab die Trachea vollständig und bewirkte dadurch Asphyxie. Mutter, aus München gebürtig, hatte einen ziemlich bedeutenden Kropf.

Löhlein, *Zeitschrift für Geburtshilfe und Frauenkrankheiten von Martin und Fasbender, S. 23.

Cassan, Archives générales de Médecine, Bd. 13, S. 76. — *Simpson, Selected Works, S. 127.

Lücke, *v. Pitha und Billroth, Handbuch der allgemeinen und speciellen Chirurgie, 3. Bd. 1. Abth. 6. Lieferung, S. 38.

Spiegelberg, *Würzburger med. Zeitschrift, Bd. 5, S. 160.

Simpson, *Selected obstetrical and gynaecological Works, Edinburgh 1871, S. 125.

L. Mayer, *Beiträge zur Geburtshilfe und Gynäkologie, Bd. 3, S. 86.

Buob, Du Goître congénitale, Thèse de Strassbourg 1867. — *Gerhardt, Handbuch der Kinderkrankheiten Bd. 3 Abschn. 2, S. 388.

Angeborener Kropf ohne Heredität.

Hypertrophie der Mamma.

Angeborene Hypertrophie der Mamma.

Hahn, Bericht der Versammlung deutscher Aerzte und Naturforscher in Stuttgart, 1834. — *Schmidt's Jahresbericht, Bd. 5, S. 138.

Die linke Mamma von Geburt an stark vergrössert. Ebenso beide Hände.

Ramon de la Sagra, Julius und Gerson's Magazin, Bd. 20, S. 479.

Beide Brüste stark entwickelt.

Wilson, The med. examiner und Gazette des hôpit. 4. Juli 1854, Nr. 79. — *Monatsschrift für Geburtskunde, Bd. 4, S. 231.

Brüste hühnereigross. Im 5. Monate so gross, wie bei einem ausgebildeten Mädchen.

Lebeau, Gazette méd. de Paris, 1832, Tom. III, No 98.

Brüste ausgebildet. Schamberg behaart. Im 3. Jahre trat Menstruation ein.

Hypertrophie des Herzens.

Angeborene Hypertrophie des Herzens kommt in der Regel mit anderen Verbildungen des Körpers vor. So z. B. beim freiliegenden Herzen (Ektopia cordis); dann, wenn das Herz zwei Körper zu versorgen hat (Acardiacus), oder wenn Widerstände im Blutkreislauf überhaupt eine grössere Anstrengung von Seiten des Herzens nöthig machen. In dem Falle von

Cooper, London med. Gaz. Juli 1836. — *Schmidt's Jahrbücher, Bd. 14, S. 323, wo das Herz bei Mangel der rechten Lunge hypertrophisch, rechts liegend gefunden wurde, scheint der freie Raum der Brusthöhle eine Vergrösserung des Herzens gestattet zu haben.

Valenta, Oesterreich. Jahrbuch für Pädiatrik, 1871, I, S. 35. — *Schmidt's Jahrbücher, Bd. 152, S. 73.

Bei einem Kinde mit kolossalem Cystenhygrom am Halse betrug der Längsdurchmesser des Herzens 72 Mm., der Querdurchmesser 45 Mm.

Hypertrophie der Niere.

Angeborene Hypertrophie der Niere.

Hecker und Buhl, *Klinik der Geburtskunde, Bd. 1, S. 322.

Lehmann, Verhand. van het Genootschap ter Bevordering der Genees- en Heelkunde te Amsterdam, II. Deel, 1. Stuck, Versl. S. 75. — *Schmidt's Jahrbücher, Bd. 100, S. 171.

Kidd, Edinbourg med. Journal 1862, VIII, Juli 1, S. 89. — *Schmidt's Jahrbücher. Bd. 115, S. 372.

Cummins, Dublin Journal 1873, Mai. — *Schmidt's Jahrbücher, Bd. 161, S. 36.

Bednar, Krankheiten der Neugeborenen und Säuglinge, Heft 3, S. 142. — *Canstatt's Jahresbericht 1852, III, S. 8.

Hypertrophie der Harnblase.

Hypertrophie der Harnblase kommt angeboren sehr häufig als Theilerscheinung bei Störungen im Harnapparat vor. Es ist dann nichts Seltenes, wenn auch die Ureteren an der Hypertrophie mit Antheil nehmen.

Angeborene Hypertrophie des Uterus.

Hypertrophie des Uterus.

Giraldès, Gaz. de Paris, 1867, No. 14. — *Schmidt's Jahrbücher, Bd. 96, S. 298.

Neugeborenes Kind. Uterus 4 Ctm. lang, am oberen Rande 1,3 Ctm. breit. Aeusserer Muttermund zeigte 0,5 Ctm. im Durchmesser. Plicae palmatae ebenfalls hypertrophisch. Tuben hingegen atrophirt.

Ich selbst zeigte in einer Sitzung der Gesellschaft für Geburtshilfe in Leipzig den Uterus eines neugeborenen Kindes, der eine Grösse dem zweiten Lebensjahre entsprechend hatte.

Angeborene Hypertrophie der Clitoris.

Hypertrophie der Clitoris.

Bei übermässig vergrösserter Clitoris kann es sich ereignen, dass das Neugeborene für einen Knaben erklärt wird. Besonders wird die Verwechselung möglich sein, wenn die beiden Schamlippen sich als schlaffe Säcke darstellen. Im Ganzen ist diese Anomalie selten so ausgeprägt, dass eine Verwechselung vorkommt.

Friedinger, Wochenblatt der Zeitschrift der Wiener Aerzte, 1855, No. 48. — *Canstatt's Jahresbericht, 1855, IV, S. 81.

Geschlechtsverwechselung. Vagina ein kurzer geschlossener Sack.

Dufour, Bulletin de la Soc. anat. de Paris, 1856, Juni. — *Canstatt's Jahresbericht, 1856, IV, S. 40.

14jähriges Mädchen. Clitoris (Penis?) 5 Ctm. lang. Bei Erection 7—8 Ctm. Epispadie.

Zweifelhafter Fall, da nur im Leben untersucht.

Bainbridge, Med. Times and Gaz. 1860, Jan. 14. — *Canstatt's Jahresbericht, 1861, IV, S. 17.

Während der Geburt bemerkte Bainbridge bei einer Erstgebärenden eine 5 Zoll lange und 2 Zoll dicke Clitoris. Dieselbe war erectionsfähig.

Debout, bei le Fort, Des vices de conformation de l'utérus et du vagin, Paris 1863. — *Canstatt's Jahresbericht, 1863, IV, S. 9.

18jähriges Mädchen; menstruirt. Clitoris 4—5 Ctm. lang, wie ein kleiner Finger dick. Erectionsfähig. Verschluss der Scheide. Operation.

Crechio, Sopra un caso di apparenze virili in una donna, Napoli 1865. — *Canstatt's Jahresbericht, 1865, IV, S. 10.

In der Leiche eines 40jährigen Individuums fanden sich, trotzdem das Aeussere entschieden die Eigenthümlichkeiten eines Mannes aufwies, in Innern Uterus und Eierstöcke. Das Glied, hier also Clitoris, war penisartig, mit geschlossener Urethra. (?)

Palmer, *The American Journal of Obstetrics 1880, Januar, S. 174.

Mangel des Uterus, Verkürzung der Scheide, bedeutende Vergrösserung der Clitoris bei zwei Schwestern von 20 und 22 Jahren.

Im April 1880 wurde mir von Herrn Dr. Sieckel in Bleicherode eine nahezu reife Frucht zugesendet, die einen enormen Wassersack an Stelle der Harnblase aufwies. Der Mastdarm mündete in die hintere Blasenwand (Atresia ani vesicalis); die beiden Uteri waren rudimentär entwickelt und weit von einander getrennt, beide Ovarien gut ausgebildet. Die äusseren Genitalien bestanden aus einem schlaffen Sacke, dem die scrotalen Runzeln fehlten, und einer Clitoris, die circa 1,25 Ctm. hervorragte. Auf dem Rücken derselben befand sich eine kleine Oeffnung; eine eingeführte Sonde konnte nach der Blase zu ein weites Stück vorgeschoben werden. (Epispadie der Clitoris).

Hypertrophie des Penis.

Angeborene Hypertrophie des Penis.

Die angeborene widernatürliche Grösse des Penis geht gewöhnlich mit einer auffallenden Entwickelung der äusseren Geschlechtstheile einher. Dem entspricht dann in der Regel ein Grad der geschlechtlichen Reife, wie er sich erst in späteren Jahren findet. Es kommt bei Knaben, welche in dieser Hinsicht schon bei der Geburt auffallen, häufig zu frühzeitigen Erectionen, Samenergiessungen u. s. w. Der Bart entwickelt sich zeitiger; die Stimme pflegt rauher zu sein.

Domenech y Amaya, Julius und Gerson's Magazin, Bd. 25, S. 480.

Ein Knabe, 1781 in Almendral bei Badajoz geboren, soll einen 3″ langen Penis und eine Eichel im Umfange von 2½″ gehabt haben. Mit zwei Monat war der Penis 4″, mit vier Jahren 5″ lang. Kopf, Brust und Bauch entsprachen der Grösse nach dem 15. Jahre. Doch betrug die Höhe des Knaben nur 4½′. Er trug in jeder Hand ein Gefäss mit 21 Pfd. Wasser. 6½ Jahr alt, bei natürlicher Grösse, war er doch vollständig mannbar. Samenergiessungen. Mit 7 Jahren trug er 1½ Ctnr. Weizen. Er verheirathete sich und zeugte 4 Söhne.

South, Med. chir. Zeitung, 1822, Bd. 4, S. 217,

sah einen Knaben nach der Geburt, der sehr stark entwickelte Schamtheile hatte. Die Stimme war tief; der Kopf mit Haaren reichlich besetzt. Schamhaare wuchsen erst im 4. Monate. Mit 12 Monaten traten wöchentlich einmal Pollutionen auf, die den Knaben sehr angriffen. Er bekam um diese Zeit einen starken Backenbart. Geistig war er ein Kind.

G. Pätz'sche Buchdruckerei (Otto Hauthal) in Naumburg a/S.

DIE

MISSBILDUNGEN DES MENSCHEN.

DIE

MISSBILDUNGEN DES MENSCHEN

EINE SYSTEMATISCHE DARSTELLUNG DER BEIM MENSCHEN ANGEBOREN VORKOMMENDEN MISSBILDUNGEN UND ERKLÄRUNG IHRER ENTSTEHUNGSWEISE

VON

FRIEDRICH AHLFELD

II. ABSCHNITT:

SPALTBILDUNG

ANHANG: PERVERSE BILDUNG DER GENITALIEN. HYDROCEPHALIE. MIKROCEPHALIE. CYKLOPIE

MIT ATLAS

LEIPZIG
VERLAG VON FR. WILH. GRUNOW
1882

/V

Inhaltsverzeichniss zum zweiten Abschnitte.

Spaltbildungen der hinteren Schlusslinie nebst Anhang.

Figurenregister zum zweiten Abschnitte.

Tafel XXIV bis XLIX.

ZWEITER ABSCHNITT.

SPALTBILDUNG.

ANHANG.

PERVERSE BILDUNG DER GENITALIEN.
HYDROCEPHALIE. MIKROCEPHALIE. CYKLOPIE.

Bleiben Theile der Embryonalanlage getrennt, welche durch die Vereinigung ihrer zwei Hälften ein Ganzes bilden sollten, oder werden schon fertige Organe in der frühesten Embryonalperiode durch eine trennende Kraft symmetrisch oder nahezu symmetrisch getheilt, so nennt man die dadurch entstandene Verbildung eine Spaltbildung. Eine Reihe der hier in Frage kommenden Missbildungen bezeichnet man wohl auch als Hemmungsbildungen, bald in Hinsicht auf die gehinderte Vereinigung der zu einem Ganzen gehörenden Theile, bald in Hinsicht auf die Aehnlichkeit einzelner Organe mit Entwicklungsformen früherer Wochen. Ich habe den Ausdruck „Hemmungsbildung" im weiteren absichtlich vermieden, da derselbe meiner Ansicht nach viel Unheil angerichtet hat. Statt nach den Ursachen zu forschen, wodurch eine Hemmung in der Entwickelung herbeigeführt worden und in welcher Weise durch die Hemmung eine Modification in der Weiterentwickelung des Organes eintreten musste, spricht eine grosse Zahl der Autoren von der Hemmung als von einer Kraft, die selbstthätig im Stande wäre, Missbildungen hervorzurufen: statt nach der Grundursache zu forschen, begnügt man sich mit einem Begriffe, der von einem späteren Symptome hergeleitet wird.

Spaltbildungen wird man vor allem da finden, wo normaler Weise die bilateral getrennten Hälften des Fötus einen Verschluss einzugehen haben. Die vordere Schlusslinie erstreckt sich von den Oberkieferfortsätzen des ersten Kiemenbogens bis zur Vereinigung der beiden Dammwülste in der Raphe des Dammes. Diese Mittellinie des Vorderkörpers bietet bei weitem den günstigsten Ort für die Entstehung von Spaltbildungen. Die hintere Schlusslinie, die Linie, in welcher Hirnblasen und Rückenwülste sich vereinigen und die Cerebrospinalhöhle zum Verschluss bringen, um die dann später das knöcherne Gerüst sich schliesst, bietet nicht ganz so häufig wie die vordere Schlusslinie Spaltbildungen dar.

Als die hauptsächlichsten Gründe für die Verhinderung des Verschlusses besagter Spalten kennen wir: 1) vermehrte Wasseransammlung oder widernatürliche Vergrösserung einzelner Organe, welche innerhalb der sich schliessen sollenden Höhlen liegen; 2) Prolabiren einzelner Theile zwischen die beiden zu vereinigenden Hälften; 3) Zwischenschieben von amniotischen Falten in diese Spalten; 4) Störungen in der sphärischen Krümmung der beiden sich nähernden Hälften; 5) Mangel des zum Verschlusse nöthigen Materials u. s. w. In den einzelnen Abschnitten werde ich auf die ursächlichen Momente so genau wie möglich eingehen.

In der Eintheilung bin ich den Körperregionen gefolgt.

Spaltbildung.

A. Spaltbildungen der vorderen Schlusslinie.

Gesichtsspalte.
Lippen-, Gaumenspalte.
Wangenspalte.
Unterlippenspalte.
Fisteln und Cysten der Unterlippe.
Mangel des Unterkiefers.
Halsspalte. Trachealfistel.
Tracheal-Oesophagusfistel.
Halskiemenfistel.
Cysten der Kiemenspalten.
Auricularexcrescenzen.
Spaltung der uvula.
Sternalspalte.
Ektopie des Herzens.
Seitliche Thoraxspalte.
Zwerchfellspalte.
Oberer Bauchbruch.
Spalten der Nabelgegend.
Offenbleiben des Urachus.
Cysten des Urachus.
Offenbleiben des Darms.
Darmdivertikel.
Cysten des Dotterstrangs.
Wahre Darmspalte.
Nabelbruch.
Nabelschnurbruch.
Mittlerer Bauchbruch.

Bauch-, Blasen-, Schambeinspalte.
Blasenspalte mit Epispadie.
Epispadie.
Hypospadie.
Persistenz der Kloake.
Anus vesicalis.
Anus vulvo-vaginalis.
Anus urethralis.
Anus scrotalis.
Anus perinealis.

Anhang. Perverse Bildung der Genitalien.
Hermaphroditismus.
Uterus masculinus.
Clitorishypertrophie.
Spaltungen der Müllerschen Gänge. Verdoppelungen des Genitalschlauches.
Herniae congenitae.

B. Spaltbildungen der hinteren Schlusslinie.

Anhang. Hydrocephalie, Mikrocephalie, Cyklopie.
Hydrocephalie.
Encephalocele.
Hydrencephalocele.
Mikrocephalie.
Cyklopie.
Hemicephalie.
Spina bifida.

Totale Gesichtsspalte. In der vierten Woche der Entwickelung zeigt das Gesicht folgende Ausbildung: In der Mitte des Gesichts liegt eine grosse Höhle, die nach unten durch den primitiven Unterkiefer, nach oben durch den Stirnfortsatz mit seinen beiden Nasenfortsätzen begrenzt wird. Die Seiten werden gebildet theilweise vom Unterkiefer, theilweise von den noch nicht vereinigten Oberkieferfortsätzen. Nach oben und aussen steht diese Höhle durch Spalten noch in Verbindung mit den Nasengruben und mit den Anlagen des Auges. Zu letzteren führt die Spalte zwischen äusserem Nasen- und Oberkieferfortsatz des ersten Kiemenbogens. Totale Gesichtsspalte.

Folgende, *Coste's Histoire générale et particulière du développement des corps organisés, Tafel IV[a] Fig. 3 entnommene Zeichnung demonstrirt diesen Entwicklungszustand.

Fig. 1.

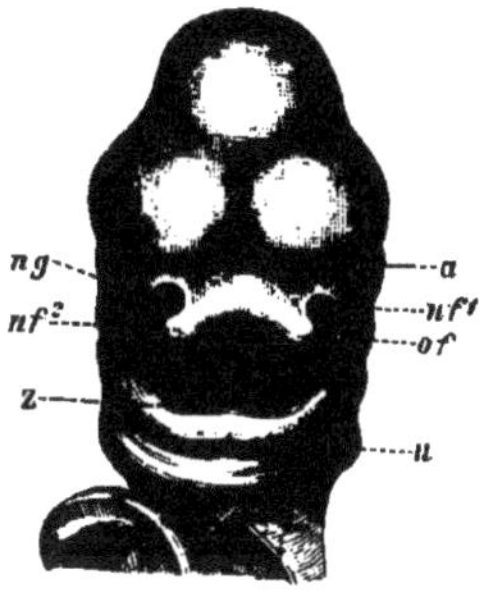

Fig. 1. a Auge; nf¹ äusserer Nasenfortsatz; nf² innerer Nasenfortsatz; of Oberkieferfortsatz des ersten Kiemenbogens; ng Nasengrube; u Unterkiefer; z Zunge.

Vereinigen sich diese Spalten im Laufe der Entwickelung nicht, geht die primäre Anlage der Augen zu Grunde oder bleibt sie rudimentär, so entsteht das Bild der totalen Gesichtsspalte.

Häufig finden sich neben der totalen Gesichtsspalte noch andere Missbildungen, die auf eine gemeinsame Ursache, auf Adhäsion des Amnion mit der Frucht, zurückzuführen sind. Derartige Früchte sind nie lebensfähig.

Seiler, *Beobachtungen ursprünglicher Bildungsfehler der Augen, 1833, Fig. V.

Ausgetragene Frucht mit Mangel des rechten Arms und Verstümmelung der linken Hand.

Förster, *Die Missbildungen des Menschen, Tafel XV, Fig. 22.

Linksseitiger grosser Hirnbruch am Ende einer Gesichtsspalte, in welcher die Eihäute angewachsen sind. Die Oberkiefer haben sich nirgends mit Stirnfortsatz und Zwischenkiefer vereinigt. Der Unterkiefer und die Zunge sind normal, Nase und Augen sind nur rudimentär entwickelt. Der linke Arm fehlt vollständig, ebenso ein grosser Theil der linken Brust- und Bauchwand. Fast vollständiger Vorfall der sämmtlichen Eingeweide der Brust- und Bauchhöhle.

Taf. XXIV, Fig. 1.

Abbildung: Atlas, Tafel XXIV, Fig. 1.

*Präparat des pathologisch-anatomischen Instituts in Leipzig, Missbildungen Nr. 112.

An Stelle der Nase, der Augen und des Mundes eine grosse offene Höhle, in deren Grunde die Zunge normal gelegen ist. Unterkiefer intact.

Taf. XXIV, Fig. 2.

Abbildung: Atlas, Tafel XXIV, Fig. 2.

Ammon, *Die angeborenen chirurgischen Krankheiten des Menschen, Tafel IV, Fig. 10.

Otto, *Monstrorum sexcentorum descriptio, Tafel VII, Fig. 3.

Aehnlicher Fall wie der vorige. Doch sind Augen und Ohren angedeutet.

Taf. XXIV, Fig. 3.

Abbildung: Atlas, Tafel XXIV, Fig. 3.

Schräge Gesichtsspalte.

Schräge Gesichtsspalte. Einige Zeit später in der Entwickelung stellt der Stirn-Nasenlappen einen kleinen keilförmigen Anhang dar. Zu beiden Seiten desselben zieht sich schräg nach oben und aussen, nach den Augenblasen hin, die obenerwähnte Spalte, die Gesichts-Nasenspalte resp. Augennasenspalte. Normaler Weise schliesst sich dieselbe vollständig. Wird ihr Verschluss zu der Zeit, wo die beiden Hälften einander sich nähern, verhindert, so persistirt sie.

Die Ursachen, welche dem Verschlusse hindernd in den Weg treten, liegen meist in einer Verwachsung des Amnion mit den Wänden der Spalte; man findet in einer grösseren Anzahl von Fällen Eihautfetzen an der Spalte hängen. Für diese Entstehungsweise spricht auch noch die Unregelmässigkeit ihrer Form. Wenn hingegen von innen her, durch Verbreiterung der primitiven Schädelbasis in Folge von Hydrops der Hirnblasen der Verschluss verhindert wird, so sehen die Ränder rein und glatt aus.

In der späteren Zeit der Entwickelung verbindet sich in vielen Fällen das Zwischenkieferbein mit dem Stirnfortsatze. Dann wird die grosse Gesichtsspalte median durch die eben angegebenen Gewebsmassen getrennt.

Die Gesichtsspalte kommt selten allein vor, sie ist gewöhnlich Begleiterscheinung anderweitiger Verstümmelungen, die durch Verwachsung der Eitheile mit der vorderen Gesichts-Bauchspalte entstanden sind. In den meisten Fällen findet man noch die Spuren dieser dort anhaftenden Gewebe; selten sind sie ganz geschwunden.

Die Spalte erstreckt sich, entsprechend der embryonalen Spalte, zwischen Stirnfortsatz und Oberkieferfortsatz bis zum inneren Augenwinkel; in schweren Verstümmlungen ist auch die Augenhöhle mit betroffen. In der Mitte des Gesichts pflegt Lippen- und Gaumenspalte vorhanden zu sein, entsprechend der embryonalen Spalte zwischen dem rechten und linken Kiemenbogen und dem Zwischenkieferbeine. Der Unterkiefer ist fast immer intact.

In einzelnen Fällen war die Spalte bei der Geburt der Frucht bereits vernarbt. Man muss sich nicht vorstellen, dass diesem Processe eine intrauterine Heilung zu Grunde liegt, sondern die vermeintliche Narbe stellt eine Verdünnung aller die Knochenspalte deckenden Gewebe dar und ist daher eher als unvollkommene Gesichtsspalte aufzufassen. Doch kann die Möglichkeit nicht geleugnet werden, dass auch wirklicher Verschluss mit Narbenbildung eintritt.

Bei Kindern, die am Leben blieben, wurde die Gesichtsspalte einige Male mit Erfolg künstlich geschlossen.

Die doppelte Gesichtsspalte ist fast gleich häufig, wie die einseitige.

H. Meckel, *Illustrirte medicinische Zeitung Bd. 1, S. 99.

Acardiacus anceps.

Abbildung: Atlas, Tafel XXIV, Fig. 4. Taf. XXIV,

Ross, *Transactions of the Obstetrical Society of London, Bd. 9, S. 31. Fig. 4.

Typische Form der doppelten Gesichtsspalte, complicirt mit linksseitiger Encephalocele.

Abbildungen: Atlas, Tafel XXIV, Fig. 5 u. 6. Taf. XXIV,

Meckel, *Meckel's Archiv 1828, S. 156. Fig. 5 u. 6.

Hemicephalie. Nase und Augen besser ausgebildet.

Abbildung: Atlas, Tafel XXIV, Fig. 7. Taf. XXIV,

Talko, *Virchow's Archiv, Bd. 52, S. 563. Fig. 7.

Doppelte Gesichtsspalte; links bis zur Orbita reichend, rechts nicht. Nase sehr breit ansitzend, entbehrt der Nasenlöcher. Os intermaxillare mit dem Vomer verwachsen. Ueber jeder Augenhöhle ein kleiner weicher Tumor (doppelseitiger Hirnbruch), der durch einen Defect der oberen Orbitalwand mit dem rudimentären Augapfel in Verbindung steht. Finger und Zehen theilweise mit Häuten untereinander verwachsen. An der linken Hand und am rechten Fusse waren die Finger an den äussersten Phalangen durch dünne amniotische Fäden verbunden.

Der Schädel zeigt Mikrocephalie mit mangelhafter Bildung des Gehirns und frühzeitiger Verknöcherung der Nähte.

Abbildungen: Atlas, Tafel XXIV, Fig. 8 u. 9. Taf. XXIV,

Erklärung: Fig. 9. Die Knochen des Schädeldaches. Fig. 8 u. 9.
os oc, Hinterhauptsbein; o.p, o.p, Scheitelbeine; o.f, o.f, Stirnbeine; n, Vereinigte Nasenbeine; f.e, f.e, Oeffnungen für die Hirnbrüche.

Kulmus, *Partus monstrosi historia, Dissert. Leipzig 1732.

Doppelte Gesichtsspalte, complicirt mit grosser Hydro-Encephalocele.

Abbildung: Atlas, Tafel XXIV, Fig. 10. Taf. XXIV,

*Präparat der Sammlung des pathologisch-anatomischen Institutes in Tübingen. Fig. 10.

Doppelte Gesichtsspalte. Die linke Spalte ist nur unvollkommen und stellt sich als scheinbar vernarbt dar.

Abbildung: Atlas, Tafel XXIV, Fig. 11. Taf. XXIV,

Otto, *Monstrorum sexcentorum descriptio, Tafel VI, Fig. 1. Obs. 498. Fig. 11.

Die doppelte Spalte erstreckt sich nicht bis in die Augenhöhlen, sondern mehr senkrecht längs der Nase. Augen rudimentär. An der linken Hand deutliche Zeichen amniotischer Entzündungen.

Abbildung: Atlas, Tafel XXV, Fig. 1. Taf. XXV,
Fig. 1.

Otto, *l. c. Obs. No. 133, Taf. V, Fig. 3.

Dem vorigen sehr ähnlicher Fall.

Taf. XXV, Fig. 2. Abbildung: Atlas, Tafel XXV, Fig. 2.

Hedenius, Upsala Läkareför. Förh. Bd. 4, S. 459. — *Virchow-Hirsch Jahresbericht, 1869, I, S. 175 u. 176.

Grosse vierwinkelige Mundöffnung. Hydrocephalus. Beiderseitige Cataracte. Spaltung des kleinen Fingers. Hautbrücken.

Einseitige Gesichtsspalte. Die einseitige Gesichtsspalte kommt häufiger auf der linken Seite vor; wie überhaupt alle Missbildungen, bei deren Entstehung das Amnion betheiligt ist, grössere Zerstörungen der linken Seite zu machen pflegen. Da der Embryo normaler Weise der linken Seite der Keimblase aufliegt, so erklärt sich die grössere Häufigkeit einer Verwachsung der linken Körperhälfte mit dem Amnion.

Leuckart, *Untersuchungen über das Zwischenkieferbein des Menschen, S. 47, Taf. IX, Fig. 31.

Missbildung der anatomischen Sammlung in Zürich. Mund- und Gaumenspalte der linken Seite. Linkes Auge atrophisch.

Taf. XXV, Fig. 3. Abbildung: Atlas, Tafel XXV, Fig. 3.

Remacly, *De fissura genae congenita, Inaug. Diss. Bonn 1864.

Linksseitige Gesichtsspalte, complicirt mit beiderseitiger Wangenspalte.

Taf. XXV, Fig. 4 u. 5. Abbildungen: Atlas, Tafel XXV, Fig. 4 u. 5.

Wilde, *Dublin Quarterl. Journal 1862, S. 73.

Rechtsseitige Gesichtsspalte. Verwachsung der Eihäute mit dem Gesicht.

Taf. XXV, Fig. 6. Abbildung: Atlas, Tafel XXV, Fig. 6.

Hasselmann, *Archiv für Klinische Chirurgie, 1874, Bd. 16, S. 684, Taf. XX, Fig. 1.

Lebendes Kind mit grosser linksseitiger Gesichtsspalte, die noch über die Orbita hinaus bis in das linke Stirnbein ging. — Wurde mit Erfolg operirt.

Taf. XXV, Fig. 7. Abbildung: Atlas, Tafel XXV, Fig. 7.

Barkow, *Beiträge zur pathologischen Entwickelungsgeschichte, Breslau 1871, 4. Abtheilung, Taf. I, Fig. 3.

Linksseitige Gesichtsspalte, complicirt mit Encephalocele und Wangenspalte (rechtsseitig).

Taf. XXV, Fig. 8. Abbildung: Atlas, Tafel XXV, Fig. 8.

Nicati, Specimen anatomicum pathol. inaugur. de labii leporini congeniti natura et origine, Traject. ad Rhen. — *Vrolik, Tabulae ad illustrandam etc. Taf. XX, Fig. 3.

Neben Hasenscharte eine rechtsseitige vernarbte Gesichtsspalte. Nabelstrang mit dem Kopfe der Frucht durch amniotische Fäden verwachsen.

Taf. XXV, Fig. 9. Abbildung: Atlas, Tafel XXV, Fig. 9.

Kraske, *Archiv für Klinische Chirurgie, Bd. 22, S. 396.

Lebendes älteres Mädchen. Die rechtsseitige, scheinbar intrauterin vernarbte Gesichtsspalte verläuft von der rechten Oberlippe zum unteren Rande des rechten Augenlides, das gespalten ist.

Taf. XXV, Fig. 10. Abbildung: Atlas, Tafel XXV, Fig. 10.

Hecker, *Hecker und Buhl, Klinik der Geburtskunde, Bd. 2, S. 227, Taf. VII.

Taf. XXVI, Fig. 1. Abbildung: Atlas, Tafel XXVI, Fig. 1.

Sömmering, *Abbildung und Beschreibung einer Missgeburt, 1791. Taf. VIII.

Taf. XXVI, Fig. 2. Abbildung: Atlas, Tafel XXVI, Fig. 2.

Pelvet, Gazette de Paris, 1864, 28. — *Schmidt's Jahrbücher, Bd. 125, S. 165. Complicirt mit linksseitiger querer Wangenspalte.

Eine grössere Zusammenstellung hierher gehöriger Fälle findet sich bei

Bruns, *Handbuch der praktischen Chirurgie, Tübingen 1859, II. Abtheilung, Bd. 1, S. 268 u. flg.

Auch offene Thränencanäle bei Mangel der Nase können ein ähnliches Bild geben, wie eine schräge Gesichtsspalte. So vermuthet Henle (*Bericht über die Fortschritte etc., *Müller's Archiv 1838 S. III.) in der Beschreibung einer Verbildung des Gesichts an einem siebenmonatlichen Fötus (Walter Dick, London med. Gaz. 1837, März, S. 897) diese Anomalie.

Grössere Missbildungen entstehen, wenn beim Mangel der Stirnbeine die Gesichtsspalte nach oben in Verbindung mit der Schädelspalte tritt. Diese Form wird immer mit Hemicephalie complicirt auftreten.

van Döveren, Observationes Acad. cap. 2, S. 49. — Sömmering, Abbildungen und Beschreibungen einiger Missgeburten, P. 10, Tafel 2. — Sandifort, Museum anatomicum academiae Lugduno-Batavae Vol. II, Tab. 122, Fig. 2. — *Ammon, Die angeborenen chirurgischen Krankheiten des Menschen, Taf. IV, Fig. 11. Erklärung S. 24.

Abbildung: Atlas, Tafel XXV, Fig. 11. Taf. XXV, Fig. 11.

Fritzsche, *Beiträge zur Statistik uud Behandlung der angeborenen Missbildungen des Gesichts, Zürich 1878, Taf. II.

Abbildung: Atlas, Tafel XXV, Fig. 12. Taf. XXV, Fig. 12.

Mittlere Lippen-Gaumenspalte. Mittlere Lippen-Gaumenspalte.

Entwickeln sich die Oberkieferfortsätze des ersten Kiemenbogen so weit, dass ihre Vereinigung fast erfolgt, bleibt aber das Zwischenkieferbein in seiner Entwickelung zurück, so entsteht eine mittlere Lippen- resp. Gaumenspalte. Dieser Defect in der mittleren Partie des Gesichts erstreckt sich auch auf die Basis des Schädels. Dieselbe ist von einer Seite zur anderen verkürzt, so dass auch die Orbitae näher aneinander rücken. Die Augen sind dabei bisweilen im höchsten Grade mangelhaft entwickelt, fehlen wohl auch gänzlich.

Bruns (*Handbuch der prakt. Chirurgie, S. 248) macht darauf aufmerksam, dass die Mittelspalte auch aufgefasst werden könnte als doppelseitige Lippen- und Gaumenspalte mit Verlust der zwischenliegenden Partien.

Leuckart, *Untersuchungen über das Zwischenkieferbein, S. 47, Taf. VIII, Fig. 30. Die Abbildung copirt nach Vrolik, Tabulae ad illustrandam embryogenesin, Tafel XXXIII, Fig. 7.

Weiblicher Embryo aus der 12. bis 13. Schwangerschaftswoche. Spalte in der Mitte der Lippe und des Oberkiefers. Communication zwischen Mund- und Nasenhöhle. Mangel der äusseren Nase.

Abbildung: Atlas, Tafel XXVI, Fig. 3. Taf. XXVI, Fig. 3.

Baumgärtner, *Physiologischer Atlas, Taf. XXXIV, Fig. 2.

Dem vorigen vollständig gleicher Fall.

Taf. XXVI, Abbildung: Atlas, Tafel XXVI, Fig. 4.

Fig. 4. Ammon, *Die angeborenen chirurgischen Krankheiten des Menschen, Tafel VI, Fig. 2.

Spalte geht durch das Philtrum der Lippe hindurch bis in den Nasenknorpel. Der harte Gaumen ist intact. Die Nase ist ein hahnenkammartiger Lappen.

Taf. XXVI, Abbildung: Atlas, Tafel XXVI, Fig. 5.

Fig. 5. *Präparat der Sammlung des pathol. anat. Instituts in Leipzig, Missbildungen No. 88.

Aehnlich wie der vorige Fall. Mangelhafte Entwickelung der Augen. Mikrocephalie. Auricularexcrescenzen.

Taf. XXVI, Abbildung: Atlas, Tafel XXVI, Fig. 6.

Fig. 6. Mayer, Gräfe und Walther, Journal für Chirurgie und Augenkrankheiten, Bd. 13, Heft 4. — Ammon, *Die angeborenen etc. Taf. VI, Fig. 3.

Nase besser entwickelt, wird nach oben hin sehr breit. Auch die Unterlippe zeigt eine mediane Einkerbung.

Taf. XXVI, Abbildung: Atlas, Tafel XXVI, Fig. 7.

Fig. 7. Vrolik, Verhandelingen van het Genootschap ter Bevordering der Genees- en Heelkunde te Amsterdam, II. Deel, 1. Stuck. — *Schmidt's Jahrbücher, Bd. 100, S. 169. — *Canstatts Jahresbericht, 1856, IV, S. 34.

Genaue anatomische Beschreibung. Das Zwischenkieferbein fehlt.

Dreibholz, *Beschreibung einer sogenannten Phocomele, In. Diss. Berlin 1873. — *Virchow-Hirsch Jahresbericht, 1873, I, S. 227.

Rose, *Monatsschrift für Geburtskunde, Bd. 32, S. 104.

Otto, *Monstrorum sexcentorum descriptio Obs. 460, S. 270.

Neben anderen Missbildungen mediane Spalte der Oberlippe. Hydrocephalus.

Eine gute Sammlung der Literatur giebt Bruns in seinem *Handbuche, S. 248. Ich citire daraus noch

Bitot, Journal de Médecine de Bordeaux. — Gaz. méd. de Paris, 1852, S. 347.

Boisson, Journal de la Société de médicine pratique de Montpellier 1840.

Eine unvollkommene mittlere Lippenspalte, die den Eindruck einer intrauterin geheilten macht, beschreibt

Engel, Prager Vierteljahrsschrift, 1864, Bd. 82, S. 115. — *Schmidt's Jahrbücher, Bd. 126, S. 22.

Die beiden Oberkieferfortsätze sind nach fast vollständigem Schwunde des Os intermaxillare verwachsen.

Seitliche Lippen-Gaumenspalte.

Die weitaus am häufigsten vorkommende Spaltbildung des Gesichts ist die seitliche Lippenspalte, Hasenscharte. Labium leporinum. Dieselbe kommt wohl allein vor, doch findet man sie zumeist im Zusammenhange mit der Kiefer- und Gaumenspalte, Wolfsrachen. Nur ganz selten ist die knöcherne Spalte allein vorhanden, während die Lippenspalte fehlt.

Da die Entstehung aller dieser Spalten auf gleiche Ursachen zurückzuführen ist, so müssen sie auch zusammen abgehandelt werden.

Die Missbildung besteht in einer ungenügenden Vereinigung der

Oberkieferfortsätze und Gaumenfortsätze des ersten Kiemenbogens mit dem Stirnfortsatze, dem Zwischenkiefer und dem Vomer. Die weichen Bedeckungen dieser Theile betheiligen sich fast immer an der Spaltbildung.

In neuerer Zeit hat Albrecht (Zoologischer Anzeiger 1879, No. 26. — *Centralblatt für die medicinischen Wissenschaften, 1879, No. 51, S. 918) die Behauptung aufgestellt, beim Säugethiere bestehe der Zwischenkiefer jederseits aus je zwei getrennten Stücken, so dass zwei mediane und zwei laterale Zwischenkiefer existirten. Die seitliche Lippen-Gaumenspalte würde dann eine unvollkommene Vereinigung des medianen und lateralen Zwischenkiefers bedeuten.

In denjenigen Fällen, in welchen Theile der Placenta und Eihäute mit den abnormen Spalten zusammenhängen, müssen wir den Grund der Missbildung in Verwachsung mit den Eihäuten suchen. Sind hingegen davon Spuren nicht vorhanden, und es pflegt dann die Spaltbildung eine reine, d. h. der embryonalen Bildung congruente (reine) Hemmungsbildung zu sein, so muss eine andere Erklärungsweise herangezogen werden.

In der 8. Woche klafft der Gaumen eines Embryo noch durch eine weite Spalte, wie die untenstehende Zeichnung (Kölliker, *Entwickelungsgeschichte des Menschen und der höheren Thiere, 2. Auflage, Seite 467) erkennen lässt.

Fig. 2.

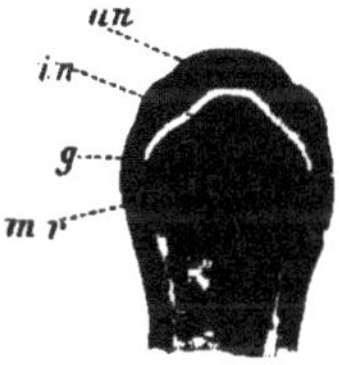

Fig. 2. Unterkiefer ist weggenommen, um die grosse Spalte in der Mundrachenhöhle mr zu zeigen. g Gaumenfortsätze; an, äussere Nasenöffnung; in, innere Nasenöffnung.

Dieselbe schliesst sich im Laufe der 9. und 10. Woche durch Annäherung der Gaumentheile der Oberkieferfortsätze des ersten Kiemenbogens. Findet nun an der Basis cranii durch vermehrten Druck einer grösseren Flüssigkeitsansammlung eine Breitenausdehnung statt, so treffen sich die Gaumentheile nicht, es bleibt eine Spalte, die mit der darüber liegenden Nasenhöhle communicirt. Da in solchen Fällen auch die vorderen Partien der Oberkieferfortsätze ihren Anschluss an das Zwischenkieferbein nicht zu erreichen pflegen, so findet sich neben Gaumenspalte immer eine doppelte oder einfache Kieferspalte, an die sich dann auch die Lippenspalte anschliesst.

Meckel, (*Deutsches Archiv, Band 7, Seite 155), weist mit Nachdruck auf den Zusammenhang zwischen fötalem Hydrocephalus und Gaumenspalte hin, giebt aber Osiander, (*Handbuch der Entbindungskunst, Tübingen 1829, Band 1, Seite 613) nicht recht, der den Austritt der hydrocephalischen Flüssigkeit als Grund der Nichtvereinigung der beiden Gaumenhälften angiebt.

Auch die Erblichkeit spielt bei dieser Missbildung eine bedeutende Rolle. Man lese die Zusammenstellungen von

Bruns, *Lehrbuch der Chirurgie, S. 271 und
O. Weber, *Die Krankheiten des Gesichts, S. 76.

Die Lagerung des Fötus auf der linken Seite bedingt, dass die schädlichen Ursachen besonders die linke Gesichtshälfte betreffen; daher das Vorkommen der viel zahlreicheren linken Lippen-Gaumenspalten.

Die folgenden Beispiele und Abbildungen stellen eine fortschreitende Reihe dar von der einfachen Lippeneinkerbung bis zur doppelten Hasenscharte mit Wolfsrachen complicirt:

Ammon, *Die angeborenen chirurgischen Krankheiten des Menschen, Taf. VI, Fig. 4.

Leichte Einkerbung der Lippe.

Taf. XXVI, Fig. 8. Abbildung: Atlas, Tafel XXVI, Fig. 8.

Ammon, *l. c. Taf. VI, Fig. 5.

Die Lippe durchdringende Spalte. Diese Form ist selten.

Taf. XXVI, Fig. 9. Abbildung: Atlas, Tafel XXVI, Fig. 9.

Ammon, *l. c. Taf. VI, Fig. 6.

Spalte reicht bis zur Nasenhöhle.

Taf. XXVI, Fig. 10. Abbildung: Atlas, Tafel XXVI, Fig. 10.

Ammon, *l. c. Taf. VI, Fig. 7.

Die Spalte reicht breit bis zur Nasenhöhle. Lippensaum umgeschlagen. Linke Nasenhälfte in die Breite gezogen.

Taf. XXVI, Fig. 11. Abbildung: Atlas, Tafel XXVI, Fig. 11.

Martens, Ueber eine complicirte Hasenscharte, Leipzig, 1804. — *Ammon, l. c. Taf. VI, Fig. 8.

Rechtsseitige Hasenscharte mit Wolfsrachen.

Taf. XXVI, Fig. 12. Abbildung: Atlas, Tafel XXVI, Fig. 12.

Meckel, Tabulae anatom. pathol., Fasc. I, Taf. XVIII, Fig. 1. Leipzig 1824. — *Ammon, l. c. Taf. VI, Fig. 9.

Taf. XXVI, Fig. 13. Abbildung: Atlas, Tafel XXVI, Fig. 13.

Meckel, l. c. Taf. XVIII, Fig. 2. — *Ammon, l. c. Taf. VI, Fig. 10.

Taf. XXVI, Fig. 14. Abbildung: Atlas, Tafel XXVI, Fig. 14.

Ammon, *l. c. Taf. VI, Fig. 11.

Doppelte Hasenscharte, ohne Betheiligung der knöchernen Partien.

Taf. XXVI, Fig. 15. Abbildung: Atlas, Tafel XXVI, Fig. 15.

*Präparat der Sammlung des pathol. anat. Instituts in Leipzig, Missbildungen No. 86.

Hemicephalus mit doppelter Lippenspalte.

Taf. XXVI, Fig. 16. Abbildung: Atlas, Tafel XXVI, Fig. 16.

Weber, *Die Krankheiten des Gesichts, in Pitha und Billroth's Chirurgie, S. 71.

Doppelte Hasenscharte mit Wolfsrachen. Das Os intermaxillare ragt stark hervor.

Taf. XXVI, Fig. 17 u. 18. Abbildungen: Atlas, Tafel XXVI, Fig. 17 und 18.

Ammon, *l. c. Tafel VI, Fig. 13 und 21.

Wie im vorigen Falle.

Taf. XXVI, Fig. 19. Taf. XXVII, Fig. 2. Abbildungen: Atlas, Tafel XXVI, Fig. 19 und Tafel XXVII, Fig. 2.

Langenbeck, Neue Bibliothek für Chirurgie und Ophthalmologie, Bd. 4,

Heft 3, Taf. I, Fig. 1. — *Ammon, l. c. Taf. VI, Fig. 14.

Ansicht von der Mundhöhle aus.

Abbildung: Atlas, Tafel XXVI, Fig. 20. Taf. XXVI, Fig. 20.

Meckel, Tabulae anat. path. Fasc. I, Tab. XVIII, Fig. 5. — *Ammon, l. c. Tab. VI, Fig. 17.

Doppelte Lippen-Gaumenspalte. Ansicht von der Mundhöhle aus.

Abbildung: Atlas, Tafel XXVII, Fig. 1. Taf. XXVII, Fig. 1.

Langenbeck, l. c. Bd. 4, Heft 3, Taf. I, Fig. 10. — *Ammon, l. c. Taf. VI, Fig. 19.

Doppelte Lippen-Gaumenspalte mit vollständigem Mangel des Os intermaxillare.

Abbildung: Atlas, Tafel XXVI, Fig. 21. Taf. XXVI, Fig. 21.

Eine eigene Form der doppelten Lippenspalte, sowohl der Ober- wie der Unterlippe, sieht man bei der durch Spaltung vom unteren Körperende aus entstanden Doppelbildung (Dipygus). Das Gesicht ist scheinbar aus zwei Hälften zusammengesetzt, die von der Nase an nach abwärts sich nicht genügend vereinigt haben. In dem Beispiele aus

*Meiner eigenen Sammlung, einer Janicepsbildung, deutet auch die mediane Spalte des Oberkiefers, der Zunge und des Unterkiefers auf diese seltene Entstehungsweise hin.

Abbildung: Atlas, Tafel XXVI, Fig. 22. Taf. XXVI, Fig. 22.

Nicht selten werden Kinder mit bereits in utero geheilter Hasenscharte geboren. Man sieht dann einseitig eine braun pigmentirte Narbe, an die sich eine Einkerbung der Lippe anschliesst. Auf Querschnitten durch die ganze Partie zeigt sich keine echte Narbe, sondern alle Gewebe der Lippe sind in der scheinbaren Narbe vorhanden, aber in einem höchst atrophischen Zustande. Es ist die intrauterine Heilung daher aufzufassen als eine nicht ganz gelungene, mangelhaft ernährte Verschmelzung zwischen dem os intermaxillare und dem oberen Fortsatze des ersten Kiemenbogens.

Man trifft die geheilte Hasenscharte bisweilen in Familien, in denen auch andere Glieder Hasenscharten mit zur Welt brachten.

Die Literatur über intrauterin geheilte Hasenscharten findet man nebst selbst beobachteten Fällen bei

Bruns, *Lehrbuch der Chirurgie, S. 271 u. flg.

Ausserdem berichten noch ähnliche Fälle

Chauvin, Rev. méd. Mai 1838. — *Schmidt's Jahrbücher, Bd. 24, S. 83.

Bonnort, Gazette des Hôp. 1848, No. 29. — *Schmidt's Jahrbücher, Bd. 62, S. 202. — *Canstatt's Jahresbericht, 1848, III, S. 3.

Schuller, Oesterr. Zeitschrift für Kinderheilkunde, 1855, I, 2. Nov. — *Schmidt's Jahrbücher, Bd. 89, S. 320.

Röser, Memorabilien aus der Praxis 1859, IV, S. 3. — *Schmidt's Jahrbücher Bd. 102, S. 369.

Leo, *Berliner Klinische Wochenschrift, 1874, No. 11, S. 129. — *Schmidt's Jahrbücher, Bd. 161, S. 323.

Comes, *von Siebold's Journal, Bd. 14, S. 147.

Busch, Niederrheinische Gesellschaft für Natur- und Heilkunde, Medicinische Section, 19. Nov. 1877. — *Deutsche med. Wochenschrift, 1878, No. 5 und *Berliner Klinische Wochenschrift, 1880, No. 9, S. 127.

Bartels, *Ueber intrauterin vererbte Hasenscharten, Reichert's Archiv, 1872, S. 595.

Taf. XXVII, Fig. 3 u. 4. Abbildungen: Atlas, Tafel XXVII, Fig. 3 und 4.

Da Doppelmissbildungen mit zwei Körpern sich so auf der Keimblase entwickeln müssen, dass die eine Frucht der rechten, die andere der linken Seite aufliegt, so entstehen aus diesem Grunde ausser anderen Eigenthümlichkeiten auch bisweilen je eine rechts- und linksseitige Hasenscharte resp. Wolfsrachen.

Sömmering, *Abbildung und Beschreibung einiger Missgeburten, Mainz 1791, Titelblatt, 2 Fälle.

Sömmering, *l. c. Tafel VIII.

Taf. IX, Fig. 1. Abbildung: Atlas, Tafel IX, Fig. 1.

Zimmer, *Physiologische Untersuchungen über Missgeburten, Rudolstadt 1806, Taf. I, Fig. 1.

Taf. II, Fig. 3. Abbildung: Atlas, Tafel II, Fig. 3.

F. B. Osiander, *Handbuch der Entbindungskunst, Tübingen 1829, Bd. 1, S. 613.

Otto, *Verzeichniss der anatomischen Präparatensammlung des Anatomie-Instituts zu Breslau, 1826, S. 63, No. 2911.

Meigs, American Journal 1857, Jan. S. 45. — *Schmidt's Jahrbücher, Bd. 96, S 297.

Wangenspalte. Wangenspalte, Fissura buccalis congenita, Makrostoma, Grossmaul. Die Wangenspalte betrifft in der Regel nur die Weichtheile der Wange. Geringere Grade dieser Verbreiterung der Mundspalte sind im Leben ziemlich häufig, das Gesicht vollständig entstellende hingegen sehr selten. In einzelnen Fällen fand man in der That den Mund bis zu den Ohren aufgeschlitzt. In diesen extremen Fällen handelt es sich meist um neugeborene Früchte, die noch weitere, eingreifendere Missbildungen hatten, daher nicht weiter leben konnten. Doch wurde auch mit Glück operirt, wie in einem Falle von Lesser.

Die Mundspalte klafft während der Entwickelung des Fötus nur eine kleine Zeit hindurch in so hohem Maasse. Man muss zur Erklärung der Entstehung der Wangenspalte wohl Mangel des Materials annehmen. Doch werden auch amniotische Verwachsungen die Grundursache abgeben können. Langenbeck will die stark hypertrophische Zunge für die Vergrösserung der Mundspalte verantwortlich machen, was für einige Fälle müssiger Spaltbildung wohl berechtigt sein mag. Doch ist nur in der kleineren Zahl der Beobachtungen Wangenspalte mit Zungenhypertrophie zusammen gesehen worden.

Huxholtz, *De foetu monstroso, Disputatio medico-physica, Marburg 1670, Fig. 1.

Taf. XXVII, Fig. 5. Abbildung: Atlas, Tafel XXVII, Fig. 5.

Muralt, *Ephemerides Academiae Caes. Leopold. 1715, Cent. III und IV, Obs. 134, S. 304.

Abbildungen: Atlas, Tafel XXVII, Fig. 6 und 7. Taf. XXVII, Fig. 6 u. 7.

Langenbeck, Neue Bibliothek für Ophthalmologie und Chirurgie, IV, S. 501. — *Ammon, Die angeborenen chirurgischen Krankheiten des Menschen, Taf. IV, Fig. 14.

Der rechte Mundwinkel klafft breit, während der linke, sich zuspitzend, die ganze Backe durchschneidet und seitlich des Auges endet. Die Zähne des Oberkiefers waren fast ganz, die des Unterkiefers zum Theil sichtbar. Wurde mit Erfolg operirt.

Abbildung: Atlas, Tafel XXVII, Fig. 8. Taf. XXVII, Fig. 8.

Rynd, *The Dublin Quarterly Journal 1861, Vol. XXXII, S. 51.

Die Spalte erstreckt sich in querer Richtung links fast bis zum Ohrläppchen.

Abbildung: Atlas, Tafel XXVII, Fig. 9. Taf. XXVII, Fig. 9.

Lesser, *Deutsche Zeitschrift für Chirurgie, 2. Band, S. 311.

Rechts bis zum Ohrläppchen, links weniger weit.

Mit Erfolg operirt.

Abbildung: Atlas, Tafel XXVII, Fig. 10. Taf. XXVII, Fig. 10.

Ammon, *Die angeborenen chir. Krankheiten des Menschen, Tafel VIII, Fig. 1.

Makrostoma bei Mikrocephalie und Makroglossie.

Abbildung: Atlas, Tafel XXVII, Fig. 11. Taf. XXVII, Fig. 11.

Remacly, De fissura genae congenita, Inauguraldissert. Bonn 1864.

Abbildungen: Atlas, Tafel XXV, Fig. 4 und 5.

Pelvet, Gazette de Paris, 1864, No. 28. — *Schmidt's Jahrbücher, Bd. 125, S. 165. — *Canstatt's Jahresbericht 1864, IV, S. 8.

Linksseitige quere Gesichtsspalte; rechts quere Augen-Wangenspalte bei einem 22jährigen Manne.

Debout, Bulletin de l'Académie de Médecine de Belg. 2. Ser. Tome V, No. 6 u. 7, 1862. — *Canstatt's Jahresbericht 1862, IV, S. 6.

Wreden, Petersburger med. Zeitschrift, 1867, No. 13, S. 204. — *Virchow-Hirsch Jahresbericht 1868, I, S. 169.

Sechswöchentlicher Knabe. Mundspalte 31 Mm., links 4 Ctm. weiter aufgeschlitzt, als rechts. Anomalie des äusseren Ohres.

Reismann, Archiv für klinische Chirurgie, Bd. 11, S. 858. — *Virchow-Hirsch Jahresbericht, 1869, I, S. 169.

Neugeborenes Kind. Mund links bis zur Mitte der Wange gespalten, weiter oben mit Cutis besäumt. Dabei die ganze linke Gesichtshälfte schwächer entwickelt als die rechte. Operativ beseitigt.

Ammon, *l. c. S. 24.

Hemicephalisch, todtgeboren. Unterkiefer dürftig ausgebildet.

Bruns, *Handbuch der Chirurgie, S. 5 citirt noch

Suë, Histoire de l'Académie des sciences, 1746, S. 42.

Deville, *Gazette des Hôpitaux, Paris 1845, S. 92.

O. Weber, *Die Krankheiten des Gesichts, S. 70 citirt

N. Ward, Lancet, 1859, Vol. 1, S. 536.

Colson, Gazette des Hôpitaux, 1860, S. 570.

Fergusson, System of pract. surgery, 4. Ed. London 1857, S. 574, Fig. 300, 301 und 302.

Unterlippenspalte. Erreichen sich bei der Schliessung der embryonalen Gesichtsspalten die beiden Unterkieferfortsätze des Unterlippenspalte.

ersten Kiemenbogens nicht, so bleibt eine Spalte des Unterkiefers bestehen, die natürlich auch die Unterlippe betrifft. Sie kann auch an letzterer allein vorkommen, wenn die Vereinigung der beiden Unterkieferhälften wohl noch erfolgte, sich aber verzögerte. Die Spalte ist stets median gelegen. Sie kommt nur sehr selten vor, meist allein, nicht etwa, wie man erwarten könnte, in Verbindung mit grösseren Verstümmelungen der oberen Gesichtspartien.

Ammon, *Die angeborenen chirurgischen Krankheiten des Menschen, Tafel XXXIII, Fig. 3. Erklärung S. 136.

Betraf nur die Lippe.

Lannelonge, Bullètin et Mémoires de la Soc. de Chirurgie de Paris, 1879, Bd. 5, S. 617. — *Wiener med. Wochenschrift 1879, No. 50, S. 1317.

Kind von $2^1/_2$ Jahren mit angeborener Lippen-Unterkieferspalte. Ausserdem verlief ein aponeurotisches Band vom Unterkiefer zum Sternum, so dass beim Hintenüberbeugen der Unterkiefer nach unten gehalten wurde.

Schubarth, *De maxillae inferioris monstrosa parvitate et defectu, Frankfurt a. d. Oder 1819, S. 18.

Verschiedene schwere Missbildungen des Gesichts und des Rumpfes.

Ausserdem citiren Bruns (*Lehrbuch, S. 250):

Curonne, Annales cliniques de la Société de médecine pratique de Montpellier, 1819, S. 107,

und O. Weber (*Krankheiten d. Gesichts, S. 70):

Nicati und

Boussion.

Weitere Beispiele siehe bei

Meckel, *Lehrbuch d. pathol. Anatomie I, S. 548.

Fleischmann, *Bildungshemmungen, S. 338.

J. J. St. Hilaire, *Histoire générale etc., Bd. 1, S. 597.

Rose, *Monatsschrift für Geburtskunde, Bd. 32, S. 99 citirt:

Parise, Bulletin de Thérapeutique, Bd. 43, Sept., S. 269. — *Schmidt's Jahrbücher, Bd. 116, S. 361.

Blachez, Bulletin de la Société anatom. de Paris, 1856, Juli. — *Canstatt's Jahresbericht 1856, IV, S. 44.

In diesem Falle ist die Spaltung durch eine hinter dem Unterkiefer sich entwickelnde Cyste bewirkt worden. Spalte c. 3 Ctm. breit.

Fisteln und Cysten der Unterlippe.

Fisteln und Cysten der Unterlippe. Der Unterkiefer des menschlichen Fötus entwickelt sich aus den beiden unteren Fortsätzen des ersten Kiemenbogens. Diese sind nicht gleichmässig geformte Spangen, sondern bestehen aus vier Stücken, von denen die beiden mittleren am stärksten hervortreten. Wo die mittleren Stücke den äusseren anliegen, bilden sich kleine Einkerbungen, die, wenn sie persistiren, den Anlass zur Fistel- oder Cystenbildung der Unterlippe geben, ähnlich wie die Persistenz der Kiemenspalten den Anlass zur Halsfistel giebt. Diese Fisteln münden durch die Unterlippe nach aussen, wo man sie seitlich der Medianlinie als feine Oeffnungen wahrnimmt. Sie sind umgeben von Muskelfasern, so dass sie sich erigiren können. Rose konnte zwei Centimeter weit sie in divergirender Richtung sondiren. In anderen Fällen convergirten sie nach innen zu. Sie sondern einen hellen klaren Schleim tropfenweise ab.

Verschliesst sich die Oeffnung, so entsteht eine Unterlippencyste.

Bisher sind nur sehr wenige Beobachtungen derart veröffentlicht worden. Man fand in einigen Fällen diese Missbildung der Unterlippe neben Spaltungen der Oberlippe und des harten Gaumens.

Die ausführlichste Arbeit über diesen Gegenstand hat Rose geliefert, zugleich mit Beschreibung eines neuen, einschlägigen Falles.

Rose, *Monatsschrift für Geburtskunde, Bd. 32, S. 99.

Mädchen von sieben Wochen mit doppelter seitlicher Oberlippenspalte und starker Hervorragung des Zwischenkiefers. Rüsselförmige Bildung der Unterlippe, auf deren gleichsam abgekuppten mittleren Partien sich die zwei secernirenden Oeffnungen befinden.

Abbildungen: Atlas, Tafel XXVII, Fig. 12 und 13. Taf. XXVII,

Erklärung: Fig. 13: ost, ost, secernirende Oeffnungen der Unterlippenfisteln. Fig. 12 u. 13.

Bickett — *Rose l. c. S. 107, Fig. 6.

Unterlippencyste beim Erwachsenen.

Abbildung: Atlas, Tafel XXVII, Fig. 14. Taf. XXVII,

Murray, Brit. and For. med.-chir. Rev. Oct. 1860. — *Canstatt's Jahresbericht, 1861, IV, S. 11. Fig. 14.

Bei einem 18monatlichen Kinde fand sich eine linksseitige Hasenscharte und an der Unterlippe zwei kleine Säckchen. Aehnliche Verbildung bestand beim Vater des Kindes und 3 Geschwistern. Bei dem ältesten Kinde, einem Mädchen von 17 Jahren, war die Unterlippe klein und fleischig; ungefähr ein viertel Zoll vom äusseren Rande der Lippenschleimhaut finden sich zwei Oeffnungen von halbmondförmiger Gestalt, symmetrisch zu beiden Seiten der Mittellinie. Die Enden des Halbmondes sind ein wenig nach vorn und ein wenig nach aussen gerichtet. Eine eingebrachte Sonde geht einen halben Zoll tief ein und nähert sich der Mundschleimhaut, ohne sie zu durchbohren; die beiden Gänge communiciren nicht untereinander, sie sondern einen zähen Schleim ab und bewirken keine weitere Störung.

Richet, Gazette des Hôpitaux, 1861, No. 44. — *Canstatt's Jahresbericht 1861, IV, S. 11.

Kind mit doppelter Lippen-Kieferspalte und Unterlippenfisteln.

Richet will 4 derartige Missbildungen beobachtet haben. Ausserdem erwähnt er noch je eine Beobachtung von

Demarquay, Gaz. méd. de Paris 1846.

Betrifft die Grossmutter des ersten von Richet operirten Kindes, und von

Beraud;

Jacobi, Journal für Kinderkrankheiten 1860, No. 24, S. 44. — *Schmidt's Jahrbücher, Bd. 107, S. 60.

Die folgenden, in Rose's Arbeiten copirten Abbildungen stammen wahrscheinlich von Murray oder Richet. Es fehlt die Angabe darüber.

Abbildung: Atlas, Tafel XXVII, Fig. 15. Taf. XXVII,

41jähriger Mann. Im 13. Jahre ist der Zwischenkiefer Fig. 15.

zur Heilung einer doppelten Hasenscharte entfernt worden. Taf. XXVII

Abbildung: Atlas, Tafel XXVII, Fig. 16. Fig. 16.

Erklärung: 13jähriges Mädchen mit Unterlippenfisteln, Tochter des vorigen Falles. Die doppelte Hasenscharte ist in der Jugend mit Excision des Zwischenkiefers geheilt.

Taf. XXVII, Fig. 17. Abbildung: Atlas, Tafel XXVII, Fig. 17.

Erklärung: Bruder der vorigen. $1^1/_2$ Jahr alt. Linksseitige Hasenscharte. Doppelte Unterlippenfistel.

Dreifaches Frenulum. Eine Folge der gegliederten Anlage des Unterkiefers ist auch die Bildung eines dreifachen Frenulum der Unterlippe, wie es bisher nur einmal beschrieben wurde.

Ammon, *Die angeborenen chirurgischen Krankheiten des Menschen, S. 37. Taf. VIII, Fig. 5.

Taf. XXVII, Fig. 18. Abbildung: Atlas, Tafel XXVII, Fig. 18.

Agnathie. Mangel des Unterkiefers. Agnathie. Synotie. Entwickeln sich die beiden unteren Fortsätze des ersten Kiemenbogens gar nicht, oder nur in sehr mangelhafter Weise, so bleibt der Unterkiefer in der Entwickelung zurück oder fehlt gänzlich.

In Folge Mangels des Unterkiefers ist die Mundhöhle nur rudimentär entwickelt, der Mund selbst meist sehr klein. Die Ohrmuscheln sind nach unten herabgerückt und nähern sich oder beberühren sich zwischen Oberkiefer und Hals. Auch der Oberkiefer ist in den meisten Fällen verkümmert, ebenso Körper und Flügel des Keilbeines. — In den weniger ausgeprägten Fällen, z. B. im Hecker'schen, zeigte sich eine rudimentäre Knochenleiste zwischen den beiden Meatus auditor. extern. Es mag dies wohl ein Rudiment des Unterkiefers sein. Das Zungenbein war normal entwickelt. Bei stärkerer Verbildung fehlt der Unterkiefer ganz und auch bisweilen noch das Zungenbein (Guerdan). Die Zunge ist rudimentär angelegt oder fehlt. Die Zugänge zur Trachea und zum Oesophagus sind bald geschlossen, bald geöffnet.

Beim Menschen ist diese Verbildung sehr selten. Zumal der uncomplicirten Fälle giebt es wenige. Am häufigsten findet man Agnathie verbunden mit Cyklopie und Hemicranie. Besonders häufig findet sich die Missbildung beim Lamm.

Die Früchte können nicht leben, da die Ernährung wegen Mangels der Mundhöhle, oft auch die Athmung, nicht möglich ist. In den bisher beobachteten Fällen trat die reine Agnathie fast immer bei Früchten auf, die sonst keine anderen Missbildungen am Körper aufzuweisen hatten.

Otto, *Neue seltene Beobachtungen, 1824, Taf. IV.
Knabe, totaler Situs transversus.

Taf. XXVIII, Fig. 1 u. 2. Abbildungen: Atlas, Tafel XXVIII, Fig. 1 und 2.

Guerdan, *Monatsschrift für Geburtskunde Bd. 10, S. 176. Tafel I, Fig. 1 und 2.

Fall von totaler Synotie. Zungenbein und Zunge fehlen. Sehr gute Beschreibung der einzelnen Verhältnisse.

Abbildungen: Atlas, Tafel XXVIII, Fig. 3 und 4. Taf. XXVIII, Fig. 3 u. 4.

Braun, *Zeitschrift der k. k. Gesellschaft der Aerzte zu Wien, Jahrgang 11, 1855, S. 614.

Lebte c. 1 Stunde.

Abbildungen: Atlas, Tafel XXVIII, Fig. 5 und 6. Taf. XXVIII, Fig. 5 u. 6.

Hecker, *Klinik der Geburtskunde, Bd. 2, S. 224, Taf. VI, Fig. 1 und 2.

Mädchen, 1500 Gr. schwer, 42 Ctm. lang, wurde frischtodt geboren. Mund nicht vollständig verschlossen. Man konnte mit einer Sonde bis zum Pharynx gelangen. Epiglottis, Kehlkopf, Zungenbein normal entwickelt. Soweit die knöchernen Ansatzpunkte für die Muskulatur des Halses vorhanden sind, ist auch diese regelmässig gebildet.

Abbildungen: Atlas, Tafel XXVIII, Fig. 7 und 8. Taf. XXVIII, Fig. 7 u. 8.

Erklärung: Fig. 8: os, Mundöffnung; ph, Pharynx; s, Sonde, die von der vorderen zur hinteren Partie der Mundhöhle führt; m. aud. ext, Aeussere Gehörgänge; os int, Knochenleiste zwischen denselben; Epigl, Epiglottis; oes, Oesophagus; gl. thyr, Schilddrüse.

*Präparat der Sammlung des pathologisch-anatomischen Instituts in Leipzig, Missbildungen No. 109.

Unvollkommene Form mit verhältnissmässig grosser Mundöffnung.

Abbildung: Atlas, Tafel XXVIII, Fig. 9. Taf. XXVIII, Fig. 9.

Arnold, Virchow's Archiv, Bd. 38, S. 145.

Unzeitiger Fötus weiblichen Geschlechts, 23 Ctm. lang, 330 Gr. schwer. Mund- und Nasenöffnung nur angedeutet. Die Ohren sind nahe aneinander gerückt; dem entsprechend fehlen Unterkiefer und Zungenbein. Ebenso fehlt das Zwischenkieferbein und findet in Folge dessen eine Verschmelzung in der Mittellinie statt, die wiederum zu manchen Complicationen führt.

Unterhalb der vereinigten Ohren, also am Halse, befindet sich ein grosser schwappender Sack, aus dem 50 Ccm. schleimiger Flüssigkeit entleert wurden. Der Hohlraum entspricht der Rachenhöhle.

Sehr genaue Beschreibung.

Abbildungen: Atlas, Tafel XXVIII, Fig. 10, 11, 12, 13 und 14. Taf. XXVIII, Fig. 10, 11, 12, 13 u. 14.

Erklärung: Fig. 11: n, feine Nasenöffnung; os, feine Mundspalte.

Fig. 12: Die Knochen des Schädels und Gesichts. cn, Nasenhöhle; pr. al, Verwachsene Processus alveolares des Oberkiefers; for. infr., Foramen infraorbitale; muc, Schleimhaut des Mundbodens.

Fig. 13: Schematischer Durchschnitt durch die Mittellinie des Schädels und Gesichts. Von der Schädelhöhle aus gelangt man durch das gemeinsame Foramen opticum (for. opt.) in die Augenhöhlen (cav. o), welche miteinander breit communiciren. cav. n, Nasenhöhle mit os n, feiner Oeffnung; cav. or, Mundhöhle mit os, feiner Spalte; Cyst, der mit Schleim gefüllte Sack, der als blind endender Schlund aufzufassen ist.

(Die Knochen sind durch horizontale, Muskel, Haut etc. durch senkrechte Striche angegeben.)

Fig. 14: Ansicht nach Spaltung der Cyste. ep, Eingang in die Glottis; oes, Eingang zum blind endenden Oesophagus; st.m, Begrenzung durch den Musculus Sterno-Cleido-Mastoideus. — Im oberen Theile der Höhle finden sich die Bestandtheile der verschmolzenen inneren Gehörorgane.

Faesebeck, *Müller's Archiv, 1842, S. 475.
Reifer wohlgenährter Knabe, aus der Sammlung des Herrn Medicinalrath Cramer. Ausser den der Synotie eigenen Veränderungen noch Transposition der Gefässe und der Eingeweide, Situs transversus der Leber und des Magens.

Hesselbach, *Beschreibung der pathologischen Präparate, welche in der Königlichen anatomischen Anstalt zu Würzburg aufbewahrt werden. Giessen 1824, S. 254.
Weiblicher, fast ausgetragener Fötus. Ohrläppchen stehen 13 Linien von einander. Also keine vollständige Synotie. Dem entsprechend Mund deutlich ausgebildet, doch schiefstehend. Wie im Arnold'schen Falle Cristaartige Vorbuchtung der Oberkieferknochen. Wie bei Faesebeck Transposition der Gefässe und Eingeweide.

Paul, Bulletin de la Soc. de Gand, 1857, Febr. — *Canstatt's Jahresbericht, 1857, IV, S. 15.

Es sind ferner einige Beobachtungen veröffentlicht, in denen es zu keiner vollkommenen Agnathie, sondern nur zu einer mehr oder weniger mangelhaften Ausbildung des Unterkiefers und ihrer Folgezustände gekommen ist. Derartige Fälle beschreiben

von Siebold, *von Siebold's Journal, Bd. 15, S. 18.

Roux, Annales de Thérap. méd. et chir. März 1844. — *Canstatt's Jahresbericht 1844, III, S. 7.

Förster, *Würzburger medicinische Zeitschrift, Bd. 3, 1862, S. 210.

Steffel, Oesterreichische Jahrbücher für Pädiatrie 1875, Heft 1. — *Virchow-Hirsch, Jahresbericht, 1875, I, S. 339.

Halsspalte. Trachealfistel.

Halsspalte. Trachealfistel. Eine sehr seltene Missbildung. Sie characterisirt sich durch eine mehr oder weniger grosse Oeffnung an der Vorderfläche des Halses, die in der Regel die Trachea durchbohrt oder wenigstens als Fistelgang in der Wand derselben endet. Wenn man bedenkt, dass sich die Trachea aus dem Vorderdarme bildet, indem eine Längsleiste denselben in Trachea und Oesophagus trennt, so muss eine Trachealfistel in ihrer Entstehung auf einem unvollkommenen Schlusse dieses Theiles des Darmrohres beruhen, während die weiter unten zu beschreibenden Halskiemenfisteln ihre Entstehung aus einer Persistenz der Kiemenspalten selbst herleiten. Ohne Zweifel sind in den Beschreibungen Trachealfisteln und Halskiemenfisteln öfter durch einander geworfen worden. Die Trachealfistel ist weit seltener als die Halskiemenfistel.

Einen Fall unzweifelhafter Trachealfistel hat Luschka beschrieben:

Luschka, *Archiv für physiologische Heilkunde, Bd. 7, S. 25, 1848.
Bei einem grösseren Knaben zieht sich längs des Halses bis einen Zoll vom

oberen Sternalrande ein Hautwulst mit einer schlitzförmigen Oeffnung hin. Die Sondirung ergab eine blind endigende, mit Schleimhaut ausgekleidete Fistel.

Abbildung: Atlas, Tafel XXVIII, Fig. 15. Taf. XXVIII, Fig. 15.

Riecke, *Walther und Ammon, Journal der Chirurgie und Augenheilkunde, Neue Folge, IV, 1845, S. 619.

Geschwulst vom unteren Ende der Cartilago cricoidea bis zum Manubrium sterni. Bis zum 5. Jahre offen; dann aussen geschlossen, füllte sich der Sack mit Secret, das sich von Zeit zu Zeit entleert und ausgehustet wird.

Jenni, *Schweizerische Zeitschrift für Medicin, Chirurgie und Geburtshilfe, 1854, 1.

Am unteren vorderen Rande der Cartilago thyreoidea, genau in der Mitte, eine sehr feine Oeffnung, durch die Flüssigkeit in den Pharynx sich spritzen liess.

Mayr, Jahrbücher für Kinderheilkunde, IV, 209, 1861. — *Schmidt's Jahrbücher, Bd. 112, S. 372 und Bd. 113, S. 75.

Wahrscheinlich Rest der dritten Kiemenspalte mit Divertikelbildung am Oesophagus.

Ein Unicum besitzt die Sammlung des pathologisch-anatomischen Instituts zu Leipzig, einen Fötus, der eine weite Halsspalte mit Prolapsus linguae aufzuweisen hat. Leider verhindert die Seltenheit des Präparates eine genauere Untersuchung.

*Präparat No. 120 der Missbildungen.

4—5monatlicher Fötus. Der ganze Mundboden fehlt. Die Zunge ist prolabirt und bewirkt durch ihre Schwere die Bildung einer klaffenden Querspalte.

Abbildungen: Atlas, Tafel XXVIII, Fig. 16 und 17. Taf. XXVIII, Fig. 16 u. 17.

Communication der Trachea mit Oesophagus.

Da sich Trachea und Oesophagus aus dem Vorderdarm bilden, indem das Anfangs gemeinsame Rohr durch Bildung zweier nach innen zu wachsender Längsfalten in eine vordere Röhre (Trachea) und in eine hintere (Oesophagus) geschieden wird, so ist es nichts auffälliges, wenn bei unvollkommener Trennung Communicationen zwischen den beiden Schläuchen angetroffen werden. Es ist diese Missbildung gar nicht selten. Bemerkenswerth dabei ist nur, dass bei bestehender Communication einer der beiden Canäle, besonders die Speiseröhre, blind zu endigen pflegt und zwar in der Regel dicht unter der Communicationsöffnung. Es ist wohl anzunehmen, dass, wenigstens in einer Anzahl der Fälle, der Abfluss des abgesonderten Schleimes durch die Communicationsöffnung in die Trachea das untere Stück des Oesophagus zur Obliteration bringt.

Richter, De infanticidio in artis obstetriciae exercitio non semper evitabili, Diss. Leipzig, 1792. — *Stark's Archiv, Bd. 4, S. 675.

Ein Kind, welches lebendig zur Welt kam, konnte nicht das Geringste von Nahrungsmitteln zu sich nehmen, weil diese es gleich zu ersticken drohten. Den dritten Tag starb es Hungers. Man fand nun, dass Schlund und Luftröhre einen gemeinschaftlichen Sack ausmachten.

Martin, Observateur des sciences médicales, Marseille, Juli 1825. — *Neue Zeitschrift für Geburtskunde, Bd. 6, S. 268.

Bei einem 36 Stunden nach seiner Geburt gestorbenen Kinde ging der Schlund in eine nur wenige Linien lange, blind endende Speiseröhre über. Nahe, über dem Ursprunge der Bronchen zeigte die hintere Wand der Trachea eine Oeffnung, durch welche die Sonde in einen häutigen elastischen Kanal von der Weite einer kleinen Feder drang, der nach dem Magen verlief und daher eine gerade Verbindung zwischen dem Verdauungs- und dem Athmungsapparate gebildet hat.

Schöller, *Neue Zeitschrift für Geburtskunde, Bd. 6, S. 264.

Wohlgebildeter Knabe. Brach alles Genossene mit Schleim vermengt aus. Tod am vierten Tage. Der Oesophagus stieg hinter dem Kehlkopfe bis etwas über die Hälfte der Trachea herab um alsdann sackförmig und blind zu enden. Das Lumen desselben war ungefähr um das Doppelte erweitert und seine Wandungen waren beträchtlich verdickt. Am Grunde des Sackes sassen kleine knorpelharte Wucherungen. 3 bis 4 Linien unterhalb des blinden Sackes mündete der untere Theil des Oesophagus in die Trachea mit einer ovalen, glattrandigen Oeffnung.

C. P. J. Wolff, Specimen Anat. pathol. de monstris sireniformibus, Amsterdam, 1839. — *Vrolik, Tabulae ad illustrandam etc. Taf. LXIII, Fig. 3.

Taf. XXIX, Fig. 1. Abbildung: Atlas, Tafel XXIX, Fig. 1.

Erklärung: Tr, Trachea; Csm, Communication zwischen Trachea und Oesophagus; Oes, Oesophagus; vent, Magen.

Tilanus, Verhandlingen von het Genootschap ter bevordering der Genees- un Heelkunde te Amsterdam, 1844, Th. I. St. 2. — *Canstatt's Jahresbericht 1845, IV, S. 6.

Kind lebte 5 Tage.

Levy, *Neue Zeitschrift für Geburtskunde, Bd. 18, S. 436. 2 Beobachtungen.

Wohlgebildeter ausgetragener Knabe. Tod am vierten Tage. Befund fast gleich dem im Schöller'schen Falle. Communication dicht über der Bifurcation.

Taf. XXIX, Fig. 2. Abbildung: Atlas, Tafel XXIX, Fig. 2.

Erklärung: Oes. sup, oberer Theil, Oes. inf. unterer Theil des Oesophagus; Com, Einmündungsstelle des unteren Theiles in die Trachea; Tr, Geöffnete Trachea; Vent. Geöffneter Magen.

Frühgeborener Knabe. Der obere Theil des Oesophagus erstreckt sich bis einen halben Zoll unterhalb der Cartilago cricoidea. An der Bifurcationsstelle gehen drei Aeste ab. Der rechte führt zu einer mangelhaft entwickelten Lunge, der mittlere, eine ganze Strecke weit Knorpelringe enthaltende, verwandelt sich in den unteren Theil des Oesophagus, der linke führt zur linken Lunge. In diesem Falle sind die beiden Oesophaguspartien über $1^1/_2$ Zoll von einander entfernt, ohne dass man ein Rudiment wahrnimmt.

Taf. XXIX, Fig 3. Abbildung: Atlas, Tafel XXIX, Fig. 3.

Erklärung: Oes. sup, Sackartiger oberer Theil des Oesophagus, geöffnet; Oes. inf. mit Knorpelringen versehener unterer Theil des Oesophagus; pulmo d, rechte mangelhaft entwickelte Lunge mit der kleinen Arterie (Art. p. d.) und Vene (ven. p. d.); Cor, Herz; Vent, Magen.

Baltus van de Water,.*Aangeboren onvolkomene Sluting van den Slokdarm, Inaug. Diss. Leyden 1857.

Dicht unterhalb des Kehlkopfes findet eine Communication zwischen Oesophagus und Trachea statt, während der erstere sich an derselben Stelle wesentlich verengt.

Taf. XXIX, Fig. 4 u. 5. Abbildungen: Atlas, Tafel XXIX, Fig. 4 und 5.

Fig. 5: schematischer Sagittaldurchschnitt.

Pagenstecher, *von Siebold's Journal, Bd. 9, S. 113, m. Abb.

Wohlgebildetes Mädchen. Tod am vierten Tage. Pagenstecher beschreibt die Verhältnisse der Trachea und des Oesophagus wie in allen bisher mitgetheilten Fällen, nur den Zusammenhang des unteren Oesophagusstückes mit der Trachea hat er nicht gefunden, vielmehr bei der Präparation den Oesophagus zwischen der Bifurcation abgetrennt, so dass er nach Pg's. Beschreibung, oben mit einer Oeffnung in das Mediastinum geragt hätte. Die Sonde, vom Magen aus eingeführt, hatte übrigens den richtigen Sachverhalt angezeigt.

de Bary, *Virchow's Archiv, Bd. 31, S. 430.

Luschka, *Virchow's Archiv, Bd. 47, S. 378.

Typischer Fall.

Abbildung: Atlas, Tafel XXIX, Fig. 6. Taf. XXIX, Fig. 6.

Erklärung: Oes sup, oberer Theil; Oes inf, unterer Theil des Oesophagus; Oes obl, Obliterirter Theil des Oesophagus; Com, Communicationsöffnung.

Ward, Transactions of the path. soc. of London, Vol. VIII, S. 173. — *Schmidt's Jahrbücher, Bd. 102, S. 289.

Hirschsprung, Den medfödte Tillukning af Spiseröret samt bidrag til kundskab om den medfödte Tyndtarmstillukning. Inaug. Diss. Kopenhagen 1861. — *Schmidt's Jahrbücher, Bd. 117, S. 310.

Vier eigene Beobachtungen und eine von Dr. Steenberg gemachte.

L. Lehmann, Nederl. Tijdschr. 2. Afd. 1. Aflev. S. 142. 1868. — *Schmidt's Jahrbücher, Bd. 137, S. 359 und Bd. 148, S. 268.

Sundevall, Upsala Läkareffören Förhandl. V, S. 385. — Nord. med. Ark. II, 4, No. 27, S. 10, 1870. — *Schmidt's Jahrbücher, Bd. 150, S. 355.

Périer, Gazette des Hôp. 12, S 93. — *Schmidt's Jahrbücher, Bd. 161, S. 324.

Rose, *Monatsschrift für Geburtskunde, Bd. 28, S. 246.

Viggo-Bendz, Ugeskrift for Laeger, III, No. 10, 1867. — *Virchow-Hirsch Jahresbericht, 1867, I, S. 262.

Tarnier, Gazette méd. de Paris, 1866, No. 29. — *Virchow-Hirsch Jahresbericht, 1866, I, S. 162.

Maschka, Allgemeine Wiener med. Zeitschrift, 1862, No. 9. — *Canstatt's Jahresbericht, 1862, IV, S. 6.

Tarnier, Gazette des Hôp. 1873, No. 173. — *Virchow-Hirsch Jahresbericht, 1873, I, S. 231.

Halskiemenfistel. Nicht selten bleiben die Kiemenspalten zum Theil offen, am häufigsten die zweite oder dritte. Man bemerkt dann beim Neugeborenen wie Erwachsenen einerseits oder beiderseits feine Oeffnungen, ungefähr 2 Ctm. über dem Brustbeine am inneren Rande des Sterno-cleido-mastoideus. Diese feinen mit Schleimhaut ausgekleideten Gänge sind entweder vollkommene Fisteln, d. h. sie gehen bis zum Pharynx durch und münden dann in der Nähe des Zungenbeinhornes oder sie enden blind und werden dann unvollkommene genannt. Es giebt auch innere unvollkommene Fisteln, die nur in den Pharynx einmünden, von denen man aber aussen am Halse keine Spur wahrnimmt. Sie stellen sich dort als Taschen dar, welche durch das Eindringen der Speisen mehr und mehr erweitert worden sind. Halskiemenfistel.

Unter 56 Fisteln fand Heusinger wenigstens 15 vollständige, also mit innerer und äusserer Oeffnung und 41 äussere unvollständige mit nur äusserer Oeffnung einschliesslich solcher, bei denen die innere Oeffnung, wenn überhaupt vorhanden, nicht gefunden wurde. Von inneren unvollständigen Fisteln beschreibt er nur einen selbstbeobachteten Fall und fügt zwei Beobachtungen aus der Literatur hinzu.

Die Fisteln sondern einen klebrigen hellen Schleim ab und können leicht, wenn sie sich verstopfen, zu enormen Auftreibungen, welche die Athmung erschweren, Anlass geben. Roth fand traubenförmige Drüsen in ihren Wandungen. Neumann und Baumgarten wiesen Pflaster- und Flimmerepithel in ihnen nach.

Die Halsöffnung ist an einem kleinen rothen Saume kenntlich, oder an einer kleinen Papille, einer Hautfalte, einem Hautlappen (Deckel). Heusinger wies Knorpelüberreste in der Fistel nach und hält diese für Reste des fötalen Kiemenknorpels, der fortgewachsen sei. Einen derartigen Knorpel von bedeutender Grösse exstirpirte Santesson (Hygiea, Bd. 15, S. 634. — *Schmidt's Jahrbücher, Bd. 91, S. 160).

Die Halskiemenfisteln vertheilen sich gleichmässig auf die Geschlechter.

Eine grosse Rolle in der Aetiologie scheint bei dieser Missbildung die Erblichkeit zu spielen. 17 Mal trat die Missbildung erblich auf. In einer Familie fand Ascherson dieselbe an 8 Mitgliedern.

Die erste Beschreibung von Halskiemenfisteln gab

Dzondi, *De fistulis tracheae congenitis, Halle 1829. — *Heusinger, Virchow's Archiv, Bd. 29, S. 372.

Vier Fälle. Die innere Oeffnung, wenn solche vorhanden, wurde nicht vermuthet und nicht gefunden.

Eingehendere Untersuchungen über die Art der Anomalie unter Zugrundelegung zahlreicher Beobachtungen veröffentlichte

Ascherson, *De fistulis colli congenitis, Dissertatio pro venia legendi Berlin 1832

beschreibt 11 Fälle verschiedener Form.

1) 22 Jahr alt. Rechts, $^3/_4$" über dem Manubrium sterni. Feiner rother Saum um die Fistel.

2) 27 Jahr alt. Rechts, $^1/_4$" über der Sternalportion der Clavicula. Die Fistelöffnung ist durch eine Hautwarze gekennzeichnet. Auch links, $^3/_4$" vom inneren Rande des Sterno-Cleido mastoideus eine ähnliche Papille neben der Fistelöffnung. Im Wochenbette, während eines Puerperalfiebers, hörte die Fistel auf zu laufen. Die Trägerin der Fistel konnte beim Zuhalten der Nase Luft durchblasen.

3) $5^1/_2$ Jahr alt (Tochter von No. 2). Rechts, am inneren Rande des St.-cl.-Mastoideus, $^3/_4$" vom oberen Rande des manubrium sterni, durch eine kleine Hautfalte verdeckt. Unvollkommene Fistel. Links an gleicher Stelle eine feinere Fistel.

4) 35 Jahr alte Frau. Unvollkommene Fistel.

5)—8) Kinder dieser Frau.

9) Mutter von No. 4.

Die Verbreitung der Missbildung in dieser Familie, ausgehend von Frau No. 9 zeigt folgende Tabelle:

Frau No. 9.

Tochter No. 4. — Sohn frei von Verbildung. — Tochter No. 2. — Tochter ohne Fistel.

(Kinder von Tochter No. 4:) Tochter No. 5. — Tochter ohne Fistel. — Sohn No. 6. — Tochter No. 7. — Tochter No. 8.

(Kinder von Tochter No. 2:) Tochter No. 3. — Sohn ohne Fistel.

10) 42 Jahr alter Mann. Rechts kleine Einziehung. Links geringe Spur.

11) 34 Jahr alter Mann. Rechts wahrscheinlich Zusammenhang mit dem Oesophagus.

Zeis, von Ammon, Monatsschrift für Medicin, Augenheilkunde und Chirurgie, 1839, Bd. 2, Heft 4. — *Schweizerische Zeitschrift für Medizin, Chirurgie und Geburtshülfe, 1854, S. 2.

Münchmeyer, *Holscher's Annalen, neue Folge, 4. Jahrgang, 1844, S. 12.

Doppelte Halskiemenfistel bei einem 20jährigen Soldaten.

Abbildung: Atlas, Tafel XXIX, Fig. 7. Taf. XXIX, Fig. 7.
Halbschematische Zeichnung.

Neuhöfer, *Medic. Correspondenzblatt bayrischer Aerzte, 1847, No. 36, S. 561.

„Jeder Fistelcanal bestand aus einem eigenen Schlauche, der leicht herausgeschält werden konnte. Etwas geschlängelt zwischen dem grossen Horne des Zungenbeins und der Arteria thyreoidea vorbeigehend, verliess der Canal am unteren Rande der Submaxillardrüse die Oberfläche und begab sich in die Tiefe nach rück- und aufwärts. Die rechte Fistel mündete am hinteren Rande des Musculus pharyngopalatinus, da wo dieser in den Pharynx übergeht, mit einer, dem Punctum lacrymale ähnlichen Oeffnung; die linke etwas weiter nach oben. Die Länge jedes Canals betrug $2^1/_2$"." — Nicht weit vom Eingange erweiterte sich jeder Fistelgang zu einer kleinen Ampulle. Es liess sich eine Schleimhaut und eine fibröse Haut nachweisen.

Jenni, *Schweizerische Zeitschrift für Medizin, Chirurgie und Geburtshülfe, 1854, S. 1.

Jenni bestreitet den von Ascherson angegebenen Entstehungsmodus und hält die Fistel für eine durch traumatische Vorgänge bei der Geburt erworbene.

Betz, Memorabilien, VIII, 1863, 6.

2''' langer Fistelcanal zwischen Ohrknorpel und Haut liegend.

Die Literatur bis zum Jahre 1864 bringt vollständig

Heusinger. *Virchow's Archiv Bd. 29, S. 372 und reiht an dieser Stelle zwei neue Beobachtungen an, während er in einem Nachtrage, *Virchow's Archiv, Bd. 33, S. 177 noch drei Fälle hinzufügt.

Das Literaturverzeichniss enthält 44 Fälle. Die fünf weiteren Beobachtungen fanden sich

1) an einem 15jährigen Mädchen. Vom oberen Rande des Brustbeins führt ein 22 Mm. langer Canal genau nach oben. Die Oeffnung ist 3 Mm. weit und wird durch einen Hautzapfen von 6 Mm. Länge bedeckt. Eine innere Oeffnung findet sich nicht. Neben der ganzen Länge des Canals liegt eine Knorpelleiste, ein Visceralknochen.

Abbildung: Atlas, Tafel XXIX, Fig. 8. Taf. XXIX, Fig. 8.
Erklärung: b, Basis der Fistel; ost, äussere Oeffnung; s, Sonde.

2) Mädchen, 7 Jahre alt. Doppelseitige Fistel, die links wahrscheinlich bis zum Pharynx führt, rechts hingegen vernarbt ist. Ueber der linken Oeffnung ein Hautwulst, der wie die Umgebung der Fistelöffnungen eine hellere Farbe zeigt. Heusinger macht auf Anomalien der Bildung des äusseren Ohres aufmerksam.

Taf. XXIX, Fig. 9 u. 10.

Abbildungen: Atlas, Tafel XXIX, Fig. 9 und 10.

Erklärung: c, Narbe; ost, Oeffnung der linken Fistel; v, Wulst.

Wyss, *Correspondenzblatt für schweizer Aerzte, 1876, No. 18.

Hautläppchen mit knorpeliger Unterlage über dem Sternoclaviculargelenk.

Middeldorpf, citirt von Wyss.

Zwei Läppchen zu beiden Seiten des Halses wurden amputirt. Im Inneren sass ein linsengrosses Knorpelstück, vom Gewebe des Netzknorpels.

Rehn, *Virchow's Archiv, Bd. 62, S. 269.

Zwei Fälle. Bei dem jüngeren Kinde (4 Monat alt) wurden Flimmerepithelien nachgewiesen, bei dem älteren Bruder (2 Jahr alt) Plattenepithel. Rehn glaubt, dass sich im Laufe der Zeit die Epithelien verändern.

Neumann und Baumgarten, *Archiv für klinische Chirurgie, Bd. 20, S. 819.

In einem Falle Pflaster- und Flimmerepithel, in einem andern Falle dasselbe alternirend. Genaue anatomische Beschreibung.

Roth, *Virchow's Archiv, Bd. 72, S. 444.

Fistel aus der vierten Kiemenspalte hervorgegangen. Pflasterepithel und Flimmerzellen. Kleine traubenförmige Drüsen, wie solche im Pharynx vorzukommen pflegen.

Faucon, Gazette des Hôp. 1874, 54. — *Schmidt's Jahrbücher, Bd. 162, S. 338.

Bernoulli, *Correspondenzblatt für schweizer Aerzte, 1881, No. 17, S. 551.

Burkhardt-Merian, *an gleicher Stelle, S. 552.

Ohrkiemenfistel.

Als eine besondere Unterart der Kiemenfisteln können die Ohrkiemenfisteln angesehen werden, die als Reste der ersten Kiemenspalte aufzufassen sind. Die äussere Oeffnung liegt dicht vor dem Ohr oder am Ohrläppchen. Auch die früher als doppelter äusserer Gehörgang beschriebenen Verbildung kann hierher gezogen werden. Die Fisteln sind meist unvollkommen oder die innere Oeffnung findet sich, wie in einem Falle von Virchow, in der Gegend der Tubenmündung.

Heusinger, *Virchow's Archiv, Bd. 29, S. 361.

Virchow, *Virchow's Archiv, Bd. 30, S. 221 und Bd. 32, S. 518.

Aeussere Oeffnung dicht unterhalb des Ohrs, innere in der Gegend der Tubenmündung, die selbst aber fehlt.

Taf. XXIX, Fig 11 u. 12.

Abbildungen: Atlas, Tafel XXIX, Fig. 11 und 12.

Schmitz, *Ueber Fistula auris congenita, Inaug. Diss. Halle 1873.

Drei Fälle aus Schwartze's Praxis.

Schwartze, *Klebs, Handbuch der pathologischen Anatomie, 6. Lieferung, S. 26.

James Paget, *Medico-Chir. Transactions, 1878, S. 41.

Urbantschitsch, citirt von *Paget, S. 50.

Unter 2000 Fällen 12 Beobachtungen.

Cysten der Kiemenspalten.

Cysten der Kiemenspalten. Schliessen sich schon in utero die innere und die äussere Oeffnung der einzelnen Kiemenfisteln, bleibt der Schleimhautcanal aber offen und sammelt sich der abgesonderte

Schleim an, so bilden sich Cysten am Halse oder unterhalb des Ohrs, welche eine ganz bedeutende Ausdehnung erlangen können. Derselbe Vorgang von Cystenbildung ist auch extrauterin beobachtet worden.

Die genauere Literatur findet sich bei

Heusinger, *Virchow's Archiv, Bd. 33, S. 179.

Bei Verstopfung der Ohr-Kiemenfisteln pflegen die Retentionscysten nur klein zu sein.

Schwartze, *l. c. S. 27.

Auricularanhänge.

Stahl (Einige Skizzen über Missstaltung des äusseren Ohres, Allgemeine Zeitschrift für Psychiatrie, 1859, Bd. 16, S. 479), Heusinger, Virchow, Schwartze machen darauf aufmerksam, wie häufig im Zusammenhange mit den Unregelmässigkeiten in der Entwickelung und Schliessung der Kiemenbogen Bildungsfehler des äusseren Ohrs sich vorfinden. Dieselben bestehen in der Regel aus kleinen Wucherungen, die vor dem äusseren Ohre in einer dem Mundwinkel zugehenden Linie sich vorfinden. Bisweilen gehen die Verbildungen auch über diese Sphäre hinaus, wie z. B. einseitige Atrophie des Schädels, ja der ganzen betreffenden Körperseite als Complication der Kiemenspaltenanomalie angetroffen wurde. Die Auricularanhänge sind bald kleine gestielte, bald breiter aufsitzende warzenförmige Wucherungen. Sie bestehen nach Virchow's Untersuchungen (*Virchow's Archiv, Bd. 30, S. 224) aus Haut, Unterhaut und Knorpel. Die Haut ist in der Regel glatt, seltener stark mit feinen Haaren besetzt. Darunter liegt ein bisweilen sehr mächtiges, mässig gefässreiches Fettpolster; zu innerst finden sich Netzknorpel in Form eines soliden Zapfens oder einer zungenförmigen Platte oder eines rundlichen Kernes. Der Knorpel steht bisweilen mit dem Ohrknorpel in continuirlicher Verbindung, in anderen Fällen nicht. Die Auricularanhänge gleichen daher im Ganzen den Ohrläppchen.

Man muss sich dieselben durch einen von den Kiemenbögen ausgehenden Wucherungsprocess entstanden denken. Die Grundursache ist dieselbe, welche den normalen Schluss der Kiemenspalten verhindert, also frühzeitige Ansammlung von Flüssigkeit innerhalb der Hirnblasen, abnormes Festhaften des Amnion (Kopfkappe) an den Hervorragungen der Kiemenbögen, zu geringe Biegung des Kopf- und Halstheiles des Fötus etc. Max Schultze (*Virchow's Archiv, Bd. 20, S. 378) nimmt auch die Möglichkeit an, dass diese Excrescenzen supernumeräre Kiemenbögen oder wenigstens Kiemenbögenfortsätze seien. Ob der bei der Beschreibung dieser Anomalien so ungemein häufig erwähnte Mangel einer Umbilicalarterie für die Genese von Bedeutung sei, wage ich nicht zu sagen.

Die Auricularanhänge können auch ohne jede andere Verbildung des Kindeskörpers vorkommen. Man muss dann annehmen, dass diese früher doch bestanden, sich aber ausgeglichen haben. Nicht selten finden sie sich zusammen vor mit Störungen in der Entwickelung von Körpertheilen, die scheinbar nicht auf eine Grundursache zurückgeführt werden können.

Virchow macht mit Recht darauf aufmerksam, dass das Vorhandensein von Excrescenzen am Ohr den Arzt nothwendiger Weise leiten soll, Mundhöhle etc. auf das Vorhandensein weiterer Verbildungen genauer zu untersuchen. Man kann diesen Rath noch erweitern, dass auch der übrigen Körper durchmustert werde.

Vor Allem nimmt die Ohrmuschel selbst häufig genug an der Verbildung Theil.

J. F. Meckel, *Meckel's Archiv, 1826, S. 36.

Am rechten Ohre vier, links eine Excrescenz. Verkümmerung der Extremitäten. Mangel des Afters und des Uterus.

Otto, *Monstrorum sexcentorum descriptio, No. DLV, S. 316, Taf. IV, Fig. 3. Rechts vier, links eine Excrescenz. Ausserdem Anomalien am Herzen und den unteren Extremitäten. Atresia ani, Mangel der inneren Genitalien. Eine Nabelarterie.

Taf. XXIX, Fig. 13. Abbildung: Atlas, Tafel XXIX, Fig. 13.

Linke, *Handbuch der Ohrenheilkunde, 1837, Bd. 1, S. 614.

Mangelhafte Entwickelung des äusseren Ohres, Excrescenzen. Gaumenspalte.

Max Schultze, *Virchow's Archiv, Bd. 20, S. 378, Taf. XI, Fig. 1.

Drei Wochen alter Knabe. Doppelter Wolfsrachen. Die Ohren sitzen etwas tiefer, als gewöhnlich; vor jedem befinden sich einige warzenartige Hautfortsätze, jederseits ein grösserer und zwei kleinere. Eine Nabelarterie.

Taf. XXIX, Fig. 14. Abbildung: Atlas, Tafel XXIX, Fig. 14.

Beck, Die Krankheiten des Gehörorgans, 1827, S. 107. — *Virchow's Archiv, Bd. 20, S. 380.

Heusinger, *Virchow's Archiv, Bd. 29, S. 361.

Anomalie des äusseren Ohres in Verbindung mit Halskiemenfisteln.

Ammon, *Die angeborenen chirurgischen Krankheiten des Menschen, S. 139, Tafel XXXIII, Fig. 16.

Erwachsener Mann. Drei warzenartige Hervorragungen vor dem rechten Ohr.

Virchow, *Virchow's Archiv, Bd. 30, S. 221.

In diesem den Gegenstand fast erschöpfenden Aufsatze berichtet Virchow über mehrere hierher gehörige Beobachtungen.

1) S. 221. Neugeborenes Kind mit gut entwickeltem Körper. Doppelte Lippen-Gaumenspalte, Mikrophthalmie. Leistenbildung am Stirnbein. Vor dem linken Ohr, und zwar in der Gegend des Tragus sassen drei kleine, wenig über hanfkorngrosse mit feinen Haaren besetzte Auricularknöpfe. Olfactorii fehlten. Eine Nabelarterie. Eine Niere, hydropisch.

Taf. XXIX, Fig. 15. Abbildung: Atlas, Tafel XXIX Fig. 15.

2) Junger Mann von zwanzig Jahren. Oberkiefer schmal, zeigt eine doppelte Zahnreihe. Vor und über dem Tragus sassen drei Appendiculargebilde. Am linken Auge partielle Synechie der Iris, die eine Iridectomie nothwendig gemacht hat.

Taf. XXIX, Fig. 16 u. 17. Abbildungen: Atlas, Tafel XXIX, Fig. 16 und 17.

3) Mikrophthalmie. Doppelte Lippen-Gaumenspalte. Am Vorsprunge des

Alveolarrandes der Oberkiefer ein rundlicher weicher Auswuchs. Links hinter dem Ohr ein behaarter Auricularknopf. Grosshirn einfach, ohne Trennung in Hemisphären. Fehlen der Olfactorii und des linken Opticus. Hydrocephalus der nach vorn zusammenhängenden Seitenhirnhöhlen.

4) Mikrophthalmie, Hemicephalie, Spina bifida occipito-cervicalis. Encephalocele. Wolfsrachen. Auricularexcrescenzen.

Virchow, *Virchow's Archiv, Bd. 32, S. 518.

Anomalie des äusseren Ohres in Verbindung mit Herz-Lungen-Nieren-Darmverbildung.

Pagorzelski, Pamietnik tow. lek. warsz. 1875, Heft 2, S. 218. — *Virchow-Hirsch Jahresbericht, 1875, I, S. 339.

Hasenscharte, Wolfsrachen, Mangel des linken Auges. Am linken Ohre drei, am linken Mundwinkel vier Excrescenzen.

Wenn, wie in dem unten zu beschreibenden Falle von Birnbaum, die eine Seite des Embryo in der Entwickelung zurück geblieben ist, wenn sich ferner an dieser Seite einzelne Deformitäten finden, die auf Amnionadhäsionen zurückzuführen sind, so kann man wohl ohne Scrupel Anomalien der Kiemenbögen ebenfalls auf diese Grundursache beziehen.

Birnbaum, *Beschreibung und Kritik einer eigenthümlichen Bildungshemmung, Inaug. Diss. Giessen 1848.

Rudimentäre Entwickelung der Ohrmuschel der rechten Seite. Ueber und unter derselben eine bedeutende Excrescenz mit kleiner Fistel. Mangelhafte Entwickelung der ganzen rechten Seite und verschiedener innerer Organe.

Abbildung: Atlas, Tafel XXIX, Fig. 18. Taf. XXIX, Fig. 18.

Selbstverständlich ist bei tieferen Spaltungen des Gaumens auch eine Spaltung und damit Verdoppelung des Zäpfchens vorhanden. Doch kommt diese Bildung auch allein vor. Verdoppelung des Zäpfchens.

Osiander, *von Siebold's Journal, Bd. 9, S. 277.

6 Wochen altes Kind. Keine Hasenscharte, aber Gaumen- und Uvulaspaltung.

Bolster, London med. Gaz. 1841. — *Neue Zeitschrift für Geburtskunde, Bd. 13, S. 314.

Doppelte Uvula bei einem sonst gesunden Mädchen.

Riedel, *Oesterreichische med. Wochenschrift 1841, S. 989.

Doppeltes Zäpfchen bei einem Manne von 23 Jahren.

Förster, *Würzburger med. Zeitschrift, Bd. 3, S. 210.

Kind mit den verschiedensten Verbildungen. Gesicht normal mit Ausnahme einer mässigen Verkümmerung des Unterkiefers. Weicher Gaumen und Zäpfchen gespalten.

Trélat, Gaz. des Hôpit. 1869, No. 125. — *Virchow-Hirsch Jahresbericht 1869, I, S. 169.

3 Wochen altes, sonst wohlgebildetes Mädchen. Uvula bifida. Weissliche Narben des mittleren und vorderen Theiles des Palatum molle. Vater und Schwester zeigen eine Verkürzung des knöchernen Gaumens.

Spaltbildung am Thorax. Auf allen Seiten des Thorax werden Spaltbildungen beobachtet. Am häufigsten finden sie sich in der Mittellinie der vorderen Fläche, wo wir sie als Fissura sterni Spaltbildung am Thorax.

ohne oder mit Ektopia cordis finden. In Fällen sehr schwerer Verstümmelung schliesst sich die breit klaffende Sternalspalte an eine weite Bauchspalte an. Am seltensten sind die seitlichen Spalten des Thorax, wahrscheinlich durch Verwachsung des Amnion und ungenügender Ausbildung einzelner Rippen entstanden. Dieselben werden dann gewöhnlich mit Lungenbruch, Ektopia pulmonis, verbunden sein. Gleich selten sind auch die Defecte der hinteren Thoraxwand, bei denen ebenfalls, gewöhnlich complicirt mit Spina fissa, eine Communication der Thoraxhöhle mit der Aussenwelt stattfindet. Verhältnissmässig häufig ist die Spaltbildung des unteren Abschlusses der Brusthöhle des Zwerchfells, Hernia diaphragmatica.

Fissura sterni.

Sternalspalte. Fissura sterni. Bis zum Ende der zweiten Woche der fötalen Entwickelung überragt das Herz bedeutend die beiden Visceralplatten, welche durch ihre Vereinigung die vordere Wand des Thorax, speziell das Sternum bilden sollen. Ist das Herz, vielleicht durch Stauungsvorgänge zu umfangreich, oder wird es durch Verwachsungen mit dem Amnion länger als normal ausserhalb des Thorax gehalten, oder gestattet eine breite Bauchspalte nicht den Schluss der Rippen, so bleibt eine Sternalspalte.

Es scheint, dass in der Mehrzahl der Fälle die Sternalspalte früher mit einer Bauchspalte complicirt gewesen ist. Im Laufe der Entwickelung schloss sich die Bauchspalte, während die Sternalfissur, da sie aus starren Wänden besteht, nicht mehr zum Verschluss kam. Im *Archiv für Gynaekologie, Band 14, Seite 343 habe ich zu beweisen versucht, wie nicht Vergrösserung des Herzumfanges (Claudius), sondern eine regelmässig vorhandene Bauchspalte die Sternalspalte der Acardiaci bedinge und wie die Säcke, die sich oberhalb des Nabels der Acardiaci vorfinden, als unvollkommen geheilte Bauch-Sternalspalten mit Amnionüberzug aufzufassen seien. Unter den Beobachtungen von reiner Fissura sterni finden sich nun auch eine Anzahl, in denen eine eigenthümliche Bildung der zwischen Nabel und Processus xiphoideus liegenden Bauchdeckenpartien darauf hindeutet, dass seiner Zeit eine Bauchspalte bestanden haben müsse. In den Berichten von Hahn, Wittstock, Hecker-Buhl und Fronmüller-Obermeier wird übereinstimmend berichtet, wie eine Fissur oder Narbe, welche von einer Falte des Amnion bedeckt war, vom Nabel in der Richtung des Sternum gegangen sei. — Da nun unterhalb des Nabels sich in keinem dieser Fälle die Spuren einer früheren Bauchspalte gezeigt haben, so könnte man vielleicht die Dotterblase, den Dotterstrang oder den Darm als das trennende Moment ansehen, indem diese Theile entweder mehr wie gewöhnlich nach dem Kopfende des Embryo angezogen wurden, oder durch Verwachsung mit dem Herzbeutel den Verschluss des Thorax verhinderten. Es wird diese Ansicht unterstützt durch eine Beobachtung, die ich im *Archiv für Gynäkologie, Bd. 12, S. 154 veröffentlicht habe. Es fand sich bei einem wohlgebildeten Kinde genau in der Mitte zwischen den beiden Brustwarzen, also an derselben Stelle, an welcher in den Beobachtungen von Wittstock und Hecker und Buhl die Hautspalte, sowie die Amnionfalte endete, ein Faden vor, der einem vom Dottergange ausgehenden Faden auf der Placenta entsprach. Ich habe an angegebener Stelle schon die Vermuthung ausgesprochen, dass Verwachsung der Dotterblase mit dem Herzbeutel die Ursache dieser eigenthümlichen Bildung gewesen sei. Aehnlich könnte man sich auch die Entstehung von einer Anzahl Sternalspalten denken.

Die Fissura sterni findet sich genau in der Mittellinie oder wenigstens nahe der Mittellinie, so dass die Rippen zu beiden Seiten normal inseriren. Die Spalte pflegt durch feste Bandmassen verschlossen zu sein. Die dahinter liegenden Organe der Brusthöhle sind daher nicht sichtbar. Der Processus xiphoideus betheiligt sich regelmässig an der Spaltung, indem er zwei Spitzen aufzuweisen hat.

In Folge der grösseren Circumferenz des embryonalen Thorax treten auch im oberen Theile des Sternum die beiden Hälften nicht immer genügend aneinander, so dass auch vom Manubrium aus eine mehr oder weniger tiefe Einkerbung, Spalte, entsteht.

Die reine uncomplicirte Sternalspalte ist beim Menschen verhältnissmässig selten.

Wittstock, Bericht über die zweite Versammlung des wissenschaftlichen Vereines für Aerzte und Apotheker Mecklenburgs, Rostock 1838, S. 21, Fig. 3. — *Ammon, Die angeborenen chirurgischen Krankheiten des Menschen, S. 62, Tafel XIV, Fig. 1.

Das Brustbein fehlt gänzlich. Die Rippen werden nur durch Ligamente zusammengehalten. Von der Herzgrube bis zum Nabel herab bildet die Haut eine erhabene Falte. Der Nabel ist in seiner Form verändert; eine gelbliche schmale Linie zieht sich vom Nabel bis zur Schamspalte hinab. Die ganze linke Körperseite ist weniger entwickelt, als die rechte.

Abbildung: Atlas, Tafel XXIX, Fig. 19. Taf. XXIX, Fig. 19.

Frickhoeffer, *Virchow's Archiv, Bd. 10, S. 474.

Bei einem 14jährigen Knaben steht auf der linken Seite nur die erste Rippe in Verbindung mit dem Brustbein; alle übrigen stehen $1^1/_2$—3″ von demselben ab. Das Herz ist unter der häutigen Bedeckung deutlich zu fühlen.

Abbildung: Atlas, Tafel XXIX, Fig. 20. Taf. XXIX, Fig. 20.

Hecker und Buhl, *Klinik der Geburtskunde, Bd. 1, S. 320.

Knabe mit Mangel des Manubrium sterni und oberer Sternalspalte. Spaltung des Processus xiphoideus. Auch die Haut oberhalb des Sternum ist deutlich gespalten. Von der Nabelschnurscheide ging eine Falte nach den Rändern dieser Fissur.

Abbildungen: Atlas, Tafel XXX, Fig. 1 u. 2. Taf. XXX, Fig. 1 u. 2.

Obermeier, *Virchow's Archiv, Bd. 46, S. 209.

An Stelle des Manubrium eine tiefe Einkerbung. Spaltung des Processus xiphoideus. Nabel schlitzförmig bis nahe zum Schwerdtfortsatz reichend.

Taf. XXX, Fig. 3. Abbildung: Atlas, Tafel XXX, Fig. 3.

Fronmüller, *Henke, Zeitschrift für die Staatsarzneikunde, Bd. 29, S. 212, 1835.

Anscheinend wohlgebildeter Knabe. Spalte der unteren Brustbeinhälfte und des Bauches bis zum Nabel. Ueber dem Nabel, einen Zoll weit, fehlt auch die Haut.

Srb, Wiener Zeitschrift, 1862, No. 18, S. 75. — *Schmidt's Jahrbücher, Bd. 120, S. 295.

Die erste Rippe erreicht das Brustbein nicht. Zwei Beobachtungen.

Zaaijer, Nederl. Tijdschr. 1869, II, S. 162. — *Schmidt's Jahrbücher, Bd. 144, S. 26.

Aehnlicher Fall.

Jahn, *Ueber Fissura sterni congenita, Inaug. Diss. Erlangen 1874.

*Abhandlungen und Notizen über E. A. Groux's Fissura sterni congenita von den berühmtesten Aerzten Europas. Hamburg 1857.

Groux reiste „auf seine Missbildung" hin und sammelte die Aussprüche zahlreicher Aerzte.

Als geringster Rest der Sternalspalte findet sich bisweilen nur eine auffallende Verbreiterung des Sternum mit ungenügender Verknöcherung der Mittelpartie. Eine mehr oder weniger grosse Anzahl Knochenkerne haben sich zu Knochenplatten, zwischen denen breite Spalten bleiben, ausgebildet, oder die Vereinigung des Sternum mit den Rippen findet durch breite Knorpelmassen statt.

Heusinger, *Meckel's Archiv, Bd. 6, S. 541.

Wallmann, *Verhandlungen der physikalisch-medicinischen Gesellschaft zu Würzburg, Bd. 8, Lieferung 2.

Hyrtl, Topographische Anatomie, Bd. 1, S. 199.

Hyrtl berichtet, wie diese Löcher und Spalten schon der alten Medicin bekannt gewesen seien, die sie naiver Weise für Ventilatorien hielt, durch welche die Dünste des Magens ausdampfen sollten.

Bisweilen finden sich nur einzelne Löcher im Sternum vor. Einmal war das Herz durch eine derartige Oeffnung vorgefallen.

Cruveilhier, Gaz. méd. de Paris, 1841, No. 32. — Jahn, *l. c. S. 18.

Ektopie des Herzens. Sternalspalte mit Vorfall des Herzens. Ektopia cordis. Bei tiefer gehender, weiterer Spalte kann ebenfalls die Trennung gerade in der Mittellinie stattfinden, doch sieht man sie auch seitlich, so dass das Sternum ganz der einen Seite angehört und dann meist verkümmert ist, während auf der anderen Seite die Rippen im höchsten Grade defect, nicht mit einander in Zusammenhang stehen. Diese letztere Verbildung kommt meist mit grösseren Defecten an der Bauchwand, mit Knickungen der Wirbelsäule, Verstümmelungen einzelner Extremitäten vor.

Sobald die Sternalspalte einen höheren Grad erreicht, prolabiren die Eingeweide der Brusthöhle, besonders das Herz; oder richtiger es bleibt vor der Brusthöhle liegen, wenn es auch bei den geringeren Druckdifferenzen in utero gewöhnlich mehr in dieselbe hineingerückt sein wird, als an der Aussenwelt, wo es in Folge seiner Schwere heraus- und herabfällt. Von dem Umfange der Sternalspalte hängt es ab, ob sich noch eine Hautpartie über dem Herzen befindet, oder ob es frei, mit oder ohne Herzbeutel sichtbar wird.

Gewöhnlich findet sich bei Ektopia cordis die Sternalspalte in den unteren zwei Dritttheilen. Doch sind auch Fälle beobachtet, in denen das Herz zu einer Spalte des oberen Dritttheils herausschaute, ja Fälle, in denen gar keine Spalte vorhanden war, und demnach das Herz im Epigastrium oder am Halse sichtbar vorlag.

Die reine Ektopie, ohne Complicationen, ist sehr selten. Die Früchte können nur weiter leben, wenn ein genügender Schutz durch Hautdecken vorhanden ist; sonst gehen sie nach einigen Stunden zu Grunde.

Haan, *De ectopia cordis casu illustrata, Inaug. Diss. Bonn 1825.

Neugeborenes Mädchen. Spaltung des Thorax mit Ausnahme des Manubrium. Das Herz liegt vor dem Thorax nur vom Amnion bedeckt. Eine breite Amnionfalte geht bis zur Insertion der Nabelschnur. Vom Herzbeutel geht ein amniotischer Faden zur Nabelstrangscheide.

Abbildungen: Atlas, Tafel XXX, Fig. 4 u. 5. Taf. XXX, Fig. 4. u. 5.

Erklärung: Fig. 4: c, Herz; h, Hernia funiculi umbilicalis; F. amn, amniotischer Faden; Fun, Nabelstrang. Fig. 5: c, Herz; F. amn, amniotischer Faden.

Büttner, *Anatomische Anmerckung und Beweiss aus der Natur des Cörpers, dass ein Kind mit dem aus der Brust gewachsenen und heraushangenden Hertzen und fehlenden Hertzbeutel, so wohl im Mutterleibe wachsen, zunehmen und vollkommen, als auch lebendig gebohren werden, und nach der Geburt noch einige Zeit leben könne. Königsberg 1747. — *Anatomische Wahrnehmungen. Königsberg und Leipzig 1769, S. 36. Das Präparat kam in das Berliner anatomische Museum und ist wiederum beschrieben von Weese, *De cordis Ektopia, Inaug. Diss. Berlin 1818, S. 11.

Sonst wohlgebildetes Mädchen, 1745 in Königsberg geboren. Lebte 34 Stunden. Das Herz lag bloss, ohne Herzbeutel auf dem Epigastrium auf, nur an seinen Gefässen hängend. Brustbein gespalten. Die ersten Rippen durch eine derbe Haut mit einander verbunden.

Abbildungen: Atlas, Tafel XXX, Fig. 6 u. 7. Taf. XXX, Fig. 6 u. 7.

Histoire de l'Académie des Sciences, 1712, No. 4, S. 9. — Büttner, *l. c. S. 44.

Gleicher Fall bei einem todtgeborenen 8monatlichen Kinde.

Martinus Martinez, Observatio rara de corde in monstroso infantulo, ubi obiter et noviter de motu cordis et Sanguinis agitur, Madrid 1723. — Büttner, *l. c. S. 44.

Knabe, 1706 in Madrid geboren. Herz ohne Herzbeutel frei auf der Brust hängend. Lebte 12 Stunden.

Sandifort, Natuur- en Geneeskundige Bibliothek, II, D. 3. St. S. 652. — Weese, *De cordis ektopia, Inaug. Diss. Berlin 1818, S. 14.

Neugeborenes Mädchen, lebte einen Tag. Sternum fehlte gänzlich, ebenso das Pericardium.

Rokitansky, *Handbuch der pathologischen Anatomie, 3. Aufl., 1. Band S. 56.

Taf. XXX, Fig. 8. Abbildung: Atlas, Tafel XXX, Fig. 8.

Chaussier, Bulletin de la facult. de méd. de Paris, 1815. — *Meckel's Archiv, Bd. 2, S. 136.

1) Das Herz reichte bis zum Nabel herab. Beim Einathmen hob es sich und trat in die Brusthöhle zurück. Beim Ausathmen stieg es nach vorn herab. Beim Schreien wurde es härter und vergrösserte sich beträchtlich. Lag das Kind auf dem Rücken und war still, so erschlaffte es. Unter dem Herzen lag ein Theil der Leber, der durch die sehr dünnen Bauchdecken hindurchschimmerte.

2) Bei einem 27jährigen Manne war nur das Manubrium Sterni vorhanden. Das Herz war mit einer Haut bedeckt.

Pecchioli, Gaz. méd. de Paris 1839, No. 1. — *Schmidt's Jahrbücher, Bd. 24, S. 327.

Reiner Fall. Lebte 26 Stunden. Herz hing vor der Brust wie ein Medaillon an einem Bande und richtete sich bei der Systole auf.

Saske, Preussische Vereinszeitung, Beilage zu No. 10, 1844. — *Schmidt's Jahrbücher Bd. 45, S. 271.

22jähriger Rekrut. Spalte des Sternum bis auf ein kleines knorpeliges Rudiment. Trotzdem war der Mann Musikus!

Daniell, Brit. med. Journal, 1860, Oct. S. 776. — *Schmidt's Jahrbücher, Bd. 111, S. 156.

Reiner Fall. Herz hing ohne Pericardium zu einer kleinen Oeffnung der Brustbedeckung heraus. Kind lebte 4 Stunden.

Ranirez, Gaz. de Paris, 1868, No. 5. — *Schmidt's Jahrbücher, Bd. 143, S. 12.

75jähriger Mann. Nie krank gewesen.

Schmidt-Dotzauer, Bairisches ärztliches Intelligenzblatt, 1856, No. 40. — *Canstatt's Jahresbericht, 1856, IV, S. 35.

Reiner Fall. Kein Pericardium. Kind lebte mehrere Stunden.

Gross und Heim, Württembergisches Correspondenzblatt, 1859, No. 29. — *Canstatt's Jahresbericht, 1859, IV, S. 12.

Reiner Fall.

Ungleich häufiger, als diese uncomplicirten Fälle von Ektopia cordis sind die, wobei die Spalte nach unten weitergreift und bis zum Nabel reicht, so dass auch die Baucheingeweide prolabiren.

Als Uebergang von der reinen Ektopie zur complicirten kann der folgende von Vrolik beschriebene Fall dienen.

Vrolik, *Tabulae ad illustrandam embryogenesin hominis et mammalium, Tafel 27.

Unterhalb der Sternalspalte bis zum Nabel reichend und den Nabel noch umgebend befindet sich eine breite Hautspalte. Die Baucheingeweide sind vom Peritoneum bedeckt und zurückgehalten.

Taf. XXX, Fig. 9. Abbildung: Atlas, Tafel XXX, Fig. 9.

Erklärung: c, Herz; h, hernia funiculi umbilicalis; f, Nabelstrang.

Fleischmann, *De vitiis congenitis circa thoracem et abdomen, Diss. pro venia docendi, Erlangen, Jahreszahl fehlt, S. 2, Taf. I, Fig. 1.

Untere Hälfte des Sternum und der Bauch gespalten. Die unteren Rippen werden jederseits durch eine Knorpelspange zusammengehalten. Herz, Leber, Magen etc. prolabirt.

Abbildung: Atlas, Tafel XXX, Fig. 10. Taf. XXX, Fig. 10.

Erklärung: cart, Knorpelspangen, welche die Rippen zusammenhalten; c, Herz; h, Leber; v, Magen mit Milz und ein Theil des Colon.

Fleischmann, *l. c. S. 3, Taf. I, Fig. 2.

Vollständige Spaltung des Thorax. Das Sternum befindet sich auf der rechten Seite der Rippen, während links die Rippen nicht knorpelig verbunden sind.

Abbildung: Atlas, Tafel XXX, Fig. 11. Taf. XXX, Fig. 11.

Cerutti, *Meckel's Archiv, 1828, S. 192, Taf. VIII.

Das prolabirte Herz ist mit seinem Herzbeutel an den Rändern des hemicephalischen Kopfes angewachsen und dadurch sehr in die Länge gezogen worden. Auch der Nabelstrang, der am unteren Ende der Spalte sich befindet, ist nach oben gezogen worden, so dass er in der Nähe der linken Brust einmündet. Ausser den Defecten. am Schädel finden sich noch mancherlei andere Missbildungen am Fötus vor.

Abbildung: Atlas, Tafel XXX, Fig. 12. Taf. XXX, Fig. 12.

Erklärung: c, Herz; Fun, Nabelstrang.

Eine sehr häufig wiederkehrende, fast typisch zu nennende Form der complicirten Ektopia cordis ist die, wo sich die Sternalspalte verbindet mit grosser Bauchspalte, Vorfall sämmtlicher Baucheingeweide und mangelhafter Entwickelung des linken Armes. Auch hier muss die Häufigkeit der Verstümmelung der linken Seite zurückgeführt werden auf die Linkslagerung des Fötus und die dadurch sich öfter wiederholenden Verwachsungen des Amnion mit der linken Seite.

Ich beobachtete einen in diese Kategorie gehörigen Fall am frisch geborenen Kinde, das ich bei Querlage durch Wendung und Extraction entwickeln musste. Das Herz lag, vom Herzbeutel entblösst, frei vor der Spalte, mit der Spitze nach rechts gewendet. Bei jeder Systole richtete es sich mit der Spitze lebhaft auf und fiel bei der Diastole wieder in seine alte Lage zurück. — Ausser dem Herzen waren auch die Eingeweide der Bauchhöhle sämmtlich prolabirt. Verwachsungen des Amnion mit dem Schädel und zwischen Nabelschnurscheide und Leber deuteten an, dass man hier die Genese der Missbildung zu suchen habe.

Abbildung: Atlas, Tafel XXX, Fig. 13. Taf. XXX, Fig. 13.

Erklärung: c, Herz; Fun, Nabelstrang; Fil. amn., Amniotische Fäden, die Nabelstrangscheide mit dem Leberüberzug verbindend; h, Leber; t, Darm; o, Ovarium

Hofmeier, *Berliner Klinische Wochenschrift, 1880, No. 23, S. 333.

Dem eben beschriebenen sehr ähnlicher Fall.

Martin et Letoulle, *Journal de l'Anatomie et de la Physiologie par Robin, 1876, No. 6.

Abbildung: Atlas, Tafel XXX, Fig. 14. Taf. XXX, Fig. 14.

Weese, *De ektopia cordis. In. Diss. Berlin 1818, Taf. IV.

Hertwig, *De formatione epigenetica etc. Inaug. Diss. Landshut 1821.

Abbildung: Atlas, Tafel XXX, Fig. 15. Taf. XXX, Fig. 15.

Erklärung: c, Herz; v, Magen; h, Leber; l, Milz; e Hautzapfen; br, Armrudiment.

A. Rosenberg, Ueber einen Fall von Missbildung, Inaug. Diss. Berlin 1880.

Weese, *l. c. Taf. V.

In diesem Falle ist der rechte Arm in der Entwickelung zurückgeblieben.

Mangelhafte Entwickelung beider oberen Extremitäten neben Brust- und Bauchbruch kommt ebenfalls häufig genug vor.

Baumgärtner, *Physiologischer Atlas, Stuttgart 1853, Taf. XXXI, Fig. 1

Taf XXX, Fig. 16. Abbildung: Atlas, Tafel XXX, Fig. 16.

Weese, *De ektopia cordis, Inaug. Diss. Berlin 1818, Taf. III.

Taf. XXX, Fig. 17. Abbildung: Atlas, Tafel XXX, Fig. 17.

Erklärung: c, Herz; p, linke Lunge; r, linke Niere; l, Milz; h, Leber.

Seitliche Thoraxspalte. Seitliche Thoraxspalte. Lungenbruch. Ein sehr seltenes Vorkommniss ist das Fehlen einer Partie des Thorax ausserhalb des Bereiches der in der Entwickelung normaler Weise vorkommenden Spalten. Man findet bei damit behafteten Kindern, sobald sie athmen, seitlich, meist unter der Achselhöhle eine auffallende Hervorbuchtung, die sich durch das Gefühl sofort als Lungenbruch documentirt. Kann man tiefer eindringen, so fühlt man eine ovale Oeffnung in der Thoraxwand. Reponirt man die Lunge, so tritt sie sofort wieder hervor, sobald der Druck nachlässt. Bleiben die Kinder am Leben, so zieht sich die Lunge nach und nach zurück, die Oeffnung im Thorax kann sich dann verkleinern.

Vermuthungsweise lässt sich annehmen, dass an der offenen Stelle einst eine Verwachsung des Amnion stattgehabt und durch Hervorzerren der entsprechenden Theile die Bildung der Rippen verhindert habe. Auf diese Weise bleibt ein Ossificationsdefect der Rippen mit herniöser Ausstülpung der Pleura costalis, in die, nach der Geburt, die Lunge sich ausdehnen kann.

Storch, Kinderkrankheiten, Eisenach 1750, Theil 1, S. 44. — *Fleischmann, de vitiis congenitis circa Thoracem, S. 14.

Der Kranke starb später an Brustwassersucht.

Froriep, *Froriep's Notizen, Bd. 10, No. 1, 1839.

Im Puerperium gestorbene Frau. Dritte und vierte Rippe der rechten Seite endigten am vorderen Rande des Schulterblattes. Zwischen zweiter und fünfter Rippe von da an nur eine sehnige Haut. Mangel der Brustmuskulatur an dieser Stelle und der Brustdrüse.

Schlözer, *Die angebornen Missbildungen des gesammten weiblichen Geschlechtssystems. Inaugural-Abhandlung, Erlangen 1842.

Fünf Jahr altes Mädchen, nur im Leben untersucht. Defect rechterseits an der vierten Rippe. Pleurawand wird bei der Inspiration als muskatnussgrosse blasenförmige Erhabenheit vorgedrängt.

Ich sah in Zerbst gelegentlich einer Consultation ein Kind von 20 Wochen, welches bei der Geburt die oben beschriebenen Symptome in exquisitester Weise dargeboten. Zur Zeit ragte unter der Achselhöhle eine teigige Geschwulst von Kleinapfelgrösse hervor. Man konnte den Defect im Thorax deutlich fühlen.

Zwerchfellspalte. Hernia diaphragmatica. In Fällen, wo eine erhebliche Brustspalte vorhanden ist, pflegt auch stets eine Zwerchfellspalte sich zu finden. Daher ist bei den herzlosen Früchten, die ja in ihren niederen Formen ausnahmslos eine grosse Sternalspalte zeigen, auch immer eine Communication zwischen Brust- und Bauchhöhle vorhanden. Bei weiter ausgebildeten Formen, z. B. beim Acardiacus anceps, findet sich meist ein vollkommen ausgebildetes Diaphragma. Zwerchfellspalte.

Aber auch bei einfach geborenen, scheinbar gut gebildeten Früchten findet sich nicht selten eine Zwerchfellspalte. Die Stelle, an welcher die Baucheingeweide durch das Zwerchfell dringen, ist eine verschiedene. Theils sind es normal vorhandene Spalten, wie das Foramen oesophageum und der Hiatus für den Nervus sympathicus, theils bevorzugte Stellen im tendinösen, häufiger aber im fleischigen Theile des Felles. Morgagni bezeichnet eine Stelle dicht hinter dem Sternum, Bochdaleck eine solche hinten zwischen Lumbar- und Costaltheil des Zwerchfellmuskels.

Die linke Seite des Zwerchfells wird selbstverständlich häufiger eine Spalte zeigen, da der rechten Seite die voluminöse Leber anliegt. Auf 65 linksseitige kommen 12 rechtsseitige Hernien. (Leichtenstern, *von Ziemssen, Handbuch der speciellen Pathologie und Therapie, 7. Band, 2. Hälfte. S. 461)

Nur selten umgiebt die in die Brusthöhle getretenen Baucheingeweide ein wirklicher Bruchsack, bestehend aus dem Peritoneum oder der Pleura. Häufiger hängen die Intestina frei in die Brusthöhle hinein. Von den Organen der Bauchhöhle trifft man am häufigsten in dem Pleuraraume Dünndarm und Milz, die nicht selten dann Nebenmilzen von beträchtlicher Grösse und Zahl zeigt. Auch die Leber kann mit zungenförmigen Lappen in die Brusthöhle hineinragen. Fast sämmtliche Baucheingeweide fand Gruber (*Virchow's Archiv, Bd. 47, S. 390) in einem Falle in der Brusthöhle liegend, nämlich den ganzen Magen, den grössten Theil des Darmkanals, einen secundären Lappen der Leber, zwei Milzen und den grössten Theil des Pankreas.

Natürlicher Weise bringt die Füllung des einen Pleuraraumes eine Verschiebung der Organe der Brusthöhle mit sich und zwar, da das Eindringen zumeist auf der linken Seite stattfindet, werden die Brusteingeweide nach der rechten Seite verschoben. Auch die Lungen werden comprimirt und, wenn die Hernienbildung sehr zeitig in der embryonalen Periode erfolgt, sogar in ihrer Entwickelung gehemmt, so dass sie als kleine rudimentäre Organe im hinteren Thoraxraume zu finden sind.

Als secundäre Erscheinungen sind ferner anzuführen, ausser diesen

Veränderungen in der Brusthöhle, Abnormitäten in der Leberform, Spaltung und Formveränderung der Milz, Verlängerung des Mesenterium und des Mesocolon.

Der Zwerchfellbruch kommt in der Regel complicirt mit anderen Missbildungen vor, die unabhängig von demselben, nicht als secundäre Erscheinungen aufzufassen sind. Ist dies nicht der Fall, ist nur der reine Zwerchfellbruch vorhanden, so kommt es auf den Grad der secundären Veränderungen und ihrer Folgen an, ob die Frucht lebensfähig sein wird oder nicht. Doch ist immer zu bedenken, dass auch die kleinsten Brüche gleich in den ersten Stunden des Lebens durch Wirkung der Bauchpresse sich zu grossen Brüchen umgestalten können, wie denn auch die Entstehung einer Zwerchfellhernie im vorgeschrittenen Lebensalter häufig genug auf fötaler Anlage beruhen wird.

Die Anschauung, nach welcher die Baucheingeweide durch erhöhten Druck aus der Bauchhöhle durch die minder widerstandsfähigen Theile des Zwerchfells hindurchgepresst würden, ist vollständig haltlos. Der Druck in beiden Höhlen ist, so lange das Fruchtwasser noch vorhanden ist, vollständig gleich. Für die Aetiologie haben wir andere Anhaltepunkte. Einen Theil der Defecte des vorderen, hinter dem Sternum gelegenen Theiles des Zwerchfells müssen wir in Zusammenhang bringen mit anfangs bestehenden Sternalspalten. Es lässt sich leicht eine Stufenreihe vom totalen Mangel des Sternum und Zwerchfells bis zur Spaltung des Processus xiphoideus mit kleiner linearer vorderen Zwerchfellspalte construiren. Auch für die, der Wirbelsäule anliegende Partie lässt sich eine Ursache in dem Hervordrängen des embryonalen Mitteldarmes finden. Wie ich im Kapitel über Entstehung des Hernia funiculi umbilicalis genauer auseinandersetzen werde, hebt ein übermässiger Zug am Dotterstrange den mittleren Darmschenkel soweit aus der Bauchhöhle heraus, dass auch die nach oben und unten folgenden Partien des Darms von der Wirbelsäule abgezogen werden. Hinter dem Darmstück, welches der späteren Lage des Oesophagus entspricht, muss dadurch eine Lücke entstehen, die sich dann später als Spalte im Zwerchfell documentirt. In diese hinein kann der Darm während seines Wachsthums sich ausbreiten und verhindert dadurch den Schluss der Lücke, der ohne das Hineinschieben des Darms wohl in späterer Zeit erfolgt sein würde.

Für diese Auffassung scheinen mir die Beobachtungen zu sprechen, wo auch das untere Darmstück aus eben jener Verlagerung nach vorn sich zwischen die beiden Müller'schen Gänge schob und dieselben an der Vereinigung verhinderte. Luschka (*Virchow's Archiv, Bd. 18, S. 168) und ich beobachteten derartige Fälle, wo der Genitalschlauch durch Zwischendrängen des Enddarms vollständig getheilt war, wo sich zwei Uteri, zwei Orificia externa, zwei gesonderte Scheiden vorfanden.

Ebenso wie die Diastase des Sternum können auch Spalten der Wirbelkörper eine Lücke der hinteren Partie des Zwerchfells verursachen. Es sind solche Fälle bekannt geworden von Spitzer, Levy und Rindfleisch, die sich typisch darin ähneln, dass bei vorhandener Wirbelkörperspalte sich eine Zwerchfellshernie ausgebildet hat und Theile des Darmes, in einem Falle von Morel Gross der Magen, durch die Wirbelspalte auf die Aussenfläche des gespaltenen Rückenmarkkanales prolabirt sind. Genaueres hierüber findet man im Abschnitte über vordere Wirbelspalte.

Die Literatur über Hernia diaphragmatica congenita ist wiederholt gesammelt worden. Man lese

Schöller, *Rust's Magazin für die gesammte Heilkunde, Bd. 59, Heft 3, 1842.
Literatur von 1582 bis 1841.

Textor, Bayrisches Correspondenz-Blatt, 1847, No. 20. — *Schmidt's Jahrbücher, Bd. 57, S. 64.
103 Fälle, erworbene und congenitale.

W. Gruber, *Virchow's Archiv, Bd. 47, S. 382.
Literatur bis 1869.

Leichtenstern, *von Ziemssen, Handbuch der speciellen Pathologie und Therapie, Bd. 7, 2. Hälfte, S. 460.
65 Congenitale (35 Knaben, 30 Mädchen).

Kohn, *Ueber Hernia diaphragmatica congenita, Inaug. Diss. Erlangen (Liegnitz) 1877 (Jahreszahl fehlt, ist mit Tinte zugefügt).

Lacher, *Deutsches Archiv für Klinische Medicin, Bd. 27, S. 268.

Als Beispiele seien angeführt:

Wertheim, *Neue Zeitschrift für Geburtskunde, 1836, Bd. 3, S. 396.

Abbildung: Atlas, Tafel XXXI, Fig. 1. Taf XXXI, Fig. 1.

Erklärung: trach., Luftröhre; pr. v., Processus vermiformis; n. ph, nervus phrenicus; p. s, verschobene und comprimirte linke Lunge; p. d, rechte Lunge; c, Herz, durch Oeffnungen des Brustfells sichtbar; l, Milz; d, Zwerchfell; vent, Magen; du, Zwölffingerdarm, geht nach oben in die Oeffnung des Zwerchfells; oes, unteres Ende des Oesophagus; h, Leber, linker Leberlappen aufgehoben; r. s, linke Niere.

W. Gruber, *Virchow's Archiv, Bd. 47, S. 382.

Linksseitige Zwerchfellspalte bei einem neugeborenen reifen Knaben. Magen, Darm, Leberlappen, zwei Milzen und Pankreas befinden sich in der Brusthöhle.

Abbildungen: Atlas, Tafel XXXI, Fig. 2 u. 3. Taf. XXXI, Fig. 2 u. 3.

Erklärung: Fig. 2: th, Thymus; c, Herz; p. d, rechte Lunge; pr, Processus vermiformis; vu, vena umbilicalis; h, h', h'', Leber mit zwei secundären Lappen; v, Harnblase.

Fig. 3: th, Thymus; p. s., linke Lunge; h, Leber; r. s, linke Niere; l u. l. succ, Milz mit Nebenmilz; vent, Magen.

Schöller, *Rust's Magazin für die gesammte Heilkunde, Bd. 59, S. 437.

Taf. XXXI, Fig. 4 u. 5.

Abbildungen: Atlas, Tafel XXXI, Fig. 4 u. 5.

Erklärung: Fig. 4: v. s, vena subclavia; v. c, vena cava superior; th, Thymusdrüse; c, mit Herzbeutel bedecktes Herz; h, Leber.

Fig. 5: Ansicht des Zwerchfelldefects nach Herausnahme der Brust- und Baucheingeweide.

Vrolik, *Tabulae ad illustrandam embryogenesin etc. Taf. 69 u. 70.

Taf. XXXI, Fig. 6 u. 7.

Abbildungen: Atlas, Tafel XXXI, Fig. 6 u. 7.

Erklärung: Fig. 6: c, Herz; h, Leber; v. f, Gallenblase; v, Magen; col, Colon descendens.

Fig. 7: Ansicht der Oeffnung des Zwerchfells.

*Eigene Beobachtung.

Reifes Mädchen. Doppelte Hasenscharte, Wolfsrachen. Linke Zwerchfellshernie. Im Thoraxraume Magen, Darm, Milz. Verdoppelung der Müller'schen Gänge durch Zwischenlagerung des Rectum. Doppelte Vagina.

Taf. XXXI, Fig. 8.

Abbildung: Atlas, Tafel XXXI, Fig. 8.

Erklärung: th, Thymus; p, Lunge; c, Herz; col, Dickdarm; vent, Magen; r. d, rechte Niere; u. d, u. s, rechter und linker Uterus mit je einer Tuba, t, t und einem Ovarium, o, o und einer vagina, v, v; r, Rectum.

*Eigene Beobachtung. Giessen, Jan. 1882.

Reifes wohlgebildetes Kind, schrie anfangs kräftig, wurde aber im Bade cyanotisch. Das Herz fühlte man anfangs an normaler Stelle, später rechts vom Sternum, schliesslich in der rechten Achselhöhle. Links Darmton. Diagnose auf linksseitige Hernia diaphragmatica mit Bestimmtheit gestellt. Durch Section bestätigt. Grosse Oeffnung im linken hinteren Zwerchfellraum. Keine weiteren Verbildungen.

Oberer Bauchbruch.

Diastase der Musculi recti. Oberer Bauchbruch. Bei Gelegenheit der Besprechung der Sternalspalte habe ich darauf aufmerksam gemacht (Seite 176), wie eine Spalte des unteren Theiles des Sternum sich häufig mit einem schlitzförmigen Bauchbruche complicirt. Dass ich auch den vorderen Zwerchfellbruch mit der Sternalspalte in Zusammenhang bringe, habe ich im vorigen Abschnitte hervorgehoben. In Fällen, wo nur der Processus xiphoideus gespalten ist, findet sich nicht selten eine angeborene Diastase der Recti zwischen dem Schwerdtfortsatze und dem Nabel, die, bei Gebrauch der Bauchpresse, diesen Theil als länglichen Wulst hervortreten lässt.

Curschmann, *Berliner Klinische Wochenschrift, 1878, No. 42, S. 631, beschreibt dieses Vorkommniss an der Leiche eines 7jährigen Knaben und berichtet, dass er in verschiedenen Fällen die Beobachtung gemacht, wie Spaltung des Processus xiphoideus in Zusammenhang mit der Diastase des oberen Theiles des geraden Bauchmuskels zu bringen sei.

Spalten der Nabelgegend.

Spalten der Nabelgegend. Keine Stelle des fötalen Körpers ist zur Entstehung von Spaltbildungen geeigneter, als die Nabelgegend. Hier klafft der Bauch weit und schliesst sich zuletzt.

Aus seinem Inneren treten die verschiedenen Organe an die Innenfläche des Eis heran, oder reichen wenigstens in das Anfangsstück der Nabelschnur hinein. Hier schliesst sich der anfangs offene Darm und liegt dann mit mehreren Schlingen ausserhalb des Fötalleibes. Hier trennt sich der Ductus omphalo-mesentericus von dem Ileum. Hier schliesst sich der Urachus, der anfangs als hohle Blase, später als hohler Strang in die Nabelschnur tritt. Hier treten in frühster Zeit die Dottergefässe, später die Nabelschnurgefässe aus und ein. Hier ist eine Oeffnung im Peritoneum, die den Durchtritt der Därme gestattet. Ja, noch nach der Geburt des Kindes bleibt nach dem Abfallen des Nabelstranges häufig eine Oeffnung, der Nabelring, durch welche Intestina unter günstigen Umständen aus der Bauchhöhle heraustreten können.

Die Ursachen, welche die ebengenannten Spalten am Verschlusse hindern können, daher ihre Persistenz bewirken, sind zum Theil dieselben, welche auch die Brust- und Gesichtsspalten zur Folge hatten. Vor allem sind es wieder die Verwachsungen des Amnion oder der Placenta mit der Spalte, die ein weites Klaffen verursachen. Ferner müssen wir für manche Fälle eine geringere sphärische Krümmung der Dotterfläche, für andere eine Wasseransammlung im Innern der Bauchhöhle, für andere eine Vergrösserung einzelner Organe der Bauchhöhle u. s. w. annehmen. Eine Ursache, die nächst den Verwachsungen mit dem Amnion am meisten geeignet ist, die Leibesspalte offen zu erhalten, ist das widernatürlich lange Liegenbleiben der physiologisch in der Nabelschnur liegenden Darmpartien. Dieselben können im Nabelstrang zurückgehalten werden durch den resistenten Dotterstrang, oder durch adhäsive Entzündungen des Peritoneum mit der Innenfläche des Bruchsackes.

Ich werde für die einzelnen Formen der Spaltbildungen die Grundursachen so genau wie möglich anzugeben versuchen.

Offenbleiben des Urachus.

Offenbleiben des Urachus. Am Ende der ersten Woche der fötalen Bildung entspringt aus dem unteren Darmende die Allantois, die dann wenigstens in ihrem epithelialen Rohre eine Blase darstellt, während der bindegewebige Ueberzug sich schnell diffus um die ganze Ei-Innenfläche ausbreitet, sich dem Chorion anlegt. Diese Epithelblase ragt aus dem untersten Theile der noch breiten Bauchspalte heraus. Sie dient, wie wir annehmen dürfen, bis der untere Theil derselben, die spätere Urinblase, einen anderen Ausführungsgang hat, zur Aufnahme der flüssigen Excrete des Darms und der Nieren. Hat sich der untere Theil zur Harnblase erweitert, und fliesst der Harn durch die Kloake ab, so schrumpft der oberhalb der Harnblase liegende Allantoisraum zu einem soliden Strange zusammen, dem Urachus, den wir am neugeborenen Kinde vom Gipfel der Blase, durch den Nabelring hindurch, bis weit in die Nabelschnur hinein verfolgen können.

Unter gewissen Verhältnissen erfolgt die Obliteration des Urachus nicht. Er behält ein Lumen, das man nicht selten bis in den Nabelstrang hinein verfolgen kann. Fällt nun beim Neugeborenen der Nabelstrang ab, so liegt der Urachus offen in der Nabelwunde.

Die Hauptursache für dieses über die Zeit hinausdauernde Offenbleiben des Urachus ist ein widernatürlicher Verschluss der Urethra. Es beweisen dies die Fälle, wie der von v. Siebold mitgetheilte, in denen nach Beseitigung der Urethralstenose der Urachus sich sofort schloss.

Das Offenbleiben des Urachus in der Nabelgegend scheint in den Fällen häufiger vorzukommen, in welchen auch ein Theil des Darms am Ende der fötalen Entwickelung noch in der Nabelschnurscheide lag. Wenn dann die Hebamme unvorsichtiger Weise die Nabelschnur zu nahe der Insertion unterband, so wurde das Darm- und Urachuslumen unterbunden und nach Abfall der Schnur zeigte es sich dann eröffnet, wenn nicht schon vorher der Austritt von Harn und Mekonium bemerkt wurde.

Oberteufer, *Starke's Neues Archiv, Bd. 2, S. 634.

Im Nabel eines 40 Jahre alten Fräuleins befand sich eine federkielgrosse Oeffnung, durch die man einen Katheter leicht bis zur Blase vorschieben konnte. Vollständiger Mangel der Harnröhre. In aufrechter Stellung rann der Harn tropfenweise, in Knieellenbogenlage floss er schnell aus. Tod im 42. Jahre unter Fiebererscheinungen. Keine Section.

von Siebold, *von Siebold's Journal, Bd. 9, S. 271.

Kleiner Nabelschnurbruch, von der Hebamme abgeschnürt. Abfluss von Koth und Urin. Nach Katheterisation der Urethra ging der Harn auf normalem Wege ab. Verschluss des Urachus. Tod an Peritonitis.

Schmidt, *Berliner medicinische Zeitung, 1837, S. 94.

Bei einem 4 Wochen alten Kinde. Geheilt.

Pétréguin, Gazette méd. de Paris, 1837, No. 13. — *Müller's Archiv, 1838, S. VIII.

Complicirt mit Vermehrung der Ureteren.

Zöhrer, Oesterreichische medicinische Wochenschrift, 1842, No. 23. — *Schmidt's Jahrbücher, Bd. 37, S. 316 und 317.

Gusseron und
Froriep, citirt von Vogler, Bemerkungen über Harnblasenvorfall etc. — *Canstatt's Jahresbericht, 1844, 3. Abtheil., S. 14.

In beiden Fällen stülpte sich die Harnblasenschleimhaut durch den erweiterten Urachus.

Meyer, Casper's Wochenschrift, 1844, No. 26. — *Schmidt's Jahrbücher, Bd. 44, S. 201.

Starr, London med. Gazette, 1844, Januar. — *Neue Zeitschrift für Geburtskunde, Bd. 23, S. 291.

Godard, Gazette méd. de Paris, 1855, No. 44. — *Canstatt's Jahresbericht, 1855, IV, S. 21.

Complicirt mit Vereinigung beider Nieren zu einer gemeinsamen linken.

Chaudelux, Gazette méd. de Lyon, 1859, No. 10. — *Monatsschrift für Geburtskunde, Bd. 18, S. 103.

Bryant, Medical Times and Gaz., 1862, Mai. — *Schmidt's Jahrbücher, Bd. 115, S. 357.

Köstlin, Württembergisches Correspondenzblatt, 1863, 10. Sept. — *Canstatt's Jahresbericht, 1863, IV, S. 8.

60 Jahr alte Frau. Verwachsung und Communication der verwachsenen Harnblase mit dem Urachus.

Rose, *Monatsschrift für Geburtskunde, Bd. 25, S. 442.

Harnröhrenatresie beim neugeborenen Knaben. Nach Beseitigung des Hindernisses fliesst der Harn aus der Harnröhre. Die Urachusfistel heilte.

Stadtfeldt, Nord. med. Ark. III, 1871, Nr. 23, S. 1. — *Schmidt's Jahrbücher, Bd. 153, S. 371 u. Bd. 157, S. 58.

Wolff, *Beitrag zur Lehre von den Urachuscysten. Inaug. Dissertation, Marburg 1873, S. 20.

Knabe mit offenem Urachus geboren. Im 3. Jahre wurde die Oeffnung durch Aetzmittel geschlossen. Im 27. Jahre bildete sich an dieser Oeffnung ein Epithelialkrebs. (Roser.) Auf der Marburger chirurgischen Klinik wurde ein 2½jähriger Knabe aufgenommen, der eine Urachusfistel trug. Ungeheilt entlassen.

Jacoby, *Berliner Klinische Wochenschrift, 1877, No. 15, S. 202.

Nabel bei der Geburt dick und sulzig, fiel aber normaler Weise ab; dann zeigte sich die Urachusöffnung.

Alric, Bulletin de Thérapeutique. — *Gazette obstétricale, 1879, No. 16, S. 233.

Zwei Fälle bei je einem 10monatlichen und 5jährigen Kinde.

Ratimow, Wojenno-Medicinski Journal, August 1880. — *Petersburger Medicinische Wochenschrift, 1880, No. 40, S. 331.

Cysten des Urachus. Luschka machte darauf aufmerksam, dass der Urachus am Lebenden nicht immer solid sei, sondern kleine Hohlräume enthalte. Auch in der Nabelschnur des Neugeborenen findet man nicht selten Cysten des epithelialen Rohres der Allantois. In sehr seltenen Fällen haben die der vorderen Bauchwand anliegenden Cysten des Urachus den Anlass zu ärztlichen Eingriffen gegeben. Cysten des Urachus.

Luschka, *Virchow's Archiv, Bd. 23, S. 1,
fand wiederholt kleine Ausbuchtungen mit schleimigem Inhalte und auch vollständig abgeschnürte Cysten im Harnstrange des Erwachsenen.

Abbildungen: Atlas, Tafel XXXI, Fig. 9, 10 u. 11. Taf. XXXI, Fig. 9, 10 u. 11.

Erklärung: Fig. 9: Blase und Harnstrang aufgeschlitzt. Man sieht die Erweiterungen des Epithelialrohres.

Fig. 10: Das Epithelialrohr bei siebenfacher Vergrösserung.

Fig. 11: Das Epithelialrohr bei zehnfacher Vergrösserung. Oben eine abgeschnürte Cyste.

Roser, *Langenbeck's Archiv, Bd. 20, 3. Heft, S. 472.

Bei einer Frau bildete sich wiederholt im Anfange der Schwangerschaft eine grosse pralle Geschwulst oberhalb der Symphyse, die trotz Katheterisation nicht wich. Punction in der Linea alba. Später machte Roser einen Einschnitt und bestätigte den vorher schon erkannten Zusammenhang der Cyste mit der Blase. Die Blase trieb den Harn durch eine schmale Fistel in die Urachuscyste, und erst wenn die Cyste prall gefüllt war und der Druck sich in ihr gesteigert hatte, ging einiger Harn durch den Sphincter vesicae ab.

Taf. XXXI, Fig. 12. Abbildung: Atlas, Tafel XXXI, Fig. 12.
Schematische Darstellung.

Wolff (Roser), *Beitrag zur Lehre von den Urachuscysten, Inaug. Diss. Marburg 1873.

Exstirpation einer 63 Ctm. im Umfange haltenden Cyste. Die mikroskopische Untersuchung ergab eine Wand, in der glatte Muskelfasern gefunden wurden. Innenfläche glatt. Kein Epithel bemerkbar.

Hoffmann, Archiv der Heilkunde, Bd. 11, S. 373.

26jähriger Mann. Punction häufig ausgeführt. Tod. Section: Cyste enthielt 50 Liter Flüssigkeit. Auf der Innenfläche fand man eine mehrfache Schicht grosskerniger Plattenepithelien.

Gloz, Ueber Cysten in und an der Leber, Inaug. Diss. Tübingen 1864.

Cysten bei einem 28jährigen Manne. Hoffmann und Liebermeister hielten diese Cyste für eine Urachuscyste.

von Wyss, *Virchow's Archiv, Bd. 51, S. 143,
beschreibt eine bohnengrosse Cyste, 1" über dem Nabel in der Bauchdecke eines Erwachsenen gelegen, die mit Flimmerepithel ausgekleidet war. Möglicher Weise handelt es sich hier auch um eine Cyste des Urachus.

Darmspalte. Offenbleiben des Darms. Darmspalte. Bis zur zweiten Woche ist der Darm durch die Bauchspalte hindurch in offener Verbindung mit der Dotterblase. Nach und nach wird, indem der Darm sich zu einem Rohre schliesst, die Oeffnung immer enger und enger, das Verbindungsglied zwischen Darm und Dotterblase strangförmiger, bis endlich ein vollständiger Verschluss des Darmnabels erfolgt und nur ein dünner solider Strang (Dotterstrang) zwischen Darm und Dotterblase zu finden ist. Durch die Ausbreitung des Amnion wird die Dotterblase immer weiter vom Nabel des Fötus weggedrängt, der Dotterstrang wird dünner und reisst endlich am Darme ab. Man sieht sein Rudiment in der Regel weder am Darme noch am innern Nabelringe. Hingegen pflegt der der Dotterblase anhängende Theil auch bei reifen Eiern mitsammt der Dotterblase zwischen Amnion und Chorion liegend gefunden zu werden.

Dieser natürliche Vorgang erleidet ungemein häufig Störungen, die zu Anomalien resp. Verbildungen des Darms und der nächstliegenden Organe führen können.

Zuerst sei erwähnt, dass sich nicht selten die Aeste des abgerissenen Dotterstranges am Darm oder an der inneren Fläche des Nabelringes hängend vorfinden. Auch an beiden eben bezeichneten Endpunkten können die Reste noch festhaften und bilden dann einen feinen Faden zwischen Darm und Nabel.

Nicht zu verwechseln mit dem rudimentären Dotterstrange ist ein Faden, den man nicht selten vom Nabel nach dem Mesenterium des Dünndarms gehen sieht. Es ist dies die obliterirte, bisweilen auch mit Blut gefüllte Vena omphalo-mesaraica. So lange der Dotterkreislauf noch besteht, führen zwei Arterien das Blut aus den primitiven Aorten, den Darm zwischen sich fassend, zur Dotterblase. Eine bei weitem grössere Vene führt das Blut, anfangs mit den beiden Arterien gleichlaufend, am Darme vorüber in das zum Ileum gehörende Mesenterium. Obliterirt der Dotterstrang, so bleiben die Arterien am Dotterstrange, während die Vene gesondert neben ihm noch längere Zeit offen bleibt, und auch nach gänzlichem Schwunde des Dotterstranges sieht man sie noch häufig im Nabelstrange und auch intraabdominell verlaufend zum Mesenterium hinziehen.

Kerkring, *Opera omnia anatomica. Lugd. Batavorum, 1727, Observ. XXXVII, beschreibt zuerst die Persistenz der in der Nabelschnur verlaufenden vena omphalo-mesaraica.

Hartmann, *Monatsschrift für Geburtskunde, Bd. 33, S. 196 und *Archiv für Gynäkologie, Bd. 1, S. 163,
schätzt die Häufigkeit der Persistenz in der Nabelschnur auf 1% bei reifen wohlgestalteten Früchten.

Fehling, *Archiv für Gynäkologie, Bd. 8, S. 210.

Ahlfeld, *Archiv für Gynäkologie, Bd. 8, S. 363. 2 Beobachtungen.

Leopold, *Archiv für Gynäkologie, Bd. 8, S. 363.

Besonders häufig persistiren Dottergefässe bei Früchten, die mit Missbildungen behaftet sind, vorzüglich bei Missbildung an der Bauchgegend; doch auch bei Verbildungen anderer Organe. Bei normal gebauten Früchten findet es sich ungefähr in 100 Nabelschnüren ein Mal. Es stellt sich dann als ein feines, zierlich geschlängeltes, mit kirschrothem Blute gefülltes Gefäss dar, welches, dicht unter der Nabelschnur liegend, meistens durch die ganze Nabelschnur hindurch zu sehen ist. In einzelnen Fällen kann man es auch bis zur Dotterblase hin verfolgen.

Das Persistiren des Dotterstranges und der Dotterblase im Körper des Kindes und des Erwachsenen würde keine practische Bedeutung haben, wenn nicht Einklemmungen von Darmschlingen zwischen diese ausgespannten Fäden vorkämen und so schnell den Tod des Individuum herbeiführen könnten. Derartige Fälle beschreiben z. B.

Eschricht, *Müller's Archiv, 1834, S. 222.
Banks, *The Dublin Journal, 1875, Aug.
Bradly, The Detroit Review of Med. Jan. 1876.
Leichtenstern, *von Ziemssen, Handbuch der speciellen Pathologie und Therapie, Bd. VII, 2. Hälfte, S. 443.
Spangenberg, *Meckel's Deutsches Archiv, Bd. 5, S. 87. fand bei einem 20jährigen Soldaten die Gefässe noch geöffnet und mit Blut gefüllt.

Meckel'sches Divertikel.

Das Meckel'sche Divertikel. Diverticulum verum. Durch Zug des Dotterstranges an dem Theile des Ileum, welcher zuletzt als Darmnabel sich schliesst, und mit einer oder mehreren Schlingen bis zum 3. Monate in der Nabelschnur zu liegen pflegt, entsteht eine cylindrische oder knopfförmige Ausbuchtung des Darmrohrs. Meist endet dieselbe blind und trägt an der Spitze keine deutlichen Rudera des Dotterstranges. Nur in selteneren Fällen finden sich diese vor und verbinden auch bisweilen die Spitze des Divertikels mit der Innenfläche des Nabels. Am Neugeborenen findet man das Diverticulum verum circa 3—4 Ctm. über der Coecalklappe. Es sitzt fast ausschliesslich auf der dem Mesenterium gegenüberliegenden Seite des Darms, bald rechtwinklig, bald spitzwinklig auf und erreicht eine verschiedene Länge. Ist es sehr lang, so besitzt es wohl auch ein kleines Mesenterium.

Das Divertikel besteht aus allen dem Darmrohre eigenen Häuten, pflegt aber ein engeres Lumen als der Darm zu haben. Da es als ausgezogenes Stück des Darms zu betrachten ist, so erklärt sich die Faltenlosigkeit der Schleimhaut und die geringere Entwickelung der Muskelschicht. Scheiber, Oesterreichische medicinische Jahrbücher, 1875, Heft 2. — *Canstatt's Jahresbericht 1875, I., S. 340. — fand in einem Divertikel einer an Typhus gestorbenen Frau auf seiner 4" langen und 1" breiten Fläche stark ausgebreitete Peyer'sche Haufen und rundliche Typhusgeschwüre.

Zuweilen läuft neben dem Meckel'schen Divertikel noch die persistirende Dottervene. Ich fand dies Verhältniss zweimal bei angeborenen Nabelschnurbrüchen. Ein Meckel'sches Divertikel mit doppelter Oeffnung zum Darme, deren eine eine Klappe besass, beschreibt

Phoebus, Verhandlungen der K. Leopoldinisch-Carol. Academie, Bd. VII, 2. Abth. Breslau und Bonn 1835. — *Schmidt's Jahrbücher, Bd. 14, S. 253.

Ragt die Spitze des Meckel'schen Divertikels bis in den Nabel hinein, so bildet sich nicht selten beim Abfallen der Nabelschnur eine widernatürliche Oeffnung zum Darm, ein Nabelafter. Gewöhnlich ist die Oeffnung nur klein; doch meist hinreichend gross genug, um durch Austritt von Koth in die Nabelgrube dem Individuum die unangenehmsten Beschwerden zu machen.

Nach Abstossen des Nabelschnurrestes wuchern in solchem Falle bisweilen die Reste des Dotterstranges so bedeutend, dass sich ein granulöser Tumor auf dem Nabelkegel bildet, zwischen dessen Excrescenzen die Oeffnung zum widernatürlichen After schwer zu finden ist.

Schneider, *Gemeinsame deutsche Zeitschrift für Geburtskunde, Bd. 3, S. 480. — *von Siebold's Journal, Bd. 13, S. 491.

Acht Wochen alter wohlgebildeter Knabe. Beim Schreien drang Luft und Koth aus dem Nabel. Die Nabelschnur soll dick und wulstig gewesen sein. Heilung sehr schwer.

von Siebold, *von Siebold's Journal für Geburtshülfe etc., Bd. 9, S. 271.

Wahrscheinlich durch Abschnürung eines kleinen Nabelschnurbruches entstandene Kothfistel.

Kölbing, *Neue Zeitschrift für Geburtskunde, Bd. 14, S. 443.

Neben der Nabelschnurinsertion eine erdbeerartige Wucherung. Nach Abtragung derselben prolabirte ein langes Darmstück. Tod. Section: Dünndarm an der Innenfläche des Nabelringes angeheftet zeigt dort ein Loch, durch welches nach und nach der evertirte Darm herausgetreten war.

Förster, *Würzburger medicinische Zeitschrift, Bd. 3, S. 205.

Von Jugend auf gingen durch den Nabel Schleim und Speisereste ab, doch nur in solch kleinen Quantitäten, dass dieser Zustand der Trägerin nicht lästig war. — Section im 34. Jahre. Kyphose. Dilatation des rechten Herzens. Zwei Fuss oberhalb der Ileocöcalklappe ging von der convexen Seite des Ileum ein Divertikel ab, dessen Spitze mit der Innenseite des Nabelrings verwachsen war, und zwar nicht blos durch fibröse Fäden, sondern durch continuirliche Verschmelzung seiner Wände mit denen des Nabelrings. Divertikel $3^1/_2$'' lang, in der Mitte enger, am Ende kolbig. Das Divertikel bestand wie gewöhnlich aus allen Darmschichten.

van Deen, nederl. Tijdschrift, II, S. 313, Juni 1858. — *Schmidt's Jahrbücher, Bd. 102, S. 369.

Weinlechner, *Jahrbücher für Kinderheilkunde, Bd. 8, S. 55.

Bei einem 5 Monate alten Kinde drang in Folge eines Hustenstosses eine Schleimhautgeschwulst am Nabel hervor. Dieselbe wurde operativ abgetragen. Tod. — Persistenz des offenen Ductus omphalo-mesaraicus mit Prolapsus eines Darmstückes.

Henke, Deutsche Zeitschrift für practische Medicin, 1877, 43. — *Virchow-Hirsch, Jahresbericht, 1877, II, S. 403.

Zwei Fälle, die durch Aetzen zur Heilung gebracht wurden.

Blin, Comptes rend. de la Société de Biologie, 1853, S. 131. — *Canstatt's Jahresbericht, 1853, IV, S. 9.

25 Ctm. oberhalb des Cöcum befand sich ein 3—4 Ctm. dickes Diverticulum. Nach der Geburt kamen Fäkalmassen, später nur Schleim heraus. Im 6. Monate drang durch die Narbe des Nabels eine Darmschlinge vor. Das Kind starb.

Klusemann, Berliner medicinische Zeitung, 1860, No. 10. — *Canstatt's Jahresbericht, 1860, IV, S. 9.

Marshall, Medical Times and Gazette, 1868, 5. Dec. — *Virchow-Hirsch, Jahresbericht, 1868, I, S. 173.

Hickman, Transactions of the pathological Society, 1870, XX, S. 418. — *Virchow-Hirsch, Jahresbericht, 1870, I, S. 295.

Freund, *Archiv für Gynäkologie, Bd. 3, S. 381.

23 Jahr altes Mädchen. Ausser dem granulösen Tumor, der die Oeffnung des Anus praeternaturalis bedeckt, befindet sich ein zweiter widernatürlicher After oberhalb der Harnröhrenmündung (Epispadie, Spaltung der Schamfuge). Welche von diesen beiden Oeffnungen mit Persistenz des Ductus omphalo-entericus in Zusammenhang gebracht werden darf, lässt sich nicht sagen.

Jacoby, *Berliner Klinische Wochenschrift, 1877, No. 15, S. 202.

Bardeleben, Lehrbuch der Chirurgie, III, S. 803.

Neumann, Archiv der Heilkunde, 1870, S. 200.

Ich beobachtete einen durch Persistenz des Ductus omphalo-mesaraicus entstandenen widernatürlichen After bei einem erwachsenen Manne, der überdies einen angeborenen Herzfehler und eine Kyphose der Brustwirbelsäule aufzuweisen hatte. Mehrere Male täglich musste dieser Mann seine Nabelgrube reinigen, da sich sehr übelriechende schleimige Massen daselbst sammelten.

Küstner, *Archiv für Gynäkologie, Bd. 9, S. 440,
fand in einem Fungus umbilicalis ein complicirtes mit Drüsen durchsetztes Gewebe. Küstner neigt sich dazu, die Abstammung vom Epithelrohre der Allantois anzunehmen.

Unter den hier mitgetheilten Beobachtungen können sehr wohl solche mit untergeschlüpft sein, bei denen der widernatürliche After durch Abschnüren einer kleinen Darmschlinge entstanden sein mag. Wenn aber nur von einer Oeffnung zum Darm die Rede war, so habe ich diese eher für die Oeffnung eines Divertikels halten zu müssen geglaubt.

Die Darm-Nabelspalte findet sich endlich noch bei tiefgehenden Bauch-Blasenspalten, über die in dem betreffenden Kapitel berichtet werden wird.

Cysten des Dotterstranges.

Cysten des Dotterstranges. Bleibt ein Meckel'sches Divertikel oder ein Theil des persistirenden Dotterstranges streckenweise offen, während der Zugang zum Darme sich verschlossen hat, so ist die Anlage zur Bildung einer Cyste des Dotterstrangs gegeben.

Erst in neuerer Zeit hat man die Aufmerksamkeit auf diese Residuen des Dotterstranges gelenkt. Granulationsgeschwülste am Nabel, die bei mikroskopischer Untersuchung Lieberkühn'sche Drüsen aufweisen, führen auf den Dotterstrang als Ausgangspunkt der Wucherungen zurück.

Roser, *Archiv für klinische Chirurgie, Bd. 20, S. 475.

Ein junger Mann klagte über schleimigen Ausfluss aus der Nabelöffnung. Die Sonde kam in eine geräumige Höhle von etwa 6 Ctm. im Durchmesser. Roser spaltete und entfernte die Cystenwand. Lieberkühn erkannte die Cyste als Dotterstrangresiduum.

Roth, *Correspondenz-Blatt für Schweizer Aerzte, 1880, No. 6, S. 174.

Gänseeigrosse Cyste bei einem an Peritonitis verstorbenen Kinde, inserirte ½' weit über der Klappe am Ileum mit kurzem Stiele. Vom Darme aus war der Stiel zu sondiren.

In einem zweiten Falle fanden sich ausser einer Cyste des Dotterstrangs noch Cysten vom Darm abgeschnürt vor, die mit Flimmer- und Cylinderepithel ausgekleidet waren.

Die wahre Darmspalte. Das Darm-Drüsenblatt hat eine ausgesprochene Neigung sich schnell und vollständig zu schliessen. Schon bei der normalen Entwickelung sehen wir zu einer Zeit, in der die Visceralplatten der Nabelgegend noch klaffen, das Darmrohr geschlossen. Bei den tiefgehendsten Bauchbrüchen finden wir den Darm durchgehend geschlossen. Selbst bei Schistosoma reflexum (Gurlt), einer bisher nur bei Thieren beobachteten Missbildung, bei welcher die Bauch- und Brustdecken, statt sich auf der Bauchseite zu vereinigen, sich über dem Rücken treffen und so das Individuum vollständig umgewendet wird, ist der Darmcanal in toto geschlossen und wohlgebildet. Siehe z. B. Wahre Darmspalte.

Lucae, *Ueber Schistosoma reflexum (Gurlt) aus den Abhandlungen der Senckenbergischen naturforschenden Gesellschaft zu Frankfurt a. M., Bd. 4, Frankfurt a. M. 1863, S. 6 u. 12, Fig. II, ee.

Es ist daher zu vermuthen, dass wirkliche Darmspalten entweder gar nicht vorkommen oder im höchsten Grade selten sind. Kämen sie zu Stande, so müsste man sie am ehesten an der Stelle vermuthen, an welcher der Darm bis zuletzt offen ist, also an der Verbindungsstelle mit der Dotterblase. Dann würde es zu keiner Abschnürung der Dotterblase, zu keiner Bildung des Dotterstranges kommen, Fälle, die nur bei Doppelmissbildungen gedacht werden können, bei denen eine Communication der entsprechenden Partien des Dünndarms vorhanden ist, während die weiter abwärts gelegenen Partien sich wiederum von einander entfernen, um in zwei gesonderte Dickdärme überzugehen.

Eine Spalte des Darmes an anderer Stelle würde ferner den Austritt von Meconium in die Bauchhöhle zur Folge haben, ein Vorgang, der wahrscheinlich die Entwickelung der Frucht in frühester Zeit vernichten würde.

Alle Autoren, welche über dieses Kapitel geschrieben, nennen Darmspalten die Oeffnungen des Darms, welche bei Blasenspalten ganz regelmässig beobachtet werden. Ich habe schon früher versucht, diese Oeffnungen als durch Abschnürung ganzer Darmpartien hervorgerufen zu erklären (*Archiv für Gynäkologie, Bd. 5, S. 239.). Ich habe seitdem keine Gegengründe für diese meine Ansicht gehört, die mich eines Andern überzeugt hätten, und werde daher diese vermeintlichen Darmspalten im Kapitel über Bauch-Blasen-Schambeinspalte abhandeln.

Unter den neueren Vertretern des Vorkommens wahrer Darmspalten hebe ich besonders Perls hervor, der diesem Thema ein

Kapitel in seinem Lehrbuche der allgemeinen Aetiologie (S. 274) widmet. Die kritische Zusammenstellung der verschiedenen Ansichten findet sich auf Seite 216 dieses Lehrbuchs.

Nabelbruch. Offenbleiben der Bauchspalte. Nabelbruch. Nach dem Abfallen der Nabelschnur findet sich eine Oeffnung im Nabelring, durch die in der Regel Darmtheile durchzutreten nicht im Stande sind. Nur bei grösserer Oeffnung, sobald der Durchmesser c. 0,5—1,0 Ctm. zeigt, kann eine Darmschlinge sich durchdrängen, die dann vom Peritoneum und einer dünnen Lage äusserer Haut überkleidet zu sein pflegt.

Das Vordringen der Darmschlinge wird bewirkt durch den vermehrten intraabdominellen Druck beim Schreien und Pressen der Kinder. In Utero, wo der Bauchhöhleninhalt und der Nabelschnurinhalt noch unter gleichem Drucke stehen, kann ein derartiges Herauspressen von Darmschlingen in die Nabelschnur hinein nicht vorkommen.

Nabelbrüche grösseren Umfangs können nur entstehen, wenn bei der Geburt ein Nabelschnurbruch vorhanden war, oder wenn nach Zerreissung der Nabelschnurscheide die Därme prolabirten. Ich bespreche diese Verhältnisse im nächstfolgenden Abschnitte. Was dort über Entstehung kleiner Nabelschnurbrüche gesagt worden ist, kann auch somit auf die Entstehung des Nabelbruches angewendet werden.

Nabelschnurbruch. Nabelschnurbruch. Hernia funiculi umbilicalis. Während einer geraumen Zeit der fötalen Entwickelung, in der Regel bis zur 10. Woche, liegen normaler Weise eine oder mehrere Schlingen des Darmes im Nabelstrange. Diese Schlingen gehören dem unteren Theile des Ileum und dem Anfangsstücke des Dickdarm an. An der am weitesten in die Nabelschnur hereinragenden Partie des Ileum befindet sich die Ansatzstelle des Dotterstranges.

Normaler Weise verdünnt sich der Dotterstrang und reisst vom Darme ab, ohne dass man später seine Ansatzstelle noch nachweisen kann. Zu gleicher Zeit wird durch das concentrische Wachsthum der Bauchdecken die noch vorhandene Bauchspalte verkleinert, bis endlich nur noch eine Oeffnung für die Gefässe des Nabelstranges offen bleibt, der Nabelring.

Bleiben eine oder mehrere Darmschlingen über die Zeit hinaus in der Nabelschnur liegen, so dass sich die Bauchhöhle nicht vollständig schliessen kann, so entsteht der Nabelschnurbruch.

Die geringsten Grade dieser Anomalie entgehen sehr häufig dem

Auge des Arztes und der Hebamme. Die Nabelschnur ist an ihrem fötalen Ende etwas breiter, als gewöhnlich. Erst beim Abfallen des Nabelschnurrestes tritt die Unregelmässigkeit hervor, indem sich eine Darmschlinge oder in seltenen Fällen ein widernatürlicher After zeigt.

Ist die offene Stelle in der Bauchwand grösser, so bemerkt man in der Mitte des Leibes, wo eigentlich der Nabel sein sollte, eine apfel- bis kindeskopfgrosse Geschwulst, an welcher meist von der Bauchwand abgewendet die Nabelschnur inserirt. In diesem Tumor liegen in der Regel nicht nur Darmschlingen, sondern auch andere Organe der Bauchhöhle. Vor allem findet man darin Theile der Leber, seltener die Milz und den Magen, in Fällen von sehr ausgedehnten Nabelschnurbrüchen alle Eingeweide der Bauchhöhle.

Die Ursache dieser Missbildung liegt, wie schon oben angedeutet, bei der Mehrzahl der Fälle in einem fortgesetzten Zuge, der vom Dotterstrange an den in der Nabelschnurscheide liegenden Därmen ausgeübt wird. Verzögert sich die Trennung des Dotterstranges vom Darme oder unterbleibt sie sogar ganz, so hält der Dotterstrang die Darmschlingen in der Nabelschnur fest, der Verschluss der Bauchhöhle kann nicht erfolgen.

Wir haben uns den Vorgang folgendermaassen zu denken:

Bis zur 3. Woche entwickelt sich die Frucht normaler Weise. Nachdem sich das Amnion abgehoben hat, wird z. B. durch eine sehr plötzliche starke Füllung der Amnionhöhle mit Flüssigkeit der Dottersack schnell vom Bauche der Frucht weggedrängt. Entweder zerreisst nun der Dotterstrang oder er bleibt intact, dann muss ihm die Darmschlinge, an welcher er haftet, folgen. Dadurch tritt diese Schlinge weiter in die Nabelschnur hinein, als sie dies regelrechter Weise thun würde. Es folgen ihr andere Schlingen nach; bisweilen auch weitere Bestandtheile der Bauchhöhle. Auf diese Weise wird der Grund zu einem sehr grossen Nabelschnurbruche gelegt, indem zu einer Zeit, wo die Bauchspalte noch sehr weit klafft, die Baucheingeweide in die Nabelschnur hineingezogen wurden.

Die geringeren Grade des Nabelschnurbruches entstehen erst in späterer Zeit der Entwickelung. Wir haben nicht nöthig, für ihre Entstehung ein forcirtes Herausziehen der Darmschlingen anzunehmen, sondern können den Vorgang durch eine verspätete oder gänzlich unterbliebene Trennung des Dotterstranges vom Darme erklären. Ist das Gewebe des Dotterstranges resistenter als gewöhnlich, so verdünnt er sich nicht genügend, um zerreissen zu können; er hält eine oder mehrere Darmschlingen in der Nabelschnur fest und verhindert so den vollständigen Verschluss der Bauchwand.

Beispiele, welche die Entstehung des Nabelschnurbruches auf die beschriebene Weise wahrscheinlich machen, sind veröffentlicht worden von

Moor, *Schweizer Zeitschrift für Heilkunde, Bd. 2, S. 256.

Taf. XXXI, Fig. 13 u. 14. Abbildungen: Atlas, Tafel XXXI, Fig. 13 u. 14.

Ahlfeld, Eigene Sammlung.

Taf. XXXI, Fig. 15. Abbildung: Atlas, Tafel XXXI, Fig. 15.

Erklärung: h, Leber; d. omph. e. Dotterstrang. Derselbe war hohl und es liess sich Meconium in ihn hineinpressen.

Hennig, *Sitzung der Gesellschaft für Geburtshülfe zu Leipzig, 15. Nov. 1880. Das an der Innenfläche des Nabelschnurbruches angeheftete Divertikel war 2,7 Ctm. lang und endete blind, etwas kolbig verdickt. Seine Höhlung betrug im Lichten 0,5 Ctm. Der Nabelschnurbruch hatte die Grösse einer Citrone.

Carus, *von Siebold's Journal für Geburtshülfe etc., Bd. 10, S. 83.

Als typische Formen des einfachen und complicirten Nabelschnurbruches habe ich für den Atlas drei Abbildungen gewählt:

Neugebauer, *Neue Zeitschrift für Geburtskunde, Bd. 27, S. 64.

Taf. XXXII, Taf. 1. Abbildung: Atlas, Tafel XXXII, Fig. 1.

*Sammlung des pathologisch-anatomischen Instituts zu Leipzig. Missbildungen, No. 30.

Taf. XXXII, Fig. 2. Abbildung: Atlas, Tafel XXXII, Fig. 2.

*Eigene Sammlung.

Fehlgeburt aus dem vierten Monate der Schwangerschaft.

Taf. XXXII, Fig. 3. Abbildung: Atlas, Tafel XXXII, Fig. 3.

Lässt die Kraft, welche den Darm in der Nabelschnurscheide festhält, nach, oder hört sie gänzlich auf, wie z. B. wenn der Dotterstrang noch reisst, so kann ein Theil des Inhalts in die Bauchhöhle zurücktreten, ein Theil bleibt aber doch in der Nabelschnurscheide zurück. In solchen Fällen ist die Möglichkeit gegeben, dass die Bauchspalte sich stark verkleinert, ja, ein normaler Nabelring entsteht und dennoch Theile der vorherbestandenen Geschwulst in der Nabelschnur bleiben. Diese Theile werden dann abgeschnürt, hängen am Nabel des Kindes mit bald breiterem, bald schmalerem Stiele fest und enthalten zumeist Darmschlingen, in anderen Fällen auch Partien der Leber. Beobachtungen dieser Art sind veröffentlicht von

Carus, *von Siebold's Journal für Geburtshülfe etc., Bd. 10, S. 81.

12—13 wöchentlicher Fötus. Bauchwand geschlossen. Nabelschnur 3''' lang, erweitert sich dann zu einem Sack, in dem die Leber und Darmschlingen liegen. Ausser Nabelschnurscheide auch Peritonaelsack.

Taf. XXXII, Fig. 4. Abbildung: Atlas, Tafel XXXII, Fig. 4.

Erklärung: fun, das 3''' lange Stück Nabelschnur; int, Därme; p, Penis; an, Anus.

Faber, *Duorum monstrorum humanorum Descriptio anatomica, Inaug. Diss. Berlin 1827.

Reifes Kind mit Mangel der äusseren Genitalien und Defectbildung des linken

Beines. Nicht weit von der Nabelschnurinsertion erweitert sich die Schnur zu einem Bruche.

Abbildung: Atlas, Tafel XXXII, Fig. 5. Taf. XXXII, Fig. 5.

Kraemer, *Henle und Pfeuffer's Zeitschrift, Bd. 3, No. 5.

Abbildung: Atlas, Tafel XXXII, Fig. 6. Taf. XXXII, Fig. 6.

Roberts, *Transactions of the obstetrical Society of London, Vol.X, 1869, S. 272.

Abbildung: Atlas, Tafel XXXII, Fig. 7. Taf. XXXII, Fig. 7.

Gusserow, *Monatsschrift für Geburtskunde, Bd. 21, S. 1.

Kleiner Nabelschnurbruch. An demselben eine Oeffnung, durch welche das degenerirte Omentum prolabirt und abgeschnürt worden ist.

Abbildung: Atlas, Tafel XXXII, Fig. 10. Taf. XXXII, Fig. 10.

Erklärung: oment, omentum; hern. umb., Nabelschnurbruch.

Osterloh, *Winckel, Berichte und Studien aus dem Königl. Sächs. Entbindungs-Institute in Dresden, 1874, S. 215.

Dithmar, *Ueber einen Fall von abgeschnürtem Nabelschnurbruch, Inaug. Diss. Marburg 1875.

Abbildungen: Atlas, Tafel XXXII, Fig. 8 u. 9. Taf. XXXII, Fig. 8 u. 9.

Erklärung: Fig. 9: hern. umb., abgeschnürter Nabelschnurbruch; h, knopfförmiger Lebersubstanzfortsatz; v. u, vena umbilicalis; a. umb, arteriae umbilicales; v. omph., vena omphalo-mesaraica (Autor spricht nur von einem Bindegewebsstrang).

Ahlfeld, *Archiv für Gynäkologie, Bd. 5, S. 230.

Fast ausgetragenes, kräftig entwickeltes Kind. Aus der Seitenfläche des Nabelkegels ragte ein apfelgrosser unregelmässig gewulsteter Tumor hervor, der durch einen sehr dünnen Stiel mit dem Nabel zusammenhing. Die Inspection liess sofort erkennen, dass die Geschwulst aus einem abgeschnürten Convolut von Därmen bestand. Anlegung eines künstlichen Afters; Tod. Section: Nur die normaler Weise in der Nabelschnur liegenden Darmtheile sind abgeschnürt.

Abbildungen: Atlas, Tafel XXXII, Fig. 11 u. 12. Taf. XXXII, Fig. 11 u. 12.

Erklärung: F, Nabelschnur; Con, Nabelkegel; Pv, Processus vermiformis; Il, Dünndarm; Col, Dickdarm.

Der Nabelschnurbruch hat verschiedene secundäre Anomalien in seinem Gefolge:

Da der Zug von Seiten des Ductus omphalo-entericus ungefähr in einem rechten Winkel gegen die Längenachse des Embryo erfolgt, so wird, wenn die Anomalie sehr zeitig auftritt, ein gleichschenkliger Theil des Darmes aus der Bauchhöhle herausgezogen. Der nach dem unteren Körperende hin liegende Schenkel ist der spätere Dickdarm, jetzt Enddarm genannt, der nach obenzu liegende das Ileum, der jetzige Mitteldarm. Der Enddarm, als kürzerer und weniger schnell wachsende Theil, hat unter dem Zuge von Seiten des Ductus mehr zu leiden, als der Dünndarm. Er wird in die Länge ausgezogen; dabei verdünnt sich sein Lumen oder obliterirt vollständig. Ja es kommt auch zur Zerreissung des Darmes.

Ein anderer Nachtheil dieses fortgesetzten Zuges ist der, dass die unterste Partie des Enddarmes von ihrer normalen Stelle weg nach oben zu gezogen wird. Wenn diese Ortsveränderung auch nur in sehr geringem Maasse stattfindet, so wird doch durch sie für die grosse Mehrzahl der Fälle die Unmöglichkeit des Zustandekommens eines normalen Afters vorbereitet. Es giebt eine Zeit, wo von aussen die Aftergrube dem Enddarm entgegenwächst (Oeffnung der Kloake). Für gewöhnlich treffen sich Aftergrube und Enddarm, und es kommt zu einer Communication, zur Bildung eines bleibenden Afters. Liegt der Enddarm nicht an seiner normalen Stelle, sondern höher, so unterbleibt die Bildung des Afters; es entsteht dann eine Atresia ani. Bestand zu der Zeit, als der Versuch der Afterbildung missglückte, noch eine Communication zwischen Enddarm und Allantois (Kloake), so bleibt diese für die Zukunft bestehen. War aber die Trennung von Harnblase und Darmende schon erfolgt, so hat das Meconium gar keinen Ausweg.

Für diesen Zusammenhang zwischen Nabelschnurbruch und Atresia ani gab zuerst eine zufriedenstellende Erklärung

von Rocques, *Ueber einen menschlichen Acardiacus mit Nabelschnurbruch und Atresia ani, Inaug. Diss. Marburg 1864.

Genaueres hierüber habe ich im *Archiv für Gynäkologie, Bd. 5, S. 238 zusammengestellt.

Durch den Nabelschnurbruch wird der Raum der Bauchhöhle bald unwesentlich, bald wesentlich vergrössert. Die Folge hiervon ist, dass, um diesen vergrösserten Raum zu füllen, die Organe der Bauchhöhle sich entweder vergrössern, oder Organe aus der Nachbarschaft nach dem Nabelschnurbruche hingezogen werden.

Vor allem ist es die Leber, welche mit ihrem unteren Rande in den Nabelschnurbruch hineinwuchert, oder, wenn der Bruch sehr gross angelegt war, in denselben hineinsinkt. Man findet daher bald nur partielle Wucherungen der Leber, bald Vergrösserungen des Organes in toto mit oder ohne Ortsveränderung.

Von den Nieren ist bald eine, bald sind beide vergrössert, und liegen tiefer wie gewöhnlich.

Auch der Magen rückt tiefer herab, kommt zuweilen sogar in den Nabelschnurbruch selbst zu liegen.

Das Zwerchfell zeigt sich stark nach unten geschoben und convex in die Bauchhöhle hineinragend (Otto, *Neue seltene Beobachtungen, Heft 2, S. 48), oder es ist sogar defect, so dass das Herz in die Bauchhöhle wandert (Otto, *Seltene Beobachtungen, Heft 1, S. 64).

Auch die Blase ist bisweilen grösser als normal.

Bei grösseren Nabelschnurbrüchen ist auch das Skelett an der Verbildung betheiligt. Schon in sehr früher Zeit der Bildung kann durch den Zug der Dotterblase die Wirbelsäule eine Einbuchtung nach innen erfahren, wie dies in sehr deutlicher Weise das Bild eines sehr frühzeitig beobachteten Embryo giebt:

R. Wagner, *Ecker, Icones physiologicae, Taf. 25, Fig. VC.

Abbildung: Atlas, Tafel XXXII, Fig. 13. Taf. XXXII, Fig. 13.

Erklärung: v, Dotterblase; int, Zusammenhang der Dotterblase mit dem Mitteldarm; Chor, Chorion; am, Amnion.

Die Fälle sind gar nicht so selten, in denen eine so bedeutende Einknickung der Wirbelsäule entstanden ist, dass der Steiss in die Nähe der Schultern zu liegen kommt. Gewöhnlich geht diese Einknickung mit einer Spaltung, Verkümmerung und Torsion der Wirbelsäule einher. Man sieht dann die unteren Extremitäten scheinbar auf der Hinterseite des Fötus entspringen.

Potthoff, *Descriptio casus rarissimi spinam bifidam totalem sistens, Inaug. Diss. Berlin 1827.

Abbildung: Atlas, Tafel XXXII, Fig. 14. Taf. XXXII, Fig. 14.

Meckel, *Descriptio monstrorum nonn., Taf. IV.

Abbildungen: Atlas, Tafel XXXII, Fig. 15 u. 16. Taf. XXXII, Fig. 15 u. 16.

Luecke, *De monstro quodam humano, Inaug. Diss. Halle 1854, Fig. 1.

Abbildung: Atlas, Tafel XXXII, Fig. 17. Taf. XXXII, Fig. 17.

Horniblow, *Transactions of the obstetrical Society of London, Vol. XII, S. 248, 1871.

Abbildung: Atlas, Tafel XXXIII, Fig. 1. Taf. XXXIII, Fig. 1.

Archibald Hall, *Transactions of the obstetrical Society of London, Vol. IX, S. 271, 1868.

Abbildungen: Atlas, Taf. XXXIII, Fig. 2 u. 3. Taf. XXXIII, Fig. 2 u. 3.

Erklärung: Fig. 3: pd, ps, rechte und linke Lunge; c, Herz; h, Leber; hern, Ueberzug des Nabelschnurbruches. Die Beschreibung ist im Original mangelhaft.

*Sammlung des pathologisch-anatomischen Instituts zu Leipzig, Missbildungen, No. 131.

Abbildung: Atlas, Taf. XXXIII, Fig. 4. Taf. XXXIII, Fig. 4.

Das Becken kann ebenfalls secundär leiden. Genaueres über die Verbildungen desselben findet sich im Abschnitte über die Anatomie der Bauch-Blasen-Schambeinspalte.

Da ein Theil der Därme, und zwar die, welche in den Bruch, oder in der Richtung zu diesem hingezogen worden sind, weiter als normal von der Wirbelsäule abliegen, so muss sich das Mesenterium resp. Mesocolon verlängern.

Bei weiblichen Früchten beobachtet man bisweilen eine ungenügende Vereinigung der Müller'schen Gänge (Uterus duplex, bicornis, unicornis). Auch hierüber lese man im Abschnitte über Blasenspalte (Seite 212) nach.

Bei sehr ausgedehnten Hernien kommt es zu Complicationen

mannigfaltiger Art. Nicht selten wird eine Nabelarterie in ihrer Bildung gehindert, oder eine Extremität, gewöhnlich die rechte, bildet sich nicht aus:

*Geburtshilfliche Demonstrationen, Weimar 1825, Taf. XIV u. XV.

Taf. XXXIII, Fig. 5, 6 u. 7.

Abbildungen: Atlas, Tafel XXXIII, Fig. 5, 6 u. 7.

Erklärung: Fig. 6: Bruchsack geöffnet.

Fig. 7: Wirbelsäule, Becken und linke untere Extremität.

Herholdt, *Beschreibung 6 menschlicher Missgeburten, Kopenhagen 1830.

Taf. XXXIII, Fig. 8.

Abbildung: Atlas, Tafel XXXIII, Fig. 8.

Schäfer, *Descriptio anatomico-pathologica monstri cum eventratione, Inaug. Diss. Bonn 1837, Taf. I.

Taf. XXXIII, Fig. 9.

Abbildung: Atlas, Taf. XXXIII, Fig. 9.

Die genauere Anatomie des Nabelschnurbruches. Von den Bauchdecken setzt sich mit scharf abgegrenztem Rande die häutige Bedeckung des Nabelschnurbruches ab. Der Rand ist glatt, nicht gezackt, wie man ihn bei der Blasenspalte sieht. Injicirt man eine Frucht von der Aorta aus, so geht die Färbung nur bis zum Rande. Auf die Bruchhülle geht keine Injection über.

Die Bedeckung des Bruches besteht aus dem Amnion, einer unter demselben liegenden Gallertschicht und dem Peritoneum. Auf der vorderen Fläche der Bruchhülle liegen zwischen Amnion und Peritoneum noch die Allantois und die Nabelarterien. Die Vene geht bald auf der rechten, bald auf der linken Seite, am häufigsten aber auf letzterer in die Bauchhöhle. Die Amnionscheide geht in der Regel von der obersten Spitze des Tumor auf die Nabelschnur über. Haben die Contenta des Bruchsackes die Scheide aber nach einer Seite mehr ausgedehnt, so findet man die Nabelschnur ebenfalls nicht central inserirt.

Die Arteriae umbilicales gingen in einem Falle, den ich genauer daraufhin untersuchen konnte, auf dem Bruchsacke weit auseinander, um erst an der Insertionsstelle des Nabelstranges sich wieder zu vereinigen.

Der Nabelstrang pflegt in der Regel sehr kurz zu sein. Unter 19 Nabelsträngen fehlte 9 Mal eine Arterie.

An den Placenten habe ich keine Anomalien nachweisen können.

Die Fälle, in denen die Früchte mit grösseren Bauchbrüchen unverletzt geboren werden, sind selten. Gewöhnlich ist schon während der Schwangerschaft oder während der Geburt die Hülle ein- oder abgerissen. Die Intestina der Bauchhöhle liegen dann entweder vom Peritoneum überzogen, oder auch dieses ist zerrissen und sie schwimmen frei im Fruchtwasser.

Ueber die Aetiologie der Nabelschnurhernie gehen die Ansichten zur Zeit noch weit auseinander. Die Entstehungsweise, wie ich sie oben beschrieben, scheint erst in neuerer Zeit mehr und mehr gewürdigt zu werden.

In einzelnen Fällen suchte man den Grund in einer Vergrösserung oder Ortsveränderung einzelner Theile der Bauchhöhle. Bald soll nach den Autoren die vergrösserte Leber, bald der erweiterte Magen, bald dieselben Organe, weil sie tiefer in der Bauchhöhle liegend gefunden wurden, die Grundursache abgegeben haben. Ich habe schon oben darauf hingewiesen, dass diese Veränderungen secundäre Erscheinungen, die Folge der Raumerweiterung der Bauchhöhle sind. Wenn eine primäre Verlagerung oder Vergrösserung eines dieser Organe vorhanden wäre, so würde es ganz wohl zu einem normalen Verschlusse der Bauchhöhle kommen, wie wir bei Vergrösserung der Leber, bei Cystennieren, bei Darmstenosen mit consecutiver Erweiterung und Füllung häufig zu sehen Gelegenheit haben.

Noch weniger stichhaltig ist ein von Müller (*Ueber den Nabelbruch, Erlangen 1841) angezogener Grund. Müller glaubt in einem von ihm beobachteten Falle die zwei Mal um den Hals des Kindes geschlungene Nabelschnur als Ursache ansehen zu dürfen. Diese Ansicht ist aus den einfachsten Gründen unhaltbar. Die Nabelschnurumschlingung kann erst zu einer Zeit auftreten, wo die Nabelschnurhernie sich vollständig gebildet hat. Ein Zug an der Nabelschnur bringt nicht eine Nabelschnurhernie hervor, sondern eine Verdünnung der Insertionsstelle der Schnur.

Thudichum (*Medicinische Illustrirte Zeitung, Bd. 2, S. 207) führt die Erschlaffung des Mesenterium als Grund an. Durch diese sei die Retraction der Darmschlingen aus der Hernie in die Bauchhöhle verhindert. Auch diese Verlängerung des Mesenterium ist eine secundäre Erscheinung. Ueberdies wissen wir aus der normalen Entwickelungsgeschichte nichts von einer Zurückziehung der Darmschlinge durch Verkleinerung des Mesenterium.

Auch Mangel des Materials zum Verschluss der Bauchhöhle wird als Grund angegeben. Hingegen findet man die Recti regelmässig an der ihnen zukommenden Stelle; ebenso verlaufen die Arteriae epigastricae entsprechend normal. Messungen ergeben, dass der Umfang des Leibes grösser ist, als bei normal gebildeten Früchten, dass aber auf die Bauchwandung derselbe Antheil fällt, wie er bei gesunden Früchten gemessen werden kann.

Für die oben von mir besprochene Entstehungsweise durch Zug von Seiten des Dotterstranges spricht die Leichtigkeit, mit der Uebergänge vom einfachen Divertikel bis zur Nabelschnurhernie zu finden sind. Leider ist in den Beschreibungen von Nabelschnurbrüchen dieser Umstand wenig beachtet worden, doch finden sich immerhin bereits eine ganze Reihe von Beobachtungen, in denen der Dotterstrang oder ein vas omphalo-mesaraicum zu sehen waren.

Mittlerer Bauchbruch.

Reine Bauchspalte. Mittlerer Bauchbruch. Fissura abdominis. Ektopia viscerum. Fehlt der Verschluss der Bauchhöhle, hat sich das obere Blatt des Peritoneum nicht gebildet und zerreisst der amniotische Sack, welcher die weit klaffenden Bauchränder vereinigte, so prolabiren die Eingeweide der Bauchhöhle in die Amnionhöhle hinein. In der Regel geht dies Platzen schon in der Schwangerschaft vor sich, vielleicht durch stürmische Bewegungen des Kindes herbeigeführt. In anderen Fällen zerreisst der Nabelschnur- oder Amnionsack erst während der Geburt in Folge einer Untersuchung oder in Folge des Durchtritts des Sackes durch die engeren Theile der Geburtswege. Man könnte somit einen primären und einen secundären Bauchbruch unterscheiden.

Eine typische Form dieser Hernie findet sich beim Mangel der Nabelschnur. Die Amnionhaut geht von der klaffenden Bauchspalte aus direct, ohne eine Nabelschnur zu bilden, zur Placenta. Die Arteriae umbilicales und die Vene verlaufen in den Wänden dieses Sackes. Die Baucheingeweide liegen in diesem Amnionsacke drinnen und berühren die Innenfläche der Placenta. Häufig kommt es dabei noch zu Verwachsungen der fötalen Oberfläche mit dem Amnion.

Bei der Geburt grösserer Früchte wird fast regelmässig eine Zerreissung dieses Sackes stattfinden.

Eine Beobachtung, die ich, wenn sie auch ganz anders gedeutet wird, als sehr deutliches Beispiel für diese typische Form wähle, ist beschrieben von

Thorner, *Archiv für Anatomie und Physiologie, 1869, S. 200.

Der 8monatliche Fötus hat einen klaffenden Bauchbruch. Amnion und Peritoneum bilden einen breiten Cylinder, der zur Placenta geht und zur Hälfte dem Rande der Placenta anheftet, während die andere Hälfte auf die Innenfläche der Placenta übergegangen sein mag, um sich, wenigstens für das Amnion gilt dies, am anderen Placentarrande umzubiegen. Die nicht mit dem Bruchsacke verwachsenen Theile der Lederhaut und des Amnion fehlen und sind dem Untersucher nicht mit überliefert worden, vielleicht in utero sitzen geblieben. Die Därme liegen auf der Placenta auf. Die Nabelgefässe verlaufen in der Wandung des weiten Bruchsackes.

Thorner vermuthet, in diesem Falle habe sich das Amnion statt über dem Rücken am Bauche geschlossen und dort eine weite Blase gebildet. Die Frucht soll sich ausserhalb des Amnion gebildet haben.

Taf. XXXIII, Fig. 10 u. 11.

Abbildungen: Atlas, Tafel XXXIII, Fig. 10 u. 11.

Erklärung: Fig. 10: Pl, Placenta-Innenfläche; v. fun, Eintrittsstelle der im Bruchsacke verlaufenden arteria und vena umbilicalis; inv, Umschlagstelle der Eihäute; int, Därme.

Fig. 11: Die Partien des rudimentär entwickelten Beckens und der unteren Extremitäten. p, Fuss; an, anus; pen, penis; am, Amnion.

*Eigene Beobachtung. Giessen 1881.

Reife Zwillingsfrucht. In dem weiten zur Placenta führenden Amniousacke liegen Därme, Leber etc.

Selten bleiben die Bauchbrüche bedeutenderen Umfangs rein auf den Bauch beschränkt, sondern nach oben wie nach unten setzt sich die Spalte fort und wir finden dann in dem Bruchsacke auch Theile der Thoraxeingeweide. Nach unten zu findet sich dann Blasen- und Schambeinspalte. Als Beispiel wähle ich eine Abbildung von

Vrolik, *Tabulae ad illustrandam Embryogenesin, Taf. 22 u. 21.

Abbildungen: Atlas, Tafel XXXIII, Fig. 12 u. 13. Taf. XXXIII, Fig. 12 u. 13.

Erklärung: Fig. 12: Bruchsack geschlossen; nur an Stelle der Blasenspalte eine Oeffnung, die von den arteriae umbilicales (aa) begrenzt wird; v, vena umbilicalis; an, blind endigende Aftergrube; lab, äussere Schamlippen.

Fig. 13: Bruchsack geöffnet; h, Leber; c, Herz; p, Lunge; l, Milz; v, Magen; r, linke Niere; per, Peritoneum; am, Amnion.

Sammlung des pathologisch-anatomischen Instituts zu Leipzig, Missbildungen, No. 122.

Abbildung: Atlas, Taf. XXXIII, Fig. 14. Taf. XXXIII, Fig. 14.

Ist nun die Bruchsackwandung sammt Placenta und Eihäuten vor oder bei der Geburt abgerissen und entfernt, so hängen die Baucheingeweide nackt aus der Bauchspalte heraus.

Otto, *Monstrorum sexcentorum Descriptio, Taf. IX, Fig. 3.

Abbildung: Atlas, Tafel XXXIII, Fig. 15. Taf. XXXIII, Fig. 15.

*Eigene Beobachtung.

Kind lag bei der Geburt in Querlage mit den prolabirten Därmen nach unten. Herz, Leber, Milz, Ovarien, Tuben, Därme lagen ausserhalb der Bauchhöhle. Amniotische Verwachsung am Schädel. Encephalocele, doppelte Hasenscharte.

Kind lebte 1/2 Stunde.

Abbildung: Atlas, Tafel XXXIII, Fig. 16. Taf. XXXIII, Fig. 16.

Bauch-Blasen-Schambeinspalte. Ektopia vesicae urinariae. Die Nabelschnurhernie kam dadurch zu Stande, dass der Zug von Seiten des Ductus omphalo-entericus senkrecht von der Wirbelsäule weg stattfindet. Denken wir uns, dass der Dotterstrang abnormer Weise den Darm nach dem unteren Körperende herauszieht und aussen hält, so bleibt eine Spalte der unteren Bauchhälfte, also eine Bauch-Schambeinspalte. Auf weiter unten zu beschreibende Art gesellt sich dazu die Blasenspalte, so dass schliesslich das typische Bild einer Bauch-Blasen-Schambeinspalte entsteht. Bauch-Blasen-Schambeinspalte.

Die Entwickelung dieser Missbildung haben wir uns so vorzustellen:

Aus irgend einem Grunde wird die Dotterblase nach dem Schwanzende der Frucht gedrängt, während wir sie in der Regel am Kopfende zu suchen haben. Findet nun, wie bei der Entstehung der Nabelschnurhernie beschrieben, ein plötzlicher heftiger Zug an der Dotterblase statt, so wird der Enddarm gegen die Schamfuge zu gedrängt, treibt die vor ihm liegende Allantois vor sich her und verhindert mit dieser zusammen die Vereinigung aller Theile, welche, von beiden Seiten kommend, in der Mitte sich vereinigen wollen. Somit bleibt der Unterleib und die Schamfuge gespalten und in Folge letzteren Umstandes können die zu beiden Seiten der Schamfuge liegenden Organe, welche nach ihrer Vereinigung die äusseren Geschlechtstheile bilden sollen, sich ebenfalls nicht treffen.

Die Allantois bildet, da sie von den Bauchplatten nicht eingeengt wird, sondern, mit Ausnahme der hinteren Wand, überall hin frei liegt, eine grosse Blase. Da ein Ausführungsgang nach unten zu sich nicht bilden kann, so füllt sich die Allantois stark mit den Excreten des Fötus und platzt. Dadurch geht die vordere Wand verloren, die hintere allein bleibt übrig und bekleidet sich mit Schleimhaut.

Ist der Process abgelaufen, so sehen wir am Unterleibe einer sonst wohlgebildeten Frucht eine Spalte, die durch eine hochrothe sammtartige Haut (Schleimhaut der Blase) ausgekleidet wird. Die Schleimhaut ist fortwährend feucht durch den auf sie träufelnden Urin. Ueber dieser Spalte inserirt der Nabelstrang. Unter der Blasenspalte sieht man mangelhaft entwickelte äussere Genitalien.

Die einzelnen Organe gehen dabei folgende Veränderungen ein:

Der Darmkanal ist in nahezu allen Fällen von Blasenspalte betheiligt. Zwischen den beiden Hälften der Harnblase liegt bei stärkeren Graden der Spaltung fast ausnahmslos ein widernatürlicher After. Es ist dies stets das Ende des Ileum, also die Stelle, wo der Ductus anhaftete, und der Anfang des Cöcum, mit oder ohne Wurmfortsatz. Je nach der Zeit, in welcher die Trennung von Dotterstrang und Darm vor sich ging, sehen wir gar keine Dünndarmspalte oder wir finden Meckel'sche Divertikel. Geschah die Trennung vor vollständigem Verschlusse des Dünndarmes, so findet man in den leichtesten Fällen einen feinen widernatürlichen After mit nur e i n e m Eingange in die Darmhöhle, gemeinsam für den Dünndarm und das Cöcum. War die Trennung früher geschehen, so klafft das Darmlumen weit und Dünndarm wie Dickdarm liegen weit geöffnet oder sind durch den widernatürlichen After prolabirt. Es kommt aber auch vor, dass mit dem Ductus ein Stück Darm abreissen kann, so dass Theile vom Dünndarm, viel häufiger aber der obere Theil des Dickdarm mit dem Wurmfortsatze verloren geht.

Der Enddarm geht für gewöhnlich sehr wichtige Veränderungen ein. Ist der Zug von Seiten des Ductus genügend kräftig, so wird der Enddarm ausgezogen, sein Lumen verdünnt sich, ja er zerreisst. Einzelne Theile können dabei vollständig obliteriren, später gar nicht mehr aufzufinden sein; andere behalten ihr Lumen und bilden dann oben und unten blind endende Darmrudimente, oder bisweilen mündet auch eins der Enden mit einem widernatürlichen After in die Blase ein. In Folge des Zuges am Enddarm kommt es fast nie zur Bildung eines Afters. Die untere Spitze des Enddarms liegt entweder geschlossen, oder sie communicirt noch mit Blase (Kloake) und wir sehen die Oeffnung zum Rectum als zweiten widernatürlichen After, unterhalb des ersten Afters (Dünndarm-, Dickdarmafter) liegen. — Da der Darmkanal, besonders das Ileum, der Blind- und Dickdarm durch den Zug von Seiten des Ductus weiter als gewöhnlich von der Wirbelsäule abgezogen werden, so muss sich an diesen Darmtheilen das Mesenterium verlängern. Die unterste Partie des Enddarmes bleibt natürlich dicht am Kreuzbein angeheftet. Durch den widernatürlichen After prolabirt bisweilen die Schleimhaut und bildet zwischen den Hälften der Blase einen penisartigen Rüssel, an dessen Spitze sich die runde Oeffnung zum Darm befindet. Dieser penisartige Fortsatz ist von vielen Seiten beschrieben und hat häufig zu einer falschen Beurtheilung des Falles Anlass gegeben. Durch diesen Rüssel entleert sich beim geborenen Kinde Meconium.

Die Allantois entwickelt sich anfangs vollkommen normal; auch die Arteriae und die Venae umbilicales erreichen normaler Weise ihr Ziel. Von dem Momente an, wo der Darm in der Mittellinie die hintere Wand der Allantois nach vorn drängt, beginnt die abnorme Entwickelung. Der Bauch schliesst sich nicht und die räumlichen Verhältnisse gestatten daher der Allantoisblase eine grosse Ausdehnung. Die Ausdehnung geschieht besonders nach den Seiten und nach vorn. Die seitliche Grenze der Allantois können wir bei der späteren Entwickelung am Verlaufe der Arteriae umbilicales erkennen. Das Gewebe der vorderen Allantoiswand wird stark verdünnt. Es liegt der inneren Fläche des Amnion allseitig an.

Oberhalb des Blasengrundes entsteht ein Dreieck, gebildet durch den oberen Rand der Harnblase und die beiden Arteriae umbilicales, welche sich an der Spitze des Dreiecks vereinigen. Hier bildet sich später die Nabelschnurinsertion. Ueber alle noch nicht geschlossenen Theile des Unterleibs wächst von den Rändern der Leibeshöhle das Amnion hinweg und bedeckt somit die ganze Allantois.

Da eine Urethra sich nicht bilden kann, indem die beiden Hälften derselben weit von einander liegen, und da durch die Verzerrung, welche der Enddarm erleidet, die Allantois-Enddarmcommunication sich verlegt, so findet eine vollständige Verschliessung der Allantois nach unten zu statt. Die Allantois füllt sich mit Harn und Koth, und wenn die Füllung zu stark wird, die Flüssigkeit auch in die Nabelschnur durch den Urachus nicht mehr ausweichen kann, so platzt die vordere Wand sammt dem darüber liegenden Amnion. Die an den Rändern der Blase hängenden Fetzen retrahiren sich, flottiren im Amnionwasser und werden nach und nach abgestossen. Man findet an dem geborenen Kinde um die invertirte Blase herum eine callöse, unregelmässig gestaltete dickere Zone der Oberhaut. Diese Zone stellt den Ring dar, von welchem das Amnion mit der vorderen Allantoiswand einst losgelöst wurde.

Wo nach obenhin die Schleimhaut der Blase endet, verwächst die vordere Wand der Allantois mit der hinteren; es entsteht ein in die Breite gezogener Urachus. Er stellt ein Dreieck dar, dessen beide Schenkel die Arteriae umbilicales bilden. An dem Uebergange der Blasenschleimhaut in den Urachus bildet sich gewöhnlich ein rosarother Streif, dem man deutlich ansehen kann, dass an seinem unteren Rande Gewebe (Amnion und Allantois) sich losgestossen haben.

Der Theil des Amnion, welcher das Urachusdreieck bedeckt, wird von den meisten Autoren als Rest der Membrana reuniens inferior (Rathke) angesehen. Es scheint überflüssig, diesem Theile einen besonderen Namen zu geben.

Diejenigen Stellen der freiliegenden Schleimhaut, welche nur wenig oder gar nicht von dem Urin benetzt werden, besonders die Stellen, welche weit vom Trigonum ab, also an der Peripherie liegen, Stellen, die zum Theil bei normaler Bildung der Blase, der Blase gar nicht angehörten, sondern dem Epithelrohre des Urachus einverleibt waren, haben schon in utero die Tendenz, ihre Schleimhautbeschaffenheit zu verändern und die Beschaffenheit der benachbarten Oberhaut anzunehmen. Besonders ist dies am Rande deutlich; dann aber auch ungemein häufig an der durch den Enddarm stark vorgebuchteten Mittelpartie. Hier sehen wir fibröse Streifen und Oberhautstreifen, welche die hintere Wand der Harnblase in zwei Hälften trennen. In einigen Fällen ist genauer beschrieben, dass die Basis dieser Streifen mit der Amnionpartie des über der Blase liegenden Dreiecks noch zusammenhängt. Von verschiedenen Autoren wird auf diesen häutigen Streifen in der Mitte der hintern Blasenwand aufmerksam gemacht. In einzelnen Fällen sind auch seitwärts der Mittellinie kleine Oberhautpartikelchen gesehen worden.

Nicht immer sitzen diese Streifen der Schleimhaut fest an, so dass man sie als aus der Schleimhaut selbst hervorgegangen betrachten müsse. Für diese Fälle scheint mir eine andere Erklärungsweise plausibel zu sein: Als die Allantois noch gefüllt war, wurde sie vom Amnion überzogen. Das Amnion vereinigte sich auf der vorderen Mittellinie der Allantois, und mit letzterer verwachsen bildete es dort einen solideren Strang, zu dessen Seiten sich die nachgiebigen Theile des Amnion und der Allantois hervorbuchteten und endlich platzten. Auf diese Weise blieb ein Strang, der den oberen mit dem unteren Rande verband, übrig und verwuchs nach und nach mit der unter ihm liegenden hinteren Blasenwand total oder partiell.

Es bleibt nicht ausgeschlossen, dass auch noch andere Partien, z. B. die Randpartien, auf diese Weise vor dem Platzen sich vereinigten, so dass der Tumor der Allantois ein gefenstertes Aussehen gehabt haben mag.

Gewöhnlich kommen dem Untersucher Fälle zur Beobachtung, in denen die Losstossung der Nabelschnur und der Nabelschnurhernie, die jederzeit über der Blasenspalte zu finden sein muss, bereits erfolgt ist.

Als erste Abbildung wähle ich eine Zeichnung, die seiner Zeit von einem ebengeborenen Kinde genommen und farbig ausgeführt wurde.

*Eigene Beobachtung.
Kind lebte mehrere Tage.

Abbildung: Atlas, Tafel XXXIV, Fig. 1. Taf. XXXIV, Fig. 1.

Erklärung: an, Spitze des prolabirten widernatürlichen Afters. Zwischen dem Amnionüberzuge der Nabelschnurhernie (h. u) und der Schleimhaut der Blase war ein rosarother in der Ueberhäutung begriffener Streifen (ep) sehr gut zu erkennen.

Bartels, *Ueber die Bauch-Blasen-Genitalspalte, Inaug. Diss. Berlin 1867.

Abbildung: Atlas, Tafel XXXIV, Fig. 2. Taf. XXXIV, Fig. 2.

Erklärung: fun, Nabelstrang; a. u. d, arteria umbilicalis dextra; am, Amnionüberzug der Hernia funiculi; u. d., u. s., rechter und linker ureter; mv, Schleimhaut der Blase; mi, Schleimhaut des Darms; l. m, kleine Schamlippen; an. ci, blind endende Aftergrube; r., c, il, Mündungen des rectum, coecum und ileum.

Martin, *Monatsschrift für Geburtskunde, Bd. 24, S. 161.

Abbildung: Atlas, Tafel XXXIV, Fig. 3a. Taf. XXXIV, Fig. 3a.

Erklärung: a. u, arteria umbilicalis; v. u, vena umbilicalis; o. il, Dünndarmafter; o. col, Dickdarmafter; o. r, Rectalafter; v, Blasenwand.

Herrgott, *De l'exstrophie vésicale dans le sexe féminin, Nancy 1874. Obs. 18.

Abbildung: Atlas, Tafel XXXVI, Fig. 3. Taf. XXXIV, Fig. 3.

Erklärung: In der Schleimhaut der Blase die beiden Ureterenmündungen (ur); vag, die beiden Vaginae; lm, kleine Schamlippen.

Voss, *Inversio vesicae urinariae, Universitätsprogramm, Christiania 1857.

Abbildung: Atlas, Tafel XXXIV, Fig. 4. Taf. XXXIV, Fig. 4.

Erklärung: Nabel abgefallen, bildet über der Blasenschleimhaut eine sichelförmige Narbe (f); u, Ureterenmündung; hym, Hymen; cl, Hälfte der Clitoris; l. maj, l. min, grosse und kleine Schamlippen.

Herder, *Stark's Neues Archiv, Bd. 1, St. 1, S. 21.

Taf. XXXIV, Fig. 5. Abbildung: Atlas, Tafel XXXIV, Fig. 5.

Verhältnisse wie im vorigen Falle.

Erklärung: u, die vorgestülpten Ureteren; vag, Eingang zur vagina; l. maj, grosse Schamlippen.

*Eigene Beobachtung.

Taf. XXXIV, Fig. 6. Abbildung: Atlas, Tafel XXXIV, Fig. 6.

Erklärung: F, Nabel; z, mit zarter Epidermis bedeckte Zone; l. maj, l. min, grosse und kleine Schamlippen; port. vag., Portio vaginalis mit doppeltem Muttermunde; s. ur, sinus urogenitalis; an, After.

*Eigene Beobachtung.

Kind lebte 10 Tage.

Taf. XXXIV, Fig. 7 u. 8. Abbildungen: Atlas, Tafel XXXIV, Fig. 7 u. 8.

Erklärung: Fig. 7: cl, Hälfte der Clitoris; l. min, kleine Schamlippe; l. m, grosse Schamlippe; v, doppelte Vaginalmündung mit kleinem zapfenförmigen Zwischenstücke.

Fig. 8: Nach 11 Tagen gezeichnet. F, Nabelnarbe, granulirend; ep, frische Epidermis, die sich während des Lebens auf dem oberen Theile der Blasenschleimhaut gebildet hatte.

Roberts, *Transactions of the Obstetrical Society, 1871, Vol. XII, S. 361.

Taf. XXXIV, Fig. 9. Abbildung: Atlas, Tafel XXXIV, Fig. 9.

Reiche, *De vesicae urinariae inversione, Inaug. Diss. Berlin 1854.

Taf. XXXIV, Fig. 10. Abbildung: Atlas, Tafel XXXIV, Fig. 10.

Möller, *Virchow's Archiv, Bd. 29, S. 205.

Der Autor hat den Fall missverstanden und beschreibt ihn als eine Spalte der Bauchdecken, an der man die erschlafften Bauchmuskeln ohne Haut gefunden hätte.

Taf. XXXIV, Fig. 11. Abbildung: Atlas, Tafel XXXIV, Fig. 11.

Erklärung: h. u, Nabelschnurbruch; v, invertirte hintere Blasenwand; cl, Hälften der Clitoris; vag, Eingang zur vagina; l. m, grosse; l. min, kleine Schamlippen; an, After.

Solange das Kind in der Fruchtblase sich befindet und Bauchhöhleninhalt und Amnionhöhleninhalt unter fast gleichem Drucke stehen, bildet die hintere Blasenwand eine eingebuchtete tellerartige Grube. Wird aber das Kind geboren, und besonders wenn es zu athmen und zu schreien anfängt, so buchtet sich die Blasenwand durch die Därme getrieben hervor und wird unregelmässig wulstig. Aus den widernatürlichen Oeffnungen des Darmes, besonders aus der Dünndarmöffnung prolabirt der Darm und es entsteht jener schon erwähnte penisartige Zapfen, an dessen Spitze eine Mekonium liefernde Oeffnung befindlich ist.

Jung, *Symbola ad doctrinam de vitiis circa abdomen congenitis, Inaug. Diss. Bonn 1825, Taf. I.

Abbildung: Atlas, Tafel XXXIV, Fig. 12. Taf. XXXIV, Fig. 12.

Rose, *Monatsschrift für Geburtskunde, Bd. 26, S. 244.

Abbildung: Atlas, Tafel XXXIV, Fig. 13. Taf XXXIV, Fig. 13.

Erklärung: a. u, arteria umbilicalis; v. u, vena umbilicalis; ur, urachus; an. p, prolabirter anus praeternaturalis; v, Blasenschleimhaut; uret, Ureteren; s, Schamfugenhälften; vag, Eingang zu je einer Vagina; ep, Epidermisstreifen in der Circumferenz und Mitte der Blase. s, s, Schamfuge.

Friedländer, *Monatsschrift für Geburtskunde, Bd. 7, S. 243.
Am elften Tage des Lebens gezeichnet. Nabel abgestossen, an Stelle desselben eine granulirende Fläche.

Abbildung: Atlas, Tafel XXXIV, Fig. 14. Taf. XXXIV, Fig. 14.

Erklärung: v, Blasenhälften; pp, Penishälften; sc, Scrotalhälfte; an. p, Dünndarmafter.

Wittner, *Einige Fälle von Missbildungen des Uterus, Inaug. Diss. Leipzig 1869.

Abbildung: Atlas, Tafel XXXIV, Fig. 15. Taf. XXXIV, Fig. 15.

Erklärung: an. p, Dünndarmafter; an. inf, Dickdarmafter; v, v, Blasenhälften (W. hält diese Wülste für portiones vaginales); vag, Eingang zur rechten Vagina; ep, Epidermisstreifen; l. maj, rechte grosse Schamlippe. — Wittner verlegt die Ureterenmündungen in die beiden seitlichen Ausbuchtungen der Dickdarmafteröffnung. Ich muss dies als Factum bezweifeln.

Rossum, *De inversione et prolapsu vesicae urinariae simulque intestinorum, Inaug. Diss. (Köln) Bonn 1830.
2 Beobachtungen.

Abbildungen: Atlas, Tafel XXXIV, Fig. 16 u. 17. Taf XXXIV, Fig. 16 u. 17.

Erklärung: Fig. 16: hu, Nabelschnurhernie; an. p. il, Dünndarmafter; an. p. coec, Coecalafter; ur, Ureterenöffnung; o. col, Dickdarmostium; gl, Eichelhälften; sc, Scrotalhälften.

Fig. 17: ur, Oeffnung des Ureters; o. verm, Oeffnung in den Wurmfortsatz führend; o. coec, Oeffnung zum Coecum führend; o. col, Oeffnung zum Dickdarm führend; c. gall, caput gallinaginis mit den Oeffnungen der Saamenbläschen und Prostata; gl, Eichelhälfte; sc, Scrotalhälfte.

Leopold, *Monatsschrift für Geburtskunde, Bd. 17, S. 357.

Abbildungen: Atlas, Tafel XXXV, Fig. 1 u. 2. Taf. XXXV, Fig. 1 u. 2.

Erklärung: Fig. 1: h. u, Nabelschnurbruch; v, Blasenschleimhaut; pr. int, Dünndarmvorfall; l. m, kleine Schamlippe; l. maj, grosse Schamlippe; muc. cl, Schleimhaut der Kloake; an, verschlossener Anus.

Fig. 2: Bezeichnung dieselbe. Die prolabirten Darmtheile sind in die Höhe gehoben, um den darunter liegenden Eingang in die Scheide (vag.) und die ganze Schleimhaut der Kloake sehen zu können.

Die inneren Geschlechtstheile werden durch die trennende Kraft des Darmrohres folgendermassen verändert:

Beim weiblichen Geschlechte bleibt die Vereinigung der Müller'schen Gänge aus. Der nach der Blase zu vorgedrängte Enddarm trägt die Schuld an der Nichtvereinigung. Jeder Müller'sche Gang bildet sich zu einem Uterus und in seinem unteren Ende zu einer Vagina. Beide Geschlechtskanäle liegen weit von einander entfernt, nähern sich aber in ihren unteren Enden. In einem Falle von P. F. Meckel, *Journal für anatomische Varietäten, Halle 1805, Bd. I, S. 3, Taf. I, Fig. 4, lag der Darm vor den vollständig getrennten, durch Zellgewebe aber wiederum secundär verwachsenen beiden Scheiden. Die Scheiden enden blind oder mit einer feinen Oeffnung entweder in der Nähe der Ureteren oder zwischen Harnblase und der angrenzenden Bauchdecke. Die Ovarien liegen selbstverständlich um Vieles weiter auseinander, wie gewöhnlich, zeigen aber sonst keine Unregelmässigkeiten.

Zwischen den Hörnern des Uterus findet man häufig ein Band von der hinteren Wand der Blase zur vordern des Mastdarms verlaufen, das bereits bekannte, bisher aber in seiner Entstehung noch nicht erklärte Ligamentum recto-vesicale. Nach unserer Erklärung über die Blasen-Bauchspalte ist die Genese dieses Bandes leicht zu finden: Ist durch den abnormen Zug von Seiten des Ductus omphalo-entericus Blase und Enddarm vollständig verwachsen, so liegen beide Müller'sche Gänge total getrennt. Konnte eine Vereinigung der Müller'schen Gänge im unteren Drittheil erfolgen, so ging die zwischen Blase und Darm gebildete Gewebsbrücke zwischen den Uterushörnern durch. Bei der Entwickelung des Bauchfelles bildete sich über dieser Adhäsion eine Duplicatur. Im weiteren Wachsthume der Frucht konnte die Adhäsion zu einem feinen Strange ausgezogen werden, sie konnte ganz verloren gehen, während die Bauchfellduplicatur blieb.

Krieger, *Monatsschrift für Geburtskunde, Bd. 12, S. 178.

Kussmaul, *Von dem Mangel, der Verkümmerung und der Verdoppelung der Gebärmutter, S. 35.

Weiss, *Ein Fall von Atresia ani, mit Uterus und Vagina duplex, Inaug. Diss. Marburg 1866, S. 10.

Schatz, *Archiv für Gynäkologie, Bd. 1, S. 11.

Winkel, *Die Pathologie der weiblichen Sexual-Organe 15. u. 16. Liefer., S. 382.

Das Ligamentum recto-vesicale findet sich auch ohne dass Blasenspalte u. s. w. vorhanden ist. Man hat dann anzunehmen, dass eine Zeit hindurch die widernatürliche Verbindung zwischen Blase und Darm bestanden, bald aber der Darm seine normale Lage wieder eingenommen habe und deshalb gröbere Verbildungen nicht zu Stande gekommen seien.

Thielo, *Uteri bipartiti descriptio, Inaug. Diss. Halle 1844.
Ollivier, *Archives générales de méd., Vol. III, 1825, Juni.

Beim männlichen Geschlechte bleiben die Hoden in der Bauchhöhle zurück oder kommen bis in den Leistenkanal. Die Samenleiter münden in dem unteren Raume der hinteren Blasenwand. Eine Prostata fehlt in den extremeren Fällen, bei geringeren Graden der Verbildung findet sie sich normal.

Die Schambeine liegen weit von einander, sind aber nicht defect. Die Musculi recti inseriren normal am oberen Rande der queren Schambeinäste und verlaufen normal, nur dass sich ihre inneren Ränder nicht berühren. Die weisse Linie ist gar nicht vorhanden. Manche Autoren wollen noch eine dritte Haut zwischen Amnion und Peritoneum nachgewiesen haben. Die Arteriae epigastricae inferiores liegen unterhalb der Recti an normaler Stelle.

Die Symphyse klafft entweder vollständig oder sie wird durch ein häutiges Band gebildet.

Auch an den äusseren Genitalien sind in Folge der Diastase aller Organe, die sich hätten vereinigen sollen, unvollkommene Bildungen entstanden.

Clitoris und Penis bestehen aus zwei weit von einander liegenden, auch in der Längsentwickelung zurückgebliebenen Höckern. Der Penis entwickelt sich bei geringeren Graden der Missbildung zu einem kurzen Gliede, auf dessen oberem Rande eine Rinne bemerkt wird (Epispadie), die zur Urethra oder direct in die Blase führt.

Scrotum und Schamlippen bilden je eine ebenfalls verkümmerte Falte auf jeder Seite.

In Folge der Lageveränderung des Darmes, der aus der Bauch- und Beckenhöhle nach vorn gerückt war, entsteht ein Raum zwischen Wirbelsäule und Darm, welcher der Bauch- und Beckenhöhle angehörend, nun nothwendiger Weise durch andere Organe ausgefüllt werden muss. Für gewöhnlich rückt nach und nach der Dünndarm herab und legt sich hinter die Blase, wie man an den Wulstungen der Blasenschleimhaut wahrnehmen kann. Da aber im Beginne der Missbildung der Dünndarm noch zu wenig Schlingen hat, so sehen wir, dass bisweilen eine Niere gegen das Becken herabrückt. Oder die Leber vergrössert sich und füllt wenigstens die Bauchhöhle aus. Auch die eine oder beide Nieren nehmen bisweilen an Grösse zu.

Auch von dem Beckenboden her kann der Versuch ausgehen, den entstehenden Hohlraum auszufüllen. Das Steissbein und der untere Theil des Kreuzbeins biegen sich scharf nach innen um. Diese Krümmung des untersten Theiles der Wirbelsäule hat zur Folge eine Erweiterung des Wirbelsäulenkanales an der geknickten Stelle,

Ansammlung von Spinalflüssigkeit, Wirbelspalte und Spina bifida. Fälle dieser Art beschreiben

Rathke, *Meckel's Archiv, 1830, S. 371.

Petit, *Monatsschrift für Geburtskunde, Bd. 26, S. 255.

Harrison, *Dublin Quarterly Journal, New Series, Vol. XIII, S. 229.

Auf diese ziemlich typische Beckenform habe ich zuerst im Archiv für Gynäkologie, Bd. 11, S. 587 und Bd. 12, S. 156 aufmerksam gemacht und das Becken als Pelvis inversa bezeichnet.

Pelvis inversa.

Ahlfeld, *Archiv für Gynäkologie, Bd. 11, S. 587.

In diesem Falle ist auch das Herz in die secundäre Verlagerung mit hineingezogen worden, indem es durch den Zug der vena cava inferior gleichsam auf den Kopf gestellt ist. Auch die linke Niere ist dem Zuge gefolgt und liegt auf der Darmbeinschaufel auf.

Taf. XXXV, Fig. 3. Abbildung: Atlas, Tafel XXXV, Fig. 3.

Erklärung: c, Herz; m. v, Schleimhaut der gespaltenen Blase; i, Dünndarmafter; r, Dickdarmafter; s, Zapfen der Spitze des Steissbeins entsprechend.

Ahlfeld, *Archiv für Gynäkologie, Bd. 12, S. 156, Taf. II, Fig. 3.

Becken der eben beschriebenen Missbildung.

Taf. XXXV, Fig. 4 u. 5. Abbildungen: Atlas, Tafel XXXV, Fig. 4 u. 5.

Erklärung: Fig. 4: Vorderansicht.

Fig. 5: Rückansicht mit grosser Wirbelspalte.

*Eigene Beobachtung.

Rückansicht des auf Tafel XXXIV, Fig. 1 abgebildeten Kindes. Eine Spina bifida entstellt die Gegend des Kreuzbeins.

Taf. XXXV, Fig. 6. Abbildung: Atlas, Tafel XXXV, Fig. 6.

Reiche, *De vesicae urinariae inversione, Inaug. Diss. Berlin 1854.

Taf. XXXV, Fig. 7 u. 8. Abbildungen: Atlas, Tafel XXXV, Fig. 7 u. 8.

Friedländer, *Monatsschrift für Geburtskunde, Bd. 7, S. 243.

Taf. XXXV, Fig. 9. Abbildung: Atlas, Tafel XXXV, Fig. 9.

Vrolik, *Tabulae ad illustrandam Embryogenesin, Taf. 32, Fig. 5.

Taf. XXXV, Fig. 10. Abbildung: Atlas, Tafel XXXV, Fig. 10.

Dehn, *Monatsschrift für Geburtskunde, Bd. 24, S. 191.

Taf. XXXV, Fig. 11. Abbildung: Atlas, Tafel XXXV, Fig. 11.

Freund, *Archiv für Gynäkologie, Bd. 3, S. 400.

Litzmann, *Archiv für Gynäkologie, Bd. 4, S. 276.

Winkler, *Archiv für Gynäkologie, Bd. 11, S. 564.

Die Veränderungen im Wirbelcanale haben nun wiederum secundäre Erscheinungen in der Haltung und Bildung der unteren Extremitäten zur Folge, wie Klumpfuss u. s. w.

Es kann aber auch das Becken in seinem Raum verkleinert werden, indem die Wände von beiden Seiten nach innen zu gezogen werden (querverengtes Becken), wie solches von Dehn, *Monatsschrift für Geburtskunde, Bd. 24, S. 175 exquisit gefunden wurde, wie auch besonders an Thieren diese Querverengung Vrolik nachgewiesen hat.

Häufig genug verbindet sich die Blasen-Genitalspalte nach oben mit einer Bauch- wohl auch Sternalspalte, so dass die ganze Leibeswand geöffnet ist. Auf diese Weise entstehen Missbildungen, die wenigstens in etwas dem nur bei Kälbern bisher beobachteten Schistosoma reflexum ähneln.

Einen sehr instructiven Fall von Hernia funiculi umbilicalis mit Vesica fissa hat Vrolik abgebildet. Ich habe denselben auf Taf. XXXIII, Fig. 12 abbilden lassen. Besonders häufig sehen wir diese grossen Spaltbildungen bei Verwachsungen der Placenta mit der Bauchspalte.

Es mögen noch einige Beispiele complicirter Blasenspalte folgen:

Harrison, *The Dublin Quarterly Journal, New Series, XIII, 1852, S. 229.

Abbildung: Atlas, Tafel XXXV, Fig. 12. Taf. XXXV, Fig. 12.

Meckel, *Descriptio monstrorum nonnullorum, S. 42, Taf. VI, Fig. 1.

Fleischmann, *De vitiis congenitis circa thoracem et abdomen etc., S. 35, Taf. II, Fig. 1.

Abbildung: Atlas, Tafel XXXV, Fig. 13. Taf. XXXV, Fig. 13.

Erklärung: F, Nabelstrang; h. u, Nabelschnurhernie mit durchscheinenden Därmen; v, Blasenspalte; an, blinder After; 1, 2 und 3, papillenartige Körper, die der Autor zum Theil als Hoden ausgiebt. Beschreibung und Erklärung mangelhaft.

Wedel, *Monstri humani rarissimi Descriptio, Inaug. Diss. Jena 1830.

Abbildung: Atlas, Tafel XXXV, Fig. 18. Taf. XXXV, Fig. 18.

Erklärung: hep, Leber, durch Oeffnung des Sackes blossgelegt; a, arteria umbilicalis; ost il, Oeffnung zum Dünndarm; c, zum Dickdarm; vag, Eingang zur Scheide; ur, Ureterenmündung; v, Blasenhälfte; 1, wird vom Verfasser als Clitoris bezeichnet. Ich halte es für einen Wulst, der vielleicht über die Spitze des Schwanzbeins sich vorgewölbt hat.

Otto, *Monstrorum sexcentorum descriptio, Taf. XI, Fig. 1. Obs. 543, S, 310.

Abbildung: Atlas, Tafel XXXV, Fig. 14. Taf. XXXV, Fig. 14.

Erklärung: Pl., die auf dem Bruchsacke (h. u.), aufsitzende Placenta; v, gespaltene Blase (hintere Wand); l. maj, grosse rechte Schamlippe.

Ulrich, *Foetus humani deformationem describens dissertatio Marburg 1833.

Abbildung: Atlas, Tafel XXXV, Fig. 15. Taf. XXXV, Fig. 15.

Erklärung: h, Leber; oa, Oeffnung der arteria umbilicalis; c, Herz; r, vom Peritoneum überdeckte rechte Niere; lig, Hautbrücken; o cl, Oeffnung zur Kloake; sc, Scrotalfalten.

Otto, *Monstrorum sexcentorum Descriptio, Obs. 267, S. 160, Taf. XII, Fig. 1.

Abbildung: Atlas, Tafel XXXV, Fig. 16. Taf. XXXV, Fig. 16.

Erklärung: ven, vena umbilicalis; a, arteria umbilicalis; h, Leber; vent, Magen; l, Milz; v? soll nach Otto die geschlossene Blase sein; l. maj, grosse Schamlippe; ge, äussere Genitalien.

Eine sehr seltene Complication neben der Blasenektopie, nämlich einen Perinealbruch beschreibt

Krüger, *Ueber eine Missbildung mit Perinealbruch und offener Blase, Inaug. Diss. Rostock 1872.

Unterhalb der gespaltenen Blase ist das Peritoneum nach der Geburt des Kindes in der Grösse eines Apfels hervorgebuchtet und durch Darmschlingen ausgefüllt worden. In diesem Falle sind auch die Amnionbrücken über der offenen Blasenwand sehr ausgeprägt zu sehen.

Taf. XXXV, Fig. 17. Abbildung: Atlas, Tafel XXXV, Fig. 17.

Erklärung: h, Leber; r, linke Niere; F, Nabelstrang; u. d, u. s, rechter und linker Ureter; p, p, Hälften der Glans penis; sc, sc, Scrotalhälften; an, widernatürlicher After; Per, Perinealbruch.

Bleiben die Kinder am Leben, so vereinigt sich die Nabelnarbe gewöhnlich mit dem callösen oberen Rande der Blase und ist später nicht oder als halbmondförmiger Streif zu bemerken. In seltenen Fällen aber bildet sich zwischen Nabelschnurinsertion und Blasenschleimhaut eine Epidermisschicht, so dass später eine abgegrenzte Nabelnarbe entsteht. Die Bildung dieser Zwischenschicht habe ich an einem lebenden Kinde selbst beobachtet und auf Taf. XXXIV, Fig. 8 abbilden lassen. Gleiche Beobachtungen berichten

Herder, *Stark's Neues Archiv, Bd. I, S. 21.

Ein 2jähriges Mädchen. Oberhalb der Blase fand sich eine Nabelnarbe. Zwischen dieser und dem oberen Rande der offenen Blase hatte sich „gleichsam eine zarte Epidermis erzeugt."

Phoebus, *Berliner medicinische Zeitung, 1834, S. 126.

Nabelnarbe bei einem $1^3/_4$ Jahr alten Mädchen.

Bertet, L'Union 1856, No. 147. — *Schmidt's Jahrbücher, Bd. 95, S. 158.

Kritische Bemerkungen über die Aetiologie der Blasen-Schambeinspalte. Auch für diese Missbildung hat man secundär vergrösserte oder verlagerte Organe, wie Niere, Leber, Magen, als primäre Ursachen herangezogen. Noch weniger, als bei der Nabelschnurhernie, lassen sich hierdurch die complicirten Verhältnisse der typischen Form erklären.

Ebensowenig kann Mangel des Materials als Grund der Bauch-Blasenspalte angesehen werden, wie ich dies auf Seite 213 auseinandergesetzt habe.

Eine übermässige Füllung der Harnblase bedingt, falls der Urachus noch gangbar ist, ein Ausweichen des Harns nach oben; ist dies nicht mehr der Fall, so füllt sich die Harnblase enorm stark an. Bersten der Harnblase ist noch nicht beobachtet worden, würde auch Zerstörungen hervorrufen, die den Tod des Kindes zur Folge haben würden, da die Harnblase frei in die Bauchhöhle hineinragt.

Auch die übermässige Füllung der Allantois allein (Thiersch, *Verhandlungen der deutschen Gesellschaft für Chirurgie, vierter Congress) erklärt die Entstehung der Blasenschambeinspalte nur für leichte Fälle, und auch dann fehlt immer noch der Grund für die Verschliessung der Allantois. Sämmtliche Veränderungen im Darmkanale, die Entstehung eines oder zweier widernatürlicher After, die Atresia ani, die Obliteration einzelner Darmpartien würden uns ein Räthsel bleiben.

Bartels, (*Ueber die Bauchblasengenitalspalte, Inaug. Diss. Berlin 1867), war der Erste, der zu dem Endresultate kam, die Kraft, welche die Vereinigung der Bauchdecken hindere, müsse am Darmkanale wirken. Er schliesst dies 1) aus der Nichtbetheiligung der Wirbelsäule, 2) aus der Spaltung sämmtlicher vor dem Mastdarm liegenden eigentlich vereinigt sein sollender Organe, als Müller'sche Gänge, Blase, Schambeine, Bauchdecken. Ueber den Punkt, wie die Veränderungen im Darmkanale vor sich gehen, ist er nicht glücklich hinweggekommen. Der Umstand, dass in einigen Fällen (Meckel, *Reil's Archiv, Bd. 9, S. 449, und Rose, *Monatsschrift für Geburtskunde, Bd. 26, S. 244) bestimmt angegeben wird, ein vas omphalomesaraicum sei vom widernatürlichen After in der Blasenwand zum Mesenterium gelaufen, beweist, dass an dieser Stelle der Ductus eingemündet hat und dort abgerissen sein muss.

Perls, *Lehrbuch der allgemeinen Aetiologie, S. 274, schliesst sich Bartels wenigstens für die Fälle, in denen eine breitere Spalte des Darms zwischen den beiden Blasenhälften sich vorfindet, an. Wie Bartels nimmt er an, durch fötale Peritonitis vor der vierten Fötalwoche, d. h. bevor die nach Reichert ursprünglich doppelten Allantoisanlagen und die Müller'schen Gänge sich vereinigen, wären die Darmplatten mit den Bauchplatten verwachsen und der Mitteldarm werde vom Enddarm getrennt. Ich halte das Zwischenstück von Darmschleimhaut nur für eine prolabirte Partie bei ziemlich weiter Dottergangspalte.

Die Lebensfähigkeit wird durch eine uncomplicirte Blasenspalte nicht gestört. Doch gehen die meisten Kinder in Folge der Unzuträglichkeiten zu Grunde, die mit dem fortwährenden unwillkürlichen Abgehen der Excreta verbunden sind.

Die ältere Literatur über die Blasenspalte ist mit grossem Fleisse in der Arbeit von Weidmann, *De nativo vesicae urinariae prolapsu, Inaug. Diss. Göttingen 1833, gesammelt worden.

Blasenspalte und Epispadie.

Blasenspalte und Epispadie. Je später das Bersten der Allantois stattfindet, desto kleiner ist die Bauchspalte geworden, aus welcher die vordere Allantoiswand aus der Bauchhöhle herausragt. Daher haben sich die Schambeine auch mehr nähern, die mit der Schambeinverbindung im Zusammenhange stehenden Geschlechtshöcker haben sich vereinigen können, wenn es auch nicht zu einer normalen Entwickelung der Clitoris oder des Penis gekommen ist. Eine nach aussen geöffnete Kloake hat in diesen Fällen nie existirt. Der Enddarm hat sich gesondert nach aussen geöffnet und findet sich der After an normaler Stelle. Die Allantois hingegen hat sich nicht normaler Weise in eine Kloake, sondern an der widernatürlichen Rissstelle gespalten.

Diese Form der Blasenspalte mit Epispadie unterscheidet sich von der vorhin besprochenen Bauch-Blasen-Genitalspalte nur dem Grade nach. Dass der Zeitpunkt des Zerreissens in eine etwas spätere Zeit fällt, dafür sprechen die nicht mehr so seltenen Fälle, in denen zwischen Nabelnarbe und Blasenspalte ein mehrweniger weiter Zwischenraum sich befindet. Die Schleimhautfläche der Blase ist immer kleiner, als in den vorigen Fällen, was zum Theil auch die Folge der im Leben vor sich gehenden Wachsthumsveränderungen sein kann. Die Schambeine sind noch nicht vereint, doch stehen sie nicht in hohem Grade auseinander. Der wichtigste Unterschied dieser Form von der totalen Blasen-Genitalspalte zeigt sich in der wirklichen, wenn auch kümmerlichen Vereinigung der beiden primären Geschlechtshöcker. Die Clitoris und der Penis sind gespalten, und besonders beim letzteren zeigt sich die Spaltung sehr deutlich an der verhältnissmässig sehr umfangreichen Eichel. Das Präputium ist immer mangelhaft entwickelt, so dass die Eichel stets frei liegt. Der After mündet fast ausschliesslich an normaler Stelle.

Missbildungen dieser Form sind es nun besonders, welche zum Zwecke der Heilung in chirurgischen Kliniken sich vorstellen. Gerade in der Leipziger chirurgischen Klinik hat man Gelegenheit, viele Exemplare dieser Form zu sehen, die Geheimrath Thiersch, eine Celebrität in der plastischen Chirurgie der Inversio vesicae, zu sich zieht.

Folgende Beobachtungen mögen als Beispiele dienen:

1) Männliche Individuen:

Bauer, *Casus memorabilis inversionis vesicae urinariae, Inaug. Diss. Jena 1828.

6jähriger Knabe. Penis kaum einen Zoll lang. Eichel fast einen Zoll breit. Präputium bedeckte die Eichel nicht, sondern hing als runzliger Lappen unterhalb der gespaltenen Glans. Das Frenulum inserirte sich swischen beiden Eichelhälften als ein Septum. — Auf der linken Seite fand sich eine Hernia inguinalis. Nabel 1 Zoll über der Blasenspalte.

Abbildungen: Atlas, Tafel XXXVI, Fig. 1 u. 2.

Erklärung: Fig. 1. umb, Nabelnarbe; v, gespaltene Harnblase; g, g, gespaltene Eichel; p, p, Vorhaut; h. ing, Inguinalbruch

Fig. 2, Penis herausgezogen und nach unten gehalten.

Weidmann, *De nativo vesicae urinariae prolapsu, Inaug. Diss. Göttingen, 1833.

Abbildung: Atlas, Tafel XXXVI, Fig. 3.

Erklärung: v, gespaltene Blase, g, g, Eichel; p, p, Präputium.

Roose, *De nativo vesicae urinariae inversae prolapsu, Inaug. Diss. Göttingen 1793.

Abbildung: Atlas, Taf. XXXVI, Fig. 4. Taf. XXXVI, Fig. 4.

Erklärung: v, gespaltene Blase; p, Penis.

Mörgelin, *Ueber angeborene Harnblasenspalte und deren Behandlung, Inaug. Diss. Bern 1855.

Abbildung: Atlas, Tafel XXXVI, Fig. 5. Taf. XXXVI, Fig. 5.

Schmitt, *Ueber die Harnblasenspalte, Inaugural-Abhandlung, Würzburg 1836.

Abbildungen: Atlas, Tafel XXXVI, Fig. 6 u. 7. Taf. XXXVI, Fig. 6 u. 7.

Erklärung: Fig. 6. Vorderansicht. ep, oberer, während des Lebens überhäuteter Theil der gespaltenen Blase. v, nicht überhäuteter Theil; g, Eichel; p, Vorhaut; h. ing, Hernia inguinalis.

Fig. 7. Seitenansicht. Buchstaben dieselben.

Brieg, *Berliner medicinische Zeitung, 1842, S. 156.

Neugeborener Knabe mit isolirter Nabelbildung. Blase in der Grösse einer Wallnuss geöffnet. Penis 1/2'' lang, undurchbohrt. Rinne auf dem oberen Rande. Kleines, aber wohlgebildetes Scrotum mit Hoden und Nebenhoden. Schambeine 1 Zoll weit getrennt.

2) Weibliche Individuen:

Schmitt, *Ueber die Harnblasenspalte, Inaugural-Abhandlung, Würzburg 1836.

Abbildung: Atlas, Tafel XXXVI, Fig. 8. Taf. XXXVI, Fig. 8.

Barbara Wölflin, 7 Jahr alt; Nabel (umb.) ist in die Quere gezogen. Zwischen demselben und der gespaltenen Blase ist eine Hautbrücke. Zwischen der gespaltenen Clitoris liegt der Eingang zur vagina (vag). After (an) an richtiger Stelle. l, l, Labien; c, c, Hälften der Clitoris.

Förster, *Die Missbildungen des Menschen, S. 113 und Tafel XXII, Fig. 4.

Gusserow, *Berliner Klinische Wochenschrift, 1879, Nr. 2. — Stubenrauch, *Ueber Ectopia vesicae beim weiblichen Geschlecht mit besonderer Berücksichtigung von 5 mit Gravidität complicirten Fällen, Inaug. Diss. Berlin 1879.

Obere Penisspalte. Epispadie. Während die eben besprochene Uebergangsform beim weiblichen Geschlechte schon weniger deutlich zur Ausbildung kommt, als beim männlichen, so ist dies noch weit mehr der Fall bei der Epispadie, die sich fast nur beim Knaben findet. Die Harnblase zeigt sich normal geschlossen oder hat noch eine verhältnissmässig grosse Oeffnung, die mit der Rinne des gespaltenen Penis in Verbindung steht. Der Penis ist kürzer als gewöhnlich. Auf seinem oberen Rande befindet sich eine mehr weniger tiefe, mit Schleimhaut ausgekleidete Rinne. Je tiefer und breiter die Rinne, desto näher liegt die Harnröhrenmündung den Bauchdecken. In den Fällen, welche den Uebergang von Blasenspalte zur reinen Epispadie bilden, findet sich eine weite Oeffnung am Blasenhalse, so dass man direct in die Blase eindringen kann. Auch die Eichel ist in der Regel gespalten und es fehlt an der gewöhnlichen Stelle die Oeffnung für die Harnröhre. Das Präputium hängt am untern Rande der Eichel, bedeckt diese fast nie. Epispadie.

Der Nabel liegt an normaler Stelle, bisweilen etwas tiefer wie gewöhnlich. Auch der After zeigt keine Unregelmässigkeiten. Die Symphyse ist geschlossen, ausser, wenn sich grösserer Blasendefect vorfindet.

Ueber die Entstehung der Epispadie hat man sich viel gestritten. Thiersch, *Archiv der Heilkunde 1869, S. 20, nimmt an, die Falten, welche durch ihre Vereinigung zur Bildung des Dammes führen, seien allzuzeitig und ungewöhnlich reichlich gewuchert, so dass eine Verschmelzung der Geschlechtshöcker erfolgt sei, ehe eine Urethra sich gebildet habe. Nach neueren Untersuchungen (His, *Anatomie der menschlichen Embryonen des ersten Monats) wird es im hohen Grade wahrscheinlich, dass die Eröffnung der Kloake schon in die zweite Woche fällt, wo von einer Bildung der Geschlechtshöcker noch nicht die Rede sein kann. Klebs, *Handbuch der pathologischen Anatomie, Bd. 2, S. 1135, sieht in der Epispadie die Folgen einer übermässigen Ausdehnung der Allantoisblase. Indem die Allantoisausbuchtung den unteren Rand der noch nicht geschlossenen Bauchhöhle überlagert, soll sie die Vereinigung der getrennten Anlagen für den Geschlechtshöcker verhindern. Ich schliesse mich im Ganzen der Erklärung von Klebs an, möchte aber zwei Momente betonen. Bei der eigenthümlichen Abzweigung der Allantois aus dem unteren Darmende, ist es nichts Auffallendes, wenn die Communication zwischen Darm- und Allantoishöhle leicht einmal zu zeitig unterbrochen wird. Dann kommt es zu keiner Kloakenbildung, sondern Enddarm und Allantois öffnen sich isolirt. Geschieht die Oeffnung der letzteren erst, wenn sie sich blasenförmig angefüllt und ausgebuchtet hat, so entsteht eine Ruptur und führt zur Blasenspalte. Erfolgt die Ruptur erst, wenn der grösste Theil des Unterleibs sich geschlossen, wenn der Geschlechtshöcker fast vereinigt ist, so entsteht die Epispadie. Die mangelhafte Vereinigung, daher Spaltung des Penis, führe ich nicht, wie Klebs, auf den Druck von Seiten der überhängenden Allantoisblase zurück, sondern auf die Verspätung des Symphysenverschlusses. Ich nehme an, dass auch bei der Epispadie die Symphyse breiter ist, als bei normaler Bildung.

Die reine Epispadie ist sehr selten. Bergh, *Virchow's Archiv, Bd. 41, S. 309, fand überhaupt nur 30 Beobachtungen. In der dänischen Literatur findet sich kein Fall verzeichnet. In Frankreich fand man unter 60 000 Soldaten keinen Epispadiäus. Michel in der Zeit von 1822—1843 bei zahlreichen Aushebungen zwei Fälle. Baron unter 300 Hypospadiaei nur zwei Epispadiaci. Dieffenbach, *Neue Zeitschrift für Geburtskunde, Bd. 7, S. 309, sah in seiner Praxis nur 3 Fälle.

Hahn, *Julius und Gerson, Magazin der ausländischen Literatur der gesammten Heilkunde, Bd. 2, S. 401.

Abbildungen: Atlas, Tafel XXXVI, Fig. 9 u. 10. Taf. XXXVI,

Dolbeau, *De l'épispadias, Paris 1861. Taf. I, Fig. 2 u. 3. Fig. 9 u. 10.

Abbildungen: Atlas, Tafel XXXVI, Fig. 11 u. 12. Taf. XXXVI,

Bergh, *Virchow's Archiv, Bd. 41, S. 309. Fig. 11 u. 12.

1. Fall mit Sectionsbericht.

Abbildungen: Atlas, Tafel XXXVI, Fig 13 u. 14. Taf. XXXVI,

Erklärung: Oberhalb und zwischen den beiden Corpora cavernosa penis (C. c. p.) gelegen, fand sich ein dreiseitiges, oben eingebuchtetes corpus cavernosum urethrae. Fig. 13 u. 14.

2. Fall, 15jähr. Knabe, nur am Lebenden untersucht.

Mörgelin, *Ueber angeborene Harnblasenspalte, Inaug. Diss. Bern 1855.

Abbildungen: Atlas, Tafel XXXVI, Fig. 15 u. 16. Taf. XXXVI,

Hofer, *Gräfe und Walther, Journal, Bd. 12, S. 87. 1828. Fig. 15 u. 16.

Abbildungen: Atlas, Tafel XXXVI, Fig. 17 u. 18. Taf. XXXVI,

Dolbeau, *De l'épispadias, Paris 1861. Taf. II, Fig. 2 u. 3. Fig. 17 u. 18.

Abbildungen: Atlas, Tafel XXXVI, Fig. 19 u. 20. Taf. XXXVI,

Vrolik, *Tabulae ad illustrandam embryogenesin, Taf. 95, Fig. 5 u. 6. Fig. 19 u. 20.

Abbildungen: Atlas, Tafel XXXVI, Fig. 21 u. 22. Taf. XXXVI,

Von dieser eben beschriebenen vollständigen Form fand Bergh unter 27 Beobachtungen 24. Unvollständige Formen sind solche, wo entweder nur die Eichel gespalten ist (Marchal de Calvi, Doebeau, Jördens, citirt bei Bergh, Seite 309, Henle, Henle und Pfeufer's Zeitschrift, N. F., Bd. 6, Heft 3. — *Schmidt's Jahrbücher, Bd. 88, S. 383), oder, wo die Eichel durchbohrt ist und nur der Rücken des Penis sich gespalten findet. Fig. 21 u. 22.

Ueber intrauterine Heilung einer Epispadie mit Blasenspalte berichtet

Küster, Berliner medicinische Gesellschaft, 28. Juni 1876. — *Berliner Klinische Wochenschrift, 1876, Nr. 46.

Bei einem $1^{3}/_{4}$ Jahr alten Knaben war die Harnröhrenrinne oben auf dem verkümmerten Penis und die Blasenspalte durch narbiges Gewebe bedeckt, so dass eine geschlossene Blase und geschlossene Harnröhre vorhanden war. Letztere besass eine Strictur.

Vielleicht ist auf dieselbe Weise zu erklären eine Beobachtung von

Ruysch, Thesaurus anat. III, 1724, No. IV, S. 10, 34, Taf. 3, Fig. 1, vielfach citirt, der ebenfalls eine vollständig geschlossene Harnröhre auf dem Rücken des Penis sah.

Unter die besonderen Vorkommnisse bei Epispadie ist eine Beobachtung von

Labat, Gazette des Hôp. 1839, No. 34. — *Schmidt's Jahrbücher, Bd. 34, S. 142 zu verzeichnen.

Harnröhre an normaler Stelle. In der Rinne zwischen Corporibus cav. läuft ein Samenausführungsgang und mündet in der Eichel, 4" über der Harnröhrenmündung.

Einen gleichen Fall beobachtete

Cruveilhier, Atlas, Livr. 39, Taf. 2, Fig. 3. — *Klebs, Pathologische Anatomie, Bd. 2, S. 1137.

Olshausen, *Monatsschrift für Geburtskunde, Bd. 18, S. 98,

beschreibt ein Kind mit gut entwickeltem Scrotum, aber gänzlichem Mangel des Penis. Eine kleine Oeffnung der unteren Bauchwand führte direct in die Harnblase, in welche auch der Enddarm mündete. Atresia ani.

Als congenitale Penisfisteln bezeichnet Klebs Kanalbildungen, welche in der oberen Hälfte des Penis liegen und hier in verschiedener Entfernung von der Basis desselben entweder im Körper des Gliedes, oder in der Glans ausmünden. Er zählt hierher die Fälle von

Luschka, *Virchow's Archiv, Bd. 34, S. 592.

Pribřam, Prager Vierteljahrsschrift, Bd. 96.

Epispadie beim weiblichen Geschlechte ist ein sehr seltenes Vorkommniss. Sie characterisirt sich dadurch, dass zwischen den Clitorishälften sich eine schlitzförmige Spalte befindet, die direct in die Harnblase führt. Auch die grossen Schamlippen klaffen nach oben zu, während unten die Vereinigung derselben stattgefunden hat. Die Schamfuge war in allen bisher beobachteten Fällen geschlossen.

Die Trägerinnen dieser Missbildung leiden selbstverständlich an totaler oder partieller Incontinentia urinae.

Gosselin, Gazette des Hôpitaux 1851, März, No. 37. — *Canstatt's Jahresbericht, 1851, IV, S. 10.

Bauchwand und Symphyse geschlossen; letztere schlaffer wie gewöhnlich. Harnblasenschlitz 1,5 Ctm. hoch. Clitoris gespalten. Scheide geschlossen.

Röser, Württembergisches Correspondenzblatt, 1861, 12. Juni. — *Canstatts Jahresbericht 1861, IV, S. 14.

Clitoris und Praeputium gespalten. Der obere und vordere Theil der Harnröhre fehlte vollständig.

Kleinwächter, *Monatsschrift für Geburtskunde, Bd. 34, S. 81.

Clitoris gespalten, ebenso Praeputium. Trichterförmige Spalte zwischen den beiden Hälften der Clitoris als Mündung zur Harnblase, 15''' lang. Hymen erhalten.

Möricke, *Zeitschrift für Geburtshülfe und Gynäkologie, Bd. 5, S. 324.

Grosse und kleine Schamlippen klaffen oben. Clitoris gespalten. Harnröhre fehlt; weiter, für den Finger durchgängiger Spalt, führt in die Harnblase. Innere Genitalien normal.

Frommel, *Zeitschrift für Geburtshülfe und Gynäkologie, Bd. 7, S. 430.

Eine sehr eigenthümliche Form der Epispadie beim weiblichen Geschlecht beobachtete ich an einer 8monatlichen todtgeborenen Frucht:

Harnblase enorm ausgedehnt. Urachus mit zur Höhle gezogen. Blasenwand stark verdickt. Der Mastdarm mündet in die hintere untere Wand der Blase durch zwei kleine Oeffnungen. Von diesen Oeffnungen aus führt ein schmaler Streifen, der mit Darmschleimhaut besetzt zu sein scheint, zu einer kleinen Oeffnung am Boden der Blase, wahrscheinlich dem ostium internum urethrae. Mit einer Sonde kann man zur Clitoriswurzel vordringen. An der hinteren Wand der Blase sieht man um die Einmündungsstelle des Darmes concentrische Schleimhautschichten

(Darmschleimhaut); daneben jederseits ein Kreis dickwulstiger Schleimhautpartien, die an die Falten der Cervix erinnern. Aussen, dieser Stelle entsprechend, finden sich zwei Eileiter mit gut gebildeten Eierstöcken. An Stelle der äusseren Genitalien ragt ein penisartiger blinder Kegel hervor, der über einem gespaltenen Sacke sich befindet. Aus einer feinen Oeffnung am oberen Rande dieser stark vergrösserten Clitoris dringt Schleim hervor. Gespalten zeigt sich ein mit Schleimhaut ausgekleideter Kanal, der auf dem Rücken der Clitoris lang bis nahe zum Ostium internum urethrae sich verfolgen lässt; dann aber blind endet. Vagina fehlt oder ist in der Blase mit inbegriffen.

Untere Penisspalte. Hypospadie. Ungleich häufiger als die obere Penisspalte ist die untere. Auf einen Epispadiäus kommen ungefähr 150 Hypospadiäi. Es erklärt sich diese Differenz sehr leicht. Während die obere Penisspalte in Folge eines Vorgangs entsteht, der normaler Weise in der Entwickelung des Fötus nicht vorzukommen pflegt, schliesst sich die Kloaken- und Hypospadiäenbildung an Entwickelungsformen an, die in der Bildung der männlichen Genitalien regelmässig vorkommen. Hypospadie.

Freilich bedürfte das Kapitel der Entwickelung der äusseren Genitalien einer genaueren Untersuchung. Besonders wissen wir noch gar wenig über die Bildung der Kloake, über die Oeffnung des Enddarms in die Amnionhöhle. Die Untersuchungen von His (*Anatomie der menschlichen Embryonen des ersten Monats) bringen uns ganz andere Resultate, als wir sie bisher aus den Handbüchern der Entwickelungsgeschichte kennen lernten.

Gehen wir von den bisherigen Annahmen aus, so sehen wir in früher Zeit der Entwickelung an Stelle des Gliedes einen Höcker, welcher eine Rinne an seiner unteren Fläche besitzt, die wiederum in eine Spalte zum Raum des sinus urogenitalis führt, eine Höhle, in der zu jener Zeit die Ausführungsgänge der Genital- und Harnorgane münden. In noch früherer Zeit mündete auch der Enddarm in diesen Raum (Kloake); durch Zwischenschieben des Dammes aber ist er räumlich vom sinus urogenitalis getrennt worden und hat seine eigene Ausführungsöffnung bekommen.

Sehen wir zuerst von den Missbildungen ab, bei denen noch die Kloake persistirt, so kann der Hypospadiäus alle Stufen vorstellen, die normaler Weise während des Verschlusses des sinus urogenitalis, so lange die Ausführungswege des Genitalsystems von denen des uropoetischen in Trennung begriffen sind, vorkommen können, also von dem vollständigen Persistiren des sinus urogenitalis bis zu den Fällen, in denen die Glans undurchbohrt bleibt und die Harnröhre dicht unter der Fossa navicularis einmündet.

Es hat den Anschein, als ob vorzugsweise in den Fällen, in welchen der sinus erhalten bleibt, doch ausnahmsweise auch in anderen, häufiger eine Ausbildung der Prostata zum uterus masculinus vorkäme. Da sich dann auch durch Persistenz des oberen Theiles der Müller'schen Fäden die Tuben und Fimbrien zu bilden pflegen, so würden, wenn die Hoden nicht unzweifelhaft sich ausgebildet hätten, die Individuen auch bei Sectionen bisweilen für zweifelhaften Geschlechtes gehalten werden müssen.

Man hat gemeint, die weitere Ausbildung der Müller'schen Fäden zu weiblichen inneren Genitalien auch als Grund für die perverse Persistenz des sinus urogenitalis, der Verkümmerung und Fehlbildung des Penis ansehen zu dürfen. Doch fehlen über diesen Zusammenhang unsere Kenntnisse noch vollständig. Ebenso gut ist es möglich, dass eine Grundursache beide Anomalien, die eigenthümliche Entwickelung der Müller'schen Fäden und die Persistenz des sinus mit der damit zusammenhängenden Penisverkümmerung bewirkt.

Kommt nun noch hinzu, dass auch die Hoden nicht den Weg in die Scrotalhälften finden, sondern in der Bauchhöhle oder in dem Leistencanale zurückbleiben, so dass die Hodensackhälften sich nicht füllen und zwei Labien vortäuschen, so gewinnt das äussere Ansehen dieser Genitalien ein Bild, so ähnlich dem der weiblichen Genitalien, dass es nicht zu verwundern ist, wenn Verwechselungen des Geschlechts entstehen.

An Stelle des Kitzlers findet sich dann der undurchbohrte, in der Entwickelung zurückgebliebene Penis. Eine kleine Grube deutet höchstens an, wo eigentlich die Oeffnung der Harnröhre sein sollte. Die Glans liegt entblösst, und von ihrem unteren Rande ziehen sich, die Spalte des sinus urogenitalis einsäumend, zwei Hautfalten herab, die als kleine Schamlippen gedeutet werden. Die beiden leeren Hodensackhälften vervollständigen das Bild, indem sie die grossen Labien vortäuschen.

Dass derartig missbildete Individuen häufig als Mädchen getauft, als Mädchen erzogen wurden, nimmt nicht Wunder; bis dann zur Zeit der Pubertätsentwickelung der Mangel der Menstruation, das Auftreten von Samenergiessungen und die Neigung zum weiblichen Geschlechte den Geschlechtscharacter deutlicher hervortreten lassen. Doch kommen auch Fälle vor, wo bei mangelhafter Entwickelung oder krankhafter Entartung der Geschlechtsdrüsen der Geschlechtscharacter das ganze Leben hindurch nicht hervortritt.

In Fällen, in denen keine Sinusspalte vorhanden ist, sondern die Harnröhre nur an der Wurzel des Penis mündet, sind auch bisweilen Geschlechtsverwechselungen nach der Geburt vorgekommen. Dann trägt aber stets die Unwissenheit der untersuchenden Person die Schuld der Verwechselung.

Die geschlechtlichen Functionen können vom Hypospadiäus trotz der Verkürzung des Gliedes in einzelnen Fällen ausgeübt werden. Dass der Hypospadiäus eine Frau schwängern kann, ist ausser allem Zweifel, da ja eine immissio penis zur Schwängerung nicht nothwendig ist.

Auch monatlicher Blutfluss soll neben Samenergiessungen in einzelnen Fällen beobachtet sein. Es setzte dies Vorkommniss voraus, dass neben männlichen auch weibliche Geschlechtsdrüsen vorhanden gewesen seien. Wie wir im nächsten Abschnitte über Hermaphroditismus bilateralis sehen werden, ist dies Nebeneinander in hohem Grade unwahrscheinlich. Meistens sind es Betrüger gewesen, die durch künstliches Einführen von Blut die Aerzte zu täuschen wussten. Der bekannte Katharina Huhmann aus Melrichstadt z. B. bekam stets 3 Tage vor Eintritt der Menstruation Nasenbluten und hatte so gut Gelegenheit, Scheide und Vulva vor der ärztlichen Visite mit Blut zu benetzen.

Beispiele, in denen Knaben, deren Geschlechtstheile in der eben beschriebenen Weise verbildet waren, als Mädchen erzogen wurden, sind in grosser Zahl berichtet. Ich gebe kurz die Lebensgeschichte einzelner, die besonders bekannt geworden sind, während ich von den übrigen nur das Citat beifüge:

Günther, *Commentatio de Hermaphroditismo. Leipzig 1846. — Pech, Auswahl einiger seltener und lehrreicher Fälle, Dresden 1858. Sectionsbericht

Maria Rosina, später Gottlieb Göttlich war als Mädchen erkannt und erzogen. 1834 wurde Göttlich im Dresdener Krankenhause an einer rechtsseitigen Scrotalhernie und einer linksseitigen Hydrocele behandelt. Man hatte diese Hydrocele für eine Cyste der Schamlippe angesehen und incidirte sie, als ein Hode und Nebenhode sichtbar wurde.

Bei der Section fand man keine Spur von Uterus und Ovarien. Der Sinus urogenitalis wurde durch eine horizontale Falte in zwei Theile zerlegt, deren kleinerer die Harnröhre enthielt.

Abbildung: Atlas, Tafel XXXIX, Fig. 1. Taf. XXXIX, Fig. 1.

Erklärung: hern, Hernie der rechten Scrotalhälfte.
hydr, Hydrocele der linken Scrotalhälfte.

Otto, *Neue seltene Beobachtungen, Heft 2, S. 123. 1824.

Kalusa, ein Bauer, reichte die Ehescheidungsklage ein. Bei der gerichtlichen Untersuchung wurde die Frau als Hypospadiäus erkannt. Die Harnröhre mündete im Sinus urogenitalis, der für Aufnahme des Penis weit genug war. Die Person war drei Mal als Frau verheirathet. Das Wollustgefühl wurde bei ihm erregt durch Reibung des Gliedes, worauf dann Samenergiessungen folgten.

Osiander, *Neue Denkwürdigkeiten. Ersten Bandes zweite Bogenzahl, Göttingen 1799, S. 245. — Nach mündlichen Mittheilungen durch Saxtorph.

Adélaide Préville, 39 Jahr alt, starb im Hôtel-Dieu. Sie war als Weib verheirathet und soll immer ordentlich menstruirt gewesen sein. Ihr Aeusseres war entschieden männlich.

Penis kurz, undurchbohrt. Hodensack gespalten, enthält zwei Hoden. Unterhalb des Penis Eingang in den Sinus urogenitalis mit einer Andeutung eines Hymen. Ausser allen gut entwickelten inneren Genitalien konnte als weiblich nur der vaginalartige Sack angesehen werden, der aber oben blind endete. Kein Uterus, keine Ovarien.

Steglehner, *De hermaphroditorum natura, Bamberg und Leipzig, 1817, S. 120.

Fräulein B. v. N., geboren 1792, hatte einen schönen Wuchs, angenehmes Aeussere. Menstruirt hat sie nie, soll hingegen Molimina „sat regulariter" gehabt haben. Sie wurde an Chlorose behandelt, holte sich später eine Peripneumonie und starb endlich an Phthisis, 23 Jahr alt. Die Mutter bat um die Section, um die Ursache der retentio mensium zu erfahren.

Brüste gut entwickelt. Warzen normal. Knochen und äussere Genitalien weiblich, mons veneris hingegen nur schwach behaart. Scheide sehr kurz und eng, blind endigend, vom Hymen an gerechnet einen halben Zoll lang, einen Zoll im Durchmesser haltend. — Becken im Eingange weit, im Ausgange verengt. Uterus und Ovarien fehlten. Zwischen Blase und Mastdarm ein leerer Raum. In der linken Inguinalgegend entdeckte nun Steglehner („mehercule, sane mirum et inauditum!") ein vas deferens und auch Hoden. Die Structur der Hoden und Nebenhoden war normal, die vasa deferentia durchgängig.

Naegele, *Beschreibung eines Falles von Zwitterbildung bei einem Zwillingspaare, Meckel's Archiv, Bd. 5, S. 136.

Am 31. August 1794 wurden in H. Zwillinge geboren, die als Mädchen erkannt die Namen Katharina und Anna Maria Maurer erhielten. Im 17. Jahre waren beide überzeugt, dass sie Männer seien, tauschten die Kleider und nannten sich Karl und Michael. Einer wurde Maurer, der andere Tagelöhner. Die Namenveränderung machte eine gerichtlich medicinische Untersuchung nothwendig, bei der man Folgendes fand:

Bei Karl M. zeigte sich der Hodensack durch eine tiefe Furche in zwei Theile getheilt. Jede Hälfte enthielt einen Hoden. Die Ruthe war sehr kurz und ragte nicht zwischen den Hodensackhälften hervor. Die Vorhaut bedeckte die Eichel nicht. An der Spitze der Eichel fand sich keine Oeffnung, sondern es fing dort eine Rinne an, welche eine Länge von 2" hatte. Einen Zoll unter dem Schambogen befand sich die Harnröhrenöffnung. Die Haut zwischen den Scrotalhälften ist zart rosa gefärbt. Zwei Falten von der Eichel ausgehend bilden gleichsam die inneren Schamlippen. Samenergiessungen wurden öfter beobachtet.

Michael zeigte eine auffallende Aehnlichkeit mit seinem Bruder. Körperbau, Grösse, Stimme, Bart sind gleich. Die Geschlechtstheile ähneln sich bis auf einige geringe Abweichungen vollständig. Es fehlen nur die Falten, welche, von dem Praeputium ausgehend, die kleinen Schamlippen vortäuschten.

Förster, *Die Missbildungen des Menschen, S. 154.

Ein 22jähriges Individuum, wohlgewachsen, mit ganz weiblichem Habitus, kein Barthaar, weibliche Stimme, volle grosse Brüste, breites Becken, gespaltenes Scrotum, in jeder Hälfte ein kleiner Hode, der sich mit Nebenhoden und Samenleiter deutlich fühlen liess. Penis sehr klein, Clitoris ähnlich, offene Genitalfurche mit sehr kleiner Urogenitalöffnung. Das Individuum war als Mädchen erzogen, hatte nie Menstruation, aber auch nie Abgang von Samen gehabt, will nie geschlechtliche Regungen irgendwelcher Art gehabt haben.

von Franqué, *Scanzoni's Beiträge, Bd. 5, S. 57. — Beer, (Kölliker, von Recklinghausen, Scanzoni) *Deutsche Klinik, 1867, No. 34. — Schultze, *Virchow's Archiv, 1868, Bd. 43, S. 329. — Friedreich, *Virchow's Archiv, 1869, Bd. 45, S. 1. — Rokitansky, Wiener medicinische Wochenschrift, 1868, No. 54. — Paul Mundé, American Journal of obstetrics, 1876. — Lutaud, *Annales de Gynécologie, 1877, Januar, S. 58. — Ebertli, *Correspondenzblatt der Schweizer Aerzte, 1880, No. 4, S. 114. — *Eigene Besichtigung und Untersuchung.

Katharina Huhmann, geboren zwischen 1824 und 1827 in Melrichstadt, wurde von der Hebamme für ein Mädchen erklärt und als solches erzogen. Im 15. Jahre traten Samenergiessungen auf. Vom 20. Jahre an soll aus der Harnröhrenmündung regelmässiger Blutabgang stattgefunden haben. Die Nachrichten hierüber sind etwas zweifelhafter Natur. Von sachverständigen Autoritäten wurde sie erst zu einer Zeit untersucht, in der das Blut zurückging. Doch will Franqué die Ausscheidung zwei Mal gesehen haben, ohne dass Betrug nachzuweisen gewesen wäre. Zu bemerken ist aber, dass dem Eintritte der angeblichen Menstruation gewöhnlich Nasenbluten vorausging, somit ein Betrug sehr leicht ausgeführt werden konnte. In Leipzig lag sie 1867 einige Zeit auf Wunderlich's Klinik, hatte sich, wie sie angab, erkältet, so dass die Menstruation nicht erfolgte. Nach dieser Zeit sistirte die Blutung. In Amerika hat die H. Männerkleidung angezogen und sich mit einem jungen Mädchen verheirathet. — Die beste Untersuchung ist die von Schultze. Er fand einen gut entwickelten Penis mit mässiger Hypospadie, einen rechten Hodensack mit Hoden; der linke Hodensack fehlt. Links hinter den Schambeinen ein Körper, den man für den zweiten Hoden oder für ein Ovarium halten konnte. Von diesem Körper führte ein Strang nach einem kleinen Organ (Uterus?), welches hinter der Harnröhre liegt und einen feinen Ausführungsgang in die Harnblase hat (Uterus masculinus?). Das Vorhandensein einer Prostata giebt Schultze nicht zu.

Abbildungen: Atlas, Tafel XXXVII, Fig. 14 u. 15. Taf. XXXVII, Fig. 14 u. 15.

Erklärung: Fig. 14, nach v. Franque: F, Grube an Stelle des Urethraeinganges; ur, Mündung der Urethra; scrot, rechte Scrotalhälfte; an, After.

Martini, *Vierteljahrschrift für gerichtliche Medicin, Bd. 19, S. 303.

Am 2. October 1858 zeigte eine junge Frau bei dem Königl. Gerichtsamte Taucha an, dass bei einer Untersuchung während der Schwangerschaft die Hebamme Märker aus Gerichshain bei Leipzig sich auf sie geworfen und wie ein Mann den Beischlaf mit ihr auszuführen versucht habe. Als diese Klage bekannt wurde, meldeten sich noch von mehreren Seiten Personen, die ähnliche Klagen anzubringen hatten. Die gerichtsärztliche Untersuchung ergab, dass die Hebamme ein Hypospadiäus sei mit kleinem undurchbohrten Penis. In einer Scrotalhälfte wurde ein Hode gefühlt. Eingang zum sinus urogenitalis für den kleinen Finger passirbar. Harnröhre mündet oberhalb des Sinus urogenitalis. Uterus und Ovarien sind nicht zu fühlen. Menstruation soll vorhanden gewesen sein, doch ist dies später von der M. widerrufen worden. Samenergiessungen sind sicher dagewesen. Die M. war als Frau verheirathet, hatte aber immer Neigung zum weiblichen Geschlechte. Jetzt trägt sie noch Weiberkleider und prakticirt, obgleich sie ihres Amtes entsetzt wurde, noch heute. In der Gegend hält man sie für ein Weib und glaubt, ihre Entfernung sei ein Racheact.

Trotz aller Versuche ist es mir nicht gelungen sie zu einer Untersuchung zu bekommen.

Goujon, Journal de l'Anatomie et de Physiologie, 1869, No. 6. — *Virchow-Hirsch, Jahresbericht, 1869, I, S. 172.

Penis 5 Ctm. lang, undurchbohrt. — Abwesenheit von Spermatozoen.

Hesselbach, *Hartenkeil, medicinische und chirurgische Zeitschrift, 1808, Bd. 2, S. 335.

93jähriger Mann.

Jagemann, *Neue Zeitschrift für Geburtskunde, Bd. 17, S. 15.

29 Jahr alt. Penis undurchbohrt; $1^1/_2$ Ctm. unter dem Präputium die Harnröhrenspalte mit der Urethralmündung. Zwei Hoden.

Taf. XXXVII. Fig. 3 u. 4. Abbildungen: Atlas, Tafel XXXVII, Fig. 3 u. 4.
Fig. 3. Penis in herabgesunkenem Zustande.
Fig. 4. Penis erhoben.
int. introitus zum canalis urogenitalis.

Mayer, *Casper, Wochenschrift für die gesammte Heilkunde, 1835, No. 50, S. 801.

Die Beschreibung der inneren Genitalien des C. Dörrge findet sich auf Seite 247.

Taf. XXXVII, Fig. 1. Abbildung: Atlas, Tafel XXXVII, Fig. 1.
int, introitus canalis urogenitalis; scr, Scrotalhälften; an, anus.

Wenzel Gruber, *Mémoires de l'Académie des sciences de St.-Pétersbourg, VIIe Série, Tome 1, No. 13, 1859.

22jähriger junger Mann, ging an einem Medullarcarcinom zu Grunde. Bei der Section zeigte sich ein weit ausgebildeter uterus masculinus mit Adnexen. Die Abbildung der inneren Genitalien findet sich auf Tafel XXXIX, Fig. 15.

Taf. XXXVII, Fig. 2. Abbildung: Atlas, Tafel XXXVII, Fig. 2.
int, introitus canalis urogenitalis.

Vrolik, Tabulae ad illustrandam embryogenesin, Tafel 94, Fig. 1.

Taf. XXXVII, Fig. 5. Abbildung: Atlas, Tafel XXXVII, Fig. 5.

Hille, *Dissertatio inauguralis anatomico-pathologica exhibens deformationis partium genitalium externarum descriptionem, Leipzig, 1817.

Taf. XXXVII, Fig. 6. Abbildung: Atlas, Tafel XXXVII, Fig. 6.
int. ur, Eingang zur Urethra; ver, 5 kleine warzenförmige Erhabenheiten.

Godard, *Recherches tératologiques sur l'appareil séminal de l'homme, Paris 1860, Tafel IX, Fig. 3.

Taf. XXXVII, Fig. 7. Abbildung: Atlas, Tafel XXXVII, Fig. 7.
ur, Urethralöffnung; an, anus.

Nuhn, *Illustrirte medic. Zeitung, 1855, Bd. 3, S. 92.

Taf. XXXVII, Fig. 8 u. 9. Abbildungen: Atlas, Tafel XXXVII, Fig. 8 u. 9.
Fig. 9: ur, Urethralöffnung.

Otto, *Monstrorum sexcentorum descriptio anatomica, No. 539, S. 306, Tafel XIII, Fig. 3.

Taf. XXXVII, Fig. 10. Abbildung: Atlas, Tafel XXXVII, Fig. 10.
ur, Urethralmündung; raph, Raphe; an, anus.

Otto, *l. c. No, 537, S. 305, Tafel XIII, Fig. 4.

Taf. XXXVII, Fig. 11. Abbildung: Atlas, Tafel XXXVII, Fig. 11.
an, anus; ur, urethra.

Theile, *Müller's Archiv, 1847, S. 17.

Taf. XXXVII, Fig. 12 u. 13. Abbildungen: Atlas, Tafel XXXVII, Fig. 12 u. 13.
Fig. 12: seitliche Ansicht.
Fig. 13: Ansicht von unten.

Günther, *Commentatio de Hermaphroditismo, Leipzig 1846, S. 67.

34jähriger Mann, als Mädchen getauft und erzogen. Auch in diesem Falle fand sich ein gut entwickelter Uterus masculinus vor.

Abbildungen: Atlas, Tafel XXXVII, Fig. 16 u. 17. Taf. XXXVII, Fig. 16 u. 17.

Fig. 16: s, sulcus; int, introitus urogenitalis; an, anus.

Fig. 17: Sagittaldurchschnitt; Symph., Symphysis; c. c. p., corpus cavernosum penis; c. c. u., corpus cavernosum urethrae; ut. m., uterus masculinus; v, vesica; ur, ureter.

Feiler, *Ueber angeborene menschliche Missbildungen im Allgemeinen und Hermaphroditen insbesondere. Landshut 1820.

Uebergang zur Paraspadie.

Abbildungen: Atlas, Tafel XXXVII, Fig. 18 u. 19. Taf. XXXVII, Fig. 18 u. 19.

Fig. 19: seitliche Ansicht.

Kobelt, *Die männlichen und weiblichen Wollustorgane, Taf. I, Fig. 2.

Abbildung: Atlas, Tafel XXXVII, Fig 20. Taf. XXXVII, Fig. 20.

Daniel, Comptes rendus LXIV, No. 14. — *Virchow-Hirsch, Jahresbericht, 1867, I, S. 263.

Potier-Duplessy, Rec. de mém. de méd. milit., 1867, S. 432. — *Virchow-Hirsch, Jahresbericht, 1867, I, S. 263.

Soll monatlicher Blutabgang vorhanden gewesen sein.

Tortual, Vierteljahrsschrift für gerichtliche Medicin, Bd. 10, S. 18.

Heppner, *Reichert's Archiv, 1870, S. 679.

Reiche Literatur.

Hierher gehören wahrscheinlich auch die Beobachtungen von

Virchow, *Gesammelte Abhandlungen, S. 774, Anm.

Leopold, *Archiv für Gynäkologie, Bd. 8, S. 487.

Dohrn, *Archiv für Gynäkologie, Bd. 11, S. 208.

Leopold, *Archiv für Gynäkologie, Bd. 11, S. 357.

Besondere Abarten der Hypospadie. Unter dem Namen Paraspadie bezeichnet man die Fälle, in denen die Harnröhrenmündung seitlich unterhalb der Glans mündet, wie schon oben der von Feiler berichtete Fall eine Uebergangsbeobachtung dieser Art darstellte.

Heyfelder, Sanitätsbericht über das Fürstenthum Hohenzollern-Sigmaringen während des Jahres 1836. — *Schmidt's Jahrbücher, Bd. 16, S. 98.

Die Harnröhre öffnete sich 1½" von der Symphyse seitlich am Penis.

Dreibholz, *Beschreibung einer sogenannten Phokomele, Dissertation, Berlin 1873, S. 29.

Der Penis besteht nur aus einer Hälfte, speciell aus einer rechten halben Glans. Die Harnröhre mündet an der Wurzel desselben, setzt sich aber in der seitlichen Fläche bis zum Ende der Glans fort. Communication zwischen Urethralmündung und Blase nicht eruirt.

Eine doppelte Ausmündung der Harnröhre fand

Hennemann, Casper's Wochenschrift, 1836, No. 19. — *Schmidt's Jahrbücher, Bd. 15, S. 312, und zwar öffnete sich dieselbe mit einer grösseren Oeffnung in die Rinne unterhalb des Penis, mit einer kleineren in den sinus urogenitalis.

Die gespaltene Harnröhre bildete in der Beobachtung von

Otto, *Neue seltene Beobachtungen, Heft 2, S. 126

einen Strang, der die Spitze des Penis nach unten krümmt.

Derselbe Autor (*l. c. S. 126) berichtet, dass in einem anderen Falle die Samenausführungsgänge als zwei feine, durch den ganzen Penis hindurchgehende Kanäle sich in die Fossa der Glans eingesenkt hätten.

Vollständig gespaltene Glans beschreibt

Sixtus, *De diffisione genitalium, singulari penis bifidi observatione illustrata, Würzburg 1813. — Hesselbach, *Beschreibung der pathologischen Präparate, welche in der Königlichen anatomischen Anstalt zu Würzburg aufbewahrt werden. Giessen 1824, S. 223. — Förster, *Die Missbildungen des Menschen, Tafel XXI, Fig. 1.

Die Förster'sche Zeichnung entspricht nicht vollständig dem Original, sie ist allzusehr schematisirt.

Taf. XXXIX, Fig. 2 u. 3.

Abbildungen: Atlas, Tafel XXXIX, Fig. 2 u. 3.

Fig. 2: Penis in hängendem Zustande.

Fig. 3: Penis erhoben.

gl, Glans; c. c. d., corpus cavernosum dextr.; c. c. s., corpus cavernosum sin.; ur., Urethralmündung.

Beim weiblichen Geschlechte besteht die Hypospadie in einer Persistenz des Sinus urogenitalis, indem die Harnröhrenmündung weiter nach hinten als gewöhnlich an der vorderen Scheidewand mündet und fast immer im unteren Drittheile der Scheide; oder die Harnröhre fehlt gänzlich und die Blase communicirt durch einen Spalt mit der Vagina.

Einen dieser letzten Fälle beschreibt sehr ausführlich

Heppner, *Monatsschrift für Geburtskunde, Bd. 26, S. 401.

Bei einer 22jährigen, sonst vollkommen normal gebauten jungen Frau, die seit ihrer Jugend an zeitweiser Incontinenz gelitten, fehlte die Harnröhre vollständig. Die Blase stand durch einen Querspalt, der 1/2" hinter dem Scheideneingang gelegen, und weit genug war um den Finger durchzulassen, in breiter Verbindung mit der Scheide.

Taf. XXXIX, Fig. 9.

Abbildung: Atlas, Tafel XXXIX, Fig. 9.

cl, clitoris; l. min., l. mg., kleine und grosse Schamlippen; ver. kleine Warze, seitlich derselben Eingang zu einer kleinen blinden Grube; intr. ves., introitus vesicae; muc., Schleimhaut. Wulst zwischen Blasen- und Scheideneingang; intr. vag., Scheideneingang.

von Mosengeil, Archiv für klinische Chirurgie, 1870, Bd. 12, No. 2, S. 719. — *Schmidt's Jahrbücher, Bd. 148, S. 363.

Smith, London med. Gazette, 1843, Nov. — *Canstatt's Jahresbericht, 1843, I, S. 85 u. 86.

Frua, Annali universali di medicina, 1874, Nov. — *Virchow-Hirsch, Jahresbericht, 1874, I, S. 300.

Mayrhofer, *Wiener medicinische Wochenschrift, 1877, No. 4, berichtet über 3 Fälle.

Als Uebergang zu dieser Form sah ich in der Giessener gynäkologischen Klinik eine Person, deren Harnröhrenmündung so weit innerhalb der Scheide lag, dass der Harn nicht in die Vulva, sondern in die Scheide lief, sobald die Blase in der Rückenlage entleert wurde.

Otto, *Neue seltene Beobachtungen, Heft 2, S. 133.

berichtet von einem Falle, in dem am unteren Rande der vergrösserten Clitoris sich ein Halbkanal befunden habe.

Eine nicht seltene Complication der Hypospadie beim männlichen Geschlechte ist die Hernienbildung innerhalb des Inguinalcanales. Einseitig oder beiderseitig sind dann die gespaltenen Scrotalhälften mit Darmtheilen gefüllt und können den äusseren Genitalien dadurch ein sehr eigenthümliches Bild verleihen.

Günther, *Commentatio de Hermaphroditismo, Leipzig 1846.

Abbildung: Atlas, Tafel XXXIX, Fig. 1. Taf. XXXIX, Fig. 1.

Erklärung: hydr, Hydrocele; hern, Hernia inguinalis.

Wrisberg, *Commentatio de singulari genitalium deformitate in puero hermaphroditum mentiente, Göttingen 1796, S. 10.

Abbildung: Atlas, Tafel XXXVIII, Fig. 8. Taf. XXXVIII, Fig. 8.

Erklärung: hern, Hernia.

Schneider-Sömmering, *Kopp, Jahrbuch der Staatsarzneikunde, Bd. 10, 1847, S. 134.

Hypospadiäus, erreichte das Alter von 74 Jahren. Section: Hydrocele tunicae vaginalis communis testiculi. Kleiner schlauchförmiger Uterus masculinus.

Persistenz der Kloake. Anus vesicalis, vaginalis, urethralis, scrotalis, perinealis. — Atresia ani vesicalis, vaginalis, urethralis. Persistenz der Kloake.

Bis zur 5. Woche des fötalen Lebens münden Darm und Ausführungsgänge der Harn- und Geschlechtsdrüsen in die Allantois. Letztere hat für ihren Inhalt nur einen Ausführungsgang, den Urachus. Zieht sich derselbe mehr und mehr zusammen, so öffnet sich normaler Weise die Allantoisblase am untersten Leibesende und es entsteht die Kloakenspalte. Dieser Vorgang ist entwickelungsgeschichtlich noch nicht genügend beobachtet.

Kommt diese spontane Oeffnung nicht zu Stande, während doch der Urachus sich enger und enger zusammenzieht, so füllt sich die Allantois immer mehr und mehr, bis sie endlich an ihrer vorderen Wand, die am stärksten sich ausdehnen konnte, platzt. So entsteht das Bild, welches wir bereits unter den Blasenspalten, Seite 208, kennen gelernt haben. Die hintere Wand der Blase liegt frei. Am unteren Ende dieses Raumes findet sich die Mündung des Enddarms. Symphyse und äussere Genitalien bleiben unvereint und liegen weit auseinander. Wir bezeichnen diese Form der Kloake als

Kloake mit Blasenspalte.

Kloake mit Blasenspalte.

Albers, *Monatsschrift für Geburtskunde, Bd. 16, S. 244, will diese Form von der Blasenspalte mehr geschieden wissen und zieht deshalb einseitig die weiblichen Fälle heran. Betrachtet man aber die Verhältnisse bei beiden Geschlechtern zusammen, so ist eine Grenze zwischen Blasenspalte und Kloake nicht zu machen.

Wurde durch irgendwelche Umstände eine Verzögerung der Entstehung der spontanen Oeffnung für die Allantois herbeigeführt, so dass die Allantois sich mehr wie gewöhnlich ausdehnt, es aber nicht zum Platzen der vorderen Wand kommt, so entsteht das Verhältniss der Theile zu einander, welches wir

Kloake ohne Blasenspalte.

Kloake ohne Blasenspalte

nennen und welches wir einzig in diesem Abschnitte zu besprechen haben. Die stärkere Füllung der Allantois bewirkt zunächst ein Auseinanderdrängen der Müller'schen Fäden. Beim männlichen Geschlechte hat dies nichts zu bedeuten, beim weiblichen wird die Vereinigung zu einem gemeinsamen Uterus verhindert, es entstehen zwei Uteri und, da der unterste Theil der Müller'schen Fäden die Scheide aufbaut, auch zwei Scheidenrudimente. Der Enddarm wird durch das Herabwachsen des Septum Douglasii (Perls) nicht von dem Sinus urogenitalis getrennt und bleibt daher mit der Blase in dauernder Verbindung. Findet nun noch ein verspäteter Durchbruch statt und bildet sich vielleicht auch noch eine nahezu normale urethra, so bleiben doch die ebenbeschriebenen Spaltungserscheinungen der Müller'schen Gänge weiterhin constant und es entsteht ein Bild, wie ich es beschrieben habe in

Ahlfeld, *Wagners Archiv, Bd. 18, S. 185.

Neugeborenes Mädchen. Blase enorm ausgedehnt, wahrscheinlich durch secundäre Verklebung der Urethra. An der hinteren Blasenwand 3 Oeffnungen, dicht nebeneinander liegend. Die äusseren führen in die Scheiden und uteri, die inneren zum Darm. Afteröffnung fehlt an normaler Stelle. Die Längsachsen der Utero-Vaginalschläuche bilden einen sehr stumpfen Winkel. Wo sie nach unten zu sich am meisten nähern, liegen sie 5 Mm. auseinander. Uterus und Scheide zeigen verschiedene Schleimhaut. Uterusschleimhaut glatt, Scheidenschleimhaut gerunzelt. Die Grenze zwischen beiden Hohlräumen ist linkerseits durch eine schwache Falte angezeigt, rechterseits hingegen ist ein wirklicher Verschluss vorhanden mit kleiner, linsengrosser Oeffnung.

An der hinteren Wand des rechten Uterus findet man den zu einem Hohlorgan ausgedehnten Ureter. Derselbe mündet in die Vagina der entsprechenden Seite.

Taf. XXXVIII, Fig. 1.

Abbildung: Atlas, Tafel XXXVIII, Fig. 1.

Die drei Oeffnungen der hinteren Blasenwand. Die Sonde steckt in der Darmöffnung. Die beiden Scheidenöffnungen haben wulstige Ränder.

Palfin, *Description anatomique d'un enfant Gemeau, né dans la Ville de Gand, Mai 1703.

Abbildung: Atlas, Tafel XXXVIII, Fig. 2. Taf. XXXVIII, Fig. 2.

r. Oeffnung des rectum in die cl, Kloake (Blase); ut, Uterus und deren Vaginalportionen; ap, Rissöffnung des einen Uterus, durch welche meconium in die Bauchhöhle geflossen. lr, ligamenta rotunda; art. Arteria umbilicalis; ureth, Urethra; vulv, Vulva.

Rose, *Monatsschrift für Geburtskunde, Bd. 25, S. 425.

Abbildungen: Atlas, Tafel XXXVIII, Fig. 3 u. 4. Taf. XXXVIII, Fig. 3 u. 4.

Fig. 3: Ansicht von unten. Mangel aller Geschlechtsöffnungen. Eine wallnussgrosse Erhabenheit wird von den vereinigten grossen Schamlippen gebildet, auf denen die kleinen als zwei Excrescenzen aufsitzen.

Fig. 4: Blase weit aufgeschnitten, Symphyse entfernt, die Ossa pubica (os p' und os p'') sind im queren und absteigenden Aste durchsägt. ves, Innere Fläche der Harnblase; ur, ur, Taschenförmige Erweiterungen, in welche die Ureteren münden; v. v. Eingänge zur doppelten Scheide; e (fehlt im Original), Mündung des Darms; ureth, strangartige obliterirte Urethra; hern, hernia funiculi umbilicalis; art, ven, Arteria, Vena umbilicalis.

(Diese Figur hat durch häufiges Corrigiren auf dem Steine so gelitten, dass der Buchstabe e und die punktirten Linien von v zum Vaginaleingange kaum noch wahrzunehmen sind.)

Wagstaffe, Transactions of the path. Society, Bd. 18, S. 201. — *Virchow-Hirsch, Jahresbericht, 1868, Bd. I, S. 173.

Müller, Ugeskrift for Laeger, 3. R. V. S. 329. — *Virchow-Hirsch, Jahresbericht, 1868, I, S. 175.

Wolff, *Nonnulla de cloacae et uteri-duplicis formatione, Diss. Halle 1854.

Mädchen, mit verschlossenem After geboren; nach der nicht gelungenen Operation eines künstlichen Afters gestorben.

Doppelter Uterus und Vagina. Die linke endet blind, die rechte, durch Meconium erweitert, mündet in die Urethra. Ausserdem communicirt diese Vagina mit dem Rectum durch einen schmalen Gang.

Abbildungen: Atlas, Tafel XXXVIII, Fig. 5, 6 u. 7. Taf. XXXVIII, Fig. 5, 6 u. 7.

Fig. 5: Blase und Urethra aufgeschnitten. l. maj. l. min, Grosse und kleine Schamlippen; int. vag, Eingang in die rechte Scheide; ligrot. lig. rotundum; ut. sin, linker Uterus.

Fig. 6: Ansicht von hinten. Rectum und rechte vagina aufgeschnitten. vuln, durch die Operation gesetzte Wunde; int. rect., Eingang zum rectum; int. ur, Eingang zur urethra; vag. d. rechte Vagina; ut d. rechter Uterus.

Fig. 7: Beide Vaginae aufgeschnitten von hinten gesehen. can. rect. vag. der Canal zwischen rechter Vagina und rectum, am rectum abgeschnitten; int. ur, Eingang zur urethra; vag. sin, linke, sich bis in die Nähe des Eingangs zur Urethra zuspitzende, blind endende Scheide.

Die Uebergänge zu der Form, die ich als Atresia vulvo-vaginalis bezeichne, sind durch Beobachtungen von Croft und Busch illustrirt. Der Sinus urogenitalis besteht noch mehr weniger deutlich, der Darm aber mündet nicht mehr in der Blase, sondern höher oder tiefer im unteren Theile der Vagina.

Croft, Transactions of the Pathological Society, Bd. 19, S. 291. — *Virchow-Hirsch, Jahresbericht, 1869, I, S. 171.

Uterus zu einer apfelgrossen, mit Urin und Schleim gefüllten Höhle ausgedehnt; auf seinem Scheitel sitzen zwei eiförmige Anhänge, die der Vf. als Hörner auffasst, die aber wohl als Corpora uteri angesehen werden dürften. Die rechte Vagina mündet breit in den sinus urogenitalis, die linke mündet mit feiner Oeffnung in den Darm. Harnblase klein. Urethralöffnung deutlich.

Manches in der Beschreibung nicht klar.

Busch, *Monatsschrift für Geburtskunde, Bd. 4, S. 356.

Enger Vaginalschlauch, in den Uterus, Urethra und Mastdarm mündeten. Vf. beschreibt, die Vagina habe sich in den Darm geöffnet, so dass der Urin durch den After abgeflossen sei.

Olshausen, *Archiv für Gynäkologie, Bd. 2, S. 280.

Mangel der Urethra und des Afters. Blase und Vagina stark ausgedehnt, Uterus sitzt der Vagina so auf, dass eine Grenze zwischen vagina und Cervix nicht mehr zu erkennen ist. Die Ausführungsgänge der Blase, der Vagina und des Darms bilden einen engen Kanal. Durch die Tuben drang Harn in die Bauchhöhle und gab zur fötalen Peritonitis Anlass. Olshausen nimmt an, die Vagina habe ganz gefehlt.

Bidder, *Petersburger medicinische Zeitschrift, 1875, S. 532.

Beim Knaben kann eine ähnliche Verbildung nur vorkommen, wenn bei demselben, als einem Hypospadiäus stärkeren Grades, die urethra innerhalb der Geschlechtsspalte mündet, wohin auch der Enddarm eintritt.

Ein Knabe, der auf den Namen Johanna Maria Christiana Lentge getauft war und diese Anomalien darbot, ist von Osiander, *Denkwürdigkeiten für die Heilkunde und Geburtshülfe, Bd. 2, Göttingen 1795, S. 467, und von Wrisberg, *Commentatio de singulari genitalium deformitate in puero hermaphroditum mentiente, Göttingen 1796, S. 10, beschrieben worden.

Kleiner, nicht gespaltener Penis. Urethra und After münden neben einander im sinus. Eine rechtsseitige Scrotalhernie legt sich quer vor die Spalte.

Taf. XXXVIII, Fig. 8. Abbildung: Atlas, Tafel XXXVIII, Fig. 8.
hern. Hernia.

Günther, Deutsche Klinik, 1854, August. — *Canstatt's Jahresbericht, 1854, IV, S. 11.

Während in diesen Beobachtungen die Blase entweder keinen oder nur einen mangelhaft gebildeten separaten Abzugskanal hat, sind nun eine grosse Reihe von Fällen zu besprechen, in denen die Ausführungsgänge für die Geschlechtsdrüsen und für die Blase vollständig getrennt verlaufen, normale Verhältnisse bieten und nur der Abschluss zwischen Enddarm und vulva oder urethra nicht genügend zu Stande gekommen ist. Diesen schliessen sich eine Anzahl von Fällen an, wo das Darmrohr nicht mehr in die urethra mündet, sondern sich zwischen dieser und der normalen Afteröffnung, also in der Raphe des Scrotum und des Perinäum eine Oeffnung gebildet hat, die Meconium entleert.

Für diese Missbildungen hat Papendorf (siehe Olshausen, *Monatsschrift für Geburtskunde, Bd. 18, S. 100) den Namen atresia ani vesicalis, vaginalis und urethralis eingeführt, ein Ausdruck, der an und für sich die Verhältnisse nicht genügend beschreibt und nur durch den Gebrauch sich so eingebürgert hat, dass man darunter jetzt allgemein das typische Bild versteht.

Da der Zusatz atresia ganz überflüssig ist, so bediene ich mich nur der Ausdrücke Anus vulvo-vaginalis, vesicalis etc.

Die Entstehungsweise der einzelnen Formen ist nicht unschwer zu verstehen. Persistirt die Communication zwischen Darm und Allantois länger wie normal, verlegt sich die Darm-Blasenöffnung (Allantoisstiel) nicht, so dass der Koth im Enddarme sich nicht anhäuft und dadurch zur Bildung einer normalen Afteröffnung Anlass giebt, so entsteht der Anus vesicalis. Wird hingegen durch stärkeres Wachsthum des Septum Douglasii der Allantoisstiel weiter herabgedrängt, ehe er sich schliessen konnte, so wird die Oeffnung desselben tiefer herab, in die Urethra beim Knaben, in die Vagina beim Mädchen geschoben, es entsteht anus urethralis und anus vulvo-vaginalis. Bei noch tieferem Herabdrängen der abnormen Afteröffnung fällt die Mündung in die Raphe des Scrotum beim Knaben, anus scrotalis, in die äussere Fläche der vulva beim Mädchen, anus vulvalis. Endlich in den extremsten Fällen zeigt sich die Oeffnung im Perinäum, anus perinaealis.

Stets ist die Bedingung für das Zustandekommen dieser abnormen Ausmündungen, dass der Allantoisstiel weit genug aufbleibt, um Kothmassen durchlassen zu können. Begünstigt wird dies für die späteren Monate in den Fällen, wo der Urin Zugang zum Rectum hat, da durch denselben das Meconium in seiner Consistenz erweicht wird. Immerhin bleibt die widernatürliche Oeffnung fast stets enger, als nöthig, zeigt einen harten callösen Rand, und in der Mehrzahl der Fälle kann an ein regelmässiges Functioniren nicht gedacht werden, so dass die Kinder unter denselben Erscheinungen wie bei vollständiger Atresia ani zu Grunde gehen.

Anus vesicalis.

Anus vesicalis. Es liegt nahe, den anus vesicalis nur beim Knaben zu suchen, indem nur beim männlichen Geschlechte die hintere Blasenwand mit der vorderen Mastdarmwand in Contact bleibt. Beim weiblichen

Geschlechte müsste eine Nichtvereinigung der Müller'schen Fäden stattgefunden haben, wenn die Communication mit dem Darm weiter fortdauern soll. Wir haben diese Fälle im vorigen Abschnitte, Seite 212, besprochen. Bei geschlossener, nicht mehr mit den Genitalsträngen communicirender Blase und einfachem Uterus ist nur einmal ein anus vesicalis congenitus beschrieben worden, der in der linken Seite der Blase seine Einmündung gehabt haben soll (Eichmann). Wir besprechen die Beobachtung weiter unten. Der Verbindungsgang ist meist kurz und mündet fast immer zwischen den Ureterenöffnungen. Bisweilen ist eine Klappe an der Darmöffnung vorhanden (Ringhoffer), die dem Meconium den Abgang verwehrt. Immer ist der Verbindungskanal sehr eng und mündet mit einer engen, callös verdickten Blasenöffnung. Es sind auch Fälle hinreichend beschrieben, wo der Kanal nur für eine Borste durchgängig war, und Fälle, wo der Darm wohl noch spitz mit der hinteren Blasenwand zusammenhing, eine Oeffnung aber nicht mehr entdeckt werden konnte.

Sehr häufig waren diese Fälle complicirt mit Verschluss der urethra, so dass die Harnblase in übermässiger Weise ausgedehnt wurde, hypertrophirte und mancherlei secundäre Veränderungen der Ureteren und Nieren zur Beobachtung kamen. Da die Urethra fast immer gut gebildet war, so ist anzunehmen, dass ein Entzündungsreiz vorhanden, der in diesen Fällen wohl in Meconiumklümpchen zu suchen ist, die das Lumen verstopfen.

Wiederholt kamen Geburtserschwerungen durch Blasenerweiterung vor und sind deshalb viele dieser Fälle von den Aerzten beobachtet und beschrieben worden.

Beispiele des anus vesicalis:

Wrisberg, *Dissertatio de praeternaturali et raro intestini recti cum vesica urinaria coalitu et inde pendente ani defectu, Göttingen 1779.

Taf. XXXVIII, Fig. 9. Abbildung: Atlas, Tafel XXXVIII, Fig. 9.

rect., durch Meconium ausgedehnter Mastdarm; ves, Vesica mit ureth, Urethra; ur, Ureter zurückgenommen, um die Communicationsstelle des Rectum mit der Blase sehen zu lassen.

Silber, *F. B. Osiander, Denkwürdigkeiten für die Heilkunde und Geburtshülfe, 2. Bd., Göttingen 1795, S. 469.

Meckel, *Deutsches Archiv für Physiologie, Bd. 7, S. 86.

Taf. XXXVIII, Fig. 10. Abbildung: Atlas, Tafel XXXVIII, Fig. 10.

ves, Harnblase; uret, Einmündung des einzigen Ureter; rect, Einmündung des rectum in die Blase; pen, Penis mit obliterirter Urethra; urach, erweiterter Urachus; adh, Adhäsion zwischen Dünndarm und Nabel (aufgeschnitten).

Löper, *Gemeinsame deutsche Zeitschrift für Geburtskunde, Bd. 3, S. 192.

Berger, *von Siebold's Journal, Bd. 4, S. 395.

Hasbach, *Neue Zeitschrift für Geburtskunde, Bd. 2, S. 130.
—, Medicinische Zeitung des Vereins für Heilkunde in Preussen 1836, No. 10. — *Neue Zeitschrift für Geburtskunde, Bd. 4, S. 429.

Haase, *Neue Zeitschrift für Geburtskunde, Bd. 11, S. 272.

Jenisch, Württembergisches medic. Correspondenzblatt, Bd. 7, No. 17. — *Neue Zeitschrift für Geburtskunde, Bd. 12, S. 127.

Koch, von Gräfe und Walther's Journal, Bd. 26, Heft 4. — *Schmidt's Jahrbücher, 1840, Supplement, S. 159.

Delbovier, Annales de la Société des Sciences méd. de Bruxelles, 1842. — *Canstatt's Jahresbericht, 1843, I, S. 77.

Scanzoni, Würzburger medicinische Verhandlungen, 1852, II, S. 21. — *Schmidt's Jahrbücher, Bd. 75, S. 292.

Pelkmann, *Verhandlungen der Gesellschaft für Geburtshülfe in Berlin, 1852, Heft 5, S. 1.

Gilmann, Medicinisch-chirurgische Zeitung, 1854, S. 435. — *Canstatt's Jahresbericht, 1854, IV, S. 11.

Smith, Lancet, October 1854. — *Canstatt's Jahresbericht, 1854, IV, S. 11.

Boullet, Gazette des Hôpitaux, 1859, No. 24. — *Schmidt's Jahrbücher, Bd. 102, S. 369.

Godard, Gazette médical de Paris, 1856, No. 19. — *Canstatt's Jahresbericht, 1856, IV, S. 27.

Ringhoffer, *Virchow's Archiv, Bd. 19, S. 28.

Knabe, mit verschiedenen Verstümmelungen geboren.

Abbildung: Atlas, Tafel XXXVIII, Fig. 11. Taf. XXXVIII, Fig. 11.

r, durch Meconium ausgedehntes Rectum; valv, Klappe, die das Rectum vom Verbindungsgange (com.) abschliesst; ves, Blase; ureth, Urethra; test, Hode; ep, Nebenhode; v. def, vas deferens.

Levy, *Neue Zeitschrift für Geburtskunde, Bd. 18, S. 440.

Abbildung: Atlas, Tafel XXXVIII, Fig. 12. Taf. XXXVIII, Fig. 12.

r, Rectum; com, Oeffnung des rectum in die Blase; ov, Rudiment eines linken Ovarium und Tube; ut, rechter Uterus; or, sehr enges Orificium Urethrae.

Haag, *De cloaca, Dissertation, Zürich 1837.

Abbildungen: Atlas, Tafel XXXVIII, Fig. 13 u. 14. Taf. XXXVIII, Fig. 13 u. 14.

Fig. 13: r, ausgedehntes rectum; v, Blase; v.d, vas deferens; a.u, arteria umbilicalis; ur, ureter.

Fig. 14: r. rectum.

Mastes, Brit. med. Journal, 1862, November, No. 29. — *Schmidt's Jahrbücher, Bd. 117, S. 354.

Ager, Wiener medicinische Presse, 1876 (XVII), No. 12. — *Schmidt's Jahrbücher, Bd. 170, S. 342.

Lissauer, *Monatsschrift für Geburtskunde, Bd. 32, S. 351.

Duncan, M. Edinburgh med. Journal, Aug. 1870, S. 163. — *Virchow-Hirsch, Jahresbericht, 1870, I, S. 296.

Vogt, Norsk Magazin f. Lägevid. R. III, Bd. 2, S. 636. — *Virchow-Hirch, Jahresbericht, 1873, II, S. 663.

Eine Beobachtung, welche die Loslösung des Communicationsstranges von der Blase illustrirt, berichtet:

Oettinger, *Gemeinsame deutsche Zeitschrift für Geburtskunde, Bd. 3, S. 198.

Den einzigen, oben schon erwähnten Fall von anus vesicalis beim Mädchen beschreibt

Eichmann, *Zeitschrift für Medicin, Chirurgie und Geburtshülfe von Varges, Magdeburg 1855, Bd. IX, Heft 3, S. 147.

15jähriges Mädchen, entleerte den Koth, theilweise unter heftigen Beschwerden. Operation nicht zugelassen. Im 17. Jahre starb die Person. „Fast in der Mitte der linken Seite der Urinblase befand sich die länglichrunde Einmündung des Mastdarms.“ Harnröhre bedeutend erweitert. Schleimhaut excoriirt.

Die Beschreibung dieses Falles ist sehr kurz gegeben. Von der Form der Genitalien ist gar nichts gesagt. Menstruation ist bis zum 17. Jahre nicht dagewesen. Die Möglichkeit, es handele sich um ein Individuum männlichen Geschlechts darf in Hinsicht auf die Isolirtheit des Falles mit in den Bereich der Erörterungen gezogen werden.

Anus vulvo-vaginalis.

Anus vulvo-vaginalis. Die Ausmündungsstelle liegt fast immer im unteren Theile der Vagina, an der hinteren Wand derselben. Schröder, *Handbuch der Krankheiten der weiblichen Geschlechtsorgane, 4. Auflage, S. 499, leugnet das Vorkommen einer Einmündung in die Vagina. Genau genommen könne der Darm nur in den sinus urogenitalis münden und man habe daher in den Fällen von atresia ani vaginalis eine noch erhaltene Kloake vor sich, in welche der Darm eintrete. Für viele Fälle ist der Einwurf berechtigt, doch bietet der unten erwähnte Fall von Joseph ein Beispiel, wo bei wohlgebildetem After eine Communication zwischen Vagina und Rectum vorhanden war. Diese Fälle mit persistirender Verdoppelung des Utero-Vaginalschlauches geben uns auch an die Hand, wie sehr wohl eine Einmündung des Darms in die vagina stattfinden kann. Jedenfalls dürfen wir unter die Beispiele eines anus vaginalis nur die Fälle aufnehmen, in denen in der Beschreibung deutlich angegeben ist, dass die vagina, nicht die Hymenalgegend oder gar die Vulva Sitz der Oeffnung ist.

Die Oeffnung pflegt in der Regel etwas weiter zu sein, als beim anus vesicalis, so dass die Mädchen wiederholt ein höheres Alter erreicht haben. Ob aber die ganze hintere Scheidewand fehlen kann, so dass die Portio vaginalis uteri in den Mastdarm hineinschaut (Hand, s. unten), ist mehr wie fraglich.

Als Beispiele notirte ich mir:

Cruveilhier, Anatomie pathol. du corps humain, Livraison II, Tafel 2. — *Flachs, De atresia ani congenita, Dissertation, Leipzig 1834, Tafel I, Fig. 6.

Taf. XXXVIII, Fig. 15.

Abbildung: Atlas, Tafel XXXVIII, Fig. 15.

r, rectum; ves, Blase; vag, Scheide.

Krieger, *Monatsschrift für Geburtskunde, Bd. 12, S. 184. Aus der Beschreibung scheint hervorzugehen, dass der vom Autor gebrauchte Ausdruck, der Darm mündete in das Scheidengewölbe, nicht in dem Sinne aufzufassen ist, den wir jetzt in der Regel dem anatomischen Begriffe „Scheidengewölbe“ unterlegen, sondern dass es sich eher um eine gewölbte hintere Scheidenwand handele.

Kraus, Wiener Wochenschrift, 1857, No. 5, S. 77. — *Monatsschrift für Geburtskunde, Bd. 12, S. 183.

Schatz, Archiv für Gynäkologie, Bd. 3, S. 304.

Amussat, *Neue Zeitschrift für Geburtskunde, Bd. 6, S. 109.

Joseph, *Beiträge zur Geburtshülfe und Gynäkologie, Bd. 3, S. 107.

Doppelte Vagina, normaler After. Communication des Rectum mit der kleineren verschlossenen Vagina.

Hand, Philadelphia med. Times, 20. Febr. 1875. — *Virchow-Hirsch Jahresbericht, 1875, I, S. 340.

Es soll die ganze hintere Scheidenwand gefehlt haben (?).

Graham, Transactions of the med. and phys. soc. of Bombay, Vol. II. — *Schmidt's Jahrbücher, Bd. 37, S. 228.

Friedinger, Wiener Zeitschrift, 1854, X, No. 8. — *Schmidt's Jahrbücher, Bd. 85, S. 163.

Nagel, Deutsche Klinik, 1855, No. 51. — *Schmidt's Jahrbücher, Bd. 91, S. 159.

Garrland und Morrison, Med. Press. and Circul. Sept. 1869. — *Virchow-Hirsch Jahresbericht, 1869, I, S. 171.

Sprague, Boston med. and surg. Journal, 4. März 1869. — *Virchow-Hirsch, Jahresbericht 1869, I, S. 171.

Winzmann, *Lucina, 1803, Bd. 1, S. 258.

—, *von Siebold's Journal, Bd. 9, S. 601.

Irminger, Schweizerische Zeitschrift, Bd. 3, Heft 2, 1838. — *Neue Zeitschrift für Geburtskunde, Bd. 9, S. 118.

Ehrmann, Description de deux foetus monstres, Strassburg 1852. — Schatz, *Archiv für Gynäkologie, Bd. 3, S. 308.

Vrolik, *Tabulae ad illustrandam embryogenesin, Taf. XC, Fig. 1 u. 2.

Döpp, Abhandlungen der Petersburger Aerzte, 1842, S. 162. — *Neue Zeitschrift für Geburtskunde, Bd. 30, S. 284.

Osterloh, *Archiv für Gynäkologie, Bd. 7, S. 565.

Meyer, Hosp. Tidende, 2 R., III, 44. — *Schmidt's Jahrbücher, Bd. 172, S. 330.

Mourlon, Gazette des Hôpitaux. 1874, 6, S. 37. — *Schmidt's Jahrbücher, Bd. 161, S. 338.

Tuck, Boston med. and surg. Journal, XCV, 10, S. 283. — *Schmidt's Jahrbücher, Bd. 176, S. 243.

Scheiber, Oesterr. med. Jahrbücher, 1875, Heft 2. — *Virchow-Hirsch Jahresbericht, 1875, I, 340.

Deutsch, *Neue Zeitschrift für Geburtskunde, Bd. 30, S. 282.

29 Jahr altes Mädchen.

Bednar, *Die Krankheiten der Neugeborenen und Säuglinge, I, S. 129.

Goyrand, Gazette méd. de Paris, 1856, No. 33, 34, 35, 39 u. 41. — *Canstatt's Jahresbericht, 1856, IV, S. 25.

Nagel, Deutsche Klinik, 1855, No. 51. — *Canstatt's Jahresbericht, 1856, IV S. 29.

Boinet, Le moniteur des hôpit. 1857, No. 21. — *Canstatt's Jahresbericht, 1857, IV, S. 33.

Birnbaum, *Monatsschrift für Geburtskunde, Bd. 25, Supplement, S. 291.

anus urethralis. Dem anus vulvalis beim weiblichen Geschlechte entspricht der anus urethralis beim männlichen, und zwar befindet sich die Darmöffnung am häufigsten vor der Prostata, seltener geht der Kanal weiter an der unteren Wand der Harnröhre entlang und kann dann an irgend einer Stelle der unteren Fläche des Penis ausmünden, selbst ganz in der Nähe der normalen Harnröhrenmündung. Im letzteren Falle ist der Kanal dann sehr eng. An ein längeres Leben der Früchte ist ohne Herstellung eines After an normaler Stelle kaum zu denken. Zwei gute bildliche Darstellungen dieser Fälle giebt:

Witt, *De atresiae ani congenitae anatomia pathologica, Inaug. Diss. Kiel 1859.

I. Knabe, 1857 zu Middeldorpff in Breslau gebracht. Längs des ganzen Penis, unterhalb der urethra läuft der feine Gang, der in der fossa navicularis mündet.

Taf. XXXVIII, Fig. 16. Abbildung: Atlas, Tafel XXXVIII, Fig. 16.

can, Beginn des Canals am Enddarm (In der Abbildung führt die punktirte Linie etwas zu weit, bis in die Urethra.); orif, Ende des Canals in der fossa navicularis; bulb. ur, Bulbus urethrae; Symph, Schamfuge; Prost, Prostata.

II. Knabe, ebenfalls 1857 in der chirurgischen Klinik zu Breslau vorgestellt. Darm mündet in ziemlich breiter Oeffnung in die urethra, dicht unterhalb der Prostata.

Taf. XXXVIII, Fig. 17. Abbildung: Atlas, Tafel XXXVIII, Fig. 17.

Otto, *Erster Nachtrag zu dem Verzeichnisse der anatomischen Präparatensammlung zu Breslau, 1830, S. 36, No. 8709.

Gorham, London med. Gazette, Dec. 1837. — *Neue Zeitschrift für Geburtskunde, Bd. 7, S. 304.

Scanzoni, Verhandlungen der Würzburger Gesellschaft, Bd. 2, S. 331.

James Miller, Brit. med. Journal, 1857, I. — *Canstatt's Jahresbericht, 1857, IV, S. 34.

Senftleben, Deutsche Klinik, 1858, No. 8. — *Canstatt's Jahresbericht, 1858, IV, S. 18.

Dodgson, Brit. med. Journal, 1868, Dec. — *Virchow-Hirsch Jahresbericht, 1868, I, S. 173.

Porro, Annali univ. di medicina, 1871, Mai. — *Virchow-Hirsch, Jahresbericht, 1871, I, S. 172.

Riese, *Verhandlungen der Gesellschaft für Geburtshilfe zu Berlin, Bd. 8, S. 177.

Heiberg, Norsk Magazin for Laeg., Bd. 24, S. 168. — *Virchow-Hirsch Jahresbericht, 1871, I, S. 172.

—, Nouvelle Bibliotheque, Aug. 1828. — *Gemeinsame deutsche Zeitschrift für Geburtskunde, Bd. 6, S. 473.

Tarnier, Gazette des Hôp., 1873, No. 173. — *Virchow-Hirsch Jahresbericht, 1873, I, 231.

Ranke, Jahrbücher für Kinderheilkunde, IX, 1875, S. 81. — *Schmidt's Jahrbücher, Bd. 167, S. 264.

Wilkes, Med. Times and Gaz., 1875, Juli. — *Schmidt's Jahrbücher, Bd. 167, S. 337 u. Bd. 170, S. 265.

Roberts, Philadelphia med. and surg. Reporter, XXXIII, Aug., S. 166. — *Schmidt's Jahrbücher, Bd. 168, S. 310.

Baum, *Amtlicher Bericht der Naturforscherversammlung zu München, 1877, S. 312.

Zwei Beobachtungen.

Kolaczek, am gleichen Orte, S. 313.

Etwas seltener sind nun die Fälle, wo der After in der Raphe des Hodensackes mündet, anus scrotalis. In der Regel ist es die Gegend dicht unterhalb des Gliedes, wo sich die Mündung des Afters befindet. Der Kanal ist meist sehr eng und bietet bisweilen, mit Meconium gefüllt, das Bild einer Reihe von kleinen schwarzen Bläschen. Anus scrotalis.

Koch, *Monatsschrift für Geburtskunde, Bd. 31, S. 18.

Abbildung: Atlas, Tafel XXXVIII, Fig. 18. Taf. XXXVIII, Fig. 18.

Erklärung: mec, mit Mekonium gefüllte Partien des Enddarms.

Schneider, *von Siebold's Journal, Bd. 7, S. 468.

Giese, *Neue Zeitschrift für Geburtskunde, Bd. 1, S. 131.

Ritter, Württembergisches Correspondenzblatt, No. 32, 1845. — *Neue Zeitschrift für Geburtskunde, Bd. 26, S. 146.

Goyrand, Gazette méd. de Paris, 1856, No. 33, 34, 35, 39, 41. *Canstatt's Jahresbericht, 1856, IV, S. 25.

Nagel, Deutsche Klinik, 1855, No. 51. — *Canstatt's Jahresbericht, 1856, IV, S. 29.

Galligani, Lo Sperimentale, Juli 1870. — *Canstatt's Jahresbericht, 1870, I, S. 295.

Endlich findet sich die abnorme Ausmündungsstelle auch im Perinäum, mehr oder weniger näher dem Scrotum oder der Commissur der grossen Schamlippen, anus perinealis. Anus perinealis.

Deutsch, *Neue Zeitschrift für Geburtskunde, Bd. 30, S. 283.

Mädchen von 16 Jahren. Oeffnung in der Mitte des Dammes. Orificium mit schwieligem Rande versehen.

Goyrand, Gazette de Paris, 1856, No. 33, 34, 35, 39, 41. — *Schmidt's Jahrbücher, Bd. 100, S. 46.

Blot, Comptes rend. de la Société de Biologie, 1850, S. 64. — *Canstatt's Jahresbericht, 1850, III, S. 5.

Browne, Doublin Journal, 1861, XXXI, Febr., S. 255. — *Schmidt's Jahrbücher, Bd. 110, S. 368.

Studsgaard, Hosp.-Tidende, 2 R. II, S. 21. — *Schmidt's Jahrbücher, Bd. 167, S. 337.

Caradec, Gaz. des Hôp. 1863, No. 7. — *Schmidt's Jahrbücher, Bd. 119, S. 157.

Bei einer 32jährigen Frau befand sich zwischen Vulva und dem normal gebildeten After eine Oeffnung mit runzligen Rändern, die in einen 2 Ctm. langen Sack führte, der oben mit dem Rectum communicirte, so dass fäces bald hier, bald dort entleert wurden. Der mittlere Kanal war auch zur inmissio penis benutzt worden.

Beim Hypospadiäus mit gespaltenem Scrotum findet sich bisweilen die Mastdarmöffnung unterhalb der Stelle, wo die Harnröhrenstelle sich schliesst, so dass Harnröhrenöffnung und Afteröffnung dicht übereinanderliegen.

Ritter, Württembergisches Correspondenzblatt, 1845, No. 32. — *Schmidt's Jahrbücher, Bd. 48, S. 312.

Nagel, Deutsche Klinik, 1855, No. 51.

Ich sah einen solchen Fall in der *Entbindungs-Anstalt zu Leipzig.

Ueber alle diese Formen von congenitaler Verlegung der Afteröffnung finden sich zahlreiche weitere Beispiele gesammelt in:

Ashton, *Die Krankheiten, Verletzungen und Missbildungen des Rectum und Anus, 3. Aufl., übersetzt von Uterhart, Würzburg 1863.

Goyrand, Gazette de Paris, 1856, No. 33, 34, 35, 39 u. 41.

Bodenhammer, Pract. treatise on the actiology etc. of the congenital malformations of the rectum and anus. New York 1860, mit 16 Tafeln.

Olshausen, *Monatsschrift für Geburtskunde, Bd. 18, S. 100.

Esmarch, *Pitha und Billroth, 3. Bd., 2. Hälfte, 5. Lieferung.

Hermaphroditismus.

Anhang: Hermaphroditismus, Zwitterbildung. Im Anschlusse an die oberen und unteren Penisspalten, die, zumal von Seiten der Hypospadie, das grösste Contingent zu den Ursachen der Geschlechtsverwechselungen bieten, bespreche ich hier, obgleich nicht in die Reihe der Spaltbildungen gehörig, anhangsweise das Kapitel des Hermaphroditismus.

Der Begriff des Hermaphroditismus ist erst in neuerer Zeit mehr und mehr eingeschränkt worden. Früher nannte man kurzweg alle Individuen Hermaphroditen, die irgendwelche Organentwickelung zeigten, welche der des anderen Geschlechts ähnelte, so dass unzweifelhafte Weiber mit Bart oder unzweifelhafte Männer mit ausgebildeten Brüsten in diese Kategorie eingefügt wurden.

Die Phantasie beschäftigte sich mit Vorliebe mit den pathologischen Veränderungen an den Genitalien, und da einmal das Vorkommen zweigeschlechtlicher Menschen als feststehend angenommen wurde, so säumte man nicht, Menschen zu beschreiben und bildlich darzustellen, die neben einem wohlausgebildeten männlichen Gliede und scrotum eine veritable vulva mit grossen und kleinen Schamlippen besitzen.

Da die männlichen und weiblichen Geschlechtsorgane, sowohl die inneren wie die äusseren, aus Organen gemeinsamer Anlage sich herausbilden, so ist es nichts Auffallendes, wenn ab und zu das eine oder das andere Organ sich mehr weniger dem Typus des andern Geschlechtes ähnelnd entwickelt. Ohne Zweifel steht aber auch die Gesammtentwickelung des Körpers in Bezug auf seine Formen etc. in Abhängigkeit von der Entwickelung der Geschlechtsorgane, speciell der Geschlechtsdrüsen. Dadurch ist es verständlich, dass perverse Bildung der Geschlechtsorgane sich häufig verbunden zeigt mit Entwickelung der Körperform etc. nach Seite des anderen Geschlechtes hin.

Mit der Zeit hat es sich herausgestellt, dass in der Hauptsache die Geschlechtsdrüsen die wichtigsten Organe in Hinsicht auf die Formbildung des Körpers im Allgemeinen, der äusseren Genitalien im Speciellen sind, wenn auch Ausnahmen in dieser Hinsicht vorkommen.

Man muss daher in einem Körper, bei dem die äusseren Genitalien nach der einen oder anderen Seite hin abweichend gestaltet sind, die Classificirung des Falles stets an die Bildung der vorhandenen Geschlechtsdrüsen anknüpfen.

Klebs, *Handbuch der pathologischen Anatomie, 1. Band, 2. Abtheilung, Seite 723, der sich am eingehendsten mit den hermaphroditischen Bildungen beschäftigt hat, nimmt folgende Eintheilung an:

I. Wahre Zwitterbildung, Hermaphrodismus verus, Androgynie: Vorkommen differenter Geschlechtsdrüsen in einem Körper.
   a) Hermaphrodismus verus bilateralis, doppelseitige Zwitterbildung: Auf beiden Seiten je ein Eierstock und ein Hode;
   b) Hermaphrodismus verus unilateralis, einseitige Zwitterbildung: Auf einer Seite ein Eierstock oder ein Hode, auf der anderen Seite ein Eierstock und ein Hode.
   c) Hermaphrodismus lateralis, seitliche Zwitterbildung: Auf einer Seite ein Hode, auf der anderen ein Ovarium.

II. Scheinzwitterbildung, Pseudo-Hermaphrodismus, H. spurius: Doppelgeschlechtliche Entwickelung des äusseren Sexualapparates bei eingeschlechtlichen Keimdrüsen.
   a) Männliche Scheinzwitterbildung, Pseudo-Hermaphrodismus masculinus: Hoden vorhanden. Weite Entwickelung weiblicher Genitalorgane.
      1) Ps.-H. masculinus internus: Vorgeschrittene Entwickelung der Prostata zum Uterus masculinus.
      2) Ps.-H. masculinus completus, seu externus et internus: Uterus masculinus mit Tuben, getrennte Ausführungsgänge der Harnröhre und des Uterus.
      3) Ps.-H. masculinus externus: Aussere Genitalien nähern sich der weiblichen Bildung. Weiblicher Gesammthabitus.
   b) Weibliche Scheinzwitterbildung, Pseudo-Hermaphrodismus femininus. Ovarien vorhanden. Persistenz männlicher Geschlechtspartien.

1) Ps.-H. femininus internus: Bildung eines vas deferens neben Eileitern.
2) Ps.-H. femininus externus: Annäherung der äusseren Genitalien an männliche Bildung.
3) Ps.-H. femininus externus et internus: Männliche Bildung der äusseren Genitalien und eines Theils der Geschlechtsgänge.

Wir geben diese Classification hier wieder, weil man sie neuerdings häufig angezogen findet. Hingegen liegen verschiedene Gründe vor, weshalb wir uns nicht an dieselbe binden werden:

Im Allgemeinen ist die Classification zu complicirt, nicht einfach genug. Fast scheint es, als ob der Eintheilung zu Liebe einzelnen Beobachtungen, die als Beleg angeführt werden, ein grösserer Werth beigelegt worden sei, als man ihnen bei der Mangelhaftigkeit der Untersuchung zugestehen darf. Ueberhaupt ist nicht skeptisch genug in der Auswahl dieser Fälle verfahren worden.

Im Speciellen scheint mir das Vorkommen eines Hermaphroditismus verus noch so wenig erwiesen und unwahrscheinlich, dass ich diese ganze erste Classe von Klebs in Wegfall bringen möchte. Existirt aber kein Hermaphroditismus verus, so sollte man überhaupt das Wort Zwitterbildung beim Menschen fallen lassen, denn der Hermaphroditismus spurius ist ja, wie schon der Name sagt, keine Zwitterbildung. Doch, da die Frage über den Hermaphroditismus verus noch eine offene genannt werden muss, so werde ich die dahin fallenden Beobachtungen besonders besprechen.

Im übrigen erscheint es mir zweckmässiger, die Eintheilung nach einigen, besonders in die Augen fallenden, sich typisch wiederholenden Abweichungen anatomischer Verhältnisse vorzunehmen, und zwar werde ich zuerst den fraglichen Hermaphroditismus verus, dann die Missbildungen mit uterus masculinus betrachten. In dritter Reihe würden die Spaltbildungen der äusseren Genitalien, die wir schon besprochen haben, Epispadie und besonders Hypospadie mit oder ohne Persistenz einer Kloake folgen, in vierter Reihe würde die Hypertrophie der Clitoris zu besprechen sein.

Man wird in praxi gut thun, die in Bezug auf Geschlecht zweifelhaften Fälle in der Regel für männliche Individuen zu halten. Weitaus am häufigsten wird die perverse, Täuschungen möglich machende Bildung der äusseren und inneren Genitalien hervorgerufen durch eine Spaltbildung der männlichen Genitalien und Weiterentwickelung weiblicher Partien der Geschlechtsorgane. Das nähere siehe hierüber in den einzelnen Abschnitten.

Wahre Zwitterbildung. Noch niemals hat man in einem menschlichen Eie Individuen mit männlichen und weiblichen Keimdrüsen neben einander gefunden. Weder bei eineiigen Zwillingen, noch bei Doppelbildungen ist je ein Knabe und ein Mädchen zusammen angetroffen worden. Stets sind diese Früchte gleichen Geschlechts. Diese eine Thatsache schon muss die lebhaftesten Zweifel in uns wachrufen, wenn wir von der Ausbildung geschlechtlich differenter Keimdrüsen in einem Körper hören. In der That existirt auch noch kein Fall, wo die Thatsache des gleichzeitigen Vorkommens von Ovarium und Hode ausser allen Zweifel gestellt worden wäre. Das Vorkommen von Tumoren neben deutlich erkennbaren Geschlechtsdrüsen hat die Untersucher wiederholt veranlasst, eine zweite Geschlechtsdrüse anzunehmen, ohne den Charakter der zweifelhaften Geschwulst genügend untersucht zu haben. In neuerer Zeit hat man in richtiger Erkenntniss der Sachlage den Beweis für die Identität durch Nachweis der Follikel für das Ovarium der Samenzellen für den Hoden zu führen gesucht, und noch nicht ein einziges Mal ist es seitdem gelungen, unzweifelhaft Eier neben Samen im Körper anzutreffen. Man hat dann gesagt, es sei ja nicht nöthig, dass beide Organe im Körper functioniren müssten, es genüge, um den wahren Hermaphroditismus darzustellen, auch ein functionsloses Ovarium neben einem functionirenden Hoden oder umgekehrt. Man vergisst aber dabei, dass das Wesen des Ovarium nur durch den Nachweis von Eiern festgestellt werden kann. Sonst bleibt immer die Möglichkeit offen, dass der zweifelhafte Körper eine andere Abstammung habe. Wahre Zwitterbildung.

Denn man hat nicht das Recht, ein Gebilde wie einen Hoden, oder ein Ovarium, die, ausser der ungefähr diesen Organen zukommenden Gestalt, weder im Bau noch in Functionirung etwas von einem wirklichen Hoden oder Ovarium aufzuweisen haben, denen auch der Ausführungsgang, welchen eine Drüse ja immer haben muss, fehlte, als solche Organe zu bezeichnen.

Weiter zieht man das Vorkommen des wahren Hermaphroditismus im Thierreiche zum Beweise an.

Hinweise auf das Thierreich, bei denen unzweifelhafter Hermaphroditismus verus vorkommt, sind kein Beweis. Beim Thiere kommt Manches vor, was beim Menschen nicht vorkommt.

Von den drei Unterarten, die Klebs theoretisch formulirt, wird wesentlich nur die eine in Frage kommen können, der Hermaphroditismus lateralis.

Man versteht hierunter die Bildung eines Eierstocks auf der einen, eines Hoden auf der anderen Seite. Klebs selbst gesteht zu, dass bisher nur eine Keimdrüse zur Ausbildung gelangt sei, während die andere rudimentär sich entwickelt habe. Die Zweifel, ob diese rudimentäre Drüse überhaupt der andersgeschlechtlichen Form angehöre, können nur durch das Studium der hierhergehörigen Fälle begründet werden.

Folgende Beobachtungen sind in der Literatur bekannt geworden:

Suc, Arnaud, Sur les hermaphrodites. Mém. de chirurgie, I, 1768. — Anatomische und chirurgische Abhandlungen über den Hermaphroditismus. Aus d. Französischen, Strassburg 1877. — *Berthold, Abhandlungen der königlichen Gesellschaft der Wissenschaften zu Göttingen, Bd. 2, 1844.

14jähriges Kind. Aeusserlich männlich, mit Hypospadie. Mündung der Harnröhre und Vagina unter dem Scrotum. Uterus; rechts Tube, Fimbrien, Ovarium, Ligamentum rotundum. Links Hode mit zwei Röhren, welche Suc für Samen ausführende Gänge hielt, die sich aber in dem verlängerten Horn des Uterus verloren. — Histologische Untersuchung fehlt.

Maret, 1767, Mémoires de l'Académie de Dijon, Tom. II, S. 157. — *Geoffroy St. Hilaire, Histoire générale et particulière des anomalies etc., Bd. 2, S. 135.

Junges Individuum, 17 Jahr alt, Hypospadiäus. Links in der Hodensackhälfte ein Hode mit Vas deferens, Uterus 1½" lang, mit rechter Tube, Infundibulum und gut entwickeltem Eierstocke. — Keine histologische Untersuchung.

Varocler, Pinel, Mémoires de la société méd. d'émulation, Vol. 4, S. 342, Paris 1801. — *Berthold, Abhandluugen der Königl. Gesellschaft der Wissenschaften zu Göttingen, Bd. 2, S. 111.

18jähriger Mann, Hypospadiäus. Scrotum rechts enthielt einen Hoden, dessen Vas deferens in ein normales Samenbläschen mündete. Uterus klein; keine Vagina. Links Tube und Ovarium, ligamentum latum und rotundum. — Histologische Untersuchung fehlt.

Rudolphi, Abhandlungen der Academie der Wissenschaften zu Berlin, 1825. — *Berthold, l. c. S. 112.

Hypospadiäus, 2—3 Monate alt. Im rechten Hodensack ein Hode. Zwischen den Scrotalwülsten eine Oeffnung zum Sinus urogenitalis. Prostata rudimentär. Uterus mit linker Tube, Ovarium und Parovarium, ligamentum latum und rotundum. Rechts vas deferens durch den canalis inguinalis zum Hoden; nach der anderen Richtung zum Uterus und läuft in der rechten Wand des Uterus und der Vagina eingebettet nach unten und mündet, ohne vorher durch ein Samenbläschen getreten zu sein, in den sinus urogenitalis. — Mikroskopische Untersuchung fehlt.

Stark, *Neues Archiv, Bd. 2, S. 544. — Feiler, *Ueber angeborene menschliche Missbildungen im Allgemeinen und Hermaphroditen insbesondere, Landshut 1820, S. 104. — Mayer, *Casper's Wochenschrift, 1835, No. 50. — Heppner, *Reichert's Archiv, 1870, S. 687.

Dürrge, Dürrgé, Därge, Derrier Maria Dorothea, später Carl, 1780 in Potsdam oder Berlin geboren. Stark untersuchte ihn im 23. Jahre, fand sein Aeusseres zart, aber im Ganzen männlich. Die Stimme war ein Tenor. Wichtig ist die Mittheilung Stark's, dass D. in der Jugend eine schwere Schädelverletzung mit langwieriger Nachkrankheit durchgemacht hat, die möglicher Weise seine Entwickelung verzögerte und verhinderte. Haare, Brüste, Bart waren männlich. — Penis 2½", bei Erection 3" lang. Harnröhrenrinne, Genitalspalte, in welcher die Harnröhre mündete, also Hypospadiäus. Hoden in der Bauchhöhle. Damm 2" lang.

Blutiger Ausfluss ist nur ein Mal nach einer Verletzung beobachtet worden. Abgang von Samen, Neigung zum weiblichen Geschlechte.

Dürrge starb 1835 in Bonn und wurde von Mayer secirt: Der Canalis urogenitalis hatte eine Länge von 8'''. Früher war er nach Feiler und Stark nur $5^1/_2$''' lang, also durch die vielfachen Untersuchungen nach und nach ausgedehnt. Scheidewand zwischen Urethra und Scheide horizontal gelegen, halbmondförmig. Prostata vorhanden. Daran schliesst sich die Vagina, 2'' 8''' lang, endet oben blind.

Ueber dieser Stelle der solide Uterus, der ebenso lang wie die Scheide ist. Tuben durchgängig bis auf die Abdominalenden. Rechterseits am Ende der Tube ein Hode, aus dem man die Samenkanälchen herausziehen kann; links ein Körper, der mehr einem Ovarium gleicht, aber vom Peritoneum ganz überzogen ist.

Barkow, *Anatomische Abhandlungen, Breslau 1851, S. 60.

54 Jahr alt; als Mann verheirathet. Frau gebar ein Kind. Barkow hielt den Mann für zeugungsunfähig. Bei der Herausnahme der Genitalien wurden die inneren Geschlechtstheile verletzt, ehe sie Barkow zur Untersuchung bekam. Hypospadiäus. Prostata von der Scheide durchbohrt. Uterus in einem Bruchsacke liegend (Hernia uteri) im rechten Scrotum. Neben dem Uterus zwei Körper: der Hode ist 11''' lang, in der Mitte 7''' dick. Im frischen Zustande liessen sich feine Fäden aus ihm herausziehen. Vas deferens fehlt gänzlich. Das vermeintliche Ovarium, 1'' 4''' lang, ist durch zwei Einschnitte dreigetheilt. Der vordere Theil verlängert sich zu einem Bande, 8''' lang, 1''' dick, welches nach unten in die Hodensackwand übergeht. Vom mittleren Lappen geht ein 2'' 9''' langes, etwas über 1''' dickes Band zur inneren Seite des Gebärmutterkörpers. Das Ovarium besteht aus Zellgewebe, etwas Fett und Gefässen.

Berthold, *Abhandlungen der Königlichen Gesellschaft der Wissenschaften zu Göttingen, Bd. 2, 1845, S. 104.

Reifes, bald nach der Geburt gestorbenes Kind. Kleiner undurchbohrter, aber mit einer Vertiefung versehener Penis. Scrotalhälfte stark gerunzelt. Urogenitalspalte $1^1/_2$''' lang. Labia minora fehlen. — Zwischen Mastdarm und Harnblase ein einhörniger Uterus. Rechts fehlen die Anhänge der Gebärmutter, links: Ligamentum rotundum, Tube mit Ostium, Ovarium. Bei der mikroskopischen Untersuchung fehlten auch diesem Eierstocke die wesentlichen Bestandtheile eines normalen Organs. Uterus ziemlich gut entwickelt. Die Vagina mündet in einen 5''' langen Sinus urogenitalis.

In der rechten Scrotalhälfte ein Hode mit Nebenhoden. Vas deferens geht durch den Leistenring in die Bauchhöhle, wendet sich dann zum Collum uteri und geht als Kanal in der Wand desselben bis zum Sinus urogenitalis, wo es sich $^1/_2$''' von der Mündung der Urethra öffnet. Der Hode zeigt mikroskopisch eine normale Zusammensetzung. Samenblasen und Prostata fehlen.

Abbildungen: Atlas, Tafel XXXIX, Fig. 12, 13 u. 14. Taf. XXXIX, Fig. 12, 13 u. 14.

Fig. 13: ves, vesica; v. d, vas deferens; ut, uterus; sp, Gefässe und Nerven des Samenstranges; test, Hode; epid, Nebenhode; ov, Ovarium; parov, Parovarium; tub, Tube.

Fig. 14: l. ut. a, vordere Muttermundslippe; sin, sinus urogenitalis; gl, Glans; v. def, vas deferens; ut, uterus; ov, Ovarium.

Banon, *Doublin Journal, Vol. XIV, 1852, S. 73. — Heppner, *Reichert's Archiv, 1870, S. 689.

Das Individuum war auf den Namen Anna getauft, der Name nach einem Jahre in Andreas umgewandelt. — Allgemeiner Habitus mehr männlich als weiblich. Penis normal, nur imperforirt, mit regelmässig entwickelten corpora cavernosa. Prostata, Samenbläschen und Cooperische Drüsen fehlen. Labien und Nymphen vorhanden. Schlitzförmiger Eingang zur Urethra. Dahinter Vaginamündung mit Hymen. An die Vagina sich anschliessend ein kleiner Uterus mit nur einer und zwar der linken Tube nebst Fimbrien, Eierstock. Tube und Eierstock sind hinter dem Uterus nach der rechten Seite umgeschlagen, so dass sie neben den Hoden zu liegen kommen. Dicht neben dem Eierstocke, rechts ein Hode mit Nebenhode und vas deferens. Letzteres durchbohrt den Cervicalkanal. — Das Ovarium zeigt bei mikroskopischer Untersuchung nur bindegewebiges Stroma, aber keine Graaf'schen Follikel, während im Hoden gut ausgebildete Samenkanälchen, doch ohne Spermatozoen sich finden. — Die Abbildungen der mikroskopischen Präparate sind sehr mangelhaft.

Cramer-Meyer-Klebs, *Ein Fall von Hermaphroditismus lateralis, Inaug. Diss. Zürich 1857. — *Virchow's Archiv, Bd. 11, S. 420. — *Handbuch der pathologischen Anatomie, Bd. 1, 2. Abtheilung, S. 728.

Neugeborenes Kind. Aeussere Geschlechtstheile deutlich männlich mit Hypospadie. Ausgesprochene Runzelung des Scrotum. Raphe. Linker Hodensack etwas ausgedehnter durch den darinnen liegenden Hoden; rechter leer.

Kleine Prostata; Colliculus seminalis; zur Seite desselben kleine Oeffnungen, welche sich als Ausmündungen der Absonderungsgänge der Prostata erkennen lassen. Zwei grössere Oeffnungen, von denen die eine in die Vagina, die andere blind endet. Scheide und Uterus schmal, aber deutlich angelegt. Beiderseits Tuben, Fimbrien, Parovarien, Ligamenta rotunda. Rechts ein Eierstock, links ein Hode mit theilweise (nach Klebs ganz) geschlossenem Ausführungsgange, Hodengefässe.

Cramer sagt in seiner Dissertation, S. 10: „Die oben gegebenen Diagnosen des Ovarium und des Hoden sind nicht nur durch Untersuchung der Beschaffenheit der Durchschnittsfläche der betreffenden Organe, sondern auch durch sorgfältige mikroskopische Untersuchungen ihrer Substanz gewonnen."

Man wird erwarten, dass nun Meyer in Virchow's Archiv sich genauer über diesen Punkt ausspricht; doch erwähnt gerade dieser mit keinem Worte einer mikroskopischen Untersuchung.

Förster schreibt hierüber: „Das sogenannte Ovarium sei ein rudimentäres gewesen; Graaf'sche Follikel und Eier konnten nicht nachgewiesen werden."

Woher Förster diese Mittheilung hat, da weder bei Meyer noch bei Cramer etwas Aehnliches gesagt worden, ist nicht berichtet.

Klebs will nun bei einer erneuten Untersuchung Zellen gefunden haben, die im Hoden nicht vorkämen und Primordialeiern ähnlich seien. Auch Schläuche, die als Follikel zu deuten, will Klebs nachgewiesen haben.

Die Angabe von Klebs, das Ovarium habe am Lig. rotundum angesessen, ist wohl nur ein Schreibirrthum. In der Zeichnung fehlt zufällig die Erklärung des beim lig. rotundum stehenden Buchstaben r.

Taf. XXXIX, Fig. 10 u. 11.

Abbildungen: Atlas, Tafel XXXIX, Fig. 10 u. 11.

Fig. 10: F, blind endende Grube; intr, Eingang zur Urethra.

Fig. 11: int. vag, introitus vaginae; uret, ureter; or. ut ext, äusserer Muttermund: ves, Blase; l. rot, ligamentum rotundum; ov, ovarium; parov, Parovarium; test, Hode; Proc. v. perit, Processus vaginalis peritonei.

Gruber, *Mémoires de l'Académie impér. des Sciences de St. Pétersbourg, 1859, Tom. I, No. 13. — Heppner, *Reichert's Archiv, 1870, S. 691.

22 Jahr altes, an Krebs des Unterleibs gestorbenes Individuum.

Imperforirter Penis. Sinus urogenitalis. Gut entwickelte Prostata. Die Theilung des Canalis urogenitalis in die Urethra und den Scheideneingang findet unterhalb und etwas vor dem Arcus pubis statt. Vagina 8 Ctm. lang. Uterus ebenfalls 8 Ctm. lang, im Ganzen aber wenig entwickelt. Links eine normale Tube und ein Ovarium, welches aber zu einem carcinomatösen Tumor entartet ist. Rechts ein kleiner Hode, in dem Samenkanäle mit Bestimmtheit nachgewiesen sein sollen. Nebenhode. Vas deferens, dessen Ende nicht ermittelt wurde.

Abbildung: Atlas, Tafel XXXIX, Fig. 15. Taf. XXXIX, Fig. 15.

ov carcin, carcinomatös entartetes Ovarium; ut, Uterus; vag, vagina; prost, Prostata; pr. v. per, Processus vaginalis peritonei; v. def, vas deferens; fun. sp, Samenstrang; test, Hode; epid, Nebenhode; ter, lig. rotundum.

Klotz, Archiv für Klinische Chirurgie, Bd. 24, S. 454. — *Centralblatt für Chirurgie, 1880, Heft 1, S. 15.

In der Billroth'schen Klinik wurde ein Individuum operirt, welches in der rechten stark vergrösserten Scrotalhälfte eine Cyste trug, die, da sie mit einer Tube, einem einhörnigen Uterus etc. zusammenhing, als Ovarium aufgefasst wurde. In der anderen Scrotalhälfte lagen Hode und Nebenhode. Uterus masculinus mit Vagina, die in die Urethra mündet. Vas deferens mit dem Cervicaltheile verschmolzen. Sinus urogenitalis.

Von der Form des bilateralen doppelseitigen wahren Hermaphroditismus bringt Klebs nur eine kaum Vertrauen erweckende Beobachtung von

Schrell, Med. chir. Pract., Archiv von Schenk, I, 1804. — Klebs, *l. c., S 724.

Unterhalb eines kleinen wohlgebildeten Penis, der mit normalen männlichen Genitalien in Verbindung stand, fand sich eine kleine Vulva mit Labien und Nymphen, die zu einer Vagina führte. Diese letztere soll mit einem Uterus verbunden gewesen sein, dessen ligamenta lata Tuben und Ovarien aufzuweisen hatten.

Der viel wichtigere und ausgezeichnet beschriebene Fall von Heppner ist Klebs entgangen:

Heppner, *Reichert's Archiv, 1870, S. 679.

2 Monate altes Kind. Aeussere Geschlechtstheile männlich. Penis undurchbohrt. Orificium urogenitale unterhalb der Fossa. Der Canalis urogenitalis setzt sich nun gewissermassen direct in die Harnröhre fort und steht nach hinten mit der Scheide in offener Communication. Prostata umschliesst Harnröhre und Scheide. Scheide 2 Ctm. lang. Gebärmutter von kindlicher Form. Eileiter beiderseits gut entwickelt, permeabel. Beiderseits ein Ovarium. Jederseits ein Hode, der so zum Ovarium gelegen ist, dass zwischen beiden das Parovarium sich befindet. Die runden Mutterbänder an normaler Stelle, verlieren sich in den Leistenkanälen.

„Die mikroskopische Untersuchung der Geschlechtsdrüsen setzt die specifische Bedeutung einer jeden ausser allen Zweifel." Dagegen hat Prof. Slavjansky sich nicht von der Eigenschaft der zweiten Drüse als Hode überzeugen können. Es wäre sehr wichtig, wenn dieses werthvolle Präparat noch einmal einer genauen Untersuchung unterworfen würde, da es höchst wünschenswerth wäre, wenn sich mehrere Autoritäten von der Richtigkeit der Heppner'schen Angaben überzeugen könnten.

Abbildungen: Atlas, Tafel XL, Fig. 1 u. 2. Taf. XL, Fig. 1 u. 2.

Fig. 1: Ansicht der äusseren Genitalien.

Fig. 2: ut, uterus; ov, Ovarien; test, Hoden; vas, Gefässe der Geschlechtsdrüsen; uret, Ureteren; l. r, ligamentum rotundum; ves, Harnblase; prost, Prostata.

Von der Form des Hermaphroditismus verus unilateralis, einseitige Zwitterbildung, citirt Klebs irrthümlicher Weise den Fall von Banon. Doch ist in demselben nur von einer Tube und entsprechendem Ovarium die Rede, welche beide durch einen Entzündungsprocess (?) hinter dem Uterus nach der anderen Seite umgeschlagen waren und so neben den Hoden dieser Seite zu liegen kamen. Ich habe diese Beobachtung daher unter die des Hermaphroditismus lateralis gebracht.

Ein weiterer in diese Classe der wahren Zwitterbildung gehöriger Fall ist bisher nicht veröffentlicht worden.

Uterus masculinus.

Uterus masculinus. Nicht selten persistiren die Müller'schen Gänge auch beim männlichen Geschlechte und bilden eine rudimentäre Scheide oder einen rudimentären Uterus. Man findet diese Organe dann entwickelt von der einfachen Andeutung einer Tasche, bis zum gut entwickelten Uterus. Die einfachste Form stellt sich als eine etwas erweiterte Vesicula prostatica dar, eine einfache grosse Tasche, die an der Stelle des Colliculus seminalis sich in die Harnröhre öffnet. Es entspricht diese Tasche dem untersten Ende der Müller'schen Gänge, also einer rudimentären Scheide.

In weiteren Fällen schliesst sich an diese Tasche (vagina) eine zweite kleinere Höhle an, mit dickeren Wandungen, der Uterushals und Uteruskörper. Je nach dem Grade der Ausbildung finden wir die einzelnen Theile gegliedert oder nicht. In den meisten Fällen ist das Uterusrudiment mit einer Höhle versehen, seltener solid. Auch die Andeutung von Tuben finden sich bei diesem Entwickelungsgrade schon vor. — Die Vagina mündet nun nicht ausnahmslos in die Harnröhre, sondern es münden auch beide gemeinsam in den Sinus urogenitalis, die offene Geschlechtsspalte.

Den höchsten Grad der Entwickelung erreicht der männliche Uterus in den Fällen, in welchen es zur Bildung einer vollständigen Vagina, einer Portio cervicalis und eines Uteruskörpers kommt. Alle drei bilden einen langen Kanal, in dem die Portio cervicalis durch ihren starken musculösen Bau sich von der Scheide sofort unterscheiden lässt. Zur Bildung einer Portio vaginalis kommt es selten. Die Tuben pflegen sehr wohl ausgebildet von den beiden Hörnern des Uterus masculinus auszugehen. Auch die Fimbrien zeigen meist eine gute Entwickelung.

Die Ausbildung der äusseren Genitalien steht ungefähr im umgekehrten Verhältniss zur Entwickelung des Uterus masculinus:

Ist die vesicula prostatica etwas grösser als gewöhnlich, so kann man an den gut entwickelten äusseren Genitalien in der Regel keine Abnormitäten finden.

Sobald aber eine vorgeschrittene Ausbildung des Uterus vorhanden ist, bleibt der Penis in der Entwickelung zurück, es findet sich Hypospadie, Spaltung des Scrotum, mangelhafte Entwickelung des Dammes etc.

Die Hoden liegen, wie beim Hypospadiäus, bald beide in den Scrotalhälften, bald einer oder beide im Leistenkanale, resp. in der Bauchhöhle.

Die Vasa deferentia zeigen ein verschiedenes Verhalten. Sie verlaufen entweder getrennt vom uterus masculinus resp. der Prostata, oder sind eng mit demselben verbunden. In letzterem Falle sind sie durch lockeres Bindegewebe zu einem dem Uterus anhaftenden Strange vereinigt, oder sie verlaufen als solide Stränge in dessen Wand. Es stellt diese Verbindung der Müller'schen Fäden mit den Ausführungsgängen des Wolff'schen Körpers (Vas deferens) einen Zustand dar, wie er nach Thiersch in einer sehr zeitigen Periode der Entwickelung gefunden wird. Sämmtliche vier Kanäle bilden dann zusammen den sogenannten Genitalstrang. Für gewöhnlich lösen sich beim männlichen Geschlechte die vasa deferentia los und bilden eigene Stränge, die Müller'schen Fäden verkümmern.

Die Vasa deferentia münden meist in der Harnröhre, zuweilen im Sinus urogenitalis, selten in der Höhle der Vesicula selbst.

Arnold, *Virchow's Archiv, Bd. 47, S. 7, hat bis zum Jahre 1869 26 Fälle gesammelt, einen selbst beschrieben.

Fälle, in denen der Uterus nur als eine Höhle ohne weitere Anhänge der hinteren Wand der Harnröhre ansitzt, sind beschrieben von:

Leuckardt, *Illustrirte medicinische Zeitung, Bd. 1, S. 87.

Präparat der Sömmeringischen Sammlung in Giessen. Catalogus Musei Soemmeringiani pag. 80, No 50.

Neugeborenes männliches Kind.

Abbildungen: Atlas, Tafel XL, Fig. 3, 4 u. 5.

Fig. 3: Aeussere Genitalien: inv, geschlossener, den Penis umgebender Wulst.

Fig. 4: ves, Blase; uret, ureter; v. d, vas deferens; v. s, vesicula seminalis; u. m, uterus masculinus; pr, Prostata; ur, urethra; test, Hode.

Fig. 5: Uterus masculinus aufgeschnitten. Die zahlreichen dichtstehenden Querrunzeln werden sichtbar; ausserdem zwei nach unten convergirende Längswulste an der vorderen Wand, die nach innen vorspringen und den Verlauf der Vasa deferentia bezeichnen.

Leuckart, *l. c. S. 88.

Neugeborenes männliches Kind.

Taf. XL, Fig. 6 u. 7.

Abbildungen: Atlas, Tafel XL, Fig. 6 u. 7.

Fig. 6: Aeussere Genitalien. or, Nadelkopfgrosse Oeffnung zum sinus urogenitalis.

Fig. 7: u. m, uterus masculinus; v. d, vas deferens; v. s, vesicula seminalis; pr, Prostata.

Nuhn, *Illustrirte medicinische Zeitung, Bd. 3, S. 93.

Blindgeborenes, später blödsinnig gewordenes, 22 Jahr altes männliches Individuum. Section.

Taf. XL, Fig. 8 u. 9.

Abbildungen: Atlas, Tafel XXXVII, Fig. 8 u. 9 und Tafel XL, Fig. 8 u. 9.

Die Figuren 8 und 9 auf Tafel XXXVII stellen die Ansicht der äusseren Genitalien dar.

Fig. 8: Ut. m, Uterus masculinus aufgeschnitten. Die beiden längs verlaufenden Falten werden durch die dahinter liegenden v. d, vasa deferentia gebildet. v. s, Samenblase; ur, ureter.

Fig. 9: Bezeichnung dieselbe.

Arnold, *Virchow's Archiv, Bd. 47, S. 7.

Todtgeborener Knabe. Bedeutende Ausdehnung des Unterleibs.

Taf. XL, Fig. 10, 11 u. 12.

Abbildungen: Atlas, Tafel XL, Fig. 10, 11 u. 12.

Fig. 10: r, r, Nieren; uret, blasig ausgedehnter Ureter; t. d, rechte Hode mit Nebenhode und v. d, vas deferens; ves, Blase mit d, Divertikel; sin, sinus urogenitalis; int. v, Eingang zur vagina; ur, Eingang zur urethra; can, blind endender Kanal unterhalb der Harnröhre.

Fig. 11: Ansicht von vorn: Harnblase (ves) herabgeschlagen; ut. m, Uterus masculinus mit v. d, vasa deferentia; ur, ur, blasig erweiterte Ureteren; r, rectum.

Fig. 12: Ansicht von hinten: ur, Ureteren; ut, Uterus masculinus; ves, Harnblase; s. ur, sinus urogenitalis.

Ackermann, *Infantis androgyni historia et ichnographia, Jena 1805, S. 27.

Knabe lebte $5^1/_2$ Woche. Section am ziemlich verwesten Cadaver. Genitalien in Spiritus gelegt.

Taf. XL, Fig. 13. u. 14.

Abbildungen: Atlas, Tafel XL, Fig. 13 u. 14.

Fig. 13: Ansicht der äusseren Genitalien mit emporgehobenem Penis.

Fig. 14: sinus urogenitalis (s. u) und uterus masculinus (ut. m) aufgeschnitten. Die beiden Punkte (o. v) an der unteren Spitze des Uterus masculinus sind die Mündungen der vasa deferentia; v. s, Samenblase; scr, Scrotalhälften.

Die ersten Andeutungen einer Tuba sind beschrieben in einer Beobachtung von

Betz, *Müller's Archiv, 1850, S. 65.

Todtgeborener, schon vor der Geburt abgestorbener Knabe aus der 32. Schwangerschaftswoche.

Abbildungen: Atlas, Tafel XL, Fig. 15 u. 16. Taf. XL, Fig. 15 u. 16.

Fig. 15: Ansicht von vorn, Blase (ves) herabgeschlagen. ut, m, uterus masculinus; v. d, vas deferens; cu, rechtes Uterushorn; ur, ureter.

Fig. 16: Uterus masculinus (ut) und rechtes Horn aufgeschnitten; ves, ves, Blase aufgeschnitten; iv, introitus vaginae; v. d, vas deferens; ur, ureter.

Beide Hörner sind zur Ausbildung gekommen, doch fehlen noch die Tubenenden mit ihren Fransen, in einer Beobachtung von

Mayer, *Icones selectae, Bonn 1831, S. 8, Taf. II, Fig. 4.

Fötus von 4 Monaten.

Abbildung: Atlas, Tafel XL, Fig. 17. Taf. XL, Fig. 17.

u m, uterus masculinus, c c. Hörner desselben; t, t, Hoden; v. d, vas deferens; i. v, Eingang zur Scheide innerhalb der Blase.

Mayer, *l. c. S. 9, Taf. III, Fig. 2.

Knabe, im Alter von 6 Monaten gestorben.

Abbildung: Atlas, Tafel XL, Fig. 18. Taf. XL, Fig. 18.

ves, Blase; vag, vagina; ut. m, uterus masculinus; v. s, Samenblase; de, de, Ductus ejaculatorius.

Versen, *Ueber einen Fall von Hermaphroditismus transversalis muliebris, Inaug. Diss. Berlin 1868.

Dem vorigen sehr ähnliches Präparat, doch giebt Verfasser an, es seien Ovarien vorhanden gewesen. Eine nochmalige Untersuchung des Präparates müsste entscheiden, ob die Geschlechtsdrüsen nicht als Hoden aufzufassen sind.

Mayer, *l. c. S. 11, Taf. III, Fig. 3 u. 4.

Junger Mann von 18 Jahren. Hypospadiäus. Präparat bei der Section verletzt, Uterus oben abgeschnitten.

Mayer, *l. c. S. 14, Taf. IV, Fig. 1 u. 2.

80jähriger Mann.

In den nun zu erwähnenden Beobachtungen ist es zur vollkommenen Ausbildung der Müller'schen Gänge gekommen. Auch die Fimbrien sind gebildet. In einzelnen Fällen sind die Tuben sogar hohl.

von Franqué, *von Scanzoni, Beiträge zur Geburtskunde und Gynäkologie, Bd. 4, S. 24.

Präparat der Würzburger Sammlung.

Abbildungen: Atlas, Tafel XL, Fig. 19 u. 20. Taf. XL, Fig. 19 u. 20.

Fig. 19: ut. m, uterus masculinus; prost, Prostata; v. s, Samenblase; ur, ureter; l, r, ligamentum rotundum; v. d, vas deferens; tub, Tuba; t, Hoden.

Fig. 20: ut. m, uterus masculinus; v. d, vas deferens; v. s, Samenblase; vag, vagina; ves, Blase; prost, Prostata; ur, urethra; coll. s, colliculus seminalis.

Langer, *Zeitschrift der k. k. Gesellschaft der Aerzte zu Wien, 11. Jahrgang, 1858, S. 422, kurz beschrieben von Arányi, Ungarische Zeitschrift, 1853, IV, 15. — *Schmidt's Jahrbücher, Bd. 81, S. 150.

Mann von 63 Jahren.

Taf. XL, Fig. 21 u. 22.

Abbildungen: Atlas, Tafel XL, Fig. 21 u. 22.

Fig. 21: ves, Blase; ur, Ureter; art. v-u, arteria vesicouterina; ut. m, uterus masculinus; v. d, vas deferens; l. o, ligamentum ovarii; tub, Tuba; t und ep, Hode und Nebenhode; pr. v, processus vaginalis; a. sp. i, arteria spermatica interna; l. r, ligamentum rotundum.

Fig. 22: Prost, Prostata, v, vagina; ut, uterus; ur, ureter; ves, Blase; v. d, vas deferens.

Hesselbach, *Beiträge zur Natur- und Heilkunde, von Friedreich und Hesselbach, Würzburg 1825, Bd. 1, S. 154.

36 Jahr alter, an Phthise zu Grunde gegangener Gefangener.

Deutliche Bildung eines Muttermundes. Tubengang durchgängig.

Auch den Fall von

Luigi de Crecchio, Il Morgagni 1865, S. 151. — *Schmidt's Jahrbücher, Bd. 127, S. 154. — *Klebs Handbuch der pathologischen Anatomie, Bd. 1, 2. Abth., S. 746 u. 747.

möchte ich hier mit hinrechnen, da die Untersuchung der Geschlechtsdrüse das Vorhandensein von Ovarien nicht mit der Bestimmtheit ergeben hat, die nothwendig ist, um eine so seltene Form, wie den Pseudohermaphroditismus femininus externus et internus (Klebs) zu stützen.

Die dritte und häufigste Form des sogenannten falschen Hermaphroditismus, die eine Verwechselung mit dem anderen Geschlechte ab und zu wohl bei Besichtigung der äusseren Genitalien möglich machen kann, ist die Hypospadie mit oder ohne Erhaltung des Sinus urogenitalis. Es handelt davon der Abschnitt Hypospadie, Seite 223.

Clitorishypertrophie.

Als seltene Form der Verbildung der äusseren Genitalien ist die Vergrösserung der Clitoris verbunden mit abnormer Gestaltung der äusseren Genitalien zu erwähnen, der Pseudohermaphroditismus femininus. Unter den hier mitgetheilten Fällen sind alle, die nur am Lebenden untersucht worden sind, mit einiger Reserve aufzunehmen, da doch möglicher Weise die vermeintliche Clitoris als männliches Glied aufzufassen sein könnte. Auch wenn bei Sectionen die Eigenschaften eines Ovarium nicht ganz sicher nachgewiesen werden, bleibt immer noch die Möglichkeit offen, dass die Fälle unter die mit uterus masculinus einzureihen sind. Ueber die beiden Beobachtungen von Versen und Luigi de Crecchio habe ich in diesem Sinne oben schon berichtet.

Parsons, *A mechanical and critical enquiry into the nature of hermaphrodites, London 1741.

26 Jahr altes Negerweib. In der rechten Labia liegt ein Körper, den der Autor für ein Ovarium hält. Dasselbe ist durch den Leistenkanal herabgetreten. Auch das andere Ovarium zeigte sich gering prolabirt. Ob die Clitorishypertrophie von Jugend auf bestanden, ist fraglich.

Taf. XXXIX, Fig. 4 u. 5.

Abbildungen: Atlas, Tafel XXXIX, Fig. 4 u. 5.

Günther, *Commentatio de Hermaphroditismo, Leipzig 1846, S. 76.

Neugeborenes Kind. Der Uterus soll klein, rund, ohne Höhle gewesen sein.

Abbildung: Atlas, Tafel XXXIX, Fig. 6. Taf. XXXIX, Fig. 6.

cl, Clitoris; l, l, labia; ut, Uterus; ov, Ovarium.

Burdach, *Anatomische Untersuchungen, bezogen auf Naturwissenschaft und Heilkunst, Erstes Heft, Leipzig 1814.

Kind bei der Geburt für ein Mädchen gehalten, später zum Knaben umgewandelt. Tod im 6. Jahr. Section zeigte eine grosse Clitoris, Andeutung eines Sinus urogenitalis, kein Hymen, gut entwickelten Uterus, Tuben und Ovarien.

Abbildungen: Atlas, Tafel XXXIX, Fig. 7 u. 8. Taf. XXXIX, Fig. 7 u. 8.

Fig. 8: Clitoris und Präputium in die Höhe gehoben, um den Eingang zum sin. urog. zu zeigen.

Tourtual, *Berliner medicinische Zeitung 1834, S. 117.

Neugeborenes Kind. Kitzler 2,8 Ctm. Die Lefzen schliessen diesen Kitzler nicht ein, sondern setzen sich seitlich an ihn an. Unten röthliche Schleimhautrinne, führt zu zwei neben einander liegenden Oeffnungen; die rechte in die Harnblase, die linke in eine grosse mit Schleim gefüllte Höhle. Zwei Mm. tiefer ist eine dritte Oeffnung, die den Eingang zum Rectum bildet. Innen: Einhörniger Uterus, Kloake, zwei Ovarien, kein Hode.

Von andern Verbildungen: Kleine Mundspalte, Schwimmhäute, vier Zehen, eine Nabelarterie.

Eschricht, *Müller's Archiv 1836, S. 139, Taf. V.

Innere Geschlechtstheile unzweifelhaft weiblich. Aeusserlich ein Scrotum ohne Raphe, sonst aber wohlgebildet. Penis kurz mit dünner, schmächtiger Eichel, durchbohrt. Sonde konnte leicht in die Blase eingeführt werden (?). Blase dünn. Nieren fehlten ausser einigen kleinen Bläschen. Ureteren fehlten wahrscheinlich.

Halbertsma, Verhand. der kon. Academie van Wetenschappen, III. Deel, 1856. — *Schmidt's Jahrbücher, Bd. 100, S. 163.

Hofmann, *Medicinische Jahrbücher von Stricker, 1877, Heft 3, S. 293.

Georg Tomasico, 38 Jahr alt, stark behaart, kleiner Bart. Clitoris (Spirituspräparat) 4,4 Ctm. lang, 2,7 Ctm. breit. Präputium. Im Penis keine Harnröhrenmündung, sondern unterhalb desselben. Etwas tiefer eine zweite Oeffnung für den Scheidenkanal. Scheide 6,5 Ctm. lang. Uterus, Tube, Morsus diaboli. Ovarium entartet (mikroskopisch untersucht). — Keine Menstruation. Samenergiessungen nicht nachgewiesen.

Schauta, *Anzeiger der k. k. Gesellschaft der Aerzte, 31. Mai 1877, No. 29. — *Wiener medicinische Wochenschrift, 1877, No. 43.

Anna Umlauf, 39 Jahr alt, hat eine 4,5 Ctm. lange Clitoris mit Eichel und Präputium. Eine Rinne an der unteren Fläche führt zum gemeinsamen Eingange des Harn- und Geschlechtskanals. 3,5 Ctm. vom Eingange theilt er sich, zur Blase und zum Uterus gehend. Zwei grosse Schamlippen. Eine Falte beiderseits vom blinden Ostium der Harnröhre zu den grossen Schamlippen gehend, von Klebs als wichtig für weibliche Bildung erkannt, findet sich in diesem Falle vor. — Menstruation regelmässig.

Steimann, *Deutsche medic. Wochenschrift, 1881, No. 19, S. 269.

15 Jahr altes Individuum, als Mädchen erzogen. Acusserer Habitus weiblich. Erectiles Geschlechtsglied, 5 Ctm. lang, Mündung zum Sinus unterhalb der Anheftung des Gliedes. Hodensack ohne Hoden und Samenstränge. Es soll Menstruation stattfinden. — Diese, wie der Mangel der Hoden, sind erst noch zu constatiren.

Verdoppelung des Utero-Vaginal-schlauches.

Nicht genügende Vereinigung der Müller'schen Gänge. Spaltung und Verdoppelung des Uterus. Ungemein häufig kommt es zu keiner genügenden Vereinigung der Theile der Müller'schen Gänge, die durch Verschmelzung der Zwischenwände und Verlust derselben zum einfachen Uterus, zur einfachen Scheide werden. In weitaus den meisten Fällen legt sich der Enddarm zwischen die noch getrennten Müller'schen Gänge und verhindert so die Vereinigung. Geht der Enddarm später an seine normale Stelle zurück, so bleibt noch häufig das ligamentum vesico-rectale als letzter Rest der früheren Vorwärtslagerung des Darms übrig. — Auch die ausgedehnte Allantois kann die Vereinigung der beiden Müller'schen Gänge verhindern.

Ist die Trennung eine vollständige, so bildet sich aus jedem Gang je ein Uterus mit seiner Scheide und der entsprechenden Tube. Früher hielt man diese Fälle für selten. Sie kommen aber sehr häufig vor. Am meisten beobachten wir diese Form bei Blasenspalte, wo dann die beiden Müller'schen Gänge sehr weit auseinander liegen können. Unter dem Kapitel über Vesica fissa finden sich eine grosse Anzahl dieser Fälle beschrieben (siehe Seite 211). Ferner complicirt sich diese Missbildung nicht selten mit Tumoren des Unterleibs, wie Blasenerweiterungen etc., mit atresia ani u. s. w. Aber auch bei sehr wohlgebildeten Individuen kann man die vollständige Trennung, also die Bildung von zwei Uteri et vaginae wahrnehmen. Mir selbst sind bei geschlechtsreifen Weibern circa 4—5 Fälle zur Beobachtung gekommen.

Eine eingehende Besprechung dieser Missbildung wird von mir nicht beabsichtigt, da das vortreffliche Werk von Kussmaul, *Von dem Mangel, der Verkümmerung und Verdoppelung der Gebärmutter, etc. Würzburg 1859, und eine weitere Sammlung von Fürst, *Ueber Bildungshemmungen des Uterovaginalkanales, Monatsschrift für Geburtskunde, Bd. 30, S. 97 und 161, Beispiele aller Formen zur Genüge bieten. Nur was in den Rahmen eines Lehrbuches gehört, werde ich anführen. Die vollkommene Ausbildung beider vollständig getrennter, nicht mehr an einander liegender Müller'schen Gänge zum Uterus duplex et vagina duplex ist, wie schon erwähnt, am häufigsten bei den Spaltbildungen der Blase, wo sich dann der Enddarm und auch Schlingen anderer Darmtheile zwischen die nicht vereinigten Gänge gelegt haben. Dasselbe Endresultat kann aber auch zu Stande kommen, wenn die Rolle des Enddarms ein vor den Uteri liegender Tumor, z. B. die Allantois übernimmt. Die Richtung der beiden Längsachsen der Utero-vaginalschläuche variirt von der parallelen Richtung bis zu einem rechten

Winkel. Die Divergenz findet selbstverständlich nach unten zu Statt, wo die beiden Scheidenmündungen stets nahe bei einander in den Sinus urogenitalis oder in die Vulva münden.

Fränckel, *De organorum generationis deformitate rarissima, Inaug. Diss. Berlin 1825.

Doppelte Gebärmutter und Scheiden bei einem reifen Kinde mit Ektopia vesicae.

Abbildung: Atlas, Tafel XLI, Fig. 1. Taf. XLI, Fig. 1.

ut. d, rechter Uterus und Scheide; ut. sin, linker Uterus; Scheide aufgeschnitten, so dass man das orificium uteri sehen kann. Zwischen den beiden Uterovaginalschläuchen liegt das blind endende rectum (r) und ein Stück Dünndarm (il); a, Nabelarterie (einfach); v, Nabelvene; u, linker Ureter.

Wittner, *Einige Fälle von Missbildungen des Uterus, Inaug. Diss. Leipzig 1869.

Präparat der Sammlung des pathologisch-anatomischen Instituts in Leipzig. Blasenspalte.

Abbildung: Atlas, Tafel XLI, Fig. 2. Taf. XLI, Fig. 2

ut, ut, rechter und linker Uterus; hep, nach unten geschlagene Leber mit Gallenblase; il, Darmstück.

Jung, *Symbola ad doctrinam de vitiis circa abdomen congenitis, Inaug. Diss. Bonn 1825.

Ektopia vesicae. Vollständig doppelter Utero-Vaginalschlauch.

Abbildung: Atlas, Tafel XLI, Fig. 3. Taf. XLI, Fig. 3.

ut, ut, rechter und linker Uterus; cocc, coecum; v, Processus vermiformis; ur, ur, Ureteren; a, arteria umbilicalis sinistra; c, Cyste im Peritoneum.

Weiss, *Ein Fall von Atresia ani mit uterus und vagina duplex, Inaug. Diss. Marburg 1866.

Blase wohlentwickelt. Ausgebildetes ligamentum recto-vesicale zwischen den beiden Utero-Vaginalschläuchen.

Abbildung: Atlas, Tafel XLI, Fig. 4. Taf. XLI, Fig. 4.

ves, Blase; r, rectum; lig. v. r, ligamentum vesico-rectale; ut, uterus dexter.

Eine sehr seltene und, wenn nicht ein Untersuchungsfehler vorliegt, nahezu unerklärbare Beobachtung ist von Gruber beschrieben, indem beide Vaginae, getrennt von ihren uteri, zwischen den letzteren gelegen haben sollen.

Wenzel Gruber, Mémoires des savants étrangers Tom. VI. — Besonders abgedruckt unter dem Titel: *Menschliche Missbildung mit Spaltung an der Rücken- und Bauchfläche und noch anderen Deformitäten, St. Petersburg 1849.

Kind mit Blasenspalte. Ausmündung der Scheiden wie gewöhnlich bei Blasenspalten. Hingegen sollen die Scheiden nach oben zu blind geendet haben. Die Uteri nach unten blind endigend.

Abbildungen: Atlas, Tafel XLI, Fig. 5 u. 6. Taf. XLI, Fig. 5 u. 6.

Fig. 5: u. d, u. s, rechter und linker Uterus; v. d, v. s, rechte und linke vagina; ov, Ovarium; ur, rechter Ureter.

Fig. 6: rechter Uterus und linke Vagina aufgeschnitten.

Sind die Müller'schen Gänge einander näher gerückt, so legen sich ihre unteren Partien, die Scheiden und Cervicalportionen aneinander, während die oberen divergiren. Als Beispiele für diese häufig vorkommende Form wähle ich die Beobachtungen von

Cassan, *Recherches anatomiques et physiologiques sur les cas d'utérus double et de superfétation, Paris 1826.

Taf. XLI, Fig. 7 u. 8. Abbildungen: Atlas, Tafel XLI, Fig. 7 u. 8.

ut d, ut s, rechter und linker Uterus; ov, ov, Ovarien; c, c, Cysten, an die Ovarien sich anschliessend; lig. r. v, ligamentum recto-vesicale.

Fig. 8: Ansicht der äusseren Genitalien mit dem septum vaginae.

Schröder, *De uteri ac vaginae sic dictis duplicitatibus, Inaug. Diss. Berlin 1841.

Taf. XLI, Fig. 9 u. 10. Abbildungen: Atlas, Tafel XLI, Fig. 9 u. 10.

Fig. 9: Beide Scheiden aufgeschnitten; r, rectum; ur, einziger ureter; c. v, musculus constrictor vaginae; gl. B, Glandula Bartholini: cl, Clitoris.

Fig. 10: Ansicht der äusseren Genitalien; u, Eingang zur Harnröhre; vag, vag, Eingänge zu den Scheiden.

Delle Chiaie, *Dissertazioni anatomico-patologiche, Napoli 1834, Taf. II, Fig. 1.

Taf. XLI, Fig. 11. Abbildung: Atlas, Tafel XLI, Fig. 11.

Die vordere Wand beider Scheiden entfernt; ur, abgeschnittene Urethra; i. u, introitus urethrae; vag, vag, Eingang in die beiden Vaginae.

Hunkemöller, *De vagina et utero duplici. Inaug. Diss. Berlin 1818.

Taf. XLI, Fig. 12. Abbildung: Atlas, Tafel XLI, Fig. 12.

In der Abbildung liegen die Ovarien merkwürdiger Weise auf der vorderen Fläche der ligamenta. Wahrscheinlich eine Licenz des Zeichners.

Es folgen nun die Beobachtungen, wobei die Uteri in ihrer ganzen Länge aneinanderliegen, nach oben mit ihren Hörnern nicht divergiren.

Liepmann, *De duplicitate uteri et vaginae, Inaug. Diss. Berlin 1830.

Taf. XLI, Fig. 13 u. 14. Abbildungen: Atlas, Tafel XLI, Fig. 13 u. 14.

Fig. 13: Uteri mit aufgeschnittenen Scheiden von hinten gesehen.

Fig. 14: Gebärmutter durch Querschnitt, der aber von oben nach unten schräg geführt ist, durchschnitten.

Liegen die Müller'schen Fäden schon zeitig nebeneinander, so können ihre Zwischenwände zum Theil verschmelzen, während sie an den anderen Stellen noch erhalten bleiben. Schatz, *Archiv für Gynäkologie, Bd. 1, S. 17 hat zuerst nachgewiesen, dass die Verschmelzung an der Uebergangsstelle vom Uterus auf die Vagina beginnt. So werden wir also Fälle zu beobachten haben, wo die Hörner der Gebärmutter getrennt bleiben, der untere Theil des Corpus, die Cervix und der obere Theil der Scheide gemeinsam sind, während im unteren Theile der Scheide sich wiederum ein Septum vorfindet.

Schatz, *Archiv für Gynäkologie, Bd. 1, S. 14.

Uterus zweihörnig. Muttermund einfach, doch ∞förmig. Scheide im oberen Theile einfach, nach unten durch ein Septum in zwei Hälften zerlegt.

Abbildungen: Atlas, Tafel XLI, Fig. 15 u. 16. Taf. XLI, Fig. 15 u. 16.

Fig. 15: Vom Darm aus führt das sehr ausgesprochene ligamentum recto-vesicale zur Blase.

Fig. 16: Scheide quer eingeschnitten und auseinandergeklappt.

Ahlfeld, *Archiv für Gynäkologie, Bd. 4, S. 163.

An einem mit übermässig dilatirter Blase und Ureteren geborenen Kinde lagen die beiden Müller'schen Fäden bei einander. Das obere Drittheil der Scheide und die untere Partie des Uteruskörpers hatten sich bereits vereinigt.

Nägele, *Kussmaul, Von dem Mangel, der Verkümmerung und Verdoppelung der Gebärmutter, S. 27.

Abbildung: Atlas, Tafel XLI, Fig. 17. Taf. XLI, Fig. 17.

cerv, einfacher Mutterhals; l. r, ligamentum rotundum.

Ob hier ein Septum im unteren Theile der Scheide vorhanden war, ist nicht angegeben.

Liegen auch die Uterushörner dicht aneinander, so entsteht der getheilte Uterus, Uterus septus (Kussmaul), oder subseptus, wenn das unterste Stück des Septum fehlt.

Littre, *Histoire de l'Académie Roy. des Sciences, 1705, S. 47.

Die Querfaltung der Scheidenschleimhaut und die Längsfaltung der Uterusschleimhaut sehr drastisch dargestellt, auch durch eine Seitenansicht noch erläutert.

Abbildung, Atlas, Tafel XLI, Fig. 18. Taf. XLI, Fig. 18.

Davis, *The Principles and Practice of obstetric medicine, London 1832, S. 519.

Gravel, De superfoetatione conjecturae, Dissertation. Argentoratum 1738. — Kussmaul, *l. c. S. 27.

Abbildung: Atlas, Tafel XLI, Fig. 19. Taf. XLI, Fig. 19.

Die letzten Reste der nicht verschmolzenen Partien finden sich am oberen und unteren Ende des Utero-Vaginalschlauches. Nach oben entweder in einem deutlichen Auseinanderweichen der Hörner, uterus bicornis oder arcuatus, oder in einem kleinen Septum des oberen Theiles des Uteruskörpers, Uterus, superiore parte septus. Nach unten in einer sagittalen Brücke des Hymenalringes oder in einem doppelt perforirten Hymen.

Schatz, *Archiv für Gynäkologie, Bd. 1, S. 17, Tafel I, Fig. 9, fand das doppelt perforirte Hymen bei einem sonst wohlgebildeten Kinde.

Abbildung: Atlas, Tafel XLI, Fig. 20. Taf. XLI, Fig. 20.

Sehr selten findet sich nur am Muttermunde eine longitudinale Brücke als letzter Rest der Zwischenwand.

Kittel, *Die Fehler des Muttermundes und Beschreibung einer Gebärmutter mit doppeltem äusseren Muttermunde. Inaugural-Abhandlung. Würzburg 1823.

Abbildung: Atlas, Tafel XLI, Fig. 21. Taf. XLI, Fig. 21.

Bisher handelte es sich nur um symmetrisch gebildete Formen. Viel zahlreichere Abweichungen von der Norm finden sich nun beim Uterus duplex asymmetricus.

Der weniger ausgebildete Müller'sche Gang kann in der verschiedensten Weise dem besser ausgebildeten anhängen oder auch ganz fehlen, obgleich man im letzteren Falle sein Urtheil erst nach einer genauen Durchsicht des Präparats abgeben darf, indem der rudimentäre Uterus als ganz unbedeutender Rest sich vorfinden kann. So beschreibt

Moldenhauer, *Archiv für Gynäkologie, Bd. 7, S. 175, einen besonderen Fall von Schwangerschaft in einer einhörnigen Gebärmutter, wo der rudimentäre rechte Müller'sche Faden, an den Enden völlig zu Grunde gegangen, in der Mitte als solides Körperchen erhalten geblieben war.

Besonders wahrscheinlich ist das Vorhandensein eines, wenn auch sehr unscheinbaren Uterusrestes, wenn sich auf der nicht ausgebildeten Seite Rudimente der Anhänge, der Tuben, Ovarien etc. vorfinden.

Fehlt der eine Uterus ganz oder ist nur ein solides Rudiment des zweiten Müller'schen Ganges da, so bezeichnet man diese Form als Uterus unicornis. Siehe hierüber Genaueres bei Kussmaul, *l. c., S. 108.

Der rudimentäre Faden kann in seiner ganzen Länge als solider Strang vorhanden sein, wie Kussmaul eine Beobachtung bringt auf Seite 111 mit Abbildung auf Seite 112.

Viel häufiger aber ist der rudimentäre Müller'sche Faden zum Theil hohl und communicirt mit dem wohlausgebildeten Utero-Vaginalschlauche oder ist nach unten zu verschlossen. Die letzteren Fälle sind sehr häufig beobachtet worden gelegentlich von Schwangerschaften im rudimentären Horne oder von Ansammlung des Menstrualblutes etc. in dem verschlossenen Utero-Vaginalkanale, als Haematometra, Haematocolpos im rudimentären Theile, mit oder ohne Vagina-Entwickelung.

Genaueres über diese Beobachtungen sehe man in dem schon oft citirten Werke von Kussmaul.

Angeborene Hernien der Unterbauchgegend.

Herniae congenitae. Zu den Spaltbildungen der unteren Abdominalgegend gehören selbstverständlich auch die angeborenen Hernien der Leisten- und Schenkelgegend.

Anlass giebt am häufigsten das Offenbleiben des processus vaginalis. In diesen treten mit dem Hoden zusammen Eingeweide leicht herein, und in solchen Fällen finden dann wiederholt Verwachsungen des Bruches mit dem Hoden statt. Obliterirt der Scheidenfortsatz oberhalb des Hoden, so kann es zu keiner Verwachsung kommen. Ist der processus oben obliterirt, in der Mitte aber noch offen, so kann eine Einstülpung des oberen Theiles in den mittleren erfolgen und damit ein doppelter Bruchsack. War der Hode noch nicht im Leistenkanal, so kann nach und nach ein Bruch die Scrotalhälfte ausfüllen und der Hode verhindert werden herabzutreten.

Die vielfach bei angeborenen Hernien gefundenen Anheftungen und Verlöthungen des Inhalts untereinander sind wohl meist als Producte secundärer Entzündungen, nicht als Ursachen der Hernien aufzufassen.

Bei lebend geborenen Früchten füllt sich in der Regel der Bruch mit den Eingeweiden erst stärker, wenn die Bauchpresse in Action tritt.

Swasey, *The American Journal of obstetrics 1880, July, S. 684, hat eine Zusammenstellung gemacht, nach der unter 450 Fällen von Hernien 68 als angeborene aufgefasst wurden. Diese vertheilten sich nach Geschlecht und Körperregion folgendermaassen:

	Inguinal-H;			Umbilical-H;	Crural-H;	Summa
	rechts	links	doppelt			
Knabe	35	4	11	8	—	58
Mädchen	2	1	1	6	—	10

Das Ueberwiegen der Inguinalhernien gegenüber den Cruralhernien tritt hier noch viel eclatanter hervor, als in späteren Lebensaltern. Auch die weit grössere Frequenz bei Knaben stimmt mit anderen Beobachtungen und ist anatomisch leicht erklärbar.

Im Ganzen sind die Verhältnisse bei den angeborenen Hernien nicht wesentlich anderer Natur, als bei den im späteren Lebensalter auftretenden. Ich kann deshalb auf die Lehrbücher der Chirurgie verweisen.

Erwähnt sei nur noch, dass auch schon angeboren statt Darmschlingen und Netz andere Organe der Bauchhöhle in den Hernien gefunden werden. Von besonderem Interesse ist der Vorfall der Ovarien, wie solche Beobachtungen von

Werth, *Archiv für Gynäkologie, Bd. 12, S. 132,

Chambers, *Transactions of the Obstetrical Society of London, 1879 (1880), S. 256, und

Parsons, *A mechanical and critical enquiry into the nature of hermaphrodites, London 1741

Abbildungen: Atlas, Tafel XXXIX, Fig. 4 u. 5 Taf. XXXIX, Fig. 4 u. 5.

mitgetheilt und abgebildet werden.

Frühzeitige Wasseransammlungen im Bereiche des Cerebrospinalkanales. Secundäre Spaltbildungen.

Wasseransammlungen im Bereiche des Cerebrospinalcanales.

Frühzeitige Wasseransammlungen in der Schädel-Wirbelkanalhöhle sind eine der häufigsten Erkrankungen des Fötus. Ueberschreitet die Füllung besagter Räume das Maass, so wird zu einer Zeit, wo die Hüllen noch dünn sind, die Zerreissung erfolgen; zu einer Zeit, wo die Hüllen bereits einen starken Druck auszuhalten vermögen, wird durch die Füllung eine Compression der in den Hohlräumen sich bildenden Organe und eine Wachsthumshinderung derselben eintreten müssen. So bilden sich naturgemäss zwei Serien von Missbildungen, die genetisch nicht getrennt werden dürfen, die ich deshalb auch in diesem Abschnitte zusammen bespreche. In die erste Reihe gehört vor allem der Hydrocephalus mit und ohne Hydromyelie, der Mikrocephalus und der Cyclops; in die zweite Reihe die Hemicephalie, die Hydroencephalocele und die Spina bifida.

Die Ursache dieser frühzeitig auftretenden Wasseransammlungen ist noch nicht hinreichend bekannt. Man muss daran denken, dass Stauungserscheinungen im Spiele sind. Dafür spricht die Thatsache, dass man bei frühzeitigen Embryonen auch häufig allgemeine Oedeme als Stauungsresultat zur Beobachtung bekommt, in Folge dessen der Fötus zerfällt und nur der Nabelstrang übrig bleibt. Man muss aber auch daran denken, dass an Ort und Stelle schleimige Degeneration stattfinden kann, wie man dies am embryonalen Gewebe reichlich zu bemerken Gelegenheit hat.

Hydrocephalie.

Wasseransammlung in der Schädelhöhle. Hydrocephalus. Der Hydrocephalus erscheint in der Regel als ein internus. Das Wasser sammelt sich in den Hirnhöhlen an und comprimirt die Hirnmasse selbst zu ganz dünnen Platten oder vernichtet sie auch gänzlich, so dass man die Flüssigkeit in den Hirnhäuten suspendirt findet.

Je früher der Hydrops an dieser Stelle auftritt, desto stärker kann die Ausdehnung der Hirnblasen werden, desto eher wird ein Platzen derselben erfolgen und dadurch verschiedene Formen der Schädelmissbildungen angelegt werden, die wir im nächsten Abschnitte zu besprechen haben.

Bleiben die primitiven Schädeldecken trotz der Ausdehnung intact, so muss es, ausser der Vergrösserung des Schädels im Allgemeinen, stets zu Anomalien der Knochendecke kommen. Die Knochen können die grosse Blase nie schliessen, und daher sieht man entweder sehr weite Nähte und Fontanellen zwischen den einzelnen Schädelknochen, oder schon bei der Anlage der Knochen sind die Knochenpunkte isolirt geblieben, weit auseinandergedrängt gewesen, dann findet man schliesslich auf dem Schädel zerstreut mehr oder weniger reichliche Knochenplatten mit stark gezackten, strahlenartigen Rändern und Ausläufern; Ossificationsdefecte, Osteogenesis imperfecta.

Findet ein Stillstand der Ausdehnung statt oder gar eine Reducirung derselben, was durch Aufsaugung der hydropischen Flüssigkeit möglich ist, so schliessen sich noch nachträglich die freien Stellen des Schädeldaches, es kommt zur Bildung von Schaltknochen. Besonders häufig sieht man diese letzteren dann auf der grossen Fontanelle liegen und dieselbe ganz und gar bedecken.

Meckel hat mehrere Beispiele gesammelt und auch Abbildungen geliefert von Fällen, in denen schon sehr frühzeitig die Hirnblasen zu stark ausgedehnten wasserhaltigen Blasen angefüllt waren.

Meckel, *Descriptio monstrorum nonnullorum, Leipzig 1826, S, 83, Taf. V, Fig. 2.

Abortiv abgegangenes Zwillingsei. Ueberall die Spuren ausgedehnter Hydropsie. Bei einem der Föten sind die Hirnblasen zu einem kugelförmigen Sacke ausgedehnt worden.

Abbildung: Atlas, Tafel XLII, Fig. 1. Taf. XLII, Fig. 1.

Rudolphi, *Ueber den Wasserkopf vor der Geburt, gelesen in der Academie der Wissenschaften am 1. April 1824, Taf. I, Fig. 1.

Bei dem c. 6 Wochen alten Fötus ist die Wasserblase über die ganze Basis des Schädels gleichförmig erhaben und so dünn, dass man bestimmt sagen kann, dass in den oberen Schädeldecken keine Verknöcherungspunkte enthalten sind.

Abbildung: Atlas, Tafel XLII, Fig. 2. Taf. XLII, Fig. 2.

Otto, *citirt von Rudolphi nach mündlicher Mittheilung, S. 1.

Gerade diese beiden letzten Beobachtungen, die den Wasserkopf in seiner ersten Anlage darstellen, sind sehr wichtig. Man wird diese frühzeitige Stufe der Entwickelung selten sehen, da in der Regel, wenn derartige Abortiveier ausgestossen werden, bereits ein Zerfall des Fötus eingetreten zu sein pflegt.

Das Endresultat des Hydrocephalus internus führt uns ebenfalls Rudolphi in einem sehr characteristischen Beispiele vor.

Rudolphi, *l. c. S. 2.

Kind lebte vom 28. Mai bis 20. Juni. Der Kopf hatte eine sehr ausgezeichnete Gestalt. Die Stirn steigt sehr gerade in die Höhe, das Vorderhaupt, stark hervorgewölbt, fällt nach hinten ziemlich jäh ab. Hinten und unten findet dann die stärkste Ausdehnung statt.

Bei Wegnahme der Schädeldecken sieht man eine eigenthümliche Knochenbildung. Die Stirnbeine ausserordentlich gross und fast senkrecht aufsteigend, die Scheitelbeine ebenfalls sehr ausgedehnt und unter sich fest in ihrer ganzen Länge verwachsen. Auf den grossen freien Zwischenräumen finden sich hie und da kleine Knochenplatten zerstreut.

Am stärksten zurückgedrängt ist das Gehirn in seinen hinteren Partien, so dass zwischen Kleinhirn und hinterem Rande des Grosshirns sich ein sehr bedeutender Zwischenraum befindet. An dem hinteren Theile der Basis waren die Windungen zum Theil verstrichen. Die Oberfläche des Gehirns zeigte sich normal.

Abbildungen: Atlas, Tafel XLII, Fig. 3, 4, 5, 6 und 7. Taf. XLII, Fig. 3, 4, 5, 6 u. 7.

Fig. 3: Totalansicht des Schädels.

Fig. 4: Gesicht und Vorderschädel nach Entfernung der weichen Bedeckungen.

Fig. 5: Ansicht von oben.

Fig. 6: Ansicht von der Seite.

Fig. 7: Gehirn von unten gesehen.

Einen Fall, in dem die Vergrösserung des Schädels besonders die eine Seite betraf, bilde ich ab, nach einem

*Präparate des pathologisch-anatomischen Institutes zu Leipzig, Missbildungen, No. 102.

Taf. XLII, Fig. 8. Abbildung: Atlas, Tafel XLII, Fig. 8.

Die nächstfolgenden Abbildungen mögen Beispiele bringen, wie, bei ausgedehntem weichen Schädel, die Verknöcherung sich zu verhalten pflegt. In der Regel sind die Ossifikationspunkte für die grossen Schädelknochen normal angelegt gewesen, doch haben sich die später entstandenen Knocheninseln nicht untereinander erreichen können, und daher sehen wir an der Peripherie der grösseren Knochenplatten mehr oder weniger zahlreiche zerstreute Knocheninseln. Der Rand der einzelnen Knochen erscheint dabei fast immer strahlig, zackig.

War die Ausdehnung des Schädels nicht sehr bedeutend, so bilden diese kleinen Knochenplatten sogenannte Schalt- oder Zwickelknochen, ossicula triquetra, Wormiana, raphogeminantia. Man findet sie dann auch besonders häufig die kleine und die grosse Fontanelle ausfüllend. An letzterer Stelle pflegen sie ein regelmässiges Rhomboid zu bilden.

Im Ganzen scheint beim Hydrocephalus ein gesteigertes Knochenwachsthum vorhanden zu sein. Der Entzündungsprocess, welcher nach und nach durch die vermehrte Ansammlung von Wasser das Innere der Schädelhöhle ergreift, scheint auch die Knochenmasse zu ergreifen, dieselbe zu stärkerer Proliferation anzuregen. Man bemerkt, dass die Totalmasse der Knochen eines hydrocephalischen Schädels im Durchschnitt grösser ist, als die eines normalen.

Aber auch in anderer Beziehung zeigt sich die gesteigerte Wachsthumserregbarkeit am hydrocephalischen Schädel, nämlich in der frühzeitigen Vereinigung von Knochenrändern, die normaler Weise durch Nähte getrennt zu sein pflegen. In dem schon angeführten Beispiele von Rudolphi wurde von einer derartigen Synostose der ossa parietalia berichtet. Man begegnet solchen Beobachtungen sehr oft.

Einige Beispiele aus der Literatur mit den betreffenden Abbildungen mögen diese Anomalien der Schädelknochen beim Hydrocephalus illustriren.

Jung, *Animadversiones quaedam de ossibus generatim et in specie de ossibus raphogeminantibus, quae vulgo ossa suturarum dicuntur, Basel 1827, S. 17.

Taf. XLII, Fig. 9 u. 10. Abbildungen: Atlas, Tafel XLII, Fig. 9 u. 10.

Fig. 9: Abbildung von vorn.

Fig. 10: Abbildung von der Seite.

Voigtel, *Fragmenta Semiologiae obstetriciae, Inaug. Diss. Halle 1790.

Taf. XLII, Fig. 11 u. 12. Abbildungen: Atlas, Tafel XLII, Fig. 11 u. 12.

Fig. 11: Ansicht von vorn.

Fig. 12: Ansicht von hinten.

Eine typische Form der eingestreuten Knochen bilden die, welche der grossen Fontanelle aufsitzen und dieselbe mehr oder weniger ausfüllen. In einzelnen Fällen haben diese Knochen der grossen Fontanelle engen Zusammenhang mit dem os parietale und sind durch keine Naht von demselben getrennt. Zur Bildung dieser Knochen gehört nicht immer ein hydrocephalischer Schädel, aber sie finden sich häufiger bei dem letzteren.

Goeden, *De fonticulis quos vocant ossificatos, Inaug. Diss. Würzburg 1837.

Abbildung: Atlas, Tafel XLII, Fig. 13. Taf. XLII, Fig. 13.

Crève, *De calvariae osteogenia et fontanellarum ante partum aphanismo. Inaug. Diss. Heidelberg (Frankfurt a/M.) 1841.

Abbildungen: Atlas, Tafel XLII, Fig. 14 u. 15. Taf. XLII, Fig. 14 u. 15.

Nesensohn, *Eine Beobachtung von Verknöcherung der grossen Fontanelle bei Zwillingen, Inaug. Diss. Tübingen 1857.

Dieser sehr seltene Fall von gleichen Verbildungen bei Zwillingen hat schon Erwähnung gefunden im 1. Theile dieses Buches, S. 16.

Abbildungen: Atlas, Tafel XLII, Fig. 16 u. 17. Taf. XLII, Fig. 16 u. 17.

Schaltknochen längs der Pfeilnaht beschreibt

Fürst, *Festschrift zur Feier des fünfundzwanzigjährigen Bestehens der Kinder-Poliklinik zu Leipzig, 1880, S. 48.

Abbildung: Atlas, Tafel XLII, Fig. 18. Taf. XLII, Fig. 18.

Eine reiche Sammlung derartiger Unregelmässigkeiten in der Verknöcherung des Schädeldaches bietet auch die Dissertation von

Hartmann, *Beiträge zur Osteologie der Neugeborenen, Tübingen 1869.

Nicht immer ist gleich bei der Geburt der Schädel so umfangreich, dass das Vorhandensein einer übernormalen Menge von Flüssigkeit in der Schädelhöhle in die Augen fiele; aber bald nach der Geburt beginnt dann eine krankhafte Füllung, die zu ganz enormer Volumensentwickelung des Schädels führen kann. Unter vielen derartigen Beobachtungen wähle ich ein Beispiel heraus, beschrieben von

Klein, *Kurze Beschreibung einiger seltenen Wasserköpfe, Stuttgart 1819, S. 1.

Von der 5. Woche des Lebens an fiel die Vergrösserung in die Augen. Bis zum 16. Monate, zu welcher Zeit das Kind starb, betrug, bei einer Gesammtlänge des Kindes von 32 Zoll, der Umfang des Kopfes über Hinterhaupt und Stirn gleicherweise 32 Zoll, eine Linie, die sonst beim gleich alten Kinde 19 Zoll 9 Linien, beim Erwachsenen 23 Zoll 8 Linien zu betragen pflegt. Vom 9. Monate an konnte das Kind nicht mehr sehen, da durch den Druck auf die Bewegungsnerven des Augapfels derselbe so rotirt wurde, dass die Pupillen unter das untere Augenlid zu liegen kamen.

Abbildungen: Atlas, Tafel XLII, Fig. 19 u. 20. Taf. XLII, Fig. 19 u. 20.

Es ist naheliegend, dass der Hydrocephalus internus einen schädigenden Einfluss auf die Entwickelung der Hirnmasse und zum Theil auch der von der Basis sich abzweigenden Nerven ausüben wird. Gewöhnlich wird sich eine Hemmung der Entwickelung bemerkbar machen.

Die Masse der Hemisphären wird gegen die Dura hin comprimirt und man findet oft nur noch eine ganz dünne Schicht auf dem Wasser schwimmend, oft ist diese Schicht auch an vielen Stellen usurirt und die Ventrikel communiciren dann mit den pericerebralen Räumen.

Die Störungen in der Entwickelung der Hirnmasse an der Basis cerebri können die verschiedenartigsten Bildungsdefecte an den von der Basis abgehenden Nerven und an den mit diesen im Zusammenhange stehenden Organen hervorrufen.

Eine sehr häufige Complication des Hydrocephalus ist die Anophthalmie. Die mangelhafte Entwickelung des Vorderhirns verhindert die Ausbildung der primitiven Augenblasen, indem die Vorderlappen der grossen Hemisphären zu Wassersäcken verändert werden oder nur als einfache Blase vorhanden sind. Man findet in den Augenhöhlen nur die Rudimente besagter Organe. Ein exquisites Beispiel dieser Art berichtet

Otto, *Monstrorum sexcentorum descriptio, Obs. 132, S. 77, Tafel II, Fig. 6.

Taf. XLIII, Fig. 1. Abbildung: Atlas, Tafel XLIII, Fig. 1.

Es sind dies Fälle, die in ihrer Entstehung eine gewisse Aehnlichkeit haben mit der Cyklopie, wie weiter unten beschrieben werden soll.

In seltenen Fällen kommt es vor, dass auch bei vorgerückter Entwickelung der Frucht die Wasserzunahme in der Schädelhöhle so steigt, dass ein Platzen stattfindet. Doch geschieht die Perforation dann nicht in grosser Ausdehnung, sondern es bildet sich eine mehr oder minder starke Fistel. Dieser Vorgang braucht das Leben der Frucht nicht zu zerstören.

Eine derartige Gehirnfistel bei geheiltem Hydrocephalus sah

Billroth, Archiv für Klinische Chirurgie, Bd. 3, S. 398, Taf. III. — *Canstatt's Jahresbericht, 1862, IV, S. 6.

Selbst nach einem Platzen in grösserer Ausdehnung braucht noch nicht immer der intrauterine Tod zu folgen.

Heine, *Prager medicinische Wochenschrift, 1876, No. 48, beschreibt einen Kopf mit verkleinerter Schädelkapsel. Von der Nasenwurzel bis zum Hinterhaupt eine Lücke. Oberer Orbitalrand und Stirnbein mangelhaft entwickelt. In der Stirngegend eine starke Hervorragung.

*Sammlung des pathologisch-anatomischen Instituts zu Leipzig, Missbildungen No. 108.

Die longitudinale Spalte des Schädeldaches erstreckt sich bis zum Stirn- und Nasenfortsatz. Augen mangelhaft entwickelt. Nase fehlt gänzlich. Sagittale Schädelpartie collabirt. In diesem Falle von intrauteriner Berstung wird das Kind todtgeboren sein, dem Präparate nach zu urtheilen.

Taf. XLIII, Fig. 2. Abbildung: Atlas, Tafel XLIII, Fig. 2.

Dass auch noch in partu das spontane Sprengen des hydrocephalischen Kopfes erfolgen kann, ist bekannt.

Dass die mit Ausschwitzung einhergehende chronisch Hirnhautentzündung in einzelnen Fällen auch durch Fremdbildungen in der fötalen Schädelhöhle herbeigeführt werden kann, liegt nahe. Man vergleiche nur die hierhergehörigen Berichte über die Verhältnisse bei den craniellen Intrafötationen (siehe Seite 69). Eine Dermoidcyste veranlasste die Bildung eines bedeutenden fötalen Hydrocephalus in einem Falle, beschrieben von

Otto, *Verzeichniss der anatomischen Präparatensammlung des Anatomie-Institutes zu Breslau, 1826, S. 60, No. 2891 und Erster Nachtrag, Breslau 1830, S. 41, No. 8815.

Knabe, ausgetragen. Wasserkopf. Sehr kleine Augenspalten. Ungeheurer Wolfsrachen, nebst Hasenscharte und weit offenstehender rechter Nasenhöhle. — Linke Hirnhemisphäre sehr ausgedehnt. Am hinteren Ende derselben eine angeborene, bis in die Seitenventrikel führende und mit einer Haar und Fett enthaltenden Balggeschwulst erfüllte Höhle.

Wenn Bednar eine besondere Form des Hydrocephalus internus aufstellt, die ohne Vergrösserung des Schädelvolumens bei normalen Nähten und Fontanellen vorkommt (*Die Krankheiten der Neugeborenen und Säuglinge, Bd. 1, S. 46 und 85), so muss man bedenken, dass, ehe der Schädel verknöcherte, sehr wohl eine Verminderung der abnorm grossen Flüssigkeitsmenge durch Aufsaugung stattfinden kann. Es sind dies auch die oben bereits erwähnten Fälle, wo dann leicht die Knochenbildung mit Bildung von Schaltknochen einherzugehen pflegt.

Der Hydrocephalus externus kommt nur selten angeboren vor. Die Flüssigkeitsmenge findet sich dann in dem Subarachnoidealraume. Die Compression des Gehirns erfolgt von der Peripherie aus gegen die Basis hin. Entsteht der Hydrocephalus in einer sehr frühen Fötalperiode, so kann auch Defectbildung einzelner Hirnpartien die Folge sein.

In der Mehrzahl der Fälle nimmt auch der Kanal des Rückenmarks an der Wasseransammlung mehr oder weniger Theil. Es ist somit in der Regel Hydrocephalus mit Hydromyelie complicirt. Auch hier wird es von der Menge der Flüssigkeit abhängen, ob das Rückenmark selbst dabei in der Entwickelung gehemmt oder, wenn schon weiter ausgebildet durch Druckschwund destruirt wurde. Im geringsten Grade findet man den Centralkanal etwas reichlicher mit Wasser gefüllt; in dem stärksten ist die Markmasse ganz geschwunden, die Häute enthalten nur eine grosse Menge von Flüssigkeit.

Virchow, *Geschwülste, Bd. 1, Seite 185 macht auf die ektatischen Erweiterungen im Rückenmarkskanal aufmerksam und beschreibt einen Fall, in dem ein hühnereigrosser Sack das Rückenmark im Cervicaltheile vollständig theilte, so dass ein centraler und ein peripherer Abschnitt vorlag. Die Wassersucht ausserhalb des Rückenmarks, dem Hydrocephalus externus entsprechend, findet sich relativ häufiger, als der letztere. Sie wird in dem Abschnitte über Spina bifida besprochen werden.

Hirnbruch. Hirnwasserbruch.

Encephalocele, Hirnbruch. Hydrencepholocele, Hirnwasserbruch. Meningocele. Schon oben wurde darauf aufmerksam gemacht, dass die Vertheilung der Flüssigkeitsmenge beim Hydrocephalus nicht immer eine gleichmässige sei. Ist aber die Wasseransammlung nur eine partielle, entstehen einseitige Ausbuchtungen der Hirnhäute, so kann über denselben ein vollkommener Knochenverschluss nicht mehr stattfinden. Gewiss wird es auch vorkommen, dass einzelne Partien des häutigen Schädels durch amniotische Verwachsungen ausgebuchtet werden und Anlass zu partiellen Hervorwölbungen des Schädelinhalts geben. Dass diese Art der Bildung, wie Viele anzunehmen geneigt sind, die gewöhnliche ist, dagegen spricht das regelmässige Vorkommen der Encephalocelen resp. Hydrencephalocelen in der Mittellinie des Schädels.

Auch die äussere Bedeckung ist nicht immer im Stande, diese heraustretenden Säcke zu bekleiden, und so finden wir als Endresultat des Processes, dass an einzelnen Stellen des sonst mehr oder weniger gut gebildeten Schädeldaches sich eine Oeffnung befindet, aus der ein mit Flüssigkeit, seltener mit Hirnmasse, gefüllter Sack hervortritt. Viel seltener kommt der reine Hirnbruch vor, bei dem man nur Hirnsubstanz durch eine widernatürliche Oeffnung des Schädeldaches oder seiner Nähte prolabirt findet. Da bei dieser Anomalie der Schädelhöhlendruck nicht vergrössert zu sein pflegt, so muss eine Verminderung der Widerstände dem Wachsthume des Gehirns den Durchtritt durch das Schädeldach gestatten. Ossificationsdefecte dürften am häufigsten die Ursache hierfür geben. Ackermann, Die Schädeldifformitäten bei Encephalocele, Halle 1882, S. 30, konnte in einem Falle in der Hinterhauptschuppe neben einem grösseren Knochendefecte, durch den der Hirnbruch hindurchgetreten war, noch einen kleinen Defect nachweisen, ein Beweis, dass der Defect die primäre Anomalie darstellte.

Den geringsten Widerstand setzen einem erhöhten intracraniellen Drucke die häutigen Bedeckungen des Schädels entgegen, und so findet man die Mehrzahl der Hirn- und Hirnwasserbrüche in der Sagittallinie des Schädeldaches, seltner der Basis. Handelt es sich um einen reinen Hirnbruch, so wuchert eben die Hirnsubstanz dem geringeren Widerstande folgend durch die Schädelöffnung durch, wie in gleicher Weise die Leber bei vorhandenem Nabelschnurbruche einen Fortsatz durch den erweiterten Nabelring schickt. Wie in diesem Falle, so erklärt sich auch für jenen die Zunahme des Materials, auf die bei Beschreibung von Encephalocelen wiederholt aufmerksam gemacht worden ist.

Einzelne Stellen sind besonders bevorzugt, an denen diese Ausbuchtung stattfindet. Es sind dies die regio occipitalis, die regio frontalis und die Schädelbasis. Raab, *Wiener medicinische Wochenschrift 1876, No. 11, 12 und 13, berichtet, dass nach Houel von 93 Fällen 68 auf die regio occipitalis, 16 auf die regio frontalis und 9 auf die basis cranii fielen. Raab selbst berichtet bei dieser Gelegenheit über 8 Fälle, die in der Nähe der Orbita sassen, und zwar erfolgte dabei sieben Mal der Durchtritt in der Lamina cribrosa des Siebbeins und in der sutura fronto-nasalis, fronto maxillaris oder fronto-lacrymalis.

Die fleissigste Arbeit, zugleich auch die grösste Sammlung hierhergehöriger Fälle, ist von Spring geliefert worden.

Spring, *Monographie de la hernie du cerveau et de quelques lésions voisines, Bruxelles 1853.

Sie enthält 167 Beobachtungen sowohl der reinen Encephalocele wie der Hydrencephalocele. Zwei Beobachtungen sehr voluminöser Hirnbrüche sind in trefflichen Abbildungen illustrirt.

Encephalocele und Hydrencephalocele occipitalis. Die Oeffnung in der Schädelkapsel findet sich bei dieser Form in der Regel zwischen den getrennten Hälften des os occipitis und reicht bis zum foramen magnum. Der herausgetretene Sack hängt dann wie ein Chignon auf dem Rücken des Kindes. Er erreicht sehr bedeutende Grösse und übertrifft oft bei weitem den Umfang des Kopfes. Auch einfache Hirnbrüche dieses bedeutenden Volumens finden sich beschrieben, wie z. B. in der Monographie von Spring *l. c. eine derartige Beobachtung abgebildet ist.

Unter den zahlreichen Beobachtungen wähle ich einige heraus, deren Abbildungen die Formveränderung deutlich machen sollen:

Tacconi, *De nonnullis Cranii, Ossiumque fracturis, eorumque conjunctione itemque de Osteocolia, de raris herniis quibusdam, de partu monstroso naevis et maculis, quae in foetibus imprimuntur, Dissertatio, Bononiae 1751.

Abbildung: Atlas, Tafel XLIII, Fig. 3. Taf. XLIII Fig. 3.

Buettner, *Dissertatio sistens Hydroencephaloceles casum singularem, Berlin 1832.

Abbildungen: Atlas, Tafel XLIII, Fig. 4 u. 5. Taf. XLIII, Fig. 4 u. 5.

Fig. 5: Die widernatürliche Oeffnung des os occiput steht in weiter Verbindung mit dem foramen magnum.

Schlemm, Mittheilung an Buettner, *l. c.

Abbildung: Atlas, Tafel XLIII, Fig. 6. Taf. XLIII, Fig. 6.

Vrolik, *Tabulae ad illustrandam embryogenesin etc., Taf. 43, Fig. 3 u. 4

Abbildungen: Atlas, Tafel XLIII, Fig. 7 u. 8. Taf. XLIII, Fig. 7 u. 8.

*Sammlung des pathologisch-anatomischen Instituts zu Tübingen.

Taf. XLIII, Fig. 9. Abbildung: Atlas, Tafel XLIII, Fig. 9.

Bemerkenswerth ist in diesem Falle die Abflachung des Schädeldaches in Folge des Heraustretens der Masse des Hirns und Hirnwassers. Bei der Entstehung der Mikrocephalie komme ich auf diesen Punkt wiederum zu sprechen.

*Sammlung der Entbindungsanstalt in Leipzig.

Doppelte Hydrencephalocele von der Grösse des Kopfes bei einer zweiköpfigen Frucht.

Weit seltener ist die Gegend der grossen Fontanelle die Stelle, an welcher die Ektopie stattfindet.

C. C. Siebold, *Dissertatio sistens fasciculum observationum medico-chirurgicarum. Würzburg 1769.

Taf. XLIII, Fig. 10. Abbildung: Atlas, Tafel XLIII, Fig. 10.

Benecke, *Archiv des Vereins für wissenschaftliche Heilkunde, 1864, No. 2, S. 169.

Taf. XLIII, Fig. 11. Abbildung: Atlas, Tafel XLIII, Fig. 11.

Ein sehr gut beschriebener Fall dieser Art der Encephalocele findet sich bei

Vrolik, *Tabulae ad illustrandam embryogenesin etc., Tafel 35 und 36.

Taf. XLIII, Fig. 12, 13, 14 u. 15. Abbildungen: Atlas, Taf. XLIII, Fig. 12, 13, 14 u. 15.

Fig. 15: t. oc., Knorpeliger Tumor des Hinterhaupts.
Fig. 13: das aus der Schädelhöhle entfernte Gehirn.
Fig. 14: Schädelknochen; t. oc., Tumor des Hinterhauptbeins.

Die Encephalocele und Hydrencephalocele frontalis oder anterior befindet sich in der Regel am vorderen Rande der Schädelbasis, so dass sie in der Gegend der Glabella nach aussen tritt; doch kann sie auch in die Orbita hinein sich ausbuchten und kommt dann an dieser Stelle zu Tage.

Meckel hat die frühzeitigen Stufen dieser Form öfter gesehen und bildet ein sehr instructives Präparat aus der 5.—6. Fötalwoche ab, welches bereits eine abgegrenzte Hervorbuchtung der Wand der vorderen Hirnblase zeigt.

Meckel, *Müller's Archiv, 1850, S. 269, Taf. VII, Fig. 3.

Taf. XLIII, Fig. 16. Abbildung: Atlas, Taf. XLIII, Fig. 16.

Deutschberg, *De tumoribus nonnullis congenitis, Dissertatio. Breslau 1822.

Taf. XLIII, Fig. 17. Abbildung: Atlas, Tafel XLIII, Fig. 17.

Niemeyer, *De hernia cerebri congenita, Inaug. Diss. Halle 1833.

Taf. XLIII, Fig. 18, 19, 20 u. 21. Abbildungen: Atlas, Tafel XLIII, Fig. 18, 19, 20 u. 21.

Clar, *Zeitschrift der k. k. Gesellschaft der Aerzte zu Wien, 1851, Sept. Sep.-Abd.

Das lebende Kind wurde dem Wiener Findelhause übergeben. Bei der nachmaligen Section wurde gefunden, dass ein Theil des Vorderhirns durch eine Oeffnung des Siebbeins hindurch die Haut zur Seite der Nase weggestülpt und so die Verunstaltung des Gesichts hervorgebracht hatte.

Taf. XLIV, Fig. 1, 2 u. 3. Abbildungen: Atlas, Tafel XLIV, Fig. 1, 2 u. 3.

Fig. 1: h, hernia cerebri; sl, (Die Buchstaben sind in der Abbildung undeutlich ausgefallen.) bis in die mittlere Nasengegend herabgezerrte Thränensäcke; n, verschobene Nase.

Fig. 2: pr. n, Nasenfortsatz des Oberkiefers.

Fig. 3: c. n, Nasenhöhle; cribr, Siebbein; cer. a, Vorgefallene Partie des Vorderhirns; n, Nase.

Talko, *Virchow's Archiv, Bd. 50, S. 538.

4 Wochen alter Knabe. Encephalocele der Glabella aufsitzend, die Nase fast bedeckend. Tod im 6. Monate. Der Tumor stellte sich als eine Cerebralhernie der linken Hemisphäre heraus. Ausserdem war der linke Seitenventrikel stark mit Flüssigkeit gefüllt. Die äussere Hülle des Tumors wurde durch verdicktes Unterhautzellgewebe gebildet.

Abbildungen: Atlas, Tafel XLIV, Fig. 4 u. 5. Taf. XLIV, Fig. 4 u. 5

Fig. 5: Durchschnitt durch äussere Bedeckung, Hirnbruch und Schädeldach.

Schwarz, *Gemeinsame deutsche Zeitschrift für Geburtskunde, Bd. 4, S. 182.

Teigige Geschwulst über den Stirnbeinen eines neugeborenen Kindes mit Cyklopie. Der Autor hat nur eine sehr mangelhafte Untersuchung vornehmen können und glaubt daher, es sei keine Oeffnung im Schädeldache vorhanden gewesen. Doch betont er die Kleinheit des Hinterhaupts.

Abbildungen: Atlas, Tafel XLIV, Fig. 6 u. 7. Taf. XLIV, Fig. 6 u. 7.

Fig. 7: Profilansicht.

Baumgärtner, *Physiologischer Atlas, Tafel XXXIII, Fig. 3.

Der Sitz der Encephalocele ist ausnahmsweise seitlich der grossen Fontanelle. Ausserdem Wolfsrachen.

Abbildung: Atlas, Tafel XLIV, Fig. 8. Taf. XLIV, Fig. 8.

*Sammlung des pathologisch anatomischen Instituts zu Leipzig, Missbildungen No. 89.

Doppelseitiger, aus jeder Orbita austretender Hirnbruch. Die Frucht ist sonst noch vielfach missgestaltet. Sie zeigt eine fissura sterni, ektopia cordis und viscerum. Rudimentäre Entwickelung des linken Arms.

Abbildung: Atlas, Tafel XLIV, Fig. 9. Taf. XLIV, Fig. 9.

Die Hirnbrüche in und am Keilbeine. Besonders in denjenigen Fällen, in welchen durch frühzeitige Ansammlung von Wasser an der Schädelbasis eine Vereinigung der Knochen der Basis verhindert wurde, sehen wir breite Communicationen mit der Nasen-Rachenhöhle. Da dann die Oberkieferfortsätze ebenfalls häufig sich nicht in der Mittellinie treffen, so compliciren sich derartige Fälle mit Wolfsrachen und Lippenspalte.

Aber auch ohne diese Vorbedingungen bleibt im Keilbein beim Fötus lange Zeit hindurch ein Kanal bestehen, der Schädelhöhle mit Rachenhöhle verbindet, die Oeffnung, durch welche der oberste Zipfel des Vorderdarmes in Verbindung steht mit der Glandula pituitaria. Luschka, *Der Hirnanhang und die Steissdrüse des Menschen, Seite 35, fand bei Embryonen aus sehr früher Zeit diesen Kanal wiederholt durchgängig, will auch bei 8—12 wöchentlichen Embryonen Spuren desselben gesehen haben. Bei einer mit Spina bifida und Hernia diaphragmatis missbildeten Frucht konnte Luschka diesen Kanal im Türkensattel in einer Breite von 1,5 Mm. und in einer Länge von 5 Mm. verfolgen.

Klinkosch, Dissertation, Prag, sel. I, S. 199, fand bei einem neugeborenen Kinde einen noch weit grösseren persistirenden Kanal im Türkensattel. Durch die federspulweite Oeffnung war ein Theil der harten Hirnhaut vorgefallen und bildete, in der Mundhöhle liegend, einen haselnussgrossen Sack, der die Hypophysis enthielt.

Virchow, *Geschwülste, 1. Th., S. 188, bildet ein vorzügliches Exemplar einer Hydrencephalocele palatina von einem Neugeborenen ab. Die Geschwulst ragte in der Grösse eines kleinen Apfels mit unregelmässig höckriger Oberfläche aus dem Munde heraus. Der Stiel liess sich durch eine Spalte des harten Gaumens zu einer Oeffnung in der Schädelbasis verfolgen, die unmittelbar vor dem Keilbein und hinter dem noch knorpeligen Siebbein lag. Die Wand des Sackes bestand aus Dura mater, der Inhalt aus Flüssigkeit und in den höhergelegenen Theilen aus Hirnmasse, die sich continuirlich in das Grosshirn fortsetzte. Letzteres war an die Grundfläche zusammengedrängt, der obere Theil bildete einen grossen Flüssigkeitssack.

Diejenigen Encephalocelen, welche im Zusammenhange mit amniotischen Verwachsungen entstanden sind, finden ihre Besprechung im dritten Theile dieses Werkes, den durch Erkrankung des Amnion hervorgebrachten Missbildungen. Dort werden zahlreiche Abbildungen dieser Formen gegeben werden.

Mikrocephalie.

Mikrocephalie. Wenn ich im Anhange an die Hydrocephalie die Mikrocephalie und dann auch die Synopsie (Cyklopie) bespreche, so deute ich dadurch an, dass ein genetischer Zusammenhang zwischen diesen drei Missbildungen des Gehirns besteht. Schon Cruveilhier, *Traité d'anatomie pathol. gén. Tome IV S. 75, spricht deutlich von der Mikro-hydro-encephalie und giebt in seinem Atlas, 15. Lieferung, Tafel 4, eine entsprechende Abbildung. Zweifellos ist der pathologisch-anatomische Befund bei den einzelnen Fällen der Mikrocephalie ein sehr verschiedener. Zwei Formen treten aber deutlicher hervor, die Klebs *Oesterreichische Jahrbücher für Pädiatrik, 1876, I, als Hydro- und Mikroencephalie bezeichnet. Während bei der reinen Mikrocephalie das Gehirn und mit ihm das Schädeldach in der Entwickelung gleichmässig zurückgeblieben ist, das Gehirn mit seinen wenig zahlreichen Windungen einem früheren fötalen Entwickelungszustande entspricht, sind bei der Hydromikrocephalie die deutlichen Zeichen einer abnormen Wasseransammlung in der Schädelhöhle vorhanden, die seiner Zeit für die Ausbildung des Gehirns ein Hinderniss abgegeben haben, dann aber durch Aufsaugung oder Abfluss sich wieder vermindert und nicht zum Hydrocephalus, sondern zum Hydro-Mikrocephalus geführt haben.

Theoretisch lassen sich für die Entwickelung der reinen Mikrocephalie folgende Punkte hervorheben. Erstens muss man daran denken, dass Gehirn wie Schädeldach gleichzeitig in der Entwickelung zurückblieben, wie ja andere Theile des Körpers auch eine auffallende Kleinheit behalten können.

Man kennt keine Fälle, in denen die Mikrocephalie auf diese Weise entstanden gedacht werden kann; denn stets ist ausser der allgemeinen Verkleinerung des Gehirns auch noch eine abnorme Ausbildung, entsprechend einer fötalen Entwickelungsstufe, bemerkt worden.

Zweitens kann die Entwickelung des Gehirns und mit ihr secundär des Schädels langsamer vor sich gehen, als die der übrigen Körpertheile. Dieser Vorgang gehört nicht zu den Seltenheiten im menschlichen Organismus. Ich erinnere an die Spätentwickelung der Zähne, des Uterus etc. Auch der ganze Körper kann, wie dies bei hereditärer Lues ausser Frage steht, in toto in der Entwickelung gleichmässig zurückbleiben, vielleicht kommt dieser Vorgang bei derselben Ursache auch isolirt bei einzelnen Organen vor.

Drittens kann ein gleichmässiger concentrischer Druck auf die Hirnperipherie die Entwickelung hindern. Dieser Entstehungsmodus ist anzunehmen in den Fällen, in denen frühzeitige Synostosen der Schädelknochenverbindungen sich gebildet haben (Virchow). Er ist aber auch sehr wohl denkbar bei getrennten Schädelknochen, nur dass wir dann den Druck für einen vorübergehenden ansehen müssen. Mir scheint dieser Entstehungsmodus der wahrscheinlichste für die grössere Reihe der nicht Hydro-Mikrocephalen mit beweglichen Schädelknochen. Auch hier, nehme ich an, hat früher eine abnorme Wasseransammlung in der Schädelhöhle bestanden, das Gehirn gleichmässig in seinem Oberflächenwachsthum gehindert. Durch Schwund der Flüssigkeit aber zu einer früheren Zeit der Schwangerschaft hat der Druck nachgelassen, die Schädeldecke ist nicht weiter ausgedehnt worden, das Gehirn hat nach und nach die Höhle ausgefüllt.

Es sind Anzeichen dafür vorhanden, dass dieser Schwund auch bisweilen ein plötzlicher ist, indem eine Perforation der Schädeldecken den Abfluss des Wassers gestattete. Die Beobachtung von Billroth, Archiv für klinische Chirurgie III, 398, Tafel III. 1862 — *Canstatt's Jahresbericht 1862, IV. S. 6, beweist, dass eine Hirnfistel entstehen kann, durch die der Abfluss der Flüssigkeit erfolgt. Das Kind wurde lebend geboren und lebte $2^1/_2$ Jahr lang. Die Fistel stand in Verbindung mit dem Vorderhorn des rechten Seitenventrikels.

Heine, *Prager medicinische Wochenschrift, 1876, No. 48, berichtet sogar von einem Falle, in dem ein Kind mit verkleinerter

Schädelkapsel geboren wurde, bei dem von der Nasenwurzel bis zum Hinterhaupte eine Lücke sich vorfand. Heine fasst diesen Fall als geheilten intrauterin geplatzten Hydrocephalus auf.

Nimmt man ferner hinzu die Thatsache, dass sich sowohl unter den Encephalocelen wie unter den Hemicephalen eine vollständige Stufenreihe von den grössten bis zu den kleinsten Defecten findet, dass der Schädel in den letzteren Fällen dem Mikrocephalenschädel äusserst ähnlich gestaltet ist, so wird es noch wahrscheinlicher, dass man sich in einzelnen Fällen den Mikrocephalus hervorgegangen denken muss durch Abfluss einer früher im Uebermaass vorhandenen Menge von Cerebralflüssigkeit; dann wäre der Mikrocephalus der Folgezustand einer fötalen Hydropsie.

Bruns, Handbuch der practischen Chirurgie, Erste Abtheilung, Tübingen 1854, Seite 702 sagt, dass der Schädel um so kleiner werde, je bedeutender die Encephalocele, und zwar flache sich das Schädelgewölbe ab. An Sagittaldurchschnitten der Schädel von Früchten mit Encephalocele, wie solche von Ackermann, *Die Schädeldifformität bei der Encephalocele congenita, Halle 1882, abgebildet worden, lässt sich am deutlichsten erkennen, wie die Gestalt des Schädels den bei Mikrocephalen gefundenen sich mehr und mehr nähert. Spring, *Monographie de la hernie du cerveau, Seite 127, deutet diesen Zusammenhang schon bestimmt an.

In neuerer Zeit scheint man ein zu grosses Gewicht auf den permanenten Gebärmutterdruck zu legen, der eine allseitige Compression des Schädels bei Mangel von Fruchtwasser bewirkt haben soll. Besonders betont diesen Punkt Gerhartz, *Die Mikrocephalie und ihre Ursachen. Dissertation. Bonn 1874.

Da die Entstehung der Mikrocephalus in den 3. oder 4. Monate der Gravidität zurückverlegt wird, so ist diese angedeutete Entstehungsweise gar nicht denkbar, denn man kennt keine Schwangerschaften, bei denen um diese Zeit Fruchtwassermangel herrscht und die Kinder ausgetragen werden. Ausserdem würde nicht nur der Schädel, sondern das ganze Kind einem stärkeren Drucke ausgesetzt werden, so dass man auch Verkümmerung anderer Skeletttheile am Mikrocephalus wahrnehmen müsste.

Bischoff, *Anatomische Beschreibung eines mikrocephalen 8jährigen Mädchens, Helene Becker aus Offenbach; aus den Abhandlungen der k. bayer. Akademie der Wissenschaften, II. Cl., XI. Bd., II. Abthl. München 1873.

Helene Becker, 1863 geboren, gestorben im Februar 1872, eins der mikrocephalen Geschwister der Familie Becker, von denen zur Zeit eine jüngere Schwester, Gretchen, ebenfalls dem sachverständigen Publikum gezeigt wird. Ein jüngst gestorbener Bruder ist der Würzburger pathol. Anstalt übergeben worden.

Taf. XLIV, Fig. 12 u. 13. Abbildungen: Atlas, Tafel XLIV, Fig. 12 u. 13.

Fig. 12: Seitenansicht nach dem Tode gezeichnet.
Fig. 13: Seitenansicht des Gehirns von links.

Die Schädelbildung und Gehirnentwickelung beim Hydro-Mikrocephalus weicht von der Form des reinen Mikrocephalus wesentlich ab, indem einzelne Theile des Schädeldaches durch die abnorme Wasseransammlung mehr weniger ausgebuchtet, die betreffenden Gehirnpartien dagegen beeinträchtigt werden. Der Uebergang vom Hydro-Mikrocephalenschädel zum Cretinschädel ist ein vollständig gleichmässiger.

Vorstmann, *Beschrejving eener misvormde menschlijke vrucht, Inaug. Diss. Leyden 1857.

Hydro-Mikrocephalie. Cyste des dritten Ventrikel, die eine Beeinträchtigung des Wachsthums der linken Hemisphäre zur Folge hatte. Vordere Hemisphärenpartien vereinigt, wie bei beginnender Cyklopie.

Abbildungen: Atlas, Tafel XLIV, Fig. 10 u. 11. Taf. XLIV,

Erklärung: Fig. 11: H. sin, rudimentäre linke Hemisphäre; H. comm, Durchschnitt durch die Vereinigung der vorderen Partien der Hirnhemisphären; Cy, Cyste des 3. Ventrikel; int. aqu, Eingang zum Aquaeductus. Fig. 10 u. 11.

Eine Unterart der Hydro-Mikrocephalie ist die Porencephalie. Mit diesem Namen bezeichnete Heschl, Prager Vierteljahrsschrift 1859 und 1868, Seite 40, Gehirne, an denen sich auf der Oberfläche der Grosshirn-Hemisphäre Substanzverluste finden, die entweder offen in die Arachnoidealhöhle münden, oder tiefer in die Hirnmasse selbst, ja bis zu den Ventrikeln gehen. Kundrat, *Die Porencephalie, eine anatomische Studie, Graz 1882, hat neuerdings alle bisher beobachteten Fälle zusammengestellt und das Wesen der Erkrankung eingehender beleuchtet. Als Beispiel der Porencephalie möge einer der ersten von Heschl beschriebenen Fälle gelten:

Heschl, Prager Vierteljahrsschrift, 1868, C, S. 40—45. — Schmidt's Jahrbücher, Bd. 142, S. 149.

Ein im Grazer Gebärhause scheintodt zur Welt gekommener und nach zwei Tagen verstorbener reifer Knabe zeigte am Schädel breite Nähte. Die eröffnete Schädelhöhle entleerte etwa 1 Pfund gelblichen klaren Serums. Die zarten inneren Gehirnhäute lagen der innern Oberfläche der Parietal-Arachnoidea fest an, ohne jedoch damit verwachsen zu sein und jenes Serum hat die Stelle des zum grössten Theile fehlenden Grosshirns eingenommen. Die linke Hemisphäre war nur durch Tractus olfactorius, durch Thalamus opticus und innern Theil des Corpus striatum nebst Pedunculus und Gyrus cinguli repräsentirt. Die rechte Hemisphäre zeigte die nämlichen Theile und ausserdem noch den Boden des Hinterhorns, sammt dem hintern inneren Theile des Hinterlappens. Ausserdem war noch der schmächtige Fornix und nach unten das Septum ventriculorum zu erkennen. An der Innenfläche der weichen Hirnhäute sassen links zwei Inseln von Marksubstanz, von denen die vordere etwa mandelgross dem Schläfenlappen entsprach, die hintere von der Grösse einer halben Nuss den Hinterlappen vertrat. Ausserdem fanden sich noch mehrere Gruppen griessartiger weisslicher Körnchen auf der Innenfläche der Pia. Die genannten Markinseln waren durch feine Zotten uneben und schwach gelblich; ihre Substanz und jene der Körnchen war leicht zerreisslich.

In der Gegend, wo sonst der Balken liegt, verlief ein schwieliger Rand der inneren Hirnhäute, der arteria corporis callosi entsprechend, von vorn nach hinten. — Das Kleinhirn war nur etwas kleiner, sonst aber neben den Nerven an der Gehirnbasis normal.

Bei den mikroskopischen Untersuchungen zeigten sich die Körnchen als in fettiger Degeneration begriffene Hirnsubstanz. Ausserdem fiel der Mangel aller mit freiem Auge sichtbaren Blutgefässe auf.

Die immer wiederkehrende Beobachtung dieser zerfallenen Elemente des Gehirns bei der Porencephalie haben Heschl veranlasst, den Zustand als durch Hirnverflüssigung entstanden anzunehmen und die Verstopfung der Gefässe als primäre Ursache der Anämie einzelner Hirnpartien zu beschuldigen. Bisher fehlt noch der Nachweis der fötalen Embolie, auch ist uns noch kein Vorgang bekannt, bei dem die Embolie im Fötus vorkäme.

Zahlreiche Abbildungen und vollständiges Literaturverzeichniss findet sich bei Vogt, *Ueber die Mikrocephalen oder Affen-Menschen, Archiv für Anthropologie, 1867, 2. Bd., S. 129.

Von späteren Arbeiten nenne ich:

Pozzi, *Revue d'Anthropologie, 1875, No. 2.

Aeby, Archiv für Anthropologie, 1875.

Giacomini, *Una microcephala, Torino 1876.

Mierzejewski, *Revue d'Anthropologie, par Broca, 1876, No. 1, S. 21.

Schüll, *Morphologische Erläuterung eines Mikrocephalen-Gehirns, Sep.-Abd.

Trigonocephalie.

Den Uebergang zum folgenden Abschnitte bildet eine Form der Schädelbildung, die von Welker und Küstner als Trigonocephalie bezeichnet wird; Lucae nannte die Köpfe Oocephalen, da die Eltern zweier so gestalteter Kinder dieselben mit „Eierköpfe“ benannten. Characteristisch ist die Schmalheit des Vorderschädels und das Näherrücken der Orbitae. Die Stirnnaht pflegt verknöchert bis zur grossen Fontanelle hin zu sein und ragt als Kante kielartig über die Stirn hervor. Küstner vergleicht die Schädelbildung mit einem Dreieck, dessen Basis die Verbindungslinie der beiden Tubera parietalia bildet, dessen Spitze in die crista ossium frontalium fällt. — Welker wie Küstner nehmen als Grundursache die primäre mangelhafte Entwickelung der vorderen Hirnpartie an, wie bei der Cyklopie. — Die Kinder sind theilweise geistig wenig entwickelt gewesen.

Welker, Untersuchungen über Wachsthum und Bau des menschlichen Schädels. Leipzig 1862.

Welker, Abhandlungen der naturforschenden Gesellschaft zu Halle, III, 1863, S. 152.

Lucae, Verhandlungen der Senkenberg'schen naturforschenden Gesellschaft, V, 1864—1865, S. 37.

Küstner, *Virchow's Archiv, Bd. 83, S. 58.

Abbildungen: Atlas, Tafel XLIV, Fig. 14 u. 15. Taf. XLIV, Fig. 14 u. 15.

Fig. 14: 2jähriger Knabe.

Fig. 15: Neugeborener Knabe.

Cyklopie. Synopsie. Beide Bezeichnungen der jetzt zu beschreibenden Missbildung deuten darauf hin, dass das auffallendste äussere Symptom derselben das Zusammenfliessen beider Augenhöhlen resp. Augäpfel ist. Vereinigen sich die Augenhöhlen sehr frühzeitig zu einer einzigen, wenn auch in der Breite ausgedehnten, so müssen die zwischen den Orbitae sich bildenden Organe zum Wegfall kommen, oder an andere Stelle gerückt werden. In der That sind die knöchernen Gebilde, Nasenbeine, Nasenhöhle, nur im hohen Grade rudimentär angelegt oder fehlen ganz, die häutigen Gebilde hingegen, die Bedeckung der Nase findet sich in der Regel über die confluirten Augen gerückt und sitzt dort in Gestalt eines zusammengerollten Hautlappens, Rüssels, mehr oder minder lang, mehr oder minder gestielt. Auch die Mundhöhle wird mit in die Missbildung hineingezogen und bleibt in der Entwickelung zurück, so dass sie nur einen ganz kleinen Raum beansprucht. Mundspalte wie Nasenrüssel können auch ganz fehlen. Cyklopie.

Da die Bulbi einer Ausstülpung der vorderen Hirnblase ihre Entstehung verdanken, so geht daraus hervor, dass die primäre Ursache der Missbildung nicht im Gesichtsschädel, sondern im Gehirn selbst zu suchen ist. Entsprechend der Vereinigung der Orbitae und Bulbi finden wir Zwischenhirn und Vorderhirn im Breitendurchmesser mangelhafter entwickelt, und zwar in einer Weise, wie sie ungefähr dem Entwickelungsgrade der 12. fötalen Woche entsprechen. Neben der Kleinheit dieser Partien ist es besonders auffallend, dass die Trennung in zwei Hemisphären unterblieben oder wenigstens nur angedeutet ist. Auch sind die Ventrikel zusammengeflossen und bilden eine gemeinsame Höhle.

In der Mehrzahl der Fälle findet sich ein stärkerer Wassererguss innerhalb der Ventrikel, so dass sich in der Regel eine grosse Blase an Stelle des Vorderhirns zeigt. So erklärt sich auch, dass, trotz der rudimentären Entwickelung der erwähnten Hirnpartien, der Vorderschädel nicht auffallend an Umfang verloren zu haben pflegt, sondern dass der Kopfumfang des Cyklopen meist dem eines wohlgebildeten Kindes entspricht.

Doch giebt es auch Fälle, wo dieser hydropische Erguss fehlt und eine Verkleinerung der Querdurchmesser des Gesichts in die Augen fällt. Am deutlichsten beobachtet man diese Form bei denjenigen Doppelmissbildungen, bei denen in einer gemeinsamen Schädelhöhle zwei Gehirne eingelagert sind, beim Synkephalus oder Janiceps (siehe Missbildungen 1. Abschnitt Seite 90); dort gehört eine symmetrische Ausbildung beider Gehirne zu den grössten Seltenheiten. Die rudimentären Gehirne bewirken nun in der Regel die exquisiteste Form der cyklopischen Gesichtsbildung, die sich in vielen Fällen auch noch mit Synotie complicirt.

Selbstverständlich sind bei der Cyklopenbildung diejenigen Nerven entweder nur rudimentär entwickelt oder einfach angelegt, die zum Auge und zur Nase hin gehen, und zwar hält die Ausbildung gleichen Schritt mit der Entwickelung des Gesichts.

Die Cyklopenbildung muss zu den selteneren Missbildungen gerechnet werden. Die Individuen sind, der Verkümmerungen des Gehirns halber, nicht lebensfähig.

Panum, Nordisk medicinskt Ark. Bd. 1, No. 1. — *Virchow-Hirsch, Jahresbericht, 1869, S. 175,
beschreibt einen circa 6 Wochen alten cyklopischen Fötus. Augen liegen unmittelbar nebeneinander, Nase fehlt. Ueber der Mitte der Augen ein kleiner conischer Zapfen. Die vordere Gehirnblase ist ungetheilt und kleiner als die Scheitelblase. Keine weiteren Verbildungen.

Ein zweiter, etwas älterer Fötus zeigte ausser den Eigenthümlichkeiten der cyklopischen Verwachsung noch Spina bifida und Labium leporinum.

Es ist zu betonen, dass in diesen beiden frühzeitig beobachteten Fällen sich keine Adhäsionen von Seiten des Amnion zeigten, wie auch an ausgebildeteren Exemplaren dieser Missbildung die amniotischen Verwachsungen fast ausnahmslos fehlen.

Dareste, dem sich Marchand anschliesst, hat angenommen, ein Druck von Seiten der Kopfkappe des Amnion auf die vordere Hirnblase trage die Schuld an der rudimentären Entwickelung des Hirns und gebe somit Anlass zur Cyklopenbildung.

Eine frühzeitige Ansammlung von Flüssigkeit in der Schädelhöhle ist auch aus dem Grunde als wahrscheinliche Ursache anzunehmen, weil nicht so selten Hemicephalie, Spaltbildung der Oberkieferfortsätze, Lippenspalten u. s. w. als Complication neben Cyklopie gefunden wird, wovon ich unten mehrere Beispiele bringen werde.

Man wird sich am besten die Entwickelung der Missbildung bei der Cyklopie veranschaulichen können, wenn man die Veränderungen, welche an den Augen zu bemerken sind, als Maassstab annimmt. Ich werde daher die Fälle zuerst bringen, in denen eine Verschmälerung des Gesichtes, das näher Aneinanderrücken der Augenhöhlen, den leichtesten Grad der Missbildung darstellt.

Derartige Fälle sind berichtet von

Rokitansky, *Handbuch der pathologischen Anatomie, 3. Aufl., 1. Bd., S. 59.
Taf. XLV, Fig. 1. Abbildung: Atlas, Taf. XLV, Fig. 1.
Hecker und Buhl, *Monatsschrift für Geburtskunde, Bd. 31, S. 430.

Sehr gut beschriebene Uebergangsform. Augen näher an einander gerückt, Nase rudimentär, Mangel des Zwischenkiefers und Oberkieferspalte. Schädel sehr klein, Nähte dicht an einander liegend, Stirnnaht synostotisch. Offene Spalte zwischen den Orbitaldecken in Nasen- und Mundhöhle führend. Die Hemisphären sind nicht von einander getrennt. Die beiden Seitenventrikel (Hinter- und Unterhörner) bilden durch Verschmelzung eine geräumige, mit viel Flüssigkeit gefüllte Höhle. Balken und Gewölbe sammt Septum pellucidum fehlen.

Abbildungen: Atlas, Tafel XLV, Fig. 2 u. 3. Taf. XLV,

Erklärung: Fig. 2: l. ant. d und l. ant. s, rechter Fig. 2 u. 3.
und linker vorderer Lappen nur angedeutet.

Fig. 3: Auch die unteren Lappen, l. inf. d und l. inf. s (rechter und linker) sind angedeutet.

Unbekannter Autor:

Verschmälerung des Gesichts in der Mittellinie, Näherrücken der Augen. Grosse mediane Gaumen- und Lippenspalte.

Abbildung: Atlas, Tafel XLV, Fig. 4. Taf. XLV, Fig. 4.

In den folgenden Beispielen sitzt die Nase noch zwischen den beiden Augen, doch ist es nur zur rudimentären Ausbildung des Nasenlappens gekommen.

Vrolik, *Tabulae ad illustrandam embryogenesin, Taf. 53, Fig. 1.

Abbildung: Atlas, Tafel XLV, Fig. 5. Taf. XLV,

*Sammlung des pathologisch-anatomischen Instituts zu Leipzig, Missbildungen Fig. 5.
No. 42.

Abbildung: Atlas, Tafel XLV, Fig. 6. Taf. XLV, Fig. 6.

Den Uebergang zur ausgebildeten Cyklopie, d. h. Vereinigung der Augenhöhlen zu einer gemeinsamen Höhle, illustrirt ein Fall, in dem die Vereinigung an den inneren Winkeln schon stattgefunden hat, die Augenlidspalten aber noch in ihrer ganzen Ausdehnung die Breite des Gesichts einnehmen. Ueber den vereinigten Augenhöhlen findet sich nun bereits der cylindrisch zusammengerollte Nasenfortsatz der Haut.

Vrolik, *Tabulae ad illustrandam embryogenesin, Taf. 53, Fig. 8.

Abbildung: Atlas, Tafel XLV, Fig. 7. Taf. XLV, Fig. 7.

Confluiren die beiden Augenhöhlen mit einander, so vereinigen sich die beiden Augäpfel zu einem gemeinsamen Körper, auf dem vorn zwei Corneae mit zwei Pupillen bemerkbar sind.

Eine sehr alte eigenthümliche Darstellung dieses Zustandes giebt

Fortunius Licetus, *De monstris, Amsterdam 1665, S. 135.

Abbildungen: Atlas, Tafel XLV, Fig. 8 u. 9. Taf. XLV,

*Sammlung der Entbindungs-Anstalt in Leipzig. Fig. 8 u. 9.

Complicirt mit Situs transversus. Mund fehlt.

Abbildung: Atlas, Tafel XLV, Fig. 10. Taf. XLV,

Erklärung: c, Herz; h, Leber. Fig. 10.

*Schmid, De Cyklopia, Inaug. Diss. Turici 1838.

Der Nasenlappen ist nur zu mangelhafter Ausbildung gekommen. Oberhalb der vereinigten Augenhöhle sieht man in die Nasenhöhle hinein und ist jederseits die Concha media freiliegend.

Taf. XLV, Fig. 11. Abbildung: Atlas, Tafel XLV, Fig. 11.

n, häutiger Theil der Nase; cav. n, Nasenhöhle; s. nar, rudimentäre Nasenscheidewand; b, gemeinsamer bulbus.

Knape, *Monstri humani maxime notabilis descriptio anatomica, Inaug. Diss. Berlin 1823.

Complicirt mit mangelhafter Entwickelung des Unterkiefers und Synotie. Nasenlappen gar nicht zur Entwickelung gekommen.

Taf. XLV, Fig. 12, 13, 14, 15, 16, 17, 18 u. 19. Abbildungen: Atlas, Tafel XLV, Fig. 12, 13, 14, 15, 16, 17, 18, 19.

Fig. 12: t. fr, tuber frontale, einfach; palp. sup. und palp. inf, oberes und unteres Augenlid; c. lacr, Thränengänge.

Fig. 13: Ansicht bei erhobenem Kinn.
prot. or, Erhabenheit mit kleiner Oeffnung in die Mundhöhle; aur., aur, Ohren; meat. aud, Gehörkanal (doppelt).

Fig. 14: Seitenansicht des Gesichts.
int, Eingangsöffnung an der schon erwähnten Erhabenheit.

Fig. 15: Ansicht des Gesichtsschädels nach Wegnahme der Bedeckungen.
t. Fr, Tuber frontale; for. opt, foramen opticum; fiss. orb. sup, fissura orbitalis superior; musc. temp, musculus temporalis; prot, herabgeschlagene Protuberanz der Mundgegend (siehe Fig. 13); os lacr, os lacrimale; os hyod, os hyoidum.

Fig. 16: Die Muskeln des gemeinsamen Augapfels.
m. l. p. s, musculi levatores palpebrae superiores; m. tr, musculi trochleares; bulb, Bulbus; m. r. lat, musculi recti laterales; m. obl. inf, vereinigte musculi obliqui inferiores; m. r. inf. conj, Gemeinsame musculi recti inferiores; m. r. sup, musculus rectus superior; n. opt, nervus opticus.

Fig. 17: Auge durch Schnitt von unten geöffnet.
ir. conj, Uebergangsstelle der beiden Iriden in einander; l. cryst, zwei Linsen; scler, Sclera.

Fig 18: Gehirn von oben gesehen.
cereb, Kleinhirn; c, Grosshirn mit vereinigten Hemisphären; th. opt, Thalamus opticus; vent III, Eingang in den 3. Ventrikel.

Fig. 19: Gehirn von unten gesehen.
m. obl, Medulla oblongata; trig, nervus trigeminus; oculom, nervus oculomotorius; th. opt, thalamus opticus; opt, nervus opticus.

Heyman, Meckel, *Deutsches Archiv, 1820, Bd. 6.

Taf. XLV, Fig. 20 und Taf. XLVI, Fig. 1. Abbildungen: Atlas, Tafel XLV, Fig. 20 und Tafel XLVI, Fig. 1.

Fig. 1: Durch Erheben des Augapfels wird die gemeinsame caruncula lacrymalis sichtbar.

Die beiden Corneae verschmelzen bei weiterer Annäherung zu einer Bisquitform zusammen. Die Augenlidränder bilden ein Rhomboid mit einer sagittalen und einer queren Axe.

Vrolik, *Tabulae ad illustrandam embryogenesin, Taf. 54, Fig. 3.

Abbildung: Atlas, Tafel XLVI, Fig. 2. Taf. XLVI, Fig. 2.

Beide Corneae sind zu einem gemeinsamen verschmolzen:

Vrolik, *Tabulae ad illustrandam embryogenesin, Taf. 54, Fig. 2.

Abbildung: Atlas, Tafel XLVI, Fig. 3. Taf. XLVI, Fig. 3.

Rokitansky, *Handbuch der pathologischen Anatomie, 3. Aufl., 1. Bd., S. 59.

Abbildung: Atlas, Tafel XLVI, Fig. 4. Taf. XLVI, Fig. 4.

Jourdan, *Description anatomique d'un cas de Cyclopie, Thèse de Paris, 1833.

Abbildungen: Atlas, Tafel XLVI, Fig. 5, 6, 7, 8, 9. Taf. XLVI, Fig. 5, 6, 7, 8 u. 9.

Fig. 6: Ansicht des Gesichtsschädels.

com, weite Oeffnung zwischen Schädelhöhle und gemeinsamer Orbitalhöhle; for. opt, foramen opticum; foss. n, fossa nasalis, Andeutung einer Nasenhöhle; can. infro, canales infraorbitales.

Fig. 7: Die Musculatur des Gesichtes.

Fig. 8: Gehirn von der Basis aus gesehen:

dis h, Andeutung einer Trennung der Hemisphären; olf, nervus olfactorius; opt, nervus opticus; art. bas, arteria basilaris.

Fig. 9: Basis der Schädelhöhle.

olf, nervus olfactorius; opt, nervus opticus; car. int, carotis interna.

Lancereaux, *Traité d'Anatomie pathologique, S. 116.

Abbildung: Atlas, Tafel XLVI, Fig. 10. Taf. XLVI, Fig. 10.

Walther, *Ueber menschliche Monopsie und Cyklopie, Inaug. Diss. München (Leipzig) 1845.

Gehirn eines Cyklops mit nur einem, dem äusseren Anscheine nach normal gebildeten Auge. Präparat eines c. 7monatlichen Fötus.

Statt der grossen Hemisphären fand sich eine grosse häutige, sehr gefässreiche Blase, auf deren Boden sich ein c. 2''' dicker, körniger, der Hirnsubstanz nicht unähnlicher Niederschlag befand.

Abbildung: Atlas, Tafel XLVI, Fig. 11. Taf. XLVI, Fig. 11.

Pl. ch, Plexus chorioideus; S. luc, Septum lucidum; cr, verschmolzene crura fornicis anteriora; th. opt, thalamus opticus; c. stri, corpus striatum; vent. III, dritter Ventrikel.

Ausgetragenes Kind. Zwei Bulbi an einem Stiel.

Gehirnmasse weit mehr entwickelt als bei dem vorigen und dem nächstfolgenden. Vordertheile des Grosshirns gut ausgebildet, an Stelle der hinteren Partien eine Blase, nach deren Wegnahme die Thalami nervorum opticorum, corpora striata und Substantia quadrigemina nur von den verdickten Plexus chorioidei bedeckt zu Tage traten.

Abbildung: Atlas, Tafel XLVI, Fig. 12. Taf. XLVI, Fig. 12.

th. opt, Thalamus opticus; c. st, corpus striatum; c. qu, corpus quadrigeminum; v. III, 3. Ventrikel.

8 Monat alter Fötus. Grosse Hemisphären fehlten ganz; statt derselben eine ½'' dicke, aus einem Convolut von Gefässen bestehende Blasenwand. Auf dem Boden ein Niederschlag, der Hirnsubstanz nicht unähnlich.

Abbildung: Atlas, Tafel XLVI, Fig. 13. Taf. XLVI, Fig. 13.

Pl. ch, Plexus chorioidei; th. opt, Thalamus opticus; c. st, Corpus striatum; v. III, dritter Ventrikel.

Vrolik, *Tabulae ad illustrandam embryogenesin, Taf. 54, Fig. 3.

Taf. XLVI, Fig. 14. Abbildung: Atlas, Tafel XLVI, Fig. 14.

Delle Chiaie, *Istoria anatomica teratologica intorno ad una bambina rino-cefalo-monocola, Napoli 1840.

Taf. XLVI, Fig. 15, 16, 17 u. 18. Abbildungen: Atlas, Tafel XLVI, Fig. 15, 16, 17, 18.

Fig. 15: Ansicht des Kopfes im Profil.

Fig. 16: Ansicht von vorn.

Fig. 17: Ansicht des Gehirns.

f. M, Gemeinschaftliches Foramen Monroi; cav, Einblick in die grosse, mit Flüssigkeit gefüllte Höhle der gemeinsamen Ventrikel; c. st, corpus striatum; v. III, dritter Ventrikel; p. m, pia mater.

Fig. 18: Halbschematischer Durchschnitt durch den Schädel.

Die erhaltene Masse des Gehirns (cer) bildet eine oblonge Form, an deren vorderem unteren Ende sich das Foramen Monroi (f. M.) befindet. Die Hauptmasse der Schädelhöhle wird durch eine Blase (Cy) ausgefüllt.

cereb, Kleinhirn; p. V, Pons Varoli; m, medulla oblongata; a. b, arteria basilaris; a. c, arteria centralis retinae; vom, vomer; cav, mit Schleimhaut ausgekleidete Höhle im Nasenrüssel.

In den folgenden Beobachtungen ist es nicht zur Ausbildung einer Cornea gekommen. Die Sklera füllt den Raum zwischen den Augenlidrändern aus.

Vrolik, *Tabulae ad illustrandam embryogenesin, Taf. 54, Fig. 1.

Taf. XLVII, Fig. 1. Abbildung: Atlas, Tafel XLVII, Fig. 1.

*Sammlung des pathologisch-anatomischen Instituts zu Leipzig, Missbildungen No. 47.

Taf. XLVII, Fig. 2. Abbildung: Atlas, Tafel XLVII, Fig. 2.

Endlich kommt es nur zu einer sehr mangelhaften Ausbildung der Augenhöhlen überhaupt. Der Bulbus rudimentär oder vollständig fehlend.

*Sammlung des pathologisch-anatomischen Instituts zu Leipzig, Missbildungen No. 49.

Taf. XLVII, Fig. 3. Abbildung: Atlas, Tafel XLVII, Fig. 3.

Rokitansky, *Handbuch der pathologischen Anatomie, 3. Aufl., 1. Bd., S. 59.

Taf. XLVII, Fig. 4. Abbildung: Atlas, Tafel XLVII, Fig. 4.

*Sammlung des pathologisch-anatomischen Instituts zu Leipzig, Missbildungen No. 46.

Taf. XLVII, Fig. 5. Abbildung: Atlas, Tafel XLVII, Fig. 5.

Raddatz, *De Cyklopia, Inaug. Diss. Berlin 1829.

Taf. XLVII, Fig. 6, 7, 8, 9 u. 10. Abbildungen: Atlas, Tafel XLVII, Fig. 6, 7, 8, 9, 10.

Fig. 7: Schädel des Cyklops (Fig. 6) von oben gesehen. Stirn und Scheitelbeine sind mit einander zu einem Ganzen verbunden; nur der hintere Theil der Pfeilnaht ist erhalten.

Fig. 9 u. 10: Schädel des Cyklops (Fig. 8) von vorn und von hinten gesehen.

Ueber einem kleinen, nicht getrennten Stirnbeine befindet sich an Stelle der grossen Fontanelle ein Schaltknochen.

Fig. 10: Kleine Fontanelle übermässig weit.

Seltenere Beobachtungen unter den Cyklopien.

Cyklopie bei Zwillingen beobachtete

Ellis, *Obstetrical Transactions, Bd. VII, 1866, S. 162.

Abbildungen: Atlas, Tafel XLVII, Fig. 11, 12. Taf. XLVII, Fig. 11 u. 12.

Cyklopie complicirt mit Hemicephalie ist ein nicht seltenes Vorkommniss. Es giebt diese Complication die grössten Verunstaltungen, zumal, wenn sich noch Synotie hinzugesellt.

Cruveilhier, *Atlas der pathologischen Anatomie, 33. Lieferung, Pl. VI, Fig. 1 u. 2.

Abbildungen: Atlas, Tafel XLVII, Fig. 13, 14. Taf. XLVII, Fig. 13 u. 14.

Hardey, *Obstetrical Transactions, Vol. IV, 1863, S. 215.

Abbildungen: Atlas, Tafel XLVII, Fig. 15, 16. Taf. XLVII. Fig. 15 u. 16.

*Sammlung des pathologisch-anatomischen Instituts zu Leipzig, Missbildungen No. 50.

Abbildungen: Atlas, Tafel XLVII, Fig. 17 u. 18. Taf. XLVII, Fig. 17 u. 18.

Jacobus Denys, *Verhandelingen over het ampt der vroed-meesters en vroedvrouwen. Leiden 1733, S. 198.

Abbildungen: Atlas, Tafel XLVII, Fig. 19 u. 20. Taf. XLVII, Fig. 19 u. 20,

Vrolik, *Tabulae ad illustrandam embryogenesin, Taf. 26.

Cyklopie, Hemicephalie, Synotie, Hernia funiculi umbilicalis.

Abbildung: Atlas, Tafel XLVII, Fig. 21. Taf. XLVII, Fig. 21.

Lenhossék, *Harless, Rheinische Jahrbücher für Medicin und Chirurgie, Bd. III, S. 1.

Eine gleiche Beobachtung.

Abbildung: Atlas, Tafel XLVII, Fig. 22. Taf. XLVII, Fig. 22.

Hemicephalie, Spalte der Wirbelsäule, Spina bifida.

Da ich mir die Spaltbildungen des Cerebrospinalkanales in der Hauptsache durch überreichliche Ansammlung von Flüssigkeit in der Schädelhöhle und dem Wirbelkanale entstanden denke, wie dies vor Allen Förster einheitlich durchführte, so bespreche ich diese Missbildungen im Anschluss an die Hydrocephalie und deren secundäre Missbildungen. Virchow, *Untersuchungen über die Entwickelung des Schädelgrundes, Berlin 1857, S. 102, stellt sich in der Frage über die Aetiologie gleichfalls auf diesen Standpunkt der von den meisten älteren Forschern eingenommen wurde. Auf die differenten Ansichten über die Aetiologie werde ich bei den einzelnen Formen näher eingehen.

Hemicephalie. **Hemicephalie, Hemicranie, Acranie, Anencephalie. Katzenköpfe, Froschköpfe.**

Diese Missbildung kennzeichnet sich durch das Fehlen des Schädeldaches. Die Basis cranii liegt frei, nur bedeckt von Resten der Dura mater und von Wülsten, die als Wucherungen der Gefässe aufzufassen sind. Selten finden sich bei vollständigem Fehlen des Schädeldaches Reste von Hirnsubstanz vor.

Die Hemicephalie entsteht durch ein Platzen des hydropischen Schädels ungefähr um die 4. Woche der fötalen Entwickelung. Einige Präparate frühzeitig beobachteter Hemicephalen lassen diesen Vorgang als zweifellos erscheinen. In der Regel freilich sehen wir erst die fertige Form der Hemicephalie bei Früchten vorgeschrittener Entwickelung.

Schlegel, *Dissertatio anatomico-physiologica sistens acncephalorum historiam originemque, Berlin 1812,

bildet den Zustand der Missbildung ab, in welchem der Prämordialschädel noch als grosse, überweite, durchsichtige Blase, gleichsam zum Platzen bereit, der Basis cranii aufliegt. Von Gehirnsubstanz soll keine Spur in dieser Blase sich befunden haben.

Taf. XLVIII, Fig. 1. Abbildung: Atlas, Tafel XLVIII, Fig. 1.

Hieran schliesst sich eine Abbildung von

Rudolphi, *Ueber den Wasserkopf vor der Geburt. Gelesen in der Academie der Wissenschaften am 1. April 1824, Taf. 1, Fig. 1,

die denselben Zustand, wie im obigen Beispiele, darstellt.

Taf. XLII, Fig. 2. Abbildung: Atlas, XLII, Fig. 2.

Nur in wenigen bisher bekannt gewordenen Fällen ist dieser Zustand persistent geblieben bis zur Reife der Frucht:

Tiedemann, *Tiedemann und Treviranus, Zeitschrift für Physiologie, Bd. 3, 1829, S. 36.

Von der äusseren Haut ausgehend, bedeckt noch eine zarte Hülle das hydropische Gehirn.

Ebenfalls in dem oben citirten Werke bringt uns

Rudolphi, *l. c. Tafel I, Fig. 2,

ein Bild, in dem diese Blase geplatzt ist und die Reste des häutigen Schädeldaches allseitig noch der Basis cranii anhaften.

Taf. XLVIII, Fig. 2. Abbildung: Atlas, Tafel XLVIII, Fig. 2.

Die vollkommene Missbildung an einem Fötus der 12. Woche bildet ab

Jungbluth, *De Anencephalis, Inaug. Diss. Berl. 1843.

Taf. XLVIII, Fig. 3 u. 4. Abbildungen: Atlas, Tafel XLVIII, Fig. 3 u. 4.

An diesem letzteren sieht man schon keine Spur mehr von anhängenden Resten der Schädelblase. Dieselben flottiren anfangs frei im Fruchtwasser, zerfallen dann moleculär, werden wohl auch resorbirt und entziehen sich so unserer Beobachtung.

Dieser Vorgang ist nichts Auffallendes. Ein Analogon haben wir im Platzen der Allantois resp. Harnblase bei der Bildung der Blasenspalte (siehe Seite 208). Auch dort müssen anfangs die Fetzen der zersprungenen Blase am Rande der Blasenspalte hängen. Wir können ganz deutlich die Grenze sehen, und das Gewebe bietet unzweifelhaft Veränderungen dar, die durch gangränöse Abstossung der Blasenwand entstanden sein müssen. Auch hier kennt man kein so frühzeitig beobachtetes Präparat, in dem die Reste der geborstenen Blase noch flottirend dem Rande anhafteten.

Erfolgte die Wasseransammlung in der Hirnblase zu einer Zeit, in der der obere Theil der Wirbelsäule noch nicht geschlossen ist, so bleibt eine Anzahl Wirbelbögen klaffen und die Hemicephalie combinirt sich mit einer hohen Spina bifida, wie solche der oben erwähnte frühzeitige Fötus der Jungbluthschen Beobachtung aufzuweisen hat und wie man solche in der Mehrzahl der Fälle am Hemicephalus findet.

Wird die Schädelbasis nach Berstung der Hirnblase nicht mehr zum Wachsthum in die Breite genöthigt, hört der Druck, der auf der Schädelbasis lastete, plötzlich auf, so muss diese eine ganz andere Form erlangen, und zwar characterisirt sich dieselbe vor allem dadurch, dass die Schädelbasis auffallend klein bleibt, was besonders im Verhältniss zum Gesicht und dessen Kieferpartien hervortritt, dass der mittlere Theil der Schädelbasis convex nach oben sich ausbuchtet und ein starker Knickungswinkel zwischen Keilbein und Hinterhauptsbein entsteht.

Sind an der Peripherie der Schädelbasis Rudimente von den Schädelknochen vorhanden, so ragen diese Knochenplatten in Folge des fehlenden normalen Schädelhöhleninhalts steil von der Basis in die Höhe oder sind sogar mit ihrem freien Rande in der Richtung des Schädelhöhlencentrum eingebuchtet. Dadurch treten die rudimentären Stirnbeine so weit zurück, dass sie in die Verlängerung des Nasenrückens zu liegen kommen. Bei stark prognathischem Ober- und Unterkiefer kann sich eine ziemlich gerade Gesichtslinie für Kinn, Nasenrücken und Stirnbeine herausbilden.

Rudimentäre Scheitelbeinknochen liegen der Schädelbasis seitlich an.

Ist eine Spalte des Wirbelkanals (Rachischisis) vorhanden, so ist auch die Hinterhauptsschuppe, wenn sie überhaupt angelegt ist, gespalten. Durch Verkürzung wegen rudimentärer Entwickelung der Halswirbelsäule kommt das Hinterhaupt mehr und mehr an die Brustwirbel zu liegen und der Kopf erhält dadurch die dem Hemicephalus eigenthümliche Haltung. Das Gesicht schaut nach oben. Da nun durch rudimentäre Entwickelung des Stirnbeins die obere Orbitalhöhlenwand verkürzt wurde, die Orbita selbst nach oben hin sich öffnet, so treten die Bulbi in der Richtung nach vorn und oben stark hervor und es entsteht dadurch die Froschähnlichkeit, die der Missbildung unter dem Laienpublikum den bekannten Namen gegeben hat.

In Fällen vollständigen Schädelmangels fehlt auch das Gehirn. Auf der Schädelbasis findet sich eine fibröse sehnige Haut, die an den vertieften Stellen etwas dicker auftritt. Ausserdem sieht man ziemlich regelmässig in der Mitte der Schädelbasis eine unregelmässige zottige blaurothe cavernose Masse, die aus Bindegewebe und Blutgefässen, bisweilen auch aus Theilen der Dura mater besteht. Im letzteren Falle lassen sich ab und zu Reste von Hirnmasse in ihr nachweisen.

Die Hirnnerven pflegen vollständig vorhanden zu sein, und sie erscheinen nach der Schädelhöhle zu wie abgeschnitten.

Bei bestehender Rachischisis findet sich auch das Rückenmark vor. Man findet es nur platt gedrückt der vorderen Wand des geöffneten Wirbelkanals anliegen.

Als Beispiel eines einfachen Hemicephalus wähle ich Abbildungen, die Perls giebt:

Perls, *Lehrbuch der allgemeinen Aetiologie und der Missbildungen, Stuttgart 1879, S. 277.

Taf. XLVIII, Fig. 5, 6 u. 7.

Abbildungen: Atlas, Tafel XLVIII, Fig. 5, 6 u. 7.

Fig. 5: Ansicht von vorn.

Fig. 6: Ansicht von der Seite.

Fig. 7: Skelettirter Schädel eines Hemicephalus. Seitenansicht.

Mattersdorf, *De Anencephalia, Inaug. Diss. Berl. 1836.

Taf. XLVIII, Fig. 8 u. 9.

Abbildungen: Atlas, Tafel XLVIII, Fig. 8 u. 9.

Fig. 8: gl. pit, glandula pituitaria; abd, nervus abducens; fac, ac, nervi faciales und acustici; acc. w. vag. gl, nervi accessorius Willisii, vagus, und glossopharyngeus; c. equ, cauda equina.

Fig. 9: Die Knochen des skelettirten Hemicephalenschädels von oben gesehen.

n, ossa nasalia; arc. s, arcus superciliaris; orb, orbita; zyg, arcus zygomaticus; al. m, ala major ossis sphenoidei; orb. fr, partes orbitales ossis frontis; temp, rudimenta partis squamosae ossium temporis; p. pet, pars petrosa ossium temporis; pr. cl. m. und pr. cl. p, Processus clinoideus medius und posterior; bas. o. occ., cond. o. occ., sqn, Pars basilaris, partes condyloideae und pars squamosa ossis occipitis.

Die mit der Acranie verbundene Spaltung der Wirbelsäule geht bald mehr bald weniger tief, kann selbst eine vollständige sein,

d. h. bis zum Schwanzende herabgehen. Die beiden folgenden Abbildungen geben Beispiele von solcher extremen Ausdehnung.

Svitzer, *Müller's Archiv, 1839, S. 35.

Weite Schädel-Wirbelkanalspalte. Zwischen rudimentärem Hinterhauptsbein und dem Anfangstheil der gespaltenen Wirbelsäule eine Oeffnung, die aus dem oberen Thoraxraume in die gespaltene Höhle der Wirbelsäule führt. Durch diese Oeffnung ist eine Dünndarmschlinge von Peritoneum überzogen ausgeschlüpft, die durch einen Zwerchfellbruch in die rechte Thoraxhälfte verlagert war.

Abbildung: Atlas, Tafel XLVIII, Fig. 10. Taf. XLVIII, Fig. 10.

teg. c, Reste einer der Basis cranii aufliegenden Blase; il, Dünndarmschlinge; per, Peritonealausstülpung.

Levy, *Müller's Archiv, 1845, S. 22.

Ein dem vorigen äusserst ähnlicher Fall. Nur beginnt die Spaltung der vorderen Wand der Wirbelsäule nicht dicht an der Basis cranii, sondern in der Mitte der Rückenwirbel, vom 10. nach oben weiter gehend. Ausser einer Dünndarmschlinge ist an anderer Stelle auch ein Divertikel des Pharynx nach hinten in die offene Wirbelspalte durchgetreten.

Abbildung: Atlas, Tafel XLVIII, Fig. 11. Taf. XLVIII, Fig. 11.

Erklärung: teg. c, Geplatzter Hirnsack; div. ph, diverticulum pharyngis; int, Dünndarmschlinge; can. sp, Offener Spinalkanal.

In einzelnen wenigen Fällen, in denen sich bei Acranie und Rückgratspalte ein bedeutenderer Rest vom Gehirn vorfand, war dasselbe der characteristischen Haltung des Kopfes entsprechend auf der oberen Partie des Rückens gelegen.

Hildreth, Case of notencephale, Boston 1834. — *Förster, die Missbildungen des Menschen, Tafel XIV, Fig. 13.

Grosse Schädel- und Rückenspalte. Das grosse Hirn liegt in der Nacken- und Rückengegend.

Abbildung: Atlas, Tafel XLVIII, Fig. 12. Taf. XLVIII, Fig. 12.

Förster, *l. c. Tafel XIV, Fig. 14.

Präparat der Würzburger pathologischen Sammlung, No. 559, X.

Durch die enorme Krümmung der Halswirbelsäule kommt die rudimentäre Hirnmasse in den Nacken zu liegen.

Abbildung: Atlas, Tafel XLVIII, Fig. 13. Taf. XLVIII, Fig. 13.

Deutlich unterscheidet sich von dem eben besprochenen Typus der Acranie die Form der Hemicranie. Das wesentliche Unterscheidungsmittel ist die Nichtbetheiligung der Wirbelsäule an dem Spaltungsprocesse. In Folge dessen wird nicht nur das foramen magnum stets geschlossen gefunden, sondern es bildet sich immer ein ausgebildetes, functionirendes Gelenk zwischen Schädelbasis und erstem Wirbel. Die Gelenkflächen der Processus condyloidei zeichnen sich durch ihre Halbkugelform aus, so dass die Beweglichkeit dieses hemikranen Schädels grösser ist, als die eines normalen. Hemicranie.

Entsprechend der geringen Spaltung zeigt sich auch eine bessere Entwickelung der basalen Theile der Schädelknochen. Besonders die

Hinterhauptsschuppe bildet regelmässig einen mehr oder weniger grossen Knochen, der senkrecht oder sogar spitzwinklig zur Ebene der Schädelbasis gestellt ist. Dadurch bildet sich auch die hintere Partie der Kopfschwarte aus, und wir bemerken ziemlich regelmässig in diesen Fällen Kopfhaarbildung.

Es versteht sich von selbst, dass eine constante Reihenfolge zwischen dem acranischen und hemicranischen Typus nicht existiren kann; denn ist der erste Wirbelbogen nicht geschlossen, so muss er sich im Laufe der Entwickelung immer weiter spalten, die Hinterhauptsschuppe bleibt ebenfalls gespalten und entwickelt sich nur rudimentär. Ist hingegen der erste Wirbelbogen fast vereinigt, so ist die Möglichkeit vorhanden, dass das Hinterhaupt sich zu einer ganz leidlichen Grösse entwickelt und dadurch der Hemicranie ihre eigenthümliche Form bewahrt wird. So entsteht der deutliche Unterschied in den beiden Typen, den schon Bauer (Untersuchungen über den Schädel der Hemicephalen, Inauguraldissertation, Marburg 1863) als wichtig aufstellte, den gleichfalls Perls (*Lehrbuch der allgemeinen Aetiologie und der Missbildungen, Seite 278) erwähnt und abgebildet, aber nicht gedeutet hat.

Bei der Spaltung der Symphyse ist uns bereits die gleiche Erscheinung begegnet. Ist die Symphyse vereinigt, so kommt es zur perfecten Bildung der äusseren Genitalien, ist sie nicht vereinigt, so sind die Genitalorgane halbirt und im hohen Grade mangelhaft entwickelt. Zwischenstufen sind grosse Seltenheiten.

Die Oeffnung des Schädeldaches, durch welche seiner Zeit die Cerebralflüssigkeit abgeflossen, kann nun immer weniger umfangreich werden, und je kleiner sie ist, desto näher kommt sie der grossen Fontanelle zu liegen, und endlich finden sich Uebergänge, welche an die Encephalocele anterior erinnern.

Je weiter die Schädelknochen in den einzelnen Fällen entwickelt sind, desto häufiger finden sich Spuren des Gehirns, und damit wächst auch die Lebensfähigkeit des Individuums, das unter Umständen einige Tage leben kann.

Schon Förster *l. c. bietet auf Tafel XIV eine Reihe diese Form der Hemikranie darstellender Abbildungen. Ich selbst habe noch eine weitere Reihe gesammelt, die ich in Folgende zusammenstellen will.

Eine Uebergangsform beschreibt

Tiedemann, *Tiedemann und Treviranus, Zeitschrift für Physiologie, Bd. 3, 1829, S. 36, Tafel VIII.

Dem Kinde fehlt das Schädelgewölbe gänzlich. Die äusseren Bedeckungen hingegen sind vorhanden und überziehen in Form einer weissen zarten haarlosen Haut einen grossen mit Flüssigkeit gefüllten Sack, der von der Dura mater umgeben als hydropisches Gehirn zu erkennen ist.

Abbildungen: Atlas, Tafel XLVIII, Fig. 14 u. 15. Taf. XLVIII, Fig. 14 u. 15.

Erklärung: teg ext., Fortsetzung der äusseren Haut; d. m, zurückgeschlagene dura mater.

Ahlfeld, *Archiv für Gynäkologie, Bd. 12, S. 159, Ueber Schnauzengeburten beim Menschen.

Grosses, sehr fettes, in Gesichtslage geborenes Kind. Da die Hinterhauptsschuppe vorhanden, das foramen magnum geschlossen und eine ausgiebige Articulation zwischen Basis und erstem Wirbel vorhanden war, so wurde hierdurch die Haltung des Kopfes beeinflusst, der nicht, wie bei der vorigen Form, nach dem Rücken zu hingezogen zu sein pflegt.

Abbildungen: Atlas, Tafel XLVIII, Fig. 16, 17, 18 u. 19. Taf. XLVIII, Fig. 16, 17, 18 u. 19.

Fig. 18: Der skelettirte Schädel in seiner Haltung zur Wirbelsäule, die er bei der Geburt einnahm (Schnauzengeburt).

Fig. 19: Das ganze Kind in dieser Geburtshaltung.

Hecker und Buhl, *Monatsschrift für Geburtskunde, Bd. 31, S. 425.

Grosser vorderer Defect des Schädeldaches, bis zur Nasenwurzel reichend. Obere Wand der Orbitae fehlt, so dass die Bulbi nach oben hin blossliegen. Hinteres Schädeldach dicht zur Basis cranii herabgedrängt, so dass der eigentliche Schädelraum nur sehr klein ausgefallen ist. Statt des Grosshirns eine collabirte Blase, die nach vorn hervorgefallen ist. Buhl nimmt an, dass ein Abfluss der hydropischen Flüssigkeit stattgefunden habe.

Abbildung: Atlas, Tafel XLVIII, Fig. 20. Taf. XLVIII, Fig. 20.

Ahlfeld, *Eigene Beobachtung.

Dem vorigen Falle sehr ähnlich.

Abbildung: Atlas, Tafel XLVIII, Fig. 21. Taf. XLVIII, Fig. 21.

Hecker, *Monatsschrift für Geburtskunde, Bd. 31, S. 429.

Abbildung: Atlas, Taf. XLVIII, Fig. 22. Taf. XLVIII, Fig. 22.

Diese letztere Form bietet Eigenthümlichkeiten, wie sie der Encephalocele anterior zukommen.

Doch auch die Fälle finden sich, wo die vorderen Partien des Schädeldaches gut entwickelt sind, während die hinteren gespalten und im hohen Grade rudimentär ausgebildet sind. Dann schliesst sich an die Hinterhauptsspalte regelmässig die Wirbelspalte an. Da ein weites Klaffen der gespaltenen Partien in diesen Fällen nicht möglich ist, so bedeckt sich secundär die Spalte mit der Hautplatte und wir sehen die gespaltene Stelle regelmässig mit Kopfschwarte, Nacken- und Rückenhaut bedeckt. Die Haltung des Kopfes ist dieselbe wie bei totalem Schädelmangel combinirt mit Rachischisis.

Fleck, *In spinam bifidam, ejusque genesin animadversiones, Inaug. Diss. Breslau 1856.

Abbildungen: Atlas, Tafel XLIX, Fig. 1 u. 2. Taf. XLIX, Fig. 1 u. 2.

Fig. 2. Erklärung: os fr, os frontis; os sph, os sphenoideum; os temp, os temporis; com, verschmolzene Wirbel; sacr, geschlossener Theil des os sacrum; opt, nervus opticus; tr, nervus trigeminus; fac. ac. nervus facialis und acusticus.

Ammon, *Die angeborenen chirurgischen Krankheiten des Menschen, Tafel IV, Fig. 4.

Taf. XLIX, Fig. 3. Abbildung: Atlas, Tafel XLIX, Fig. 3.

Schliesslich erwähne ich noch als Curiosität, dass man unter egyptischen Mumien einen Hemicephalus gefunden, den Herr Passalocqua nach Europa brachte und Geoffroy Saint-Hilaire der Academie von Paris zeigte und beschrieb.

Geoffroy Saint-Hilaire, *Extrait des Annales des Sciences nat., avril 1826.

Taf. XLIX, Fig. 4, 5 u. 6. Abbildungen: Atlas, Tafel XLIX, Fig. 4, 5 u. 6.

Bemerkungen zur Aetiologie der Hemicephalie.

Wenn ich bisher im Betreff der Aetiologie nur einer Entstehungsweise gedacht habe, so muss ich bemerken, dass ich auch andere Ursachen zur Entstehung der Hemicephalie heranzuziehen für berechtigt halte, dass aber keine derselben, was Frequenz und was typische Form anbelangt, mit der Entstehung durch cerebrale Hydropsie concurriren kann.

Ohne Zweifel tragen Verwachsungen des Amnion häufig zur Hemicephalenbildung bei, doch, meiner Ansicht nach, nicht in dem Sinne, wie nach dem Vorgange von Dareste in neuerer Zeit Perls und Marchand es beschreiben. Diese Autoren suchen die Grundursache in einer Verwachsung der Kopfkappe des Amnion mit dem Primordialschädel und vermuthen, dass der abnorme Druck der adhärirenden und nicht nachgebenden Amnionkappe überhaupt die Bildung des Gehirns und damit auch die des Schädeldaches hindere. Marchand, *Real-Encyclopädie der gesammten Heilkunde, herausgegeben von Eulenburg Sep. Abdr. S. 23, sucht diese Entstehungsweise durch schematische Abbildungen deutlicher zu machen. Ich kann dieser Theorie nicht beistimmen. Vor allem spricht gegen seine Annahme der Umstand, dass um die Zeit, in welche Marchand die Verwachsung verlegt, die primitiven Hirnblasen vollständig geschlossen sind. Wenn es auch durch Gegendruck von Seiten des Amnion nicht zur Ausbildung eines Gehirns kommen könnte, so erklärt die Theorie nicht die Entstehung des Defects in der Schädelwand. Woher sollte ferner die Betheiligung der Wirbelsäule an der Spaltbildung erklärt werden, wenn nicht dieselbe Grundursache Hinterhaupt und Halswirbelkanal am Verschlusse hindert? Wie soll es kommen, dass, trotzdem die Amnionverwachsung an den verschiedensten Stellen des Schädels und in der verschiedensten Ausdehnung stattfinden wird, die Endform der Missbildung stets eine typische zu sein pflegt?

Gewiss ist zuzugeben, dass, wie Marchand dies beschreibt, Amnionfäden Einschnürungen bewirken können, welche die bedeutendsten Defecte im Gesicht und am Schädel hervorzurufen im Stande sind, aber die typische Form des Hemicephalus bleibt aus. Marchand selbst, *l. c. Seite 25, bildet zwei derartige Formen ab, bei denen das Hinterhaupt vollständig ausgebildet ist. Tafel XXIV, XXV und XXVI meines Atlas geben eine ganze Reihe dieser anatomischen Verstümmelungen ohne dass in einem einzigen der dort abgebildeten Fälle eine typische Hemicranie entstanden wäre. Gerade dieser letztere Umstand nöthigt mich, die durch amniotische Verwachsungen hervorgerufene Hemicephalie in eine andere Abtheilung dieses Lehrbuchs zu bringen. Ich bespreche sie daher erst mit den durch amniotische Entzündungen herbeigeführten Anomalien im dritten Abschnitte.

Ich halte auch noch für möglich, dass durch amniotische Verwachsung ab und zu eine typische Acranie entsteht; dann denke ich mir aber den Vorgang so, dass durch Anheftung des häutigen Schädels an die innere Eiwand eine Zerrung und Vergrösserung der Schädelhülle erfolgte, die eine stärkere Ansammlung von Cerebralflüssigkeit zur Folge hat (secundäre Schädelhydropsie) und die schliesslich ebenfalls zur Ruptur des Schädeldaches führt.

Perls, *l. c. Seite 283, führt als Hauptgrund gegen die Förster'sche Lehre die bei Acranie beobachtete convexe Vorbuchtung der Schädelbasis an, während doch bei hydropischen Schädeln eine Concavität, mindestens eine Abflachung der Basis cranii beobachtet werden müsste.

Gewiss hat zur Zeit, als auf der Basis noch eine hydrocephalische Blase lastete, eine Verflachung der Knochenunterlage stattgefunden. Mit dem Platzen der Blase ändert sich aber der Druck so, dass, wie ich oben schon auseinandergesetzt habe, eine Convexität der Schädelbasis entstehen wird und regelmässig entsteht. Gerade diesen Punkt hat Virchow, *Untersuchungen über die Entwickelung des Schädelgrundes, S. 102, ausführlich besprochen und dargelegt, wie nach dem Platzen der Hirnblasen und des Schädeldaches andere mechanische Veränderungen an der Basis vorgehen müssen, die eine Abknickung des hinteren von dem vorderen Theile der Basis zur Folge haben.

Wenn ferner Perls noch angiebt, dass das Vorhandensein compacter windungsreicher, nicht hydrocephalischer Hemisphären auf der blosliegenden Schädelbasis mit grösster Wucht gegen die Aetiologie durch fötalen Hydrops sprächen, so habe ich dagegen einzuwenden, dass diese Beobachtungen zu den allergrössten Seltenheiten gehören, und ich will gern für diese wenigen Fälle die oben besprochene Entstehungsweise durch amniotische Verwachsung gelten lassen.

Lebedeff, *Virchow's Archiv, Bd. 86, S. 263, führt die Entstehung der Hemicephalie und Spina bifida zurück auf anomale

Krümmungen des Medullarrohrs in der frühesten fötalen Periode. Der einzige menschliche Fötus, welcher neben Hühnerembryonen zur Untersuchung benutzt wurde, bietet der Beschreibung nach ein so eigenthümliches Bild, dass ich mich nicht entschliessen kann, ihn als typische Form einer sehr zeitig beobachteten hemicephalen Missbildung anzusehen. Gegen die Theorie sprechen ferner alle die Beobachtungen, in denen die Wirbelsäule unbetheiligt bleibt, welche wir oben unter der Bezeichnung der Hemicranie zusammengestellt haben.

Spina bifida.

Spina bifida. Von der an die Schädelspalte sich anschliessenden Wirbelspalte haben wir oben gesprochen. Es erübrigt die Fälle zu beschreiben, bei denen Defecte des Wirbelkanales vorkommen. ohne dass sich die Spaltung vom foramen magnum aus nach unten fortsetzt.

Es sind zwei Stellen des knöchernen Wirbelkanals, die vor den andern zu Defectbildungen der Wirbelbögen prädisponirt sind. In erster Reihe die Lenden- in zweiter die Cervicalgegend. Es sind diejenigen Stellen, bei denen der Verschluss des Medullarrohrs am spätesten zu erfolgen pflegt, und zwar aus Gründen, die His am Gummischlauch so treffend darzustellen gewohnt ist, nämlich weil dort durch etwas schärfere Umknickung das gespaltene Medullarrohr stärker klafft. Auch in der Abbildung von Jungbluth, Atlas, Tafel XLVIII Fig. 4, sehen wir die Wirbelkörper an den angegebenen Stellen noch nicht vereinigt.

Tritt nun beim Fötus Hydromyelie auf, so sind es diese beiden Stellen, welche den geringsten Widerstand leisten und gestatten, dass Ausbuchtungen der Häute erfolgen und zu Sackbildungen Anlass geben, die dann auf die Aussenfläche der Wirbelsäule heraustreten und, wenn die Säcke nicht zu umfangreich sind, sich mit äusserer Haut überkleiden; anderenfalls endet die äussere Haut in gewisser Entfernung von der Rückenebene, und der extremere Theil des Sackes ist dann nur durch die Rückenmarkshäute gebildet.

Am Halstheile der Wirbelsäule sind folgende Beobachtungen in der Literatur verzeichnet:

Sandifort, *Museum anatomicum academiae Lugd. Batavae, 1835, Vol. IV, Tab. 193.

Geschwulst seit der Geburt bemerkt, langsam wachsend. Defect zweier Wirbelbogen. Rückenmark stülpt sich in die Geschwulst ein. Ernährungs- und Motilitätsstörung des rechten Arms.

Taf. XLIX, Fig. 7, 8 u. 9.

Abbildungen: Atlas, Tafel XLIX, Fig. 7, 8 u. 9.

Fig. 8: Spalte der Wirbelbögen.

Fig. 9: Wucherung des Rückenmarks in die Spalte hinein.

Sandifort, *l. c.

Schmalgestielter Tumor des Nackens bei einem hydrocephalischen Knaben.

Natorp, *De spina bifida, Inaug. Diss. Berlin 1838. In dem mir zu Gebote stehenden Exemplare fehlen die Abbildungen. — *Förster, Die Missbildungen des Menschen, Tafel XVI, Fig. 1 und 2.

6 Wochen alter Knabe. Tod nach operativem Eingriff. — Spaltung der Dornfortsätze des 7. Hals- und 1. Rückenwirbels. Entsprechend dieser Stelle auch der Rückenmarkstrang gespalten.

Abbildungen: Atlas, Tafel XLIX, Fig. 10 u. 11. Taf. XLIX,

Fig. 11. Erklärung: cut, äussere Haut, den ganzen Fig. 10 u. 11.
Sack bedeckend; d m, dura mater. Zwischen derselben und der pia mater (pm) Flüssigkeitsansammlung (hydr); cav, Höhle des Sackes mit trüber seröser Flüssigkeit gefüllt; III—VI, Halswirbel; VII, Halswirbel mit gespaltenem Bogen; I, Rückenwirbel mit gespaltenem Bogen; II, III, normale Rückenwirbel.

Förster, *Die Missbildungen des Menschen, Tafel XVI, Fig. 6. — Präparat der pathologischen Sammlung zu Göttingen.

6 Monate alter Knabe. Zwischen den Bögen des 4. und 5. Halswirbels findet der Durchtritt der Rückmarkshäute statt, ohne Defect der Wirbelbögen. Auch das Rückenmark selbst erleidet eine Verzerrung, indem eine conische Erhebung desselben bis zur Oeffnung ragt und ein Faden, mit Pia bekleidet, zur Wand des Sackes führt.

Abbildung: Atlas, Tafel XLIX, Fig. 12. Taf. XLIX,

Erklärung: ar, Stelle, wo die Arachnoidea sich um- Fig. 12.
schlägt und im Sacke dann der Dura mater fest anliegt; sp, Conischer Faden aus Rückenmark bestehend, der durch die verdickte Pia (pm.) an der Innenwand des Sackes festgehalten wird; cav, mit Serum gefüllte Höhle.

Hauner, *Illustrirte medicinische Zeitung, 1852, Bd. 1, S. 233.

Bei einem 6 Tage alten Knaben, der wegen einer Spina fissa lumbalis in Beobachtung war, fand Thiersch bei der Section eine Spina bifida des 3., 4. und 5. Halswirbels. Der 6. Halswirbel fehlte ganz. Bedeutende Ansammlung von Serum in den Seitenventrikeln des Gehirns.

Debout, Bulletin général de thérapeutique, tom. 54, 1858, S. 304. — Bouchut, traité pratique des maladies des nouveau-nés, 6. Auflage, Paris 1873, S. 86. — *Koch, Mittheilungen über Fragen der wissenschaftlichen Medicin, 1. Heft, Beiträge zur Lehre von der Spina bifida, Kassel 1881, S. 9.

Präparat des Musée Dupuytren No. 19.

7—8 Jahr alter Knabe. Spalte im Bogen des 7. Halswirbels.

Abbildung: Atlas, Tafel XLIX, Fig. 13. Taf. XLIX,

cut, Bedeckung des Sackes aus Haut; dm, dura mater, Fig. 13.
ununterbrochen aus dem Wirbelkanale in den Sack übergehend; sp, durch einen Defect der Häute sieht man das Rückenmark abgeknickt dem Sacke zu einen Winkel bildend.

Virchow, *Geschwülste, I, S. 185.

Weiblicher Zwilling. Tod 1/4 Stunde nach der Geburt. Kein Defect der Dornfortsätze. Wasseransammlung bis zum 4. Ventrikel zu verfolgen. Vielfache andere Missbildungen.

Weit häufiger findet sich die Spina bifida am Lendentheile und Kreuzbeintheile der Wirbelsäule. Sie zählt dort zu den am häufigsten vorkommenden Missbildungen. Die Defecte sind bald von grösserer, bald von geringerer Ausdehnung. Das bewegliche untere Ende d. Rückenmarks findet sich häufiger als bei Spaltungen an anderen Stellen des Wirbelkanals mit in die Geschwulst hineingezogen, auch an der Innenwand derselben angeheftet.

Einen sehr kleinen Embryo von 8 Mm. Länge untersuchten

Tourneux und Martin, *Journal de l'Anatomie et de la Physiologie, par Robin et Pouchet, 1881, No. 1, S. 1.

Die genauere mikroskopische Untersuchung ergab, dass die untere Partie des Rückenmarks mit dem Unterhautzellgewebe auf der Höhe des Tumors verwachsen war. Die Sacralnerven mussten daher den ganzen Weg durch die Geschwulst wieder zurücknehmen, um zu dem Kreuzbein zu gelangen.

Als Beispiele mögen sonst dienen:

—, The London med. and phys. journal, 1822, Febr., No. 276. — *Förster, Missbildungen, Tafel XVI, Fig. 5.

Neunzehnjähriges Mädchen. Geschwulst über dem Kreuzbein und unteren Lendentheile.

Taf. XLIX, Fig. 14. Abbildung: Atlas, Tafel XLIX, Fig. 14.

Roberts, *Obstetrical Transactions 1870, Vol. XI, S. 313.

Taf. XLIX, Fig. 15. Abbildung: Atlas, Tafel XLIX, Fig. 15.

Hauner, *Illustrirte medicinische Zeitung, Bd. I, S. 230.

Sechs Tage alter Knabe, auf voriger Seite schon erwähnt, wurde mit bereits abgestossenem Sacke geboren. Ausser einer spina bifida cervicalis fand sich eine lumbo-sacralis. Nahezu das ganze Kreuzbein fehlte.

Taf. XLIX, Fig. 16. Abbildung: Atlas, Tafel XLIX, Fig. 16.

Erklärung: cp, Zarte mit Gefässen injicirte Haut; sp, nekrotisch sich losstossende Partien der Rückenmarkhäute; f. f. f, Fistelöffnungen.

Sandifort, Museum anatomicum, Tafel 124. — *Förster, Missbildungen, Tafel XVI, Fig. 7 u. 8.

Taf. XLIX, Fig. 17 u. 18. Abbildungen: Atlas, Tafel XLIX, Fig. 17 u. 18.

Fig. 17. Erklärung: circ, wallartiger Wulst in der Peripherie; int, Häute des Rückenmarks; sp, getheiltes Rückenmark.

Fig. 18. Erklärung: XII, letzter Brustwirbel; dm, dura mater, aus der Spalte sich vorstülpend; sp, gespaltenes Rückenmark; sacr, Kreuzbein.

Die Spalte kann eine viel grössere Ausdehnung annehmen, ja die ganze Wirbelsäule betreffen.

Ammon, *Die angeborenen chirurgischen Krankheiten, Tafel XII, Fig. 2a.

Todtgeborenes Kind. Die Spalte betraf Rücken-, Lenden- und Sacralwirbel. Wie die Abbildung zeigt, ist durch verschieden stark ausgedehnte Tumoren die Haut des Rückens ausgedehnt worden.

Taf. XLIX, Fig. 19. Abbildung: Atlas, Tafel XLIX, Fig. 19.

Bemerkungen zur Aetiologie der Spina bifida.

Mit Recht hebt Koch, *Mittheilungen über Fragen der wissenschaftlichen Medicin, 1. Heft, Beiträge zur Lehre von der Spina ifida, Seite 34, hervor, dass man ätiologisch die Rachischisis mit breit klaffender Wirbelspalte schärfer, als bisher geschehen, von der Spina bifida, dem Hydromyelus zu trennen habe. Wie am Schädeldach die Hemicephalie zur Encephalocele, so verhält sich die Rachischisis zur Spina bifida. Letztere können erst entstehen, wenn ein Verschluss des Kanales vorhanden, der an einer oder der anderen Stelle imperfect bleibt, während bei ersteren in einer viel früheren Periode die Schliessung verhindert oder zeitig der geschlossene Sack in seiner Totalität zum Platzen gebracht wird.

Man hat als ursächliches Moment sein Augenmerk auch für die Spina bifida auf Verwachsung der Ränder des Wirbelkanales mit dem Amnion gerichtet. Mag auch ab und zu diese Ursache den Verschluss gehindert haben, Regel ist diese Entstehungsweise nicht. Nur in sehr seltenen Fällen fanden sich Eihautreste an der besagten Stelle, selbst in den frühesten bisher beobachteten Stadien nicht.

Weiter suchte man die Ursache in unvollkommener Lösung der unteren Partie des Rückenmarks von dem Hornblatt. In der That findet man häufig, und so auch in dem sehr zeitig beobachteten Falle von Tourneux und Martin, die untere Partie noch mit der Wand des Tumor in Verbindung. Virchow, *Vorlesungen über Pathologie, Onkologie, 1. Band, Seite 178 flg., bildet ein Kind mit Spina bifida lumbalis ab, dessen Tumor eine centrale Delle zeigt, die durch das an dieser Stelle noch anhaftende Ende des Rückenmarks eingezogen worden ist. Die Nerven laufen auch hier nach oben wieder zum Wirbelrande zurück. Ranke, Verhandlungen der Section für Kinderheilkunde der 50. Versammlung deutscher Naturforscher und Aerzte zu München, und Centralzeitung für Kinderheilkunde, Bd. I, Seite 61 und 195, spricht diese Theorie am bestimmtesten aus.

Für die Fälle, in denen sich in der That diese Trennung nicht vollzog, ist die Erklärung von Ranke, der auch Rücksicht nimmt auf die regelmässig spät erfolgende Schliessung des Medullarrohrs in der Lendengegend (sinus rhomboidalis) sehr plausibel. Doch ist diese Bedingung nicht in allen Fällen erfüllt, vielleicht sogar nur in der Minderzahl.

Ich selbst habe einen Spina bifida-Sack beim lebenden Kinde mit Glück weggenommen, in dem sich kein Rückenmark zeigte, auch keine Störungen der Functionen der unteren Extremitäten auftraten.

Man muss für die Mehrzahl der Fälle die primäre Ursache im spinalen Hydrops suchen.

Ich habe oben schon angegeben, weshalb die prädisponirten Stellen des Cervical- und lumbo sacralen Theiles einem Hydromyelus weniger Widerstand entgegensetzen. Dort, wo durch stärkere Biegung des

Wirbelkanals ein Klaffen der Bögen und dadurch der verspätete Verschluss eintritt, sind die Stellen gegeben, wo durch Ausbuchtung der Dura mater die einfache Spina bifida entstehen muss.

Dieser Vorgang wird noch in die Augen fallender, wenn das Kreuzbein abnormer Weise stark in die Beckenhöhle hinein abgebogen wird, wie dies beim pelvis inversa geschieht, wo dann fast ausnahmslos diese stärkere Einbiegung ein weites Klaffen des sinus rhomboidalis und secundär eine Meningocele spinalis mit sich bringt. Diesen causalen Zusammenhang habe ich zuerst im *Archiv für Gynäkologie, Bd. 12 Seite 156 betont.

Vordere Wirbelspalte. Die vordere Wirbelspalte. Es scheint sich nach den Untersuchungen von Rosenberg (Morphologisches Jahrbuch, Bd. 1., S. 122) und Marchand *Archiv für Gynäkologie, Bd. 17, S. 466) zu bewahrheiten, dass die Wirbelkörper primär aus zwei Anlagen entstehen, die sich vor und hinter der Chorda spangenartig verbinden. Es erklärt dieser Bildungsmodus die Trennung der beiden Hälften, wenn frühzeitig ein aussergewöhnlicher Druck im Spinalkanale durch übermässige Ansammlung von Spinalflüssigkeit stattfindet.

Man findet daher die durchgängige Wirbelspalte vor allem beim Hemicephalus mit ausgedehnter Spina bifida.

In einer Anzahl von Fällen hinderte die Wirbelkörperspalte auch die Vereinigung der hinteren Partien des Zwerchfells, so dass eine Hernia diaphragmatica entstand. In dreien dieser Beobachtungen prolabirten Därme aus der Brusthöhle in den offenen Raum des Spinalcanales.

Aeltere Beispiele sind zweifelhaft, dieselben sind gesammelt von

Meckel, *Handbuch der pathologischen Anatomie, Bd. 1, S. 358.

Den ersten gut beobachteten Fall berichtet

Cruveilhier, Anatomie path. Livr. VI, Tafel III, Fig. 4. — Ammon, *Die angeborenen chirurgischen Krankheiten des Menschen, Tafel 12, Fig. 10 u. 11.

Neun Tage altes Kind mit spina bifida. Die Wirbelkörper des 12. Rücken- und des 1. und 2. Lendenwirbels bestehen aus zwei Hälften. Auch das Rückenmark war vom 12. Rückenwirbel an in zwei Partien getheilt, deren jede einen besonderen Kanal hatte.

Svitzer, *Müller's Archiv, 1839, S. 35.

Hemicephalus mit perforirender Wirbelspalte zwischen Basis cranii und Rückgrat. Eine Peritonalausstülpung mit Darm ist bei vorhandenem Zwerchfellbruche durch diese Spalte ausgetreten. — Levy, der noch das Präparat untersuchte, giebt an, bis zum 9. Rückenwirbel sei eine totale Wirbelspalte vorhanden gewesen.

Taf. XLIX, Fig. 20. Abbildung: Atlas, Tafel XLVIII, Fig. 10 und XLIX, Fig. 20.

Erklärung: pp, Lungen; c, Herz; int, in dem rechten Thoraxraume liegende Dünndärme; h, Leber; fun, Nabelstrang.

Levy, *Müller's Archiv, 1845, S. 22.
Ganz ähnliche Beobachtung wie die von Svitzer.

Abbildung: Atlas, Tafel XLVIII, Fig. 11. Taf. XLVIII, Fig. 11.

Rindfleisch, *Virchow's Archiv, Bd. 19, S. 546.
Zwerchfellhernie und Vorfall von Därmen in den Spinalkanal.

Rindfleisch, *Virchow's Archiv, Bd. 27, S. 137.
Kind mit der Zange entwickelt, zeigte gleich nach der Geburt ungenügende Respiration und starb noch am Tage der Geburt. Thorax und Wirbelsäule fielen schon beim lebenden Kinde durch ihren abnormen Bau auf. Die Wirbelsäule zeigte angeborene Spaltung der Körper sämmtlicher Rückenwirbel. Die verschobenen, theilweise untereinander verwachsenen Wirbelhälften stellen einen abnormen Verschluss des Wirbelkanals dar.

Abbildung: Atlas, Tafel XLIX, Fig. 21. Taf. XLIX, Fig. 21.

Erklärung: VII—I, Deckknochen aus den halben Dornfortsätzen des 7. Hals- und 1. Brustwirbels gebildet; IV—VII, gleicher Knochen aus denselben Gebilden des 4.—7. Brustbeinwirbels; IX—X, des 9. und 10. Brustwirbels.

Rembe, *Beitrag zur Lehre von der Wirbelspalte, Inaug. Diss. Erlangen 1877.
Totale Spalte der Wirbelkörper, sogar des Kreuz-Steissbeins beim Hemicephalus. Peritoneum mit Dünndarmschlingen in der Spalte liegend.

Morel-Gross, *Archives de Tocologie, 1878, Oct., S. 626.
Die ganze Wirbelsäule in zwei Hälften getheilt. Blasen-Symphysenspalte. Doppelte Aorta etc. Ausserdem soll eine ausgedehnte Ectrophie des Magens dagewesen sein, so dass die Schleimhaut die Wirbelspalte nahezu ausfüllte. Mit einer Sonde konnte man nach oben in den Oesophagus, nach unten in den Darm eindringen.

Cysten des Kreuzbeins. Auch an dieser Stelle pflegen die Cysten als Hydrorhachissäcke ihren Ausweg durch einen Defect der Wirbelbogen unter die Oberhaut zu finden und zu mehr oder weniger grossen, bald breit aufsitzenden, bald gestielten Cysten Anlass zu geben. Von Cysten des Kreuzbeins.

Braune, *Die Doppelbildungen und angebornen Geschwülste der Kreuzbeingegend sind von Seite 72 an eigene und fremde Beobachtungen hierzu berichtet worden.

Den einzigen bisher bekannten Fall von vorderer Cyste des Kreuzbeins beobachtete Spiegelberg in der Breslauer Gynäkologischen Klinik. Er wurde beschrieben von

Kroner und Marchand, *Archiv für Gynäkologie, Bd. 17, S. 444.
20jähriges Mädchen, mit rechtsseitigem Klumpfusse geboren. Punction der grossen Cyste, später vaginale Incision, Tod. Section ergiebt eine Kommunikation der Cyste durch einen Kanal unterhalb des 1. Kreuzbeinwirbels mit der Spinalhöhle. Im Knochen ein 2,5 Ctm. breiter, 2 Ctm. hoher Defect. Auskleidung der Cyste eine Fortsetzung der Dura mater. Ausserdem uterus bicornis, Hydronephrosis duplex etc. Der erste Kreuzbeinwirbel ist durch eine Spalte in zwei etwas ungleiche Hälften zerlegt.

Abbildung: Atlas, Tafel XLIX, Fig. 22. Taf. XLIX, Fig. 22.

Cy, Cyste; I, III, IV, 1. 3. 4. Kreuzbeinwirbel; cI, cII, 1. 2. Schwanzbeinwirbel; ut, Uterus; ves, Blase; s, Symphyse; vag, vagina.